MUJERES DE LA PATRIA

Contribución de la mujer a la independencia de Cuba

TOMO II
Guerra de Independencia (1895-1898)

COLECCIÓN CUBA Y SUS JUECES

EDICIONES UNIVERSAL, Miami, Florida, 2018

TERESA FERNÁNDEZ SONEIRA

MUJERES DE LA PATRIA

Contribución de la mujer
a la independencia de Cuba

TOMO II

Guerra de Independencia (1895-1898)

Copyright © 2018 by Teresa Fernández Soneira

Primera edición, 2018

EDICIONES UNIVERSAL
P.O. Box 450353 (Shenandoah Station)
Miami, FL 33245-0353. USA
e-mail: ediciones@ediciones.com
http://www.ediciones.com

Library of Congress Catalog Card No.: 2018954377
ISBN-10-Tomo II: 1-59388-262-9
ISBN-13-Tomo II: 978-1-59388-262-4

ISBN-Tomo I: 978-1-59388-259-4
ISBN-Obra Completa: 978-1-59388-149-5

Composición de textos: María Cristina Zarraluqui

Diseño de la cubierta: Teresa Fernández Soneira
Diseño final de la cubierta: Luis García Fresquet

Foto de la portada: Rosa Castellanos y Castellanos, "La Bayamesa", guerrera y enfermera en las guerras del 68 y del 95. Periódico *El Fígaro*, 22 de octubre, 1899.

Todos los derechos
son reservados. Ninguna parte de
este libro puede ser reproducida o transmitida
en ninguna forma o por ningún medio electrónico o mecánico,
incluyendo fotocopiadoras, grabadoras o sistemas computarizados,
sin el permiso por escrito del autor, excepto en el caso de
breves citas incorporadas en artículos críticos o en
revistas. Para obtener información diríjase a
Ediciones Universal.

A las mujeres cubanas que lucharon por la libertad

La patriota Gabriela de Varona[1] hizo fundir en seis estrellas de cinco puntas sus últimas joyas de oro, y se las obsequió al Generalísimo Máximo Gómez durante la guerra del 95. Al enviar el regalo, envolvió las estrellas en una estampa de la Virgen de la Caridad del Cobre.

> Cuba te ofrece constante
> Sus más perfumados lirios,
> Y con millares de cirios
> Enciende tu altar brillante;
> Siempre a tus plantas amante
> Te llama con ansiedad
> *Escúchanos por amor*
> *¡Virgen de la Caridad!* [2]

---

[1] Gabriela de Varona, Camagüey, 1848-1926. Para más datos ver Teresa Fernández Soneira: *Mujeres de la Patria*, t I, pp 342-343.

[2] Rezo y Rogativa dedicado a la Virgen Santísima de la Caridad del Cobre, La Pluma de Oro, Santiago de Cuba, impreso circa 1890.

Índice

Prólogo 15

Agradecimientos 19

Introducción 23

Capítulo I
Ella bordó otra bandera 39

Capítulo II
La mujer negra en la sociedad y en la guerra 87

Capítulo III
Ordeno y Mando: La Reconcentración 133

Capítulo IV
Dios clemente y misericordioso
La labor humanitaria de mambisas, religiosas y enfermeras 169

Capítulo V
«Que la Patria os contempla orgullosa» 261

Cronología de la Guerra de 1895 467

Bibliografía 475

Índice Onomástico de las Patriotas 531

Allá en el año noventa y cinco,
y por las selvas del Mayarí
una mañana dejé el bohío,
y a la manigua salió un mambí.

Una cubana que era mi encanto,
y a quien la noche llorando vio,
al otro día con su caballo,
buscó mis huellas y me siguió.

Aquella niña de faz trigueña,
y ojos más negros que la maldad,
unió sus fuegos a mi fiereza,
y dio su vida a la libertad.

Un día triste cayó a mi lado,
su hermoso pecho sangrando vi,
y desde entonces fue más ardiente,
Cuba adorada mi amor por ti.

El Mambí,[3] Canción popular

---

[3] *El Mambí,* criolla popular, música de Luis Casas Romero y versos de Sergio La Villa. Ejecutada por primera vez el 21 de marzo de 1912 en uno de los salones del Casino Español de La Habana. Los intérpretes fueron José Merone (violín), Moisés Simons (piano) y el propio Luis Casas Romero (flauta).

Prólogo

¿Qué hace que los pueblos se parezcan o diferencien uno de los otros? Su Historia lo define. Más, ¿cómo está constituida esa Historia? Por la idiosincrasia de los hombres y mujeres que la componen. que es decir el carácter, el idioma, las creencias, las costumbres–supersticiones incluidas–la fuerte disciplina grupal de sus integrantes que por evolución a partir de lo primitivo logran el orden y el respeto de las sociedades más avanzadas; las estructuras morales, económicas, educativas y por los hechos y personas que destacan ¿Cómo es que trasciende lo ocurrido? Asentando en los medios de comunicación de cada época: la tradición oral, la piedra, papiro, pergamino, papel y electrónica, los hechos y personas que resaltan, no siempre los más ejemplares según el criterio. De ahí que los relatos, crónicas, estelas, pinturas y documentos que desde el pasado remoto manifiestan lo que le importa a una sociedad –una vez escasa o desaparecida la tradición oral– permitan construir la Historia del hombre.

Gracias al asentamiento en este libro, Teresa Fernández Soneira ha expuesto la historia de la mujer cubana a partir de su primer tomo referente a la Guerra de los Diez Años, y la prosigue en este y en el próximo hasta alcanzar la República. Es la época del proceso independentista que abarca unos treinta años y que en este tomo comprende el período final de la segunda mitad del siglo XIX con la lucha de la mujer cubana por lograr un estado independiente de la metrópoli española, en pro de las diferencias de identidad e intereses nacionales que requerían, por ley natural, la separación pragmática, razonable y sentimental de la metrópoli.

En 1868, dadas las cubanas razones existentes para procurar la independencia de Cuba, Carlos Manuel de Céspedes dio el Grito de Yara el 10 de octubre, tras un largo proceso de maduración que abarca el pensamiento cívico, educativo, económico, moral y patriótico de los criollos del siglo XIX y comienza una lucha armada que con algunos períodos de *paz romana* se continua hasta 1898 cuando se produce la llamada «Intervención» forzada norteamericana.

Las mujeres cubanas apreciaron los usos y valores propios de la época: la dignidad, el honor, el respeto, el auto sacrificio, la valentía, el uso de armas, la gloria, el patriotismo, el altruismo y el desdén a la muerte como ofrenda al deber.

Con el paso del tiempo se expande la conciencia y las heridas se cierran solas sin alcanzar a las siguientes generaciones ya que la tradición oral se fue por la ranura del olvido colectivo y a que la Historia ordena y explica la natural evolución de cada cuerpo social en su especial y único momento.

Bajo ese prisma histórico, positivo, Teresa Fernández Soneira ha emprendido este recuento ordenado, inquisitivo, monumental que exalta las acciones de mujeres cubanas extraordinarias que a la par de sus hombres produjeron hechos dignos de ser conocidos. A esta empresa tan infinita como lo es un proyecto íntimo que no tiene fin y que debe trascender como constancia y ejemplo, se ha dedicado Fernández Soneira.

En Latinoamérica Cuba fue, por diversos y explicables factores, la última nación que se independizó de España y en la que la modernización de la mujer cubana fue de rápido avance durante la República. Las guerras de independencia la foguearon y llevaron a una impensada autonomía de acción y pensamiento y a la rápida integración del hombre español con la mujer africana que permitió con fortuna, el mestizaje de nuestra cultura de manera tal, que ese factor invaluable logró el involucramiento integral de la criolla con su presencia moral y física en el campo de batalla, y con su participación cívica en los poblados y ciudades, como lo aquilata Teresa Fernández Soneira en este nuevo empeño que asienta de una vez por todas la trayectoria dinámica, riesgosa, generosa y por ende, altamente patriótica, de la mujer cubana.

Este trabajo de Teresa Fernández Soneira y su continuación en un tercer tomo en preparación, complementario a la participación de las mujeres en la Guerra del 95, es el único compendio minucioso, investigativo hasta el presente no solo de las biografías sino de la historiografía de la época.

Trata *a profundis* de la Invasión del Ejército Libertador Cubano en su marcha desde el Oriente hasta el Occidente de la Isla en menos de 100 días, liderada por Antonio Maceo y Máximo Gómez con el apoyo insustituible de la mujer; de las agrupaciones patrióticas de mujeres de color –tema totalmente novedoso y amplio y de su cooperación individual, importantísimo señalamiento histórico que evidencia el mestizaje de la identidad nacional pre-republicana– apenas eliminada la esclavitud que el tiempo ya ha superado por la natural decantación de la importancia del origen racial en la ascendencia cubana; de las sociedades secretas conspirativas femeninas que tanto abundaron en Cuba como en el extranjero; de la bravura de las madres que alentaron a sus hijos hasta el punto del desasimiento de la vida de ellos en inmolarse por la Patria y del altruismo demostrado en que participaran en la lucha armada; del intenso aporte humanitario de órdenes religiosas locales como las Hermanas de la Caridad y foráneas, y de los hospitales en Cuba; y por último, de otro aspecto no tratado con anterioridad a este estudio, el de las mujeres indias de Yateras, de la región oriental de Cuba.

Siempre quedó en la entraña de la Isla el valor de la población taína remanente en la Cuba colonial de fines del siglo XIX, pero Fernández Soneira aporta la cooperación de mujeres de origen taíno a la lucha independentista.

En investigación a fondo Fernández Soneira ha destacado con profunda sensibilidad la integración de la mujer criolla en los periodos de guerra: mujeres blancas o negras siguen a sus hombres por convicción o por urdimbre de familia y van a la manigua a trabajar y a sufrir las vicisitudes insospechadas de una asimétrica guerra de guerrillas en medio de machetes y balas, de sangre y muerte; niños y partos; allí van firmes por deber: madres, hermanas, tías, abuelas y obviamente, maridos y parejas establecidas. En medio de lluvia, lodo, hambre y suciedad; incertidumbre, miedo y nomadismo; ropas impropias, lecho impropio, lugar impropio y sanidad riesgosísima, siempre con la esperanza del triunfo, la mujer cubana de la ciudad, poblado y campo va a cumplir la misión empeñada: que Cuba se libere de España. Aún dentro de este marco de inconveniencias e «invisibilidad» histórica femenina hay tanta grandeza en la misión, que podrá entenderse cabalmente tras la lectura de *Mujeres de la Patria* al resaltarse la crueldad enorme que se sufrió de una y otra parte. En dicha época se macheteó a mujeres cubanas, se ahorcó a mujeres cubanas en campos y poblaciones y se efectuó un genocidio consciente durante la Invasión al ser obligado el campesinado cubano sin recursos al confinamiento en los pueblos y en descampado, para evitar que cooperara con el mambisado.

Teresa Fernández Soneira se ha dedicado por años a investigar, compilar, estructurar y subrayar la vida y obra de muchísimas mujeres que cumplieron misiones de las más diversas maneras, tanto en las importantísimas cadenas de comunicación subversiva –noticias, mensajes, correspondencia– como en el trasiego de armas, tiros, municiones; alimentos, medicinas y efectos de curación; menajes de campaña, abastecimiento de talabartería, de imprenta; hamacas, papel, uniformes, banderas. Para surtir cuanto recurso fuera necesario en la manigua, allí estaban las redes de aprovisionamiento constituidas por mujeres.

La mujer en la manigua, curó, aprovisionó, alentó, cantó, lloró, gritó, cosió, se trasladó, cocinó, limpió, saneó, parió, huyó, cargó con todo lo material que le fue posible y especialmente con sus valores de mujer y madre. Se jugó la vida cuando espió al enemigo o fue arriesgada y comprometida mensajera. Fernández Soneira da la medida de los enormes sufrimientos morales y físicos e incertidumbres que sufrió la mujer cubana comprometida.

Pero la autora sobrepasa la biografía y las viñetas para abundar en datos inéditos, entrevistas únicas con descendientes de las patriotas, con fotos de su colección u obtenidas mediante gestión y aportar una rica bibliografía y un útil índice onomástico.

Subraya claramente la valorización de la mujer en territorio de hombres, la conjunción racial que abrió brecha en la disminución de los prejuicios raciales entre cubanos, y la homogenización demográfica de nuestra cultura mulata en la República.

Muchas de las mujeres participantes vieron nacer la República de Cuba que se distinguiría por su rápido avance en lo económico y social y por su población campechana y progresista. Otras la recibieron después de perder a sus hijos aunque con la convicción de que «morir por la patria es vivir» y fueron todas ellas, las imborrables, *las que todo lo dieron por Cuba.*

Damos la bienvenida a este estupendo esfuerzo de Teresa Fernández Soneira, que destaca el dolor y la epopeya que significaron estas guerras para los pueblos, en especial los de origen hispánico.

Rosa Leonor Whitmarsh y Dueñas
Miami, 25 de julio de 2018

Agradecimientos

No tengo suficientes palabras con las que agradecer a tantas personas que, de una forma u otra, me han ayudado o apoyado en esta ya muy larga empresa. Primero que nada, le doy gracias a Dios por regalarme mucha paciencia y constancia para llevar a feliz término este proyecto. Sin Él no hubiera logrado nada.

Quisiera dar las gracias a varios colegas y amigos por su colaboración en este libro: a la Dra. Rosa Leonor Whitmarsh, bisnieta del General Calixto García Iñiguez, por su generosidad en escribir el prólogo de este libro y revisar el manuscrito. Nadie mejor que ella para abrirnos las puertas de nuestra historia durante aquellos años terribles de la Guerra del 95. Agradezco también la valiosa participación de la Dra. Mercedes Cros Sandoval y del Rev. Dr. Marcos Antonio Ramos, dos pilares de la educación y la Historia de Cuba.

También quiero reconocer la cooperación de los historiadores: Dr. José Abreu Cardet, de Holguín; Dra. Raquel Vinat de la Mata, de La Habana; Dra. Rebecca Scott, de la Universidad de Michigan; Dra. Consuelo Stebbins, de la Universidad Central de la Florida; al Dr. Miguel De la Torre de la Iliff School of Theology de la Universidad Denver, y al Dr. Gerald Poyo, de la Universidad St. Mary's en San Antonio, Texas.

A los escritores y amigos, Padre Manuel Maza, S.J., William Navarrete, Dr. Emilio Cueto, Belkis Cuza-Malé, Dr. Miguel Bretos, Orlando González Esteva y Dra. Uva de Aragón.

A Asquilis Estable, FSC, Hermano De La Salle e Ivonne Castaño en Santiago de Cuba; a Fernando Martínez Heredia, en Las Villas. Al musicólogo Dr. Cristóbal Díaz Ayala, a Francisco Fernández Menocal, Maricely Consuegra Castroverde, Sergio López Cardona, Enrique Pineda Barnet, Manuel Antonio Bonet Ochoa, Enaida Unzueta Chávez, Dr. Emilio Bernal Labrada, Domingo Noriega, Gladys Pandiello. En especial a la familia de los patriotas Hernández Cazimajou: Teresita Otazo, Alicia Otazo y María Regina Garriga Cazimajou de Culver. A Marian Prío de Odio y a la familia

Prío por los datos proporcionados sobre su abuela, la patriota pinareña Regla Socarrás y Socarrás.

A sor Eva Pérez Puelles, Superiora de las Hijas de la Caridad de Miami, por la información recopilada sobre la labor de la Congregación en Cuba durante la guerra, y al Sr. Julio Mestre, por los datos de la familia Bolaños-Cordovés.

En especial agradezco a Lesbia Orta Varona por la revisión de los textos y sus valiosos consejos, y a María Cristina Zarraluqui, por su esmero y dedicación en la maquetación de este libro.

Como siempre, le estoy profundamente agradecida a Manolo Salvat, mi gran amigo y editor, gerente de Ediciones Universal, por seguir apoyando este proyecto, escucharme, aconsejarme, animarme a continuar, contribuir con datos interesantes, y publicar la obra.

Y a todos ustedes, estimados lectores, que han venido siguiendo estos relatos de nuestras valientes mujeres cubanas, muchas gracias.

La autora

«A pesar de la tácita intención de un notable número de autores por dignificar la memoria patriótica de las cubanas, en diversas fuentes históricas ha prevalecido el componente sentimental femenino por encima de la gradual maduración volitiva observable entre determinadas mujeres. [...]El valor de los cubanos en la Guerra de los Diez Años, fue heroico, pero el valor de las cubanas fue estupendo. La palabra heroísmo no basta para expresar con exactitud el temple de alma de que dieron prueba nuestras mujeres, más bien debiera llamarse estoicismo patriótico. Todo les faltó de súbito, cuando formaban el encanto de su vida y era la alegría de sus corazones; y todo lo soportaron impávidas. La orfandad, la viudedad, la miseria; fueron las tristes compañeras de su hogar lleno de lágrimas; pero nunca jamás salió un reproche de sus labios. Aceptaron en silencio el sacrificio y lo elevaron, como ofrenda sagrada, en oblación a la libertad de la Patria».[4]

Enrique José Varona
Escritor, maestro y político cubano

---

[4] Enrique José Varona: «Las cubanas en la Década Gloriosa», *Bohemia*, La Habana, 14 mayo de 1911, pág. 146.

Introducción

> «*Las patrias que dan mujeres de ese temple,*
> *no son patrias sobre tembladeras...*».
> Arístides Sosa de Quesada[5]

Los pueblos agradecidos que aprecian los hechos históricos no pueden olvidar nunca a aquellos que lo ofrendaron todo por la libertad de sus países. Al perpetuar la memoria de los héroes, damos una lección de moral y patriotismo para que las generaciones futuras vean en ellos su ejemplo, y este les sirva de ruta, de norma y de objetivo. Esos pueblos que cumplen con sus antepasados tienen asegurados la alabanza y el aplauso. Son pueblos dignos; merecedores de todo lo grande, y de toda admiración.

Por eso es que hoy nos disponemos a honrar y a recordar nuevamente a las heroínas cubanas de nuestra Historia, con mayúscula, pues no fue poco su trajinar en aquellas últimas décadas del siglo XIX, en que con esfuerzo y sacrificio, contribuyeron a la libertad de Cuba. Aquella lucha titánica de las guerras de independencia: las del débil contra el fuerte; del desvalido contra el poderoso; del incauto contra el aguerrido, solo pudieron afrontarla hombres y mujeres de un gran temple, de mucha fuerza de voluntad, entrega, entusiasmo; de una fe inquebrantable, y de un patriotismo sin límites.

«Las revoluciones suelen recorrer en su trayectoria un trilógico», decía Elías Entralgo[6]: «aparición de una nueva ideología; conspiración en torno a la misma, y estallido insurreccional». Las nuevas ideas revolucionarias brotan en cerebros excepcionales, y la revolución cubana contó con unos cuantos de esos cerebros que organizaron la lucha, como José Martí, Máximo Gómez, Calixto García, Antonio Maceo, Juan Gualberto Gómez y muchos otros más. Pero

---

[5] Arístides Sosa de Quesada nació en Limonar, provincia de Matanzas, en 1908. Fue jefe del Servicio Jurídico-Militar y del Cuerpo de Cultura del Ejército, así como Alcalde de La Habana en 1936.

[6] Elías Entralgo: «Elocuencia del silencio en nuestras revoluciones», *Diario Acción*, La Habana, 7 abril 1941.

también tuvo muchas mujeres extraordinarias, como María Cabrales, Bernarda Toro, Magdalena Peñarredonda, Emilia Casanova, Aurelia Castillo de González, Isabel Rubio, y otras miles, como veremos en esta obra. A estas las he conocido casi personalmente luego de tantos años de leer y estudiar sus vidas y labores, llegando al punto de solidarizarme con ellas. He escuchado sus llantos y sentido sus dolores de parto en la manigua; he palpado su locura cuando les mataban a un ser querido, y he podido sentir su dolor en el alma cuando no tenían que darle de comer a su prole. Y, ¡cómo no!, he sido copartícipe de su nostalgia, cuando tuvieron que marchar obligadas al exilio. He constatado su sufrir, aunque nunca las vi lamentarse. Supieron llevar su cruz a cuestas con dignidad y aplomo. Pero cuando Cuba finalmente se redimió, pusieron broche de oro a su obra, porque habían cumplido con la Patria. Es pues necesario que el lector vaya de la mano de ellas en esta marcha de vida y muerte que fue la Guerra de Independencia. Pero primero hagamos un rápido resumen de la mujer en América en aquellos años.

Ya desde el siglo XVIII las mujeres hispanoamericanas habían estado guerreando y conspirando por la libertad de sus países. Micaela Bastidas, indígena del Perú, junto a su marido, Túpac Amaru, era símbolo de la lucha contra la opresión colonial. Micaela fue ahorcada en Cuzco en 1781. En 1813, la heroína independentista venezolana, Juana Ramírez, «*La Avanzadora*», logra un triunfo gracias al ejército de mujeres que ella dirige. Gertrudis Bocanegra de Lazo de la Vega, de Michoacán, México, monta una red de comunicaciones, y sus informaciones salvan la vida de muchos patriotas. Es capturada y fusilada en la plaza de Pátzcuaro, el 10 octubre 1817. Las mexicanas Leona Vicario y Josefa Ortiz de Domínguez, se convierten en ideólogas militantes del movimiento independentista de su país. Josefa, más conocida como «La Corregidora», reunía en sus tertulias a los insurgentes, y participaba en lo que se conoció como la Conjuración de Querétaro. Encarcelada varias veces por conspirar, muere en 1829 para años después ser nombrada «benemérita de la Patria» por el Congreso de México.

En Colombia, Policarpa Salavarrieta, «La Pola», monta una red de espionaje, mientras que en Bolivia laboran Juana Azurduy, Vicenta Eguino y Simona Josefa Manzaneda, esta última conocida como «La Jubonera», quien es capturada en 1816. Luego de ser azotada, paseada desnuda por toda la ciudad montada en un asno, humillada y vejada, Simona muere baleada por la espalda.

No podemos dejar de mencionar a María Trinidad Sánchez, que luchó por la independencia de la República Dominicana junto a Concepción Bona, quien confecciona la primera bandera. Igualmente se distinguieron, Paula Jaraquemada Alquezar en Chile; Juana Moro, 'La Emparedada', en Argentina, y Manuela Sáenz, «La Libertadora», en el Ecuador. Esta última, valerosa e intrépida, estuvo junto a Simón Bolívar en casi todas las batallas, y luego del combate de Ayacucho recibió el grado de coronela. La argentina, María de los Santos Sánchez de Thompson reunía en su hogar a los revolucionarios, y en su tertulia se interpretó por primera vez el himno nacional. Dolores Vargas París coronó de laureles a Simón Bolívar luego de la victoria de Boyacá. En Chile vemos a Luisa Recabárren, la que de acuerdo a los historiadores, padecía *el mal de patria*.[7] Luisa celebraba veladas patrióticas en su hogar, que era un verdadero centro de la insurrección.

En aquellos momentos de efervescencia social, estas intrépidas mujeres hispanoamericanas desplegaron sus armas en defensa de una independencia colectiva y personal. La venezolana Josefa Camejo dijo al gobernador de Bainoas: «el sexo femenino, Señor, no teme los horrores de la guerra; el estallido del cañón no hará más que alentarle; su fuego encenderá el deseo de libertad que sostendrá a toda costa en obsequio del suelo patrio».[8] Es incalculable el valor de estas historias, y más importante aún que hayan sido preservadas para poderlas valorar y dar a conocer.

Cuando en 1878 en Cuba terminaba la Guerra de los Diez Años con el Pacto del Zanjón, mujeres argentinas, chilenas y mexicanas asistían en Francia al primer Congreso Internacional por los Derechos de las Mujeres, presidido por Marie Deraismes,[9] y organizado por la Sociedad para la Mejora de la Condición de las Mujeres. Eran estas mujeres vanguardistas, decididas a exigir el puesto que

---

[7] Vicente Grez: *Las mujeres de la independencia*, Imprenta La Gratitud Nacional, Santiago de Chile, 1910, pp. 30-31.

[8] *Gaceta de Caracas*, 5 de noviembre, 1811.

[9] María Deraismes (17 de agosto de 1828 - 6 de febrero de 1894), autora y pionera francesa de los derechos de la mujer.

les correspondía en la sociedad. En Cuba era otra cosa. Las conspiraciones, la Guerra Grande, y la Guerra Chiquita, no habían logrado la independencia, y en aquellas últimas décadas del siglo XIX, los cubanos todavía luchaban por la libertad, y la identidad nacional se estaba forjando al calor de la contienda.

Mucho le faltaba aun a la mujer cubana para igualarse a sus compañeras latinoamericanas. La cubana todavía andaba mal en igualdad y en derechos. En la Asamblea de Guáimaro, la camagüeyana Ana Betancourt había exigido que la mujer pudiera votar, y que tuviera los mismos derechos que el hombre[10]. El discurso de Betancourt fue una de las primeras declaraciones registradas en la historia de Hispanoamérica en favor de la mujer. Pero no la escucharon. Continuaron mal nuestras mujeres cuando la matancera Emilia Casanova de Villaverde, exiliada en Nueva York desde la década de 1860, pidió al presidente de la República en Armas, Carlos Manuel de Céspedes, que le permitiera dirigir el alijo de expediciones a Cuba.[11] Céspedes y sus generales la ignoraron. Al terminar la Guerra de Independencia, y con la nueva República, la cienfueguera Edelmira Guerra Valladares, reclamó que incluyeran en la primera constitución cubana el derecho de la mujer al sufragio. En aquella oportunidad Guerra ayudó a formular el manifiesto del 19 de marzo de 1897, en cuyo artículo cuarto pedía, en nombre del club Esperanza del Valle[12] que ella dirigía: «Queremos que las mujeres puedan ejercer sus derechos naturales a través del voto a la mujer soltera o viuda, mayor de veinticinco años, o divorciada por causa justa». Una vez más, desatendieron la propuesta. No sería hasta el 1940 cuando, con la segunda Constitución de la República, la mujer cubana tuvo, ¡al fin!, derecho al sufragio y a otras legítimas demandas, en gran parte por el esfuerzo y la dedicación del Movimiento Feminista Cubano.[13]

---

[10] Ibídem, pág. 290.

[11] Ena Curnow: «Emilia Casanova de Villaverde: un ejemplar raro de mujer en el siglo XIX», revista *Camacol*, año XXXVI, #12, pág. 20.

[12] Para datos del *Club Esperanza del Valle* ver pp. 26, 319, 322, 338-341 de esta obra.

[13] En 1912 se crearon en La Habana las tres primeras asociaciones abiertamente feministas que pedirán el sufragio femenino como reivindicación: el Partido Popular Feminista, el Partido de Sufragistas Cubanas y el Partido Nacional Fe-

Las mujeres cubanas, y las mujeres en general, eran consideradas por la sociedad de entonces elementos débiles que vulneraban el orden social. Ellas, decían los hombres irracionales, eran inestables, y su accionar quedaba supeditado a los ciclos reproductivos de su cuerpo, que hacían que su temperamento fluctuara. Los hombres insistirían que este proceso de su fisiología las volvía más susceptibles, sometidas a la emoción excesiva y a la falta de objetividad. Por ello habían decidido que la mujer no podía emprender ningún trabajo, ni emitir una opinión ni ocupar un puesto en la sociedad, porque simplemente 'no era confiable'. Como señala la Dra. Luz Mena, «no solo no eran aptas para servir en la esfera pública, sino que debían ser protegidas y *supervisadas* de cerca, ya que eran indispensables para la reproducción biológica y cultural de la sociedad».[14]

Si analizamos con detenimiento estos planteamientos del mundo de entonces, tal parece que a la mujer la había creado Dios con el único propósito de traer hijos al mundo y de cuidar el hogar y al esposo. Pero por su protagonismo, la imagen de la mujer cubana había comenzado a cambiar durante la Guerra de los Diez Años, y ahora con la Guerra de Independencia seguiría el proceso, que daría al traste con muchas de aquellas afirmaciones equivocadas y machistas.

La *Revista de La Habana* publicó por entonces un artículo firmado por una mujer con el seudónimo de Teresa, titulado «Instrucción del bello sexo». La autora criticaba aquellos conceptos irrazonables, y la imposibilidad de la mujer de tener acceso a la educación, y decía: «[...] como si su cerebro estuviese de otra manera dispuesto, atribuyéndosele incapacidad de poder recibir una educación tan completa como la que parece haberse exclusivamente reservado a los hombres, y hasta hubo una época en que sabios doctores *dudaban que tuviese un alma*».[15] Un siglo antes la feminista

---

minista. En 1921 surgió la primera Federación Nacional de Asociaciones Femeninas de Cuba.

[14] E. Martin: *Medical Metaphors of Women's bodies: Menstruation and Menopause, Writing on the Body; Female Embodiment and Feminist Theory*, Columbia University Press, New York, 1997, pp 15-41. El énfasis es de la autora.

[15] Brígida Pastor: *La educación femenina en la Cuba del siglo XIX; el periódico 'La Aurora' y la reforma educativa'*, Ibero-Americana Pragensia, Anuario del Centro de Estudios Ibero-Americanos de la Universidad de Carolina de Praga, pp. 85-95. El énfasis es de la autora.

británica, Mary Wollstonecraft (1759-1797), se había manifestado sobre lo torpe que era el hombre, y no comprendía como «este puede conformarse a vivir con una compañera linda y útil, pero no piensa que ha dejado de tener grandes gratificaciones y el deleite de los más refinados placeres; [el hombre] nunca ha sentido la plácida y refrescante satisfacción de ser amado por alguien que lo podría entender».[16]

Afortunadamente, no todos los hombres pensaban de forma tan negativa sobre el progreso de la mujer en la sociedad. El sacerdote cubano José Agustín Caballero[17] dejó aclarada su posición mucho antes de las guerras de independencia. A los hombres que decían que con desempeñar las tareas del hogar era suficiente para la mujer, Caballero les contestaba: «las mujeres no solo deben coser, cantar con gracia, danzar con garbo, vestirse a la moda y hablar con pulcritud, sino estudiar seriamente. Sus almas, son de otra especie que la de los hombres».[18] El ensayista Benito Jerónimo Feijóo,[19] monje benedictino español, argumentaba en un discurso, que «es la igualdad y no la diferencia entre sexos lo que revela la razón». Y añadía: «las almas no tienen sexo». Por su parte, el filósofo inglés, John Stuart Mill,[20] insistía que el progreso de la sociedad requería que «todas las personas, hombres y mujeres, no se quedaran encerradas en la 'posición social definida' en la que habían nacido, sino que se les deberían ofrecer oportunidades para desarrollar sus talentos y perseguir lo que desearan hacer, siempre que no fuera un peligro para los demás».[21]

---

[16] Mary Wollstonecraft, escritora británica, luchadora de los derechos de la mujer. Es conocida por su obra *Vindicación de los Derechos de la Mujer* (1792). La traducción al español es de la autora.

[17] José Agustín Caballero (La Habana, 28 de agosto de 1762- La Habana, 6 de abril de 1835) sacerdote, teólogo y filósofo cubano.

[18] José de la Luz y Caballero: *Escritos educacionales*, Segura y Compañía, t 2, La Habana, 1952.

[19] Discurso en defensa de las mujeres.

[20] John Stuart Mill (20 mayo 1806-8 mayo 1873), fue un filósofo, economista y funcionario público británico.

[21] John Stuart Mill: *The subjection of women*, Charlottsville, VA, University of Virginia, 1993.

La singular escritora y patriota camagüeyana, Aurelia Castillo de González,[22] comentaba en un editorial del periódico *El Fígaro* de La Habana, del 24 de febrero de 1895: «Una gran revolución operase (sic) entre otras varias en nuestros días; la mujer reivindica sus derechos. Ella ha sido la última sierva del mundo civilizado. Aún algo peor que eso: ella ha sido hasta ahora la soberana irrisoria de una sociedad galante y brutal al mismo tiempo. Las leyes tiraron una línea entre el hombre y la mujer, y sobre esa línea alzaron las costumbres elevadísima e infranqueable muralla. La mujer tuvo que acatar leyes en cuya confección no tomaba parte. Sus destinos se decidieron sin consulta para nada, y decretada quedó su eterna minoría, su posición de perpetua protegida, posición humillante que deja ancho campo a todos los abusos, y cuyos resultados finales es la postración de la voluntad, si no la pérdida completa de la dignidad, ahogada entre ruines defectos de los que viven sojuzgados». Para muchos estas declaraciones eran una osadía por parte de Castillo. Eran palabras fuertes y directas, aunque ya ella era conocida como una mujer que no tenía pelos en la lengua. Estas y otras declaraciones que hizo Aurelia Castillo sobre la mujer y en favor de la libertad de Cuba, le costarían la expatriación en diferentes oportunidades.

A pesar de lo difícil que en esos años le resultaba a la mujer instruirse, las posibilidades de educación mejoraron en las últimas décadas del siglo XIX, y tanto la mujer blanca como la negra lograron hacerse de cierta cultura y preparación. Por ejemplo, en Guantánamo, en 1885, existieron varias escuelas privadas[23] dirigidas por mujeres blancas, como fueron las de Carmen Vila de Arará, Magdalena Moreau y Vila, Isabel Benza, y Ambrosina Compté de Fiterre[24]. En estas escuelas se impartía religión, moral, gramática, geografía, caligrafía, aritmética, historia y geografía de España. Nótese que no se enseñaba ni historia ni geografía de Cuba, por lo que los niños

---

[22] Aurelia Castillo de González: «Esperemos», *El Fígaro,* no. 6, La Habana, 24 febrero 1895. Para más datos de esta patriota, ver capítulo 2 de esta obra.

[23] Ismael Alonso Coma: *Historia de Guantánamo 1868-1898*, Editorial El Mar y la Montaña, Guantánamo 2012, pp.74-75.

[24] La escuela de Ambrosina Compté fue la primera y la preferida de la alta sociedad guantanamera.

cubanos sabían mucho de España, pero absolutamente nada del país donde habían nacido.

Las mujeres blancas de alta posición en la sociedad, tuvieron en 1829 su primera revista literaria publicada en La Habana: *La Moda o Recreo Semanal del Bello Sexo* en la cual aparecían artículos sobre modas, música y grabados. En 1831 salen *El Apolo Habanero, el Recreo de las Filarmónicas Habaneras, y El Eco de las Liras Habaneras* dedicadas también a la mujer. Después vendrían: *La Danza* (1854), *El Rocío* (1856), y más tarde la *Revista Musical Artística Literaria e Ilustrada, El Colibrí*, el «*Álbum Cubano de lo Bueno y de lo Bello*», el «*Álbum de las Damas*», «*Las Hijas de Eva*», y «*La Mulata*».

La mujer negra también había logrado avanzar y escribía y publicaba en algunas revistas y periódicos, como fueron *Minerva*, el periódico *La Armonía*[25] de Sancti Spíritus, *El Álbum de las Damas* de Las Villas, *Albores, Ibis, Soñada y Diana*. La mujer negra luchaba por su libertad personal y por su superación dentro de una sociedad que la discriminaba doblemente: por ser negra y por ser mujer. Y algo inconcebible, que ya en 1858 en Santiago de Cuba, existían cuatro escuelas dirigidas por mujeres negras. Son las de Ramona López, María Nicolasa Ramos, María Feliciana Portuondo y Antonia Núñez. Cómo se las había arreglado para lograr esto es una incógnita pues la mujer negra no tenía acceso a instrucción alguna. Pero no solo pudo fundar escuelas, sino que también compró tierras y propiedades, y algunas hasta llegaron a testar esclavos y dinero en su evolución de libertas, como veremos en esta obra.

En los años que siguieron al final de la Guerra de los Diez Años, los cubanos y las cubanas nunca desistieron de sus ideas independentistas porque no podían contentarse con permanecer bajo el dominio español. Con el tiempo se fueron preparando para otra guerra, la definitiva. A pesar de la dispersión y la falta de liderazgo se fue forjando la unión, y desde el exilio se concertaron esfuerzos y voluntades. Había que volver a la guerra para cumplir con un anhelo nacional insatisfecho. Fue así como un grupo de hombres en el oriente de la Isla se unió para derrotar a la tiranía.

---

[25] Para más información sobre Lucrecia González Consuegra, ver *Mujeres de la Patria*, t I, pp. 412-413

Cuando comienza la nueva contienda con el Grito de Baire, la mujer cubana forma ya parte de la conciencia nacional, pues se había ganado su puesto durante la Guerra del 68. Está preparada para diferir una vida de felicidad y aspiraciones asociadas con la familia y el hogar y comenzar otra de entrega y sacrificio. Las mujeres cubanas volvieron a apoyar a sus hombres; siguieron al esposo, al hijo, al primo, al hermano. Fueron a la manigua, a las tertulias revolucionarias y al exilio. Las que no lo habían hecho ya durante la contienda del 68, ahora se zafaban el corsé que las amarraba y que les impedía que se movieran, y mostraban una postura nueva de mujer fuerte, astuta y luchadora.

Las mujeres de todos los estratos de la sociedad y de todas las razas, porque también participarían las mujeres indígenas del oriente del país, se integraron a la lucha. Eran las hijas y las nietas; las primas y las hermanas de aquellas guerreras del 68, quienes siguiendo el ejemplo de las que las habían precedido, se lanzaban ahora a la guerra como enfermeras o maestras; espías o contrabandistas; abanderadas, soldados, cocineras o simplemente esposas que acompañaban a sus esposos a la guerra.

África Fernández Iruela, se unió a madres y hermanas «para apoyar a hijos y hermanos, e impulsar la lucha por la Libertad, del modo que nuestros abuelos apoyaron a sus hijos por palabra y obra durante la época gloriosa de nuestra independencia».[26] La viuda, Julia Miranda de Morales, mambisa del 68, no duda cuál sería su deber, y dice: «yo, pobre viuda que soy, si tuviera otra vez que estar con mi esposo como estaba antes, volvería otra vez a creer que su obligación era morir por su país».[27]

En 1897, el semanario *El Expedicionario* de Tampa, Florida, resaltaba la relación entre maternidad y nacionalidad: «Miren la revolución gloriosa, y vean a la madre cubana, que por medio de su espíritu, y muchas veces por su apoyo material, le daba ánimo a sus hijos para que no se desanimaran, para que lucharan hasta la victoria o la muerte, hasta redimir a la patria esclavizada y para que pudieran

---

[26] África Fernández Iruela: «La mujer cubana y la insurrección», *Diario Cubano*, junio 24, 1870, pág. 1.
[27] José Martí: «Un Cubano en Nueva Orleans», mayo 8, 1893, *Obras completas*, t I, Editorial de Ciencias Sociales, La Habana, 1992, pág. 584.

disfrutar de la santa libertad que ellas se merecían y que la despreciable metrópolis trataba de impedir. *La madre cubana es el alma de la Revolución de Cuba,*[28] porque desde el momento que ella pone a dormir a sus hijos en la cuna y luego les enseña siempre a odiar la esclavitud y la tiranía, ellos aprenden a amar la libertad y a luchar para obtenerla. ¡Sean todas bendecidas!»,[29] terminaba diciendo el periódico.

Las mujeres del 95 trabajarán en los llamados hospitales de sangre; otras, desde de sus congregaciones religiosas, curando y acompañando a enfermos y heridos de los dos bandos, porque primero es la caridad y la misericordia. Otras, con el machete en la mano, serán guerreras valientes, y se inmolarán en la manigua, y muchas quedarán despojadas de sus posesiones por el mero hecho de ser familia de algún insurgente. Negras, indias y blancas serán torturadas, fusiladas, violadas, ahorcadas o asesinadas en el campo de batalla y en las ciudades, y todas sufrirán durante la execrable reconcentración[30] genocida del campesinado por parte de Valeriano Weyler.

Nuevamente coserán banderas, uniformes, escarapelas. Confeccionarán sombreros, recogerán en los campos de batalla los casquillos de municiones vacíos para volverlos a rellenar; cocinarán y les lavarán la ropa a los soldados. También los amarán, darán a luz a sus hijos y lucharán por mantener unida a la familia. Pero les espera ahora un nuevo reto: tendrán que convertirse en cabeza de familia si se quedan en el hogar solas al marchar el esposo a la manigua. Tendrán la responsabilidad de mantener un hogar y alimentar a los hijos con su trabajo remunerado. Será esta una realidad para la que no están preparadas, pero cumplirán la tarea admirablemente.

Muchas mambisas quedarán viudas y sentirán la soledad y el desamparo. «Era feliz porque él era bueno y me amaba con locura», decía Ana Betancourt en los primeros años de matrimonio con el patriota Ignacio Mora. «Hizo de nuestro hogar un paraíso. Compar-

---

[28] El énfasis es de la autora.

[29] Esteban Borrero Echeverría: «La madre cubana ante la Revolución», *El Expedicionario,* Tampa, Florida, 2 enero, 1897, pág. 5.

[30] La Reconcentración, como veremos en detalle en el capítulo 3 de esta obra, consistió en aglomerar a los campesinos en poblados cercados, con el fin de aislar a los insurrectos de su medio natural evitando que pudieran recibir ayudas.

tía conmigo no solo sus posesiones materiales, sino también su cultura. Él y yo nos hicimos uno en ideas y sentimientos». Pero todo cambió cuando Mora se unió a los insurgentes. Entonces, dice Ana Betancourt: «[yo] era como un paria: sin familia, virtualmente sola en el mundo. [...] viví en paz conmigo misma sabiendo que mi amado [...] me cuidaba en espíritu, y que su nombre era para mí un emblema de honor».[31]

Las consecuencias derivadas de la labor de la mujer durante la guerra serían a veces desafortunadas y trágicas, pero ellas sabían que se debían a la Patria, y a ella se entregaban, pasara lo que pasara. Todo por la Patria, era el lema. Ese fue el caso de Emilia Casanova de Villaverde[32], quien había hecho un juramento cuando aún era muy joven, al ver desde la ventana de su hogar en Cárdenas a Narciso López enarbolar la bandera cubana el 19 de mayo de 1850. El juramento que había hecho ese día se lo hacía saber a Carlos Manuel de Céspedes en 1871, desde su exilio en Nueva York: «Desde que era una niña –dice Casanova– me propuse que consagraría mi vida a un objetivo sagrado y noble. Hasta el día de hoy todo lo que he hecho ha sido trabajar y soñar con la redención de mi patria. Mi amor por la patria ha siempre sido más grande que mi amor por ninguna otra cosa».[33]

Cecilia Mújica, de Yaracuy, Venezuela, conocida como «la mártir de la libertad», le dedicó sus últimas palabras a su novio antes de ser fusilada en la Quebrada de Saballo. «Toma buen hombre esta madeja de mis cabellos con ese anillo –le dice al soldado que la tiene custodiada, – y entrégalos en su prisión a mi amigo Henrique de Villalonga, y dile que le devuelvo esa joya, contrato de nuestras nupcias, y que la conserve como el último recuerdo de la mujer que no tiene la fortuna de ir a sus brazos, pero sí la gloria de inmolarse

---

[31] Datos biográficos de Ignacio Mora en Nydia Sarabia: *Ana Betancourt*, Editorial de Ciencias Sociales, La Habana, 1970, pág. 96.
[32] Para datos de Emilia Casanova, ver Teresa Fernández Soneira: *Mujeres de la Patria*, t I, pp. 370-385.
[33] Carta de Emilia Casanova de Villaverde a Carlos Manuel de Céspedes, 13 mayo 1871, en Louis A. Pérez: *To Die in Cuba*, University of North Carolina Press, 2005, pág. 102.

por la libertad de nuestra patria. ¡Viva el suelo querido! ¡Viva la libertad!»[34]

Como Cecilia Mújica en Venezuela, Amparo Orbe en Matanzas se despidió en circunstancias similares de su novio, el patriota Antonio López Coloma. Amparo y Antonio permanecen encarcelados por año y medio en celdas separadas, primero en la prisión de San Severino en Matanzas, y luego en La Cabaña de La Habana. Amparo sacrificó por la libertad de Cuba, el amor eterno que le había jurado a Antonio López Coloma. Aunque Orbe sobrevivió y el que murió fusilado fue Antonio, Amparo ofreció su luto y su dolor por la patria.

Durante mucho tiempo hemos contemplado la historia a través de los ojos de los hombres, y casi todos estos historiadores han soslayado el papel de la mujer. Ellos nos han relatado las hazañas de los hombres; nos han hablado de los héroes a los que hemos levantado muchos monumentos, cuyas reliquias se encuentran en nuestros museos, y que aparecen en libros y discursos. Fueron los hombres, sin lugar a dudas, los grandes luchadores que se merecían eso y mucho más. Pero la historia también la hicieron las mujeres valientes. Cuando Antonio Maceo decidió pasar la trocha de Mariel a Majana, pidió un experto guía para el camino. Le enviaron a una intrépida mambisa pinareña, nada menos que a Adela Azcuy Labrador. «¿Cómo me mandan a una mujer?», cuentan que dijo Maceo. «General, esta no es una mujer, es una fiera», le contestó uno de sus generales.[35] El coronel Miguel Banegas afirmó después: «no podía imaginarme una mujer tan valiente. [...] sentí admiración por esta patriota que lo mismo combatía que prodigaba sus servicios a los heridos, tanto cubanos como españoles, pues a este efecto su bondad no reconocía exclusiones».[36]

Las mujeres pusieron todo su empeño en ayudar a los hombres a lograr su objetivo; arriesgaron sus vidas, y en muchos casos las de sus hijos, por un ideal. Dieron lo mejor de sí para que sus descendientes pudieran ser libres, pero poco se habló entonces, ni después

---

[34] Ana Belén García López: *Las heroínas silenciadas*, www.Megustaescribirlibros.com, 2016, pág. 43.
[35] Beatriz Parga: «La Capitana Azcuy, ejemplo de coraje», *El Nuevo Herald*, 20 de mayo de 1992, pág. 10d.
[36] Ibídem, pág. 18d.

de ellas, ni de su contribución a la historia de Cuba. Pero en esta obra ella es la protagonista, de manera que valoraremos nuestra historia desde el ángulo de la mujer.

La historia se transmite de generación en generación, y es nuestro deber continuar el culto sagrado a la Patria. El historiador holguinero, José Abreu Cardet, nos deja un testimonio sobre el legado de su abuela mambisa: «Recuerdo a mi abuela en la década de los sesenta del siglo XX, enfrascada en largas narraciones sobre las guerras de independencia. Luego como historiador pude comprobar la veracidad de algunos de aquellos relatos que no aparecen plasmados en documentos y memorias, pues eran visiones demasiado personales sobre esa gente 'sin historia'».[37] Es importante que nuestras hijas y nietas conozcan a las mujeres que las precedieron; que conozcan sus sacrificios y sus afanes; que todos los cubanos los conozcamos, porque, como escribía Gaspar Betancourt Cisneros antes de que comenzara la guerra: «las mujeres [...] son el punto de partida de los pueblos; de ellas salen los héroes o los tiranos; los sabios o los ignorantes; los patriotas o los traidores; los filósofos o los libertinos».[38]

Creo que no es casualidad que el monumento más antiguo que se conserva en Cuba sea el de una mujer. Consiste en una pequeña lápida funeraria en piedra decorada con una cruz y la cabeza de un ángel. Fue erigida en memoria de doña María de Cepero y Nieto, dama principal de la villa de La Habana. Esta lápida se colocó en el mismo lugar donde, según la tradición, había caído mortalmente herida doña María en 1577, de un casual disparo de arcabuz mientras rezaba en la Parroquial Mayor.[39] Con su sacrificio involuntario, María Cepero y Nieto abría paso a otras cubanas quienes, a través de los siglos, irían dejando sus huellas en nuestra historia. María de

---

[37] José Abreu Cardet: «Patriotas Holguineros de Constatino Pupo: un libro para el alma de un pueblo», *Visiones de Historia Cubana*, Holguín, 20 de diciembre, 2016.
[38] Gaspar Betancourt Cisneros, «Costumbristas cubanos del siglo XIX», Biblioteca Virtual Miguel de Cervantes, 2003.
[39] Emilio Roig de Leuchsenring: «El monumento más antiguo de cuantos existen en Cuba», revista *Carteles*, vol. XXXI, no. 3, La Habana, 6 de enero 1938, pp. 50-51.

Cepero había muerto rezando. Siglos más tarde muchas más mujeres morirían en la manigua o se sacrificarían en el exilio mientras invocaban a la Virgen de la Caridad del Cobre.

Monumento a doña María Cepero y Nieto

En este libro, como en el anterior, he querido recordar a las cubanas que amaron el deber más que las comodidades; a la patria más que al hogar, y algunas incluso más que a la familia. Desearon la gloria de la manigua más que las joyas y los trajes de seda. Intrépidas y decididas, se pusieron nuevamente el machete al cinto y se lanzaron a la guerra. Vengo hoy acompañada de muchas mujeres ilustres. Son ellas las Marías, Emilias, Sofías, Adelas, Magdalenas, Rosas, todas ellas cubanas de buena cepa, quienes se unieron a los mambises en la Guerra de Independencia. Ellas serán las que les cuenten sus angustias y dolores; sus miserias y privaciones. Pero también les hablarán de sus alegrías por haber podido entregarse a la lucha redentora para más tarde ver ondear la bandera cubana, gloriosa y triunfante, que ellas mismas habían confeccionado.

Creo que con *Mujeres de la Patria* se paga en parte una deuda que tenemos los cubanos con todas las valientes mujeres cubanas que sufrieron momentos difíciles para darnos la libertad. Es mi deseo que cuando terminen la lectura de este libro, sientan el mismo amor entrañable a la Patria que ellas sintieron. A todas ellas, Mujeres de la Patria, mi agradecimiento y respeto.

Teresa Fernández Soneira
Miami, Florida, julio de 2018
En el 110 aniversario del fallecimiento
de la patriota Edelmira Guerra Valladares
en Cienfuegos

Borda, Cambula valiente
trincheras de seda pura.
borda tu estandarte ardiente
del honor y la bravura.

Borda el azul de la altura
con amor y con sonrisa,
que la estrella tiene prisa

por desprenderse del cielo
para caer en su vuelo
sobre tu sangre mambisa.

Bandera mía, bandera mía,
que linda eres.
¡Qué grande es la Patria mía
Y el honor de sus mujeres!

Enrique Pineda Barnet[40]

---

[40] Poema del escritor de cine, periodista y actor cubano, Enrique Pineda Barnet. Forma parte de su pieza de teatro titulada *Cambula* estrenada en Cuba, el 15 de marzo de 1953. El poema es cortesía del Sr. Pineda Barnet. Todos los derechos reservados. ©

En el anverso se aprecia una antigua fotografía de la patriota Candelaria Acosta Fontaigne, «Cambula». En ella se la ve bordando la bandera cubana. Candelaria fue designada por Carlos Manuel de Céspedes para que confeccionara la enseña de Yara en 1868.

1

Ella bordó otra bandera

«Las muchachas permanecían en casa eternamente cosiendo estrellas solitarias en cintas azules, bajo la tierna y firme custodia de su madre».[41]

---

[41] Sylvie Boufartigue: «Mujeres en la narrativa de la Guerra de Independencia», Universidad de Saboya, Francia, *XIV Encuentro de Latinoamericanistas Españoles*, septiembre, 2010.

La Guerra de los Diez Años había sido larga y cruenta. Antonio Maceo y Calixto García, junto con algunos soldados mambises, se negaron a aceptar el cese de la guerra en lo que llegó a conocerse como el Pacto del Zanjón, y que había sido firmado el 10 de febrero de 1878. El 15 de marzo de ese año, en Mangos de Baraguá, actual provincia de Santiago de Cuba, se llevó a cabo una reunión para decidir el futuro de Cuba. El General español Arsenio Martínez Campos y el General Antonio Maceo tuvieron un encuentro en el que discutieron. Maceo dijo a Martínez Campos: «no estamos de acuerdo con lo pactado en el Zanjón; no creemos que las condiciones allí estipuladas justifiquen la rendición después del rudo batallar por una idea durante diez años, y deseo evitarle la molestia de que continúe sus explicaciones porque aquí no se aceptan». En una frase muy conocida, Martínez Campos respondió: «Entonces, no nos entendemos», a lo que Maceo contestó: «No, no nos entendemos». Este suceso quedó para la historia como la Protesta de Baraguá.

Monumento Nacional Mangos de Baraguá, en Oriente.

El escritor, poeta y periodista Orlando González Esteva,[42] hace un simpático comentario en la columna de un periódico sobre este hecho: «el cubano promedio tiende a pasar por alto que dos de los episodios más significativos de su historia patria tuvieron por escenario un sitio donde debió abundar esta fruta: 'los Mangos de Baraguá', pequeño pueblo del barrio de Alto Cedro, situado en el término municipal de Palma Soriano». González Esteva añade: «los mangos que puedan quedar allí deben de guardar secretos relacionados con la protesta de Antonio Maceo tras el Pacto del Zanjón, y con la hazaña bélica que, años más tarde el propio General protagonizaría al encabezar una

---

[42] Orlando González Esteva nació en Palma Soriano, Cuba, y reside en Estados Unidos desde 1965. Es escritor, periodista y poeta.

invasión que lo llevaría de un extremo al otro de la isla. Los mangos de Baraguá [...] tienen que haber estado conscientes de la importancia de aquella protesta, haber aguzado el oído, haberse prometido no olvidar lo que allí se decía, y haberlo contado, con orgullo, a los mangos más jóvenes e incluso por germinar».[43]

Al estar desvinculado el General Calixto García Íñiguez de la firma del Pacto, los líderes revolucionarios lo seleccionaron para dirigir un futuro movimiento insurreccional que por su corta duración se conocería como la Guerra Chiquita. Calixto García luego hace un viaje a París para después seguir a Nueva York. Busca apoyo y logra la unión. Se organizan clubes, los combatientes procuran seudónimos, y se agiliza la maquinaria de la guerra.

En la foto, desembarco de tropas españolas en el muelle de Caballería en La Habana.[44]

En octubre de 1878, el Comité Revolucionario Cubano de Nueva York que preside el General García, publica un manifiesto con las bases y organización que debía tener la nueva etapa independentista. El Comité también presenta una invitación a las mujeres cubanas que simpatizan con la causa de la independencia de Cuba, y les hace un llamamiento. En el manifiesto vemos como el Ejército Cubano reconoce que las mujeres habían sido excluidas, y no les había pedido su colaboración en la guerra anterior, a pesar de la inmensa contribución que habían ofrecido ellas, como ya vimos en el volumen I de esta obra. En aquella cruenta y larga guerra, las mujeres habían hecho de todo, desde dar a luz en la manigua a sus hijos y ver a muchos morir por no tener los medios para subsistir, hasta confeccionar banderas, sombreros, escarapelas, rellenar casquillos de municiones, cocinar a los soldados, servir como enfermeras y hasta luchar en el campo de batalla.

---

[43] Orlando González Esteva: «Cita con el Titán de Bronce», *El Nuevo Herald*, pág. 4, 29 de septiembre, 2007.
[44] Revista *La Ilustración Española y Americana*, Madrid, 1896.

Fotografía del General Calixto García Íñiguez.

Siguen a continuación algunos párrafos de este llamamiento:

Invitación del Comité Revolucionario Cuba a las señoras que simpatizan con la causa de la independencia de Cuba[45].

«Es sensible que en la terrible lucha de nuestra independencia no se hubiese contado con vuestro auxilio, que indudablemente hubiera proporcionado a la patria inmensos recursos morales y materiales. Habéis sido tan nobles, que a pesar de que no fuisteis directamente iniciadas en los trabajos patrióticos, os habéis visto, desde millonarias hasta esclavas y desde niñas hasta respetables matronas, compartir con nuestro ejército las penalidades de todo género, siendo estas tanto mayores para vosotras, cuanto que, más delicadas por vuestra constitución, costumbres y educación, os era más difícil poderos acostumbrar a una vida nómada, semisalvaje y llena de privaciones. Os hemos visto también en las ciudades de Cuba, en medio de las bayonetas españolas trabajar con admirable actividad y constancia prestando en vuestra esfera grandes servicios a la patria. Y cuántas por nobles sentimientos habéis emigrado a distintos países de la tierra, viéndoos obligadas a luchar día por día y hora tras hora contra una situación extremadamente precaria, sin que haya habido ejemplo de que el hambre, la desnudez o la más estricta miseria os hayan obligado a dar un paso que no fuera digno y noble!

El corazón se nos llena de orgullo y satisfacción al recordar que en la completa destitución y desamparo a que muchas de vosotras os veíais reducidas, habéis adoptado la noble y grandiosa resolución de apelar al trabajo material, cuyo producto muchas veces aun no basta para cubrir las necesidades más urgentes de la vida, antes que subyu-

---

[45] Vidal Morales y Morales: «La Revolución cubana», *Iniciadores y primeros mártires de la revolución cubana*, t III, Cultural S.A., La Habana 1931, pp. 257-264.

garos a la seducción u otros peligros a la par deshonrosos que siempre están en acecho de los infelices que sufren miseria.

A vosotras, que a la par que buenas y virtuosas madres, hijas y esposas, también sois patriotas sin paralelo, que con vuestra abnegación y sublime heroísmo llenáis la página más gloriosa de la historia de vuestra patria, os toca un papel muy importante en la gran obra de nuestra independencia. Vosotras sabéis que *el corazón del patriota no tiene sexo*[46], pues el amor a la patria es uno y más sublime que todos. La historia de casi todas las naciones del mundo, afirma esta verdad. Recorredla y veréis en ella a Juana de Arco, Catalina de Rusia, Carlota Corday, Policarpa Salabarrieta[47] y otras. Sublimes ejemplos de inspiración, inteligencia, abnegación y heroísmo, no es sino vuestra educación de acuerdo con las conveniencias sociales la que marca una senda distinta a la del hombre y os hace aparentemente incapaces de grandes y heroicos hechos.

Cuando el pueblo cubano se lanzó a las armas para sacudir el pasado yugo de la dominación española, los representantes de esta funesta nación, enfurecidos por la noble actitud de su víctima, se arrojaron sobre ella para despedazarla entre sus garras y satisfacer su incansable sed de sangre y venganza.

Creyeron los tiranos que desplegando un lujo de ferocidad y barbarie aterrarían a nuestros nobles espartanos; pero estos, lejos de intimidarse, armados de desesperación y animados con la convicción de sus derechos y sublime amor a su independencia, rechazaron heroicamente el empuje de las huestes españolas.

Los secuaces de la tiranía, sobrecogidos de espanto por el valor que en mil combates demostraron nuestros esforzados campeones, frenéticos de odio y de venganza, sin poder subyugar a los soldados de la libertad, persiguieron sin tregua a sus inocentes familias y a cuantos se encontraban desamparados.

Para consumar mejor la obra de exterminio organizaron partidas de presidiarios que no tenían otra consigna que la devastación, el atropello y la muerte. Familias enteras perecieron, en la hoguera; otras fueron lentamente mutiladas; los padres presenciaron la violación de sus hijas; la descuartizarían de sus hijos. Aún resuenan en nuestros oídos las descargas que dispararon sobre un pueblo indefenso congregado en el teatro Villanueva. Aun recordamos con horror el terri-

---

[46] El énfasis es de la autora.
[47] Carlota Corday, patriota francesa y Policarpa Salabarrieta, héroe colombiana.

ble asesinato que en Jiguaní hicieron en las personas de Asencio, Espín, Benítez y dieciocho más, a quienes despojaron de cuantas prendas y oro tenían en su poder. Recordad el monstruoso crimen de la familia Mora Mola que se cometió en el Camagüey. Vedlos, cual tigres feroces y más sanguinarios que estos, asesinar en el santuario de la Virgen de la Caridad del Cobre a los infelices vecinos del pueblo que trataban de ampararse en ese sagrado lugar. Vedlos ensañarse alevosamente asesinando veintiuna personas entre ancianos de sesenta años, mujeres y niños, que huyeron de la hoz exterminadora, y se habían refugiado en la casa donde a la par se curaba de sus heridas un jefe cubano. Aún está caliente la sangre de cuarenta y cinco mujeres y niños que inhumanamente asesinaron en Marroquín de Sancti Spíritus. ¿Habrá quien no recuerde el hecho mil veces salvaje, el escandaloso y sanguinario asesinato de los estudiantes de medicina en La Habana? ¿Y queréis un cuadro más horroroso que el que presentaban los jefes del batallón Valmaseda entregando a las infelices mujeres que cogían prisioneras a que fueran brutalmente violadas por los impúdicos y corrompidos soldados de dicho batallón? En fin, era tal el refinamiento de crueldad y barbarie que aun en las mazmorras de Torquemada hubieran aterrado de horror y espanto a los empedernidos inquisidores.

Estos crímenes perpetrados a la faz del mundo entero, no son sino una línea en la sangrienta y negra historia de la dominación española en América; pues los verdugos de Cuba son los mismos que en Cajamarca inhumanamente pasaron a cuchillo en un solo día a seis mil indios indefensos. Son los mismos que presentaron el sangriento cuadro del 2 de agosto en Quito, en cuyo funesto día sesos humanos cubrían las paredes de las cárceles, arroyos de sangre corrían por las calles y el hogar doméstico, brutalmente atropellado, era teatro de la violación, el robo y el exterminio. Son los mismos que en San Carlos degollaron ferozmente a doscientos cincuenta individuos pacíficos sin que en tal carnicería se exceptuaran ancianos, niños o vírgenes, persiguiéndoles hasta dentro de los templos sagrados, donde eran degollados los primeros y violadas las últimas. Son los mismos que en Valencia después de rendida la plaza y tan luego que el enemigo hubo depuesto las armas, ejecutaron a los soldados rendidos y quintaron a la población pacífica. Pero ¿a qué recopilar los hechos de ferocidad y barbarie que estos hijos del averno han cometido en América? Acaso no son más crueles que Nerón? ¿Y no es mayor el odio que ellos tienen a los americanos que el que Atila tuvo a los romanos?

Los enemigos de América, los monstruos de la humanidad aun pretenden afianzar su poder salvaje y sanguinario en la preciosa joya de las Antillas. Creen que porque algunas almas mezquinas traicionaron a su patria en momentos en que estas ya rompían sus cadenas, pueden continuar tranquilos explotando y escarneciendo a Cuba y deshonrando con su inicua dominación a la América entera. ¿Permitiremos tal humillación y afrenta? No, y mil veces no. El pueblo cubano con su sangre lavará la mancha que sobre él han arrojado los traidores y con su heroísmo expulsara para siempre esa salvaje dominación

¡Cubanas! ¡Contamos con vuestro auxilio para que nos ayudéis a desinfectar nuestra Patria de la epidemia ibérica que la esquilma! ¡Americanas! Tened presente que la obra iniciada por Bolívar, Washington, Sucre, San Martin, Hidalgo, O'Higgins y otros campeones de la independencia americana, no estará concluida hasta que no arranquemos el pendón de Iberia de sus últimas posiciones en este continente: Cuba y Puerto Rico.

Congregados en esta ciudad de Nueva York varios cubanos en cuyos corazones arde el fuego santo de amor a la libertad, y que están dispuestos a hacer por la patria hasta el último sacrificio que fuese necesario, después de varias sesiones preliminares constituyeron una agrupación titulada COMITÉ REVOLUCIONARIO CUBANO, el cual, en ejercicio de sus funciones, tiene hoy el honor de invitar a las señoras cubanas y extranjeras, que simpaticen con la causa de la independencia de Cuba, a que contribuyan de consuno a la realización de la empresa que nos proponemos acometer por medio de una organización general cuyo lazo de unión sea la redención de Cuba, procediendo sin demora a los trabajos fundados en los bases constituyentes que insertamos a continuación:

Bases

1.a En todos los pueblos de la isla o del extranjero donde existan partidarios de la independencia de Cuba y deseen trabajar por ella, se organizarán agrupaciones patrióticas secretas con el nombre general de *Clubs Hijas de la Libertad,*

2.a Estos clubs observarán las presentes bases constitucionales, sin perjuicio de que cada uno forme su reglamento .particular adecuado a la localidad y a otras circunstancias que fuese necesario tener en cuenta.

3.a El objeto de estos clubs será trabajar por todos los medios conducentes al logro de la Independencia de Cuba, arbitrando y reuniendo recursos pecuniarios y elementos de guerra, o por medio de la propaganda, generalizando y unificándola en el pueblo o conquistando nuevos prosélitos y simpatizadores que coadyuven al mismo fin.

4.a El Comité Revolucionario Cubano de Nueva York, es el centro de la organización general con el cual estarán relacionados todos los clubs que se organicen en Cuba o el extranjero.

5.a Tan luego como en cada localidad se reúnan cinco o más señoras dispuestas a trabajar por la independencia de Cuba por medio de la revolución armada, se organizara el club, eligiendo una directiva compuesta de tres de ellas en la cual radicaran los cargos de presidenta, tesorera y secretaria, participándolo inmediatamente al Comité de NY para que este le expida el correspondiente diploma y el número de orden que a dicho club corresponde; así como un diploma especial a cada una de sus fundadoras que las acredite como antes.

6.a En cada localidad se podrán organizar uno o más clubs con arreglo a la magnitud de la población.

7.a Los clubs se compondrán de miembros activos y pasivos.

Miembros activos son aquellos que además de contribuir con sus recursos pecuniarios presten servicios activos al club.

Pasivos son aquellos que simplemente contribuyen con recursos pecuniarios o elementos de guerra. No será inconveniente para ser miembro de esta clase, no residir en el lugar en que tenga su asiento el Club Revolucionario.

8.a Los trabajos de cada club serán secretos y solo deberán ser conocidos del COMITÉ REVOLUCIONARIO CUBANO de Nueva York, a quien darán cuenta del estado de ellos cada quince días, haciéndole además todas las observaciones y proposiciones que crean convenientes. Recomendando a las directivas de los clubs, que en todos sus actos, la más estricta e impenetrable reserva es la base de los resultados que se esperan de esta organización.

9.a Todas las señoras asociadas tendrán un seudónimo que será el que se aluda en todas las comunicaciones de sentido revolucionario, así como de los diplomas que expida este Comité, a menos que la interesada no quiera que se expida con su nombre verdadero».

Nueva York, octubre de 1878.
Por acuerdo del Comité,
El Presidente, Calixto G. Íñiguez

En este llamamiento los patriotas cubanos daban crédito públicamente a la labor que la mujer cubana había realizado durante la Guerra de 1868, y sabían también que ella volvería a ayudarlos en la nueva etapa de la Guerra de Independencia.

Comenzó así la Guerra Chiquita, el 26 de agosto de 1879. Se escuchó el grito de ¡Independencia o muerte! en los campos de las inmediaciones de Rioja, próximo a la oriental ciudad de Holguín, y posteriormente se extendió hacia la región de Gibara. Pero al no poder viajar el General Calixto García a Cuba, falta el liderazgo en el país haciendo que la guerra vaya perdiendo fuerza por la falta de información y por la infiltración del enemigo. Los luchadores contaban con el apoyo de una expedición de 82 revolucionarios de los cuáles solo poco más de 20 logra salir de New Jersey el 26 de marzo de 1880, desembarcando en Cuba por Aserradero, el 7 de mayo. Débiles por el cansancio y el hambre, intentan comunicarse con los luchadores en la Isla pero les resulta imposible. Luego de ser perseguidos y acosados, algunos son hechos prisioneros y otros caen en combate. Los que sobreviven no se rinden y continúan la lucha hasta el 4 de agosto. Luego de recibir garantías, se presentan a las autoridades españolas, y se les perdona la vida pero son desterrados a España.

Luego de otros sucesos menores, la guerra termina cuando los insurgentes son derrotados en septiembre de 1880. Los principales jefes son detenidos y deportados. La guerra había terminado. Pero el descontento, la insatisfacción y el incumplimiento de promesas, llevarían a los cubanos a un nuevo alzamiento en 1895.

Algunos de los grandes líderes se habían ido al exilio al fin de la guerra, llevando el dolor de no haber podido rescatar a Cuba del régimen español. Otros que habían regresado a sus hogares, como el General Francisco Varona, de Las Tunas, quien dejó referencia en su diario personal sobre lo que había sucedido durante su ausencia: «mis padres, arrojados de la casa solariega por la maldad española, yendo a morir lejos del hogar querido; mi hermana Mercedes, asesinada por las balas españolas en Las Arenas, camino de Guamo; a mi hermana Tomasa le fusilaron a su esposo, el General Rubalcava, y ella expatriada, arrastra la miseria por extranjero suelo; y mi hijo Esteban lo mataron también los españoles. Aún persisto yo en la libertad de mi patria, y si tengo más hijos, darán la vida también por ella cuando sea necesario».[48] Al igual que Varona, miles de cubanos se encontraban en las mismas circunstancias.

La Guerra de los Diez Años y la Guerra Chiquita habían dejado a Cuba en una pobreza severa por lo que habría mucho que reconstruir. No sería fácil reanudar la vida pues la guerra había arrasado con plantaciones, ingenios, poblados, ciudades, y sobre todo, con muchas vidas. Solo un ejemplo: el número de centrales azucareros había disminuido de 2,000 en 1868, a 1,190 en 1878, siendo en Camagüey y Oriente donde la pérdida había sido mayor que en el resto de la Isla. En estas circunstancias «el mambí, siempre laborioso y siempre sufrido, había cambiado el fusil por el arado, y el machete lo usaba ahora para limpiar la manigua».[49]

¡Cuánta tragedia, dolor y sufrimiento había provocado aquella larga guerra! ¡Cuánta familia separada, cuantos huérfanos y viudas; cuántos muertos! Pero, ¡qué alegría también ver regresar a hombres y mujeres a sus hogares luego de tantos años de ausencia! Las esposas, madres, hermanas y familiares profusamente los agasajaban al regresar, sobre todo los niños. No podemos medir el amor y la ternura de todos ellos; los abrazos, sollozos, caricias, gozos, y también el dolor de aquellos encuentros.

La situación era verdaderamente deprimente. En todas partes de la Isla, y en Puerto Príncipe en particular, en tiempos normales y felices se extraían de los basureros de las casas plumas de aves para ser recogidas por los empleados de sanidad. Pero luego de la guerra..., ni huesos, ni aves ¡ni nada!, se encontraba en los basureros. Antes no se dejaba crecer la yerba junto a las aceras de las calles. Ahora las calles, en su mayor parte, parecían serventías.[50] «Antes, cualquiera tenía un peso», publicaba un periódico de la ciudad.

---

[48]En José Abreu Cardet: *Los resueltos a morir; relatos de la Guerra Grande*, Editorial Oriente, Santiago de Cuba, 2016, pág. 35. Información en el Archivo Nacional de Cuba, Donativos y Remisiones, leg. 467, no. 2.

[49] José Duarte Oropesa: *Historiología Cubana*, t I, Ediciones Universal, Miami, 1989, pág. 192.

[50] Serventías: en Cuba, camino que pasa por terrenos de propiedad particular y que utilizan los habitantes de otras fincas para comunicarse con los caminos públicos.

«Hoy el que tiene una perra grande[51] compra un central y le dan la contra[52] de frijoles.»[53] A las familias que antes de la guerra habían vivido con cierto desahogo, no les había quedado más remedio que hipotecar sus propiedades para sobrevivir. Debido a la carencia de recursos básicos, la vida cotidiana era difícil para todos, y los precios de los productos que se podían conseguir, comenzaban a duplicarse.

Vendedora ambulante.[54]

Las calles sucias, la mala calidad del agua que se utilizaba para beber, así como la aglomeración de personas, provocaron que ocurrieran aún más fallecimientos causados por enfermedades asociadas con ese tipo de vida. La disentería, la meningitis, la tuberculosis, la fiebre tifoidea, la fiebre amarilla, la malaria y la viruela, estaban diezmando a la población.

Pero poco a poco las circunstancias fueron mejorando, y con el correr de los meses empezaron a llegar algunas mercancías a ciudades y poblados. Volvieron a aparecer los vendedores ambulantes que por las calles ofrecían alimentos y artículos básicos como leche, pan, hortalizas, carbón, leña, forraje, y demás productos básicos.

La investigación realizada por la historiadora Elda Cento y lo publicado en el periódico *El Camagüeyano*[55] de aquella época, añaden datos a esta situación: «a la [ciudad] de Puerto Príncipe llegaban los montunos con sus serones[56] cargados de viandas y frutas o con el

---

[51] Una perra grande o gorda es un nombre coloquial con el que se denominaba a la moneda española de 10 céntimos de peseta en aquella época.
[52] La «contra» significa en Cuba añadidura, especialmente la que se da como propina o regalo.
[53] «Gacetilla», *El Pueblo*, XI (208): 3, Puerto Príncipe, 13 de septiembre, 1895.
[54] Samuel Hazard: *Cuba with Pen and Pencil*, Hartford Publishing Company, Chicago, 1871.
[55] «Párrafos sueltos», *El Camagüeyano*, I (105) 2, Puerto Príncipe, 15 de noviembre de 1889, pág. 56.
[56] Serón, bolsa que sirve para llevar carga por los caminos.

cazabe –mejor si venía de las estancias de Cubitas– y el típico pregón camagüeyano [...], y se escuchaba entre el ruido: '¡que se van los platanitos manzanos!, ee see van las piñas dulces!, ee see van las buenas bergamotas!, ee see van las naranjas de china dulceee!, ee se van los buenos tomates!, ee se van los plátanos amarillos!... ee se van los buenos aguacates!'. Tiempo después, los establecimientos comerciales empezaron a abastecer a la población de otros productos necesarios».[57]

En las primeras semanas después de la contienda, muchas mujeres se dieron a la tarea de socorrer a viudas y huérfanos. Entre las asociaciones que fundaron estaban Las Hijas de María, La Protectora del Soldado, La Caridad de Socorros Mutuos, Los Desamparados, La Asturiana de Beneficencia, La Pureza, Nuestra Señora de Regla, Los Hijos del Ejército y otras más.[58] Era una labor social que ayudaba física y espiritualmente a aquellas mujeres y huérfanos a orientar sus vidas que habían quedado alteradas por la guerra. Las mujeres pasaban por una situación difícil, como explica la historiadora Raquel Vinat de la Mata, «por la pérdida de fortuna por confiscación de bienes o por embargos oficiales, [...] y la viuda o huérfana debió asumir el rol de jefa de familia por lo que las cubanas tuvieron que realizar las funciones que antes realizaban el padre, el esposo o el hermano».[59] Ahora eran las mujeres las que tenían que procurar el dinero para alimentar a la prole, cuidar de los padres mayores, hacer decisiones y tantas cosas que implica el mantenimiento de un hogar. Pensemos lo difícil que debió ser para esas viudas buscarse un trabajo en aquellos momentos en que la mujer no estaba preparada para trabajar fuera del hogar.

Una de las primeras víctimas de la guerra fue el amor: el amor al esposo, al amante, al hijo, a los padres, al novio, al primo, al amigo. Al terminar la guerra muchos matrimonios, novios y amigos no

---

[57] Elda Cento Gómez, Roberto Pérez Rivero, José María Camero Álvarez: *Memorias de la guerra*, Casa Editorial Abril, La Habana, 2009.
[58] Esperanza Méndez Oliva: *La Estirpe de Mariana en Las Villas*, Editorial Capiro, Santa Clara, 2006, pág. 22.
[59] Raquel Vinat de la Mata: «El tema femenino en el discurso social del siglo XIX en Cuba,» *Contrastes,* no. 7-8, Universidad de Murcia, 1991-1993, pp. 22-32.

se encontraron ya nunca más. La muerte no permitió que se volvieran a ver; que nunca más compartieran juntos. En casi todas las familias alguien había muerto, siendo las viudas las más afectadas. Después de la guerra muchas de ellas nunca más volverían a compartir la vida con otro compañero, como fue el caso de Amalia Simoni,[60] esposa del General Ignacio Agramonte. Tan enamorada estaba Amalia de Ignacio, que pensó que ya no podía seguir viviendo; que no podría volver a amar. Y también Ana Betancourt de Mora, cuando su esposo Ignacio Mora muere en la manigua mientras ella recibe la noticia en el exilio. O Ana Josefa de Agüero, esposa de Joaquín de Agüero, quien al saber que su esposo había sido fusilado, cayó sin sentido por varios días, encaneció y envejeció prematuramente, para morir tiempo después en el exilio.

El desgarramiento emocional que sufrieron aquellas mujeres tuvo que haber sido inmenso. Por eso el periodista Luis Quintero preguntaba en 1875, «y nuestras mujeres, ¿podríamos pedir mayor abnegación de ellas? No son rivales de las hijas de Esparta [...]?». Y continuaba: «No hay ninguna labor que no han hecho, ninguna miseria que no han sufrido, ningún dolor que no ha afligido a su corazón. Han perdido a sus amados hermanos, esposos, a sus hijos adorados. Y sin embargo, estas mujeres sufren su exilio y su miseria y su dolor sin la mayor queja contra la Revolución, y animan y apoyan al patriota que quiere compartir con sus hermanos los horrores de la guerra. Los hijos de estas mujeres saben perfectamente lo que es ser libres».[61]

Es justo apuntar que no solo sufrieron las cubanas, sino también las españolas, quienes quedaron afligidas y desoladas al igual que las cubanas, cuando sus esposos, novios o hijos abandonaron sus hogares en la Península para ir a luchar a Cuba. Cuentan que aquellas españolas querían ir con sus hombres, y que en los muelles las autoridades habían tenido que impedírselo: «un número crecido de mujeres de la clase baja [...] quisieron abordar los barcos en que se producía la retirada. El militar realizó un razonamiento implacable al afirmar que estaban 'inspiradas por sentimientos de afección

---

[60] Para más información ver Teresa Fernández Soneira: *Mujeres de la Patria*, t I, pp. 291; 329-340; 343, 408 y 424.
[61] Luis Quintero: «Unión-Patriotismo», *El Pueblo*, 13 octubre, 1875, pág. 2.

personal que no conviene favorecer'».⁶² Se prohibió la entrada a los buques, redoblando la guardia en los muelles, y también colocaron patrullas navales que rechazaban a los botes que trataban de llegar a los buques militares. Muchos de aquellos soldados morirían en tierra cubana, y nunca más regresarían a sus madres, hermanas, novias, esposas, amigas, al igual que sus contrarios en Cuba.

Soldados españoles despidiéndose de sus familias en el puerto de La Coruña.

El escritor español, Vicente Blasco Ibáñez,⁶³ desde su postura de independentista, opuesto a la guerra, narraba con un cierto tono cínico lo que veía cuando se acercaba a los muelles: «en la orilla estaban las madres y las hermanas conteniendo los sollozos. Veíanse las mujeres de los sargentos tragando sus lágrimas para no asustar a los niños que miraban con asombro en la popa del buque al padre vuelto de espaldas para ocultar su emoción; era dolorosa la despedida; pero ya estaban allí las autoridades para animar al rebaño repartiendo pesetas y tabaco, y tampoco faltaban hablando de la patria, honor, etc. [...] ¡A Cuba, sí! debemos defender nuestros intereses, por el honor de España...» seguía diciendo Ibáñez, «[...] el porvenir

---

⁶² José Abreu Cardet, Ob. Cit., pág. 120. En el Archivo Nacional de Cuba, Asuntos Políticos, Caja 227, no. 6.
⁶³ Vicente Blasco Ibáñez, (Valencia, 29 de enero de 1867-Menton, Francia, 28 de enero de 1928) escritor, periodista y político español.

no debe inquietar a ese rebaño gris de infelices que se aleja. Más de una mitad estará antes de tres meses pudriendo tierra...».[64]

Luego de casi dos décadas entre las guerras, los cubanos volvían a organizarse para la lucha final. Pero la situación político-militar en Cuba había variado, y los hombres que comenzaban a organizar la Guerra de Independencia eran conocidos por el régimen colonial, por lo que resultaba imposible trabajar desde el interior del país. Desde el exilio tendría que venir la ayuda para la lucha armada. Esta guerra sería distinta a la Guerra del 68, no solo por la composición de sus líderes y el contenido ideológico de su programa, sino también por el carácter de sus tácticas bélicas.

Pero debemos preguntarnos, ¿cómo se había desarrollado en los cubanos el sentido de nacionalidad y de patriotismo? El Dr. Fernando Ortiz[65] apuntaba en 1940: «la cubanía, que es conciencia, voluntad y raíz de patria, [...] fue brotada desde abajo y no llovida desde arriba. Hubo que llegar al ocaso del siglo XVIII y comienzos del XIX para que los requerimientos económicos de esta sociedad, ansiosa del intercambio libre con los demás pueblos, hicieran que la clase hacendada adquiriera conciencia de sus discrepancias geográficas, económicas y sociales con la Península, y oyera con agrado, aún entonces pecaminoso, las tentaciones de patria, libertad y democracia que nos venían de Norteamérica independiente y de Francia revolucionaria».[66]

A la generación joven le habían inculcado los veteranos de la Guerra Grande los auténticos valores como la libertad, la dignidad y la solidaridad. Muchos jóvenes se habían formado en sus hogares al calor de las historias contadas por sus mayores: habían escuchado las hazañas y los sacrificios de quienes lo habían dado todo por ver a Cuba libre durante la Guerra de los Diez Años.

---

[64] «Blasco Ibáñez contra la guerra de Cuba»: *A tu aire*, www.atuaireingelmo.blogspot.com, 2007.

[65] Fernando Ortiz, (La Habana, 16 de julio de 1881-10 de abril de 1969) etnólogo, antropólogo, jurista, arqueólogo y periodista, economista, historiador y geógrafo. Realizó notables aportes a la cultura cubana.

[66] Fernando Ortiz: «Los factores humanos de la cubanidad», *Revista Bimestre Cubana*, No. 2, Marzo-Abril de 1940.

Niños de El Caney jugando a ser soldados. Estereograma c. 1898. (Colección de la autora). Allí van los «soldaditos» cubanos, ¡a liberar a Cuba!

¿Qué era Cuba (la *patria*), para aquellos cubanos en las últimas décadas del siglo XIX, en su mayoría analfabetos[67] y campesinos? ¿Cómo había germinado la semilla del patriotismo en aquella nueva generación de cubanos que se enfrentaba nuevamente a una guerra? La historiadora Elda Cento ofrece un ejemplo de lo que los habitantes de Puerto Príncipe entendían por patria: «Para los camagüeyanos, su universo no se extendía más allá de los límites de una buena cabalgadura y de los lazos consanguíneos. Su mundo estaba construido sobre la familia, los parientes, los vecinos, los compadres, y aunque un poco más distante, lo integraba también el dueño de la tierra —o su capataz o administrador [...]. Por eso debe admitirse que una buena parte de los hombres que se sumaron a las filas insurrectas, lo hicieron primariamente siguiendo a quienes conocían, a aquellos a los cuales estaban unidos por lazos de sangre o por compromisos forjados en los azares de la vida. El campamento mambí hizo el resto»,[68] termina diciendo Cento.

La familia criolla era el punto por donde cruzaban los asuntos políticos y públicos. Los hijos eran guiados hacia la nacionalidad de acuerdo con las reglas sociales de la familia. En las reuniones familiares y en las de amigos y conocidos, cuando se congregaban las diferentes generaciones de la misma familia, los mayores explicaban a los jóvenes y niños el significado de lo que era ser cubano ya que España había sido la única imagen que conocían, y la metrópolis española el ambiente en el que habían crecido. El patriota y amigo

---

[67] Pablo Tornero: «Desigualdad y Racismo. Demografía y Sociedad en Cuba a fines de la época colonial», *Revista de Indias*, vol. LVIII, núm. 212, p. 35, 1998. De acuerdo a Tornero, el 51% de los blancos criollos no sabían leer, y el porcentaje de los de color llegaba al 74%.

[68] Cento, *Memorias,* Ob.Cit., pág. 110.

entrañable de Martí, Fermín Valdés Domínguez,[69] decía en 1896: «El ejemplo de los heroicos diez años de guerra se convirtió en la mejor lección que los niños aprendieron y así fueron formados en un culto a la Patria, que los padres les habían transmitido en sus conversaciones diarias».[70]

Estereograma de una familia campesina c. 1896. (Colección de la autora).

Y la escritora María Eugenia Espronceda insiste que fue en el modo de vida cubano desde donde el independentismo se abrió paso. Y dice Espronceda: «la familia y la patria se fusionaron hasta tal punto que la una era prolongación de la otra; o la otra continuación de la una. La madre, que con gesto espartano enviaba a filas al hijo con las heridas recién curadas, anduvo con él y con otros en los campos de pelea; y conoció por sí misma las cargas al machete. Así fue creciendo la idea de la patria; se fue desarrollando la idea de país, con la familia a la que se pertenecía, la tierra a la que amaba y por la que había que luchar».[71] Durante la Guerra Grande madres y hermanas habían animado a sus hijos y hermanos a que apoyaran la lucha por la libertad, y los abuelos habían alentado a sus hijos a luchar.

El General Enrique Loynaz del Castillo[72] recordaba durante sus años de infancia, que un año en su cumpleaños su madre, **Juana del Castillo Betancourt**, le hizo un escudo de Cuba para su habitación... [...] «y lo adornó con pequeñas banderas cubanas. Dio di-

---

[69] Fermín Valdés Domínguez, (La Habana, Cuba, 10 de julio de 1852 - 13 de junio de 1910) médico y patriota cubano, amigo de José Martí.

[70] Fermín Valdés Domínguez: *Memorias de un soldado*, Centro de Información Científica y Técnica, t I, Universidad de La Habana, 1974, pág. 469.

[71] María Eugenia Espronceda: *El Viaje Histórico de la Sociedad Cubana por los Senderos del Parentesco*, Ediciones Santiago, 2002.

[72] Enrique Loynaz del Castillo (Puerto Plata, República Dominicana, 5 de junio de 1871 - La Habana, Cuba, 10 de febrero de 1963), libertador cubano de la Guerra de 1895. Autor de la letra del Himno Invasor. Amigo y auxiliar de José Martí, y edecán del General Antonio Maceo.

rección a mi vida», afirma Loynaz. Lo mismo dice el Coronel Horacio Ferrer: «tenía cinco años y era muy apegado a mi madre... [...] ella comenzó a enseñarnos e inculcarnos el amor a la verdad, al estudio, y al honor. Y hablando de historia, nos relataba que había un hombre llamado Máximo Gómez que había luchado en la Guerra de los Diez Años para que fuera Cuba independiente... [...]; la semilla de mi amor por Cuba penetró en mi espíritu por mi madre durante mi juventud, para florecer durante mi adolescencia». En una ocasión, mi querida madre, llena de emoción pero con presencia de mente, terminó una de aquellas conversaciones afirmando: «mis hijos tienen dos madres: la patria y yo, y deben cuidar las necesidades ¡de la que más lo necesita! Aquel día, tanto para mi hermano como para mí, nuestro destino quedó sellado».[73]

La patriota cienfueguera, **Rita Suárez del Villar**[74] estaba presente cuando los hermanos y amigos de su padre se reunían en su casa para conspirar contra el gobierno español. Atenta a lo que decían, recordaba años más tarde: «Escuchaba sus conversaciones sobre las injusticias cometidas contra los pobres patriotas...y esa experiencia me afectó a lo más profundo de mi ser. El saber de la opresión en la que mi querida Cuba vivía, me producía una gran angustia. Esta experiencia causó que jurara que pronto, en cuanto fuera lo suficiente mayor, lucharía sin descanso por mi querida Patria para que fuera libre y soberana».[75]

A pesar de la incertidumbre, la preocupación y el temor por la guerra que se aproximaba, el cubano, que siempre ha tenido alma de músico y que siempre le ha gustado la fiesta, asistía en las ciudades a conciertos y bailes cuando podía. En medio de la turbulencia revolucionaria se oían danzas, contradanzas y habaneras, como por ejemplo, «¡Ave María, gallo!» del compositor cubano José L. Fernández de Coca (Lino Coca); los danzones del matancero Miguel

---

[73] En Horacio Ferrer: *Con el rifle al hombro*, Imprenta Siglo XX, La Habana, 1950, pág. 15.

[74] Para datos sobre esta patriota ver pp 56, 64, 196, 326, 428-433, 451 de esta obra.

[75] Rita Suárez del Villar: *Mis memorias*, La Fundación Cultural Oasis Teosófico-Martiano, La Habana, 1957, pág. 13. Existe un Archivo Histórico "Rita Suárez del Villar" en Cienfuegos, en la Calle 27, No. 5201 e/ 52 y 54.

Faílde Pérez; las contradanzas del habanero Manuel Saumell,[76] como «Los chismes de Guanabacoa», y otras piezas más.

El músico cubano, Miguel Faílde

Alejo Carpentier[77] reseña que «en 1878 la difusión del danzón debió de ser considerable, a juzgar por un concurso organizado en el teatro Albisu, por el Centro de Cocheros, Cocineros y Reposteros de la raza de color. Las orquestas de Faílde de Matanzas y de Raimundo Valenzuela de La Habana, ejecutaron rumbas, guarachas, boleros, puntos de clave, guajiras, además de los danzones presentados»[78]. ¡Y todo esto durante los años de desorden revolucionario!

Teatro Albisu de La Habana ya desaparecido

La cubanía también se afianzaba en la música y las costumbres. El gran músico cubano Ignacio Cervantes[79] avisó a su colega José White[80] de la intención de ofrecer conciertos a beneficio de la independencia, pero sin anunciarlo implícitamente en los programas.

---

[76] Manuel Saumell Robredo (1817-1870), maestro de la contradanza.

[77] Novelista, ensayista y musicólogo.

[78] Alejo Carpentier: *La música en Cuba*, Fondo de Cultura Económica, Medellín, 1972, pp. 159-160.

[79] Ignacio Cervantes Kawanagh (La Habana, 31 de julio de 1847 - La Habana, 29 de abril de 1905) fue un músico cubano, virtuoso del piano y compositor de danzas criollas, considerada su obra la influencia más importante en la música cubana del siglo XIX.

[80] José White Lafitte, (Matanzas, 1 de enero de 1836 - París, 15 de marzo de 1918) violinista y compositor. Por su insuperable técnica y sentido interpretativo le fue otorgado el apodo de «el Paganini Negro».

El primer concierto lo ofrecieron en Matanzas, y en esa oportunidad tocaron juntos *La Bayamesa*. Nada sucedió. Pero más tarde, en febrero de 1875, ofrecieron en La Habana otro concierto similar en el Teatro Tacón, y la noche de apertura volvieron a tocar aquel himno de guerra que era *La Bayamesa*. Pronto se oyeron gritos de «¡Viva Cuba Libre!», y las autoridades españolas entraron con porras en la mano y evacuaron el teatro.[81]

Ignacio Cervantes

José White

Como cada vez era más difícil ofrecer conciertos públicos, Cervantes y White decidieron tener recitales en casas particulares. Pero el 17 de abril de 1875 se atrevieron a repetir en el Teatro Tacón, un concierto que estaba altamente custodiado por la policía.

Teatro Tacón de La Habana, ya desaparecido. Aquí en una imagen a fines del siglo XIX.

Al día siguiente el Capitán General acusó a Cervantes de provocar un incidente y lo detuvo, informándole que estaban enterados que los fondos de los conciertos se destinaban a la causa independentista, por lo que le avisaba que tenía que abandonar inmediatamente la isla junto con su amigo José White.[82] Los dos se vieron obligados a salir al exilio[83]. Alejo Carpen-

---

[81] Zoila Lapique Becali: *Crónicas del tiempo no perdido*, Editorial de Ciencias Sociales, La Habana, 2011.
[82] Ignacio Cervantes, www.*Encaribe*.org.
[83] Ibídem.

tier apunta que Cervantes partió de Cuba al comenzar la Guerra de Independencia, y que permaneció en México hasta 1900.[84]

Sabemos también que una vez en el exilio, ofreció recitales en Cayo Hueso en el que aparece una nota en el periódico *El Yara*, que informa: «Pasaron por su teatro (el San Carlos) preclaras figuras del arte de la sabiduría y de las letras: Eusebio Hernández, Gonzalo de Quesada, Ignacio Cervantes, R. Díaz Albertini, Sanguily, Antonio Zambrana, Martí...».[85] Eran reuniones que se celebraban para recolectar dinero para la guerra. También tocaría Cervantes en Nueva York para la colonia de esa ciudad, como relata **Blanche Z. Baralt**, la amiga de José Martí: «Nuestra casa fue, durante varios años, un punto de reunión para los cubanos. Ocupábamos un edificio mayor de lo que requería nuestra familia, porque, como presidente de la Sociedad para la Cultura Harmónica, mi marido necesitaba una casa con amplios salones para las sesiones quincenales de esa agrupación. Se daban allí, además, clases de idiomas, de literatura y de arte. Ignacio Cervantes y Rafael Díaz Albertini, eximios *virtuosi* cubanos, honraron nuestros salones, así como el glorioso violinista José White y su émulo, Brindis de Salas».[86]

Gran Teatro Atenas de Caibarién.

La sociedad ya reconocía a la mambisa como miembro fiel de la familia, guerrera en la peor de las circunstancias; como contrabandista astuta y audaz; madre patriota y núcleo de la soberanía nacional. Años antes de que comenzara la guerra, Gaspar Betancourt

---

[84] Solomon Gadles Mikowsky: *Ignacio Cervantes y la danza en Cuba*, Editorial de Letras Cubanas, La Habana, 1988, pág. 128.
[85] José Dolores Poyo, periódico *El Yara*, 25 de mayo de 1889.
[86] http://www.ecured.cu/index.php/Archivo:Blanche_Zacharie_de_Baralt.jpg.

Cisneros había declarado que «[...] las mujeres en que se funda la felicidad futura de la patria, esas han de ser madres; ellas son el punto de partida de los pueblos; de ellas salen los héroes o los tiranos, los sabios o los ignorantes; los patriotas o los traidores, los filósofos o los libertinos [...]».[87]

El historiador español Antonio Pirala, escribió sobre el importante papel que ejerció la mujer cubana en la insurrección. En sus *Anales de la Guerra de Cuba*[88], decía: «además de los esfuerzos realizados desde la emigración, donde muchas venden sus joyas para ayudar a los mambises [...], ocuparán sus manos en la costura; prestarán en su esfera cuantos medios pudieran, alentarán el valeroso desprecio al cobarde; se mostrarán en aquellos momentos sublimes dignas hijas del suelo cubano, y elevarán al cielo frases pidiendo en nombre de la inocencia y de la virtud, el triunfo de la verdad». [89]

José Miró Argenter[90] recoge las situaciones de separación cuando va a estallar la Guerra del 95: «Aquí se ve a una mujer que perdió a su esposo en la guerra de los Diez Años, y ahora se desprende de sus hijos[91] y se queda sola en el hogar. Más allá, una joven vestida de luto, se afana en bordar las insignias que ha de ostentar su hermano; su padre cayó en las primeras acciones de la contienda actual. Otra joven, en amoroso transporte, coloca sobre el pecho de un oficial bisoño el relicario de la Virgen de la Caridad, para que lo libre de las balas enemigas; es prenda de enamorada. Para las viudas el hogar está ya desierto e inseguro; allí todo le habla a la mambisa del objeto de sus ilusiones»[92]. Como en la guerra de los Diez Años, en la del 1895 continuaba la devoción a la Virgen de la Caridad del Cobre, que seguiría hasta nuestros días. La historiado-

---

[87] Salvador Bueno: *Costumbristas Cubanos del siglo XIX*, Gaspar Betancourt Cisneros, «Escenas Cotidianas» en Barcelona, 2018, pág. 64.
[88] Antonio Pirala Criado: *Anales de la Guerra de Cuba*, Felipe González Rojas, editor, Madrid 1899.
[89] Ibídem, t I, pág. 651
[90] José Miró Argenter, (Sitges, España, 4 marzo 1851 - La Habana, 2 mayo 1925). Fue escritor y General del Ejército Libertador.
[91] Implica que al llegar la guerra del 95, la mujer vuelve a estar sola cuando sus hijos se van a la guerra.
[92] José Miró Argenter: *Crónicas de la Guerra*, Editorial Lex, t I, La Habana, 1945, pág. 132.

ra Olga Portuondo Zúñiga, en su obra *La Virgen de la Caridad, símbolo de cubanía*[93] anota que «en la tradición religiosa popular permanecieron los mismos principios de ética patriótica unidos al culto de la Virgen cobrera. Como en el 1868, los miembros del Ejército Libertador acostumbraban llevar resguardos y medallas con su imagen para procurar su protección en el combate. Aparecía un santo protector y guerrero al que se le pedía librarse de las balas enemigas».

El líder Ignacio Mora había escrito sobre el tema religioso durante la Guerra de los Diez Años: «el fanatismo del pueblo cubano raya en locura. La fiesta de la Caridad es un delirio para él. Sin tener que comer, pasa dedicados estos días en buscar cera para hacer la fiesta al estilo mambí, esto es, encender muchas velas y suponer que la imagen de la Virgen está presente. En todos los ranchos no se ve fuego para cocinar sino velas encendidas a la Virgen de la Caridad».[94]

Por ello, volvían ahora las cubanas a confeccionar escapularios y escarapelas para los soldados mambises, y se los entregaban cuando se marchaban para la manigua.[95] En cada escarapela y en cada escapulario, la mambisa ponía todo su amor, esmero y devoción, y le entregaba un alfiler o imperdible para que cada hombre la fijara en la parte anterior de su sombrero. El historiador José Abreu Cardet [96] relata que el 31 de octubre de 1895, en Mala Noche, prefectura mambisa, los guineros despidieron a la columna invasora con un emotivo baile, y que las muchachas prendían en las camisas de sus novios imágenes de la Virgen de la Caridad del Cobre y de santos. Y Cardet comenta que

---

[93] Olga Portuondo Zúñiga: *La Virgen de la Caridad del Cobre, símbolo de cubanía*, Agualarga Editores, S.L., Madrid, 2002.

[94] Ibídem, pág. 184.

[95] Grover Flint: *Marching with Gómez*, Lamson, Wolffe and Co., New York, 1898.

[96] José Abreu Cardet: «Las muchas visiones de una Guerra», *III Coloquio de Historia Canario-Americana*; VIII Congreso Internacional de Historia de América (AEA) (1998), pág. 139.

«la buena madre de Cristo[97] parecía estar atenta a los muchos sufrimientos de sus hijos antillanos». «No los pudo rescatar de los pelotones de fusilamientos, de la acción implacable de las contraguerrillas, pero por lo menos, estos sufridos combatientes debieron de sentirse acompañados en sus momentos más trágicos por la piadosa imagen». Y añade Abreu Cardet, «quizás en cierta forma ella encarnaba una especie de abstracción de la patria para esta gente de un sentido muy recto y simple de la imaginación. *Cuba era representada como una mujer*».[98] La Virgen no se olvidaba de sus hijos e iba a socorrerlos en espíritu, infundiéndoles valor y esperanza.

En el periódico *Patria*, Fermín Valdés Domínguez[99] escribe sobre su madre: «Al morir, por los dolores de su alma pura, sus ojos levantaron al cielo para bendecir y su mano trémula y fría quiso llevar a sus labios la medalla de la Virgen de la Caridad que ocultaba en aquel seno tan desventurado como santo. Yo recogí aquella reliquia para dejar en ella el beso que mi madre no pudo darle; yo recogí aquella medalla y ella es hoy el símbolo de mi maldición eterna. Sobre ella están las lágrimas de mi madre y, con sus lágrimas, escritas la larga historia de penas, la terrible historia de los que van por la tierra cubana sembrando la infamia y la degradación».[100]

Desde Nueva York, José Martí, en aquel interminable exilio, había venido abriendo camino y uniendo voluntades junto a un grupo de valerosos patriotas. En su discurso a los emigrados de Steck Hall, del 24 de enero de 1880, Martí les dijo: «pregúntese a otro si, como luchó en la pasada guerra, lucharía en la nueva, y dice simplemente: 'nosotros hicimos en 1868 un juramento; pero aquel juramento fue un contrato entre todos los que lo prestaron; los que han muerto lo han cumplido; los que vivimos no lo hemos cumplido todavía [...] Indómitos y fuertes, prepárense sus hijos a repetir sin miedo, para acabar

---

[97] Se refiere Abreu a la Virgen de la Caridad del Cobre, patrona de Cuba.
[98] José Abreu Cardet: *Las fronteras de la guerra, mujeres, soldados y regionalismo en el 68,* Editorial Oriente, Santiago de Cuba 2007, pp. 127-128. El énfasis es de la autora.
[99] Fermín Valdés Domínguez, coronel del Ejército Libertador, periodista y médico, amigo entrañable de José Martí.
[100] Fermín Valdés Domínguez: «La Virgen de la Caridad», *Patria*, Nueva York, 9 de junio, 1894, pág. 1. Escrito en Key West, el 25 de mayo de 1894.

esta vez sin tacha, las hazañas de aquellos hombres bravos y magníficos que se alimentaron con raíces; que del cinto de sus enemigos arrancaron las armas del combate; que con ramas de árbol empezaron una campaña que duró diez años; que domaban por la mañana los caballos en que batallaban por la tarde!»[101]

Luego de cuidar y de abonar el terreno, la fruta estaba madura. Martí establece el Partido Revolucionario Cubano en Cayo Hueso, el 10 de abril de 1892, y desde entonces no se descansa un momento; había llegado la hora para organizarse y luchar hasta morir. «El ambiente en Cuba era francamente revolucionario» afirma la historiadora cubana Hortensia Pichardo. «En muchas comarcas los jefes esperaban la orden de alzamiento; no faltaba más que la chispa para encender la hoguera»[102]. Deseoso de comenzar esa lucha, Martí se reúne con los líderes Mayía Rodríguez, Máximo Gómez y Enrique Collazo, y los tres firman la orden de alzamiento dirigida «al ciudadano Juan Gualberto Gómez, y en él a todos los grupos de Occidente».[103] Juan Gualberto recibe el comunicado autorizando el alzamiento para la segunda quincena de febrero. La resolución número I de la orden decía: «se autoriza el alzamiento simultáneo o con la mayor simultaneidad posible, de las regiones comprometidas en que la acción del exterior será ya fácil y favorable, que es durante la segunda quincena, y no antes, del mes de Febrero».[104]

El 24 de febrero de 1895 resonó el grito de guerra en muchos rincones de la manigua cubana. La guerra contra España había nuevamente comenzado. El historiador cubano, Dr. Jorge Castellanos[105], opina: «la provincia oriental era el alma y la fuente perpetua de la fuerza mambisa. Más el corazón, el cerebro y hasta el bajo vientre del enemigo se encontraban en las provincias azucareras de La Ha-

---

[101] José Martí: *Obras completas*, «Lectura en la reunión de Steck Hall, Nueva York», t 4, Editorial Lex, La Habana, p. 190.
[102] Hortensia Pichardo: «24 de febrero de 1895: inicio de la guerra de Martí», *Anuario del Centro de Estudios Martianos*, vol. 7, La Habana, 1984 pág. 9.
[103] José Martí: *Obras Completas*, «Orden de alzamiento al ciudadano Juan Gualberto Gómez, y a todos los grupos de Occidente», t 4, pp. 41-42.
[104] Manuel Delofeu y Leonard: *Souvenir! Remembranzas de un proscripto*, Tampa, McCluney & Co., 1900, pág. 102.
[105] Jorge Castellanos: *Encuentro en el 98: Tres Pueblos y Cuatro Hombres*, Ediciones Universal, 2006, pág. 419.

bana y Matanzas. Allí, y solo allí, podía dársele el golpe de muerte a la metrópolis».

También dice Castellanos que el «grito» no fue dado solamente en Baire, sino también en Jiguaní, Ibarra, Guantánamo, Bayate, y Santiago de Cuba. Y luego añade «esta es mi opinión: fue el 'Grito de Cuba'».[106] Y en verdad fue el grito de Martí, de Maceo, de Gómez, de Guillermón, de Juan Gualberto, de Masó, de Periquito Pérez, de Lora, de las emigraciones revolucionarias, de los tabaqueros de Tampa y Cayo Hueso, de los campesinos y de las mujeres mambisas. Gritaron **Juana de Varona, Isabel Rubio, Cristina Pérez, Rosa Castellanos, Magdalena Peñarredonda, Rosario Bolaños, Rita Suárez del Villar**. Fue el grito de las que confeccionaban banderas, de las que despedían a sus hijos y esposos que marchaban a la guerra; gritaron las que se habían ido al exilio.

Fue el grito de los artesanos, de los obreros, de los hombres y mujeres de letras; de la nación entera que se alzaba contra la esclavitud y la explotación de la metrópolis extranjera. Fueron, entonces, varios «gritos» a todo lo largo de la isla. Los alzamientos se llevaron a cabo «con la brevedad y la eficacia del rayo», como dijo Martí, y las mujeres cubanas dijeron presente.

José Abreu Cardet aclara que en Holguín también se alzaron «aunque inicialmente con menor intensidad que en otros lugares, pues un grupo de veteranos del 68 estaba comprometido con Antonio Maceo, y esperaba la llegada de este para alzarse».[107] Y sigue diciendo: «pero a partir del 24 de febrero comienzan a producirse alzamientos [...]». Y un dato importante, afirma Cardet, «la mujer estará presente en el alzamiento: el médico Faustino Sirvén, se alza y lo acompaña su hermana, la señorita **Mercedes Sirvén**. También Alcibíades de la Peña, graduado de la Universidad de Oviedo [...] de antigua y rica familia holguinera, con su esposa la señora **Aniceta García**, española de nacimiento, que lo acompañó en la guerra, y prestó estimables servicios a la Revolución,[108] [...] y Primitivo Aguilera, a quien acompañaba su joven esposa, **Angelita**

---

[106] Ibídem, p. 17.
[107] José Abreu Cardet: «Alzamiento del 24 de febrero – Holguín», *Archivo Nacional de la Nación*, volumen CLXXXVI, Santo Domingo, R.D., 2013.
[108] Constantino Pupo Aguilera: *Patriotas Holguineros*, Holguín, 1956, pág. 122.

González Tort, valerosa mujer que expuso muchas veces su vida y sirvió de enfermera a muchos heridos[109]».

En cuanto al Occidente de Cuba, el primer grito de independencia en Pinar del Río fue dado por quince patriotas el 23 de septiembre de 1895 en Las Martinas. De allí fueron a La Grifa y a Paso Real de Guane donde conferenciaron con la patriota **Isabel Rubio**[110] y, habiéndoles informado que la expedición esperada no había llegado a Dimas, se disolvieron.[111] En el extremo occidental de Vueltabajo y en Guane fue donde Isabel Rubio inició los trabajos encaminados a formar núcleos de patriotas dispuestos a tomar las armas tan pronto como sonase el clarín de guerra.

El 24 de febrero fue lanzada la primera proclama de la Revolución, una dirigida a los cubanos, y otra a los españoles. He aquí un párrafo de la primera:

«A LOS CUBANOS: terminado el largo receso que las circunstancias nos impusieron en el año 78, […], el movimiento revolucionario que se extiende a toda la Isla coincidirá con el arribo de varias expediciones que conducen los Generales Gómez, Maceo y otros reputados jefes; con toda la emigración que deje de tomar en la participación que de derecho le corresponde; y aun aquellos que en la década pasada nos fueron contrarios –por ignorancia, por error, o por cualquier otra causa– hoy pueden vindicarse. A todos los esperamos con los brazos abiertos. Patria y Libertad. Cuartel General del Distrito de Manzanillo, a 24 de febrero de 1895. El Jefe Bartolomé Masó».[112]

Al día siguiente del grito de Baire, Emilio Bacardí Moreau[113] comentaba desde la ciudad de Santiago de Cuba: «en esta ciudad hay un pánico inmenso. Se suspende un baile que debía efectuarse

---

[109] Pupo Aguilera, Ibídem, p. 118.
[110] Para datos de Isabel Rubio, consultar pp. 201-204 y 367 de esta obra.
[111] P. Joaquín Gaiga: «Mantua Mambisa y Martiana; apuntes para la historia de Mantua», Colección Memoria, *Ediciones Vitral*, 2009, pp. 41-42.
[112] Ibídem, pág. 137.
[113] Emilio Bacardí Moreau (1844-1922), hijo de Facundo Bacardí y Amalia Moreau, fundadores de la compañía de ron Bacardí en Santiago de Cuba. Fue industrialista, político, escritor, alcalde de Santiago de Cuba y director de la compañía de ron Bacardí en esa ciudad.

esta noche, fiesta que habían organizado varios jóvenes de la clase de color. Lo mismo se hace con un té que ofrecía la simpática Srta. María Caridad Broos, y otras diversiones propias del carnaval».[114]

Y continua Bacardí: «amaneció tranquilo en esta ciudad sin que se hubiera realizado el movimiento insurreccional, que se esperaba ocurriría en la Plaza de Armas durante la retreta de la noche anterior. Mucha gente abriga serios temores y prepara su equipaje para marchar fuera del país. El coronel Zibikouski que está hoy de jefe de día, recorre desde temprano todos los cuerpos de guardia y lugares extremos de la población. Ningún síntoma alarmante se advierte…, pero en el campo ya es otra cosa. Los alcances de 'La Bandera Española' y de 'La Patria', que como de costumbre salen al mediodía, dan la noticia de haber aparecido en Matanzas dos partidas insurrectas. Por la tarde llegan en el vapor de Guantánamo numerosas personas que parece no se consideran seguras en dicha ciudad».[115]

Soldado de infantería española con el uniforme de rayadillo

Manuel Arbelo debía unirse al Ejército Libertador, y en secreto preparó su ida a la manigua para unirse a la guerra sin decirle a nadie sus planes, ni siquiera a su esposa. «Aunque sentía un deseo urgente de discutir el asunto con ella», recordaba Arbelo años más tarde, «no podía entablar esa conversación porque me ponía a pensar en la situación en que se encontraría mi esposa como resultado de mi ausencia. Se quedaría sin recursos de ningún tipo, sin tener nada para vivir, en una sociedad despreocupada de la que no se podía esperar nada». Pero la esposa, entendiendo por qué el esposo estaba tan callado, se enfrentó al problema. «Un día, relata Arbelo, me dijo con gran serenidad: 'si quieres unirte a la Revolución, no lo dudes por mi causa, porque si comparamos mi labor con la de la independencia de Cuba, no hago nada significativo'. Me dejó sin

---

[114] Emilio Bacardí Moreau: *Crónicas de Santiago de Cuba*, Graf Preogam, Madrid, 1972, pág. 73.
[115] Ibídem.

palabras –dice Arbelo– admirando el valor y la resignación de aquella mujer frágil que no tenía forma de mantenerse sino por su esposo. No le dije nada, y a la mañana siguiente me desperté y me vestí sin hacer ruido, caminé en puntillas por la habitación en la que mi esposa dormía, y mirándola le dije adiós. Abrí la puerta de la casa y salí a la calle».[116] Pena que Arbelo no dejó documentado en sus memorias el nombre de su esposa.

Eso mismo pasaría con muchos otros patriotas que omitieron los nombres de mujeres en sus relatos de la guerra. Al menos nos han quedado estos comentarios de valentía de la mujer cubana.

«Era a fines de julio de 1895 cuando mi padre sigilosamente salió para el campo insurrecto», narra **Flora Basulto de Montoya**[117] en sus memorias de la guerra, [...]. «No volvería a la ciudad sino cuando Cuba obtuviera su independencia, con la terminación de la guerra. Esa madrugada quedó grabada en mi mente con caracteres indelebles [...]. 'Silencio', repetía mi madre –aunque realmente nadie hablaba». Como muchas mujeres cubanas, la madre de Flora había tenido que enfrentarse sola a muchas situaciones peligrosas al irse el esposo a la manigua. «Temblaba pensando en el registro ordenado», dice Flora Basulto. «Veía a mi madre cada noche, cuando los otros niños dormían, confeccionar toda clase de prendas de vestir, cosía en la maquina; cosía y cosía; pero esas prendas no las vestíamos, sino que eran encerradas en sendos paquetes y depositadas en el fondo o sobre de un escaparate. ¡Como lo recuerdo! Cada mañana miraba para ver si los seres maléficos se habían llevado el paquete de la noche anterior, y le daba gracias a Dios de todo corazón cuando los veía allí. Pero al fin desaparecían no sé cómo; era algo así como la tela de Penélope».[118]

Y continua el relato Basulto: «al otro día tempranito vieron cuando eran entregados al moreno que hacía poco había comenzado a recoger la basura, quien los colocó entre los desechos acumu-

---

[116] Manuel Arbelo: *Recuerdos de la última Guerra de independencia de Cuba*, pp. 24-25 en Louis A Pérez, *To Die in Cuba*, University of North Carolina Press, 2005.

[117] Flora Basulto de Montoya: *Una Niña Bajo Tres Banderas, Memorias*, Editorial Juvenil, La Habana, 1963, pág. 20

[118] Ibídem, pág. 10.

lados en su carretón, y que luego dejaba en una quinta de las afueras, donde eran recogidos por otros que, como ellos, eran comunicantes, o sea, colaboradores de los mambises. De todas formas, a los mayorcitos hubo que explicarles lo que pasaba, que ésa era la forma de enviar ayuda e información a los cubanos que ya estaban combatiendo: ¡Menos mal que nunca vieron al abuelo entregarle cartas y periódicos... al yerbero! Nápoles, el Gordito, entraba en la ciudad, y cuidadosamente ocultaba entre los mazos de yerba para los caballos que permanecían en las caballerizas de la casa, documentación del gobierno cubano, y llevaba a las tropas informes de todo tipo, reunidos por colaboradores».

Grover Flint, un reportero norteamericano corresponsal de guerra para el *New York Journal,* también dejó en sus crónicas de lo que vio en aquellos días en Cuba. «Hay mujeres, la mayoría negras, con algunas de las fuerzas locales pequeñas, quienes han seguido a sus esposos, compartiendo las inconveniencias de los campamentos en movimiento y las oportunidades de ser impactadas por una bala perdida», dice Flint. «Llevan machetes como herramientas en vez de armas, se visten con pantalones o ropas interiores, y duermen en hamacas o en pedazos de telas de goma en la tierra; pero no pelean en las batallas con rifle o pistola como los hombres, porque ellas forman parte de la impedimenta. Se quedan en la impedimenta cuando los ataques suceden. Gómez no está de acuerdo en tener mujeres en la manigua y le llama un '*escándalo*'[119]. El viejo no permite ni siquiera a las heroínas en su campamento».[120]

Pero no todas las mujeres cubanas estaban de acuerdo con la guerra y que sus maridos o hermanos fueran a luchar contra los españoles. El español Antonio Pirala[121], lo narra: «...gran número de familias guarecidas en los montes, residían obedeciendo las ordenes que les obligaban a abandonar sus hogares. Hiciéronlo muchas atemorizadas por los insurrectos que les pintaban con los más negros colores, el proceder de los españoles. En cuanto se

---

[119] Énfasis en el original.
[120] Grover Flint: *Marching with Gomez*, Lamson, Wolffe and Co., New York, 1898, pág. 88
[121] Antonio Pirala: *Anales de la Guerra de Cuba*, F. González Rojas, Madrid 1895-98, t I, pp. 94-95; 746-747.

desengañaban abandonaban aquella vida montaraz y sus presentaciones».[122]

La Bandera Cubana

La tejieron nuestras madres
En su silencio divino;
Nuestros padres la tiñeron
Con sin igual heroísmo.
Por ella, el cielo dejando,
Bajó a la tierra una estrella...
Y nosotros, con orgullo,
juramos ser dignos de ella.

Dulce Ma. Borrero[123]

En diciembre de 1895, los Generales Gómez y Maceo, lanzaron la siguiente proclama:

Habitantes de Occidente

[...] «La guerra será dura y desoladora, pues así lo quiere el tirano; y hay más dignificación y grandeza para los pueblos y los hombres en vivir libres, aunque pobres, que no ricos y acomodados en el hogar mancillado por la servidumbre y el oprobio».

[...] «¡Cubanos! Hay un pueblo cuya página en la Historia de esta hermosa tierra es brillante. Bayamo fue incendiado por sus propios hijos antes que Valmaseda profanara una vez más sus hogares. Eso es ser cubano: eso es ser hombre».

«¡Pueblos de Occidente, a las armas!»

«¡Viva la República para todos los hombres trabajadores y honrados! Boca del Toro, Las Villas, 11 de diciembre de 1895».[124]

---

[122] Presentarse significaba entregarse al enemigo para salvar la vida, aunque no siempre ocurría así.

[123] Dulce María Borrero, (La Habana 1883-1945) escritora, poeta y activista por los derechos de la mujer cubana durante el siglo XX. Fue hermana de la poetisa Juana Borrero.

[124] Ramiro Guerra: «Historia Elemental de Cuba», Imprenta Siglo XX, La Habana 1921, pág. 245.

En la foto un grupo de mambises en la manigua cubana

Muchos buenos y valientes soldados habían integrado el Ejército Libertador y para premiarlos como modelos de patriotismo y disciplina, algunos generales los presentaban ante las fuerzas reunidas. Otros, sin embargo, eran todo lo contrario. Ejemplo de esto es el siguiente poema que muestra el temple de una madre que prefiere ver a un hijo muerto antes que traidor.

La Madre[125]
Cuando llegó la madre al campamento
Ya lo habían fusilado.
Y aquellos hombres fuertes, duros,
Aquellos hombres bravos,
Al verla allí tan firme,
Tan erguida y profunda,
Lloraron...

¡No! ¡No!, dijo la madre.
Sé que lo fusilaron
¡Por traidor a la Patria!
Y aquí vienen conmigo
Dos hijos más, que son también soldados.

No vine a pedir nada para el otro
¡Está bien fusilado!
Vine a pedir, tan solo,
que si estos dos que me acompañan
Alguna vez traicionan a la patria,
¡Los fusiléis también!

Y mirando a sus hijos,
Fuertemente mirándolos,
Les dijo: ¡Vamos!

---

[125] Manuel Navarro Luna: *Los poemas mambises*, Úcar, García & Co., La Habana, 1959.

Para conocer el ingenio y aplomo de la mujer cubana, tenemos este relato desde Santiago de Cuba. Emilio Bacardí Moreau, Salustiano Bertot y Jesús Antúnez habían sido detenidos y remitidos a la cárcel donde quedaron incomunicados por estar implicados en la Revolución. Mientras tanto, el jefe principal de la policía de esta provincia se personó con varios agentes en la casa de Bacardí, y llevó a cabo un minucioso registro. Sin embargo, no encontraron nada sospechoso que los pudiera poner en peligro, todo gracias al ingenio de su esposa, **Elvira Cape y Lombard**[126], que ocultó en el sombrero de su niña Lalita, parte de los documentos comprometedores, y que consistían en toda la correspondencia sostenida por su esposo (bajo el seudónimo de Phocion), con los Generales Antonio y José Maceo, Agustín Cebreco y el coronel Federico Pérez Carbó. La niña, acompañada de una criada que también llevaba la mayor parte de la documentación comprometedora, salió a pasear con la mayor naturalidad, mientras los policías efectuaban las pesquisas. Pero el cuerpo del delito se lo habían llevado ya la criada y la niña.

Al querer extender la guerra por toda Cuba, los mambises cubanos dirigidos por Antonio Maceo y Máximo Gómez, organizaron una invasión de Oriente a Occidente que se inició el 22 de octubre de 1895 en Mangos de Baraguá. Numerosas camagüeyanas independentistas habían estado siguiendo con atención aquellos históricos acontecimientos, y a una de ellas, a **Belén de Agüero,**[127] se le ocurrió confeccionar una bandera cubana para entregársela al presidente de Cuba en Armas, Salvador Cisneros Betancourt. De inmediato se creó la comisión femenina con la finalidad de ayudar a Belén. Aunque esta cubana podía muy bien ocuparse sola de todo, prefirió un trabajo en grupo, en el que intervino un considerable número de mujeres. Así, la realización de la bandera fue un pequeño plebiscito a favor del fin del colonialismo español en Cuba.

Más de 50 camagüeyanas colaboraron de distintas maneras en la bella tarea de bordar la insignia patria. Entre el grupo que trabajó en su confección se encontraban: Luisa Betancourt de Agüero,

---

[126] Para más datos de Elvira Cape en el exilio de Jamaica, ver t. III de esta obra.
[127] Para más información de Belén de Agüero ver Teresa Fernández Soneira: *Mujeres de la Patria*, t I, pág. 331.

Concepción Boza de Romero, Margarita Betancourt, Águeda Cisneros Betancourt, Gloria Comas, Emma Castillo de Betancourt. Carmela Ponce, Adolfina Rodríguez, Margarita Rodríguez Varona, Abigail Ramírez, Concepción Ribas Agramonte, Evangelina, Consuelo y Piedad Ruiz Toledo, Adela Silva, Gloria Silva, Odilia Silva de Marín, Dolores Suárez, Martina Suárez, Lidia Luaces, Haydee Luaces, Lucia López, Ñica Clark, Caruca García, Lolita Suárez del Villar, Natividad Hernández Castiñeira, Elvira Reyes, Isabel Díaz de Villegas, Martha Torralbas, Amalia González, Adriana García Alomá, las hermanas Josefina y Lola Trujillo, María Caridad Colón, Luisa More de Lubián, Elvira Morales Machado de Alfonso. Arturina Betancourt, Margarita Betancourt, Regina Betancourt, Margarita, Julia Alicia y Olivia Molina, Malvina Zayas vda. de Silva, Carlota Rodríguez Vda. de Comas, Adela Rivas de Silva, Isolina, Aracelia, Ángela Quesada Zaldívar , Clotilde Agüero, Lidia Basan, Margarita Rodríguez Varona, Ángela Mariana Vda. de Argilagos, Matilde Massaguer de Guerra, Adolfina Méndez de Caballero, Ángela Morell, Isabel Ferrer, Mercedes Guerra Vda. de Castillo, Nízida González, Cruz Guerra, Josefina y Dídima Guerra y Argilagos.

Después de las dificultades para conseguir los materiales sin que sospecharan que eran para confeccionar una bandera cubana, y después de realizar la laboriosa y paciente labor, el grupo de camagüeyanas concluyó su trabajo precisamente en los días en que se esperaba el paso de la columna invasora al mando del Lugarteniente General, Antonio Maceo Grajales, por Camagüey. El 5 de diciembre de 1895 en el campamento conocido como Ciego Potrero, y ante la totalidad de las fuerzas insurrectas formadas, el Coronel José Clemente Vivanco entregó a Maceo la hermosa bandera cubana confeccionada por manos camagüeyanas. A partir de ahí Maceo la llevó triunfante al frente de la tropa por todo el territorio cubano como la Bandera de la Invasión.

En la foto Salvador Cisneros Betancourt con la bandera cubana.

Al recibir la bandera, el Presidente Salvador Cisneros envió un mensaje al General Antonio Maceo:

«Al ciudadano Lugarteniente General Jefe del Ejército Invasor General:

La justicia de las nobles causas jamás se hace esperar cuando en ella se confía para otorgar el merecido premio a los que obra por ella; y cuando el hombre, sujeto a todas las emociones encuentra en su camino la hora feliz de practicarla, nada le hace más dichoso que terminar tan grandiosa obra para merecer la recompensa a que aspira, consistente en las satisfacciones del deber cumplido.

Un deber y no otro sentimiento me inspira en este acto: el de contribuir a que la justicia, siempre inmaculada, premie el patriotismo, valor e inteligencia del invicto General Maceo.

Varias hijas del Camagüey, esas consecuentes patricias que siempre han sabido alentar con su sincero amor a Cuba todas las grandes empresas iniciadas por sus hijos en pro de la independencia patria, no podrían esta vez dejar de patentizar sus patrióticos sentimientos. ¿Con qué valor, con qué acción habrían de demostrarnos la verdad de lo predicho? Enviándonos el símbolo de nuestro ideal; la enseña de nuestro invariable principio; la insignia de nuestra nacionalidad por la que, unidos, en estrecho e indisoluble lazo combatimos por adquirirla: una valiosa bandera, bordada por sus propias manos, con la habilidad y exquisito gusto que crea el sentimiento es el objeto con que las patricias camagüeyanas han obsequiado al Gobierno de la República.

Y bien pecaría de injusto este Gobierno, sería censurable su conducta, si dejando de interpretar fielmente el pensamiento de aquellas, no realizara con la espontaneidad que lo siente, el acto justo de entregar tan preciosa joya al valiente General Antonio Maceo, designado por nuestro digno General en Jefe y que podrá, con sus heroicos soldados, llevarla hasta el fin de nuestra gloriosa empresa, haciéndola ondular airosamente en el Castillo del Morro, a la entrada de la capital, desde donde bañada de aureola y luz por los brillantes resplandores del sol del triunfo podrá, llena de gloria, enviar en sus ondulaciones el saludo cariñoso, fraternal, a la estatua de la Libertad, que en la República vecina despide con su antorcha vivificadores efluvios de paz y de concordia.

Sírvase usted, General, aceptar tan preciado obsequio y plegue a la naturaleza colmarla de tantas glorias como heroicidades para conquistarla tiene hechas el abnegado pueblo cubano».[128]

La participación de la mujer en la guerra tuvo varias vertientes. Fue guerrera, costurera, espía y también sirvió de mensajera. Como un ejemplo interesante, dice la Dra. Angelina Edreira de Caballero:[129] «La correspondencia entre José Martí y Juan Gualberto Gómez comenzó siendo semanal, después casi diaria». Y continúa: «esas cartas no llegaron a manos de los españoles porque Martí las dirigía a una humilde mujer de color casada con un carpintero que vivía en la calle de los Sitios, llamada **Concepción Bartolotti**. En algunas de las cartas que poseo menciona como Conchita, y dentro del sobre había otro que decía: 'para el vecino'. Las cartas las recogía un joven negro llamado Jorge Herrera, que se las entregaba a Juan Gualberto, y después de leídas por este, las guardaba un negro sastre llamado Ramón O'Farrill[130] que vivía en la calle Habana, y este las cosía en las entretelas de un chaqué que tenía siempre de prueba y que no terminaba nunca». Ahí vemos el gran entramado de comunicaciones secretas dentro de Cuba, y una de las tareas que desempeñó la mujer cubana en ellas.

---

[128] José A. Duarte Oropesa: *Historiología cubana*, Ediciones Universal, Miami, 1974-1993.
[129] Angelina Edreira de Caballero: *Vida y obra de Juan Gualberto Gómez*, Cursillo de Divulgación, N. Méndez, La Habana, 1973, pág. 28.
[130] O'Farrill acabaría exiliándose a Cayo Hueso, y en la República llegaría a ser Secretario de Estado.

En Camagüey, **Consuelo Álvarez y de la Vega**, le narra a su padre, quien ha marchado al exilio, algunas de la situaciones que se presentan en Puerto Príncipe. Dice Consuelo: «En medio de toda esta barahúnda grita *El Fanal*[131] un día: 'Habitantes leales de Pto. Ppe., la columna de nuestro general regresa victoriosa. Es presiso (sic) preparar una recepción ruidosísima y se fijen cedulones en las esquinas mandando poner cortinas, hacer arcos triunfales en todas las oficinas, repicar a una todas las campanas...', y el Diablo y la capa». Y sigue escribiéndole a su padre: «hicieron los arcos, el comercio puso sus cortinas, y supongo que los campaneros se dispusieron a tocar, pero a las mujeres, que son algunas el mismísimo demonio, se les ocurrió no hacer nada, y he aquí que tuvieron que salir guardias por toda la calle de San Juan a hacer cumplir lo mandado no sin tener sus tropiezos». Odilia Silva[132] dijo: «no pongo cortina porque mi marido está en Ceuta y mis hermanos en el monte y no me da la gana, ya en mi casa no queda hombre que me obligue a bajar la cabeza por miedo a que lo fucilen (sic)». Luego añade a la carta: Emilia Aldrain dijo: «la cocinera de aquí es una vieja y no tenemos criado que suba a amarrar colgaduras, por lo tanto como ninguna de nosotras ha de votarse (sic) a la calle para hacerlo, ese señor se pasará muy bien sin ellas o irá por otra parte si no le combiene (sic) por aquí».[133] Atrevidas y arriesgadas fueron aquellas camagüeyanas.

El Capitán Francisco Sánchez Hechavarría refirió en su diario de campaña el entusiasmo con que las mujeres recibieron la llegada de la expedición comandada por él, y que desembarcó en Nibujón, el 19 de agosto de 1895. Sánchez escribe: «Las esposas decían a sus maridos, 've y has (sic) la patria libre para tus hijos'; las madres decían a sus hijos ya hombres, a sus primogénitos, 've hijo

---

[131] Periódico camagüeyano del siglo XIX.
[132] Camagüeyana que ayudó a confeccionar la bandera de la Invasión.
[133] En carta de Consuelo Álvarez y de la Vega, Puerto Príncipe, del 14 de septiembre, 1871.

mío, cumple con tu primera madre, con la patria, *que es la madre de todas las madres'*».[134]

Muchas mujeres pasaron información y abastecimientos a los soldados cubanos. **Bárbara Pérez** vivía y trabajaba como lavandera al pie de los montes de Arimao, que estaba en poder de los españoles. Según su hijo, Tomas Pérez y Pérez[135], ella les lavaba los uniformes a los soldados españoles, y muchas veces encontraba municiones en los bolsillos. Ella los iba separando, y luego le decía a los soldados que tenía que ir al monte en busca de leña para el fuego para hervir la ropa. Pero en vez de hacer eso, se dirigía monte arriba y les entregaba las municiones a los mambises.[136]

Ya comenzada la guerra, las guajiras en la manigua daban hospedaje en sus casas a los rebeldes, cocinaban para ellos y les lavaban las ropas. Cuando había, también les proporcionaban carne, vegetales, café, miel y velas. En el territorio controlado por los cubanos, las mujeres podían ocupar la posición de «prefectos» que estaban a cargo de recolectar y distribuir comida, ropas, armas y municiones. Los prefectos también dirigían la producción de los talleres, escondidos en las montañas, donde se hacían municiones, ropas, monturas y otros artículos necesarios en la manigua.[137]

A poco de desembarcar en Cuba, Martí escribe en su diario de guerra, en abril de 1895, sobre la hospitalidad de la mujer cubana en el campo: El rancho es nuevo y de adentro se oye la voz de la mambisa: «Pasen sin pena, aquí no tienen que tener pena». El café

---

[134] Raquel Vinat de la Mata: «Presencia Femenina en Cuba, luchas y representaciones», en Ivette Sóñora Soto, *Feminismo Y Género: El Debate Historiográfico en Cuba,* en Anuario de Hojas de Warmi, nº 16, 2011 El énfasis es de la autora.

[135] Rebecca Scott: *Degrees of Freedom, Louisiana and Cuba after Slavery*, The Belknap Press of Harvard University Press, Cambridge, Massachusetts, 2005, pp. 148-150.

[136] Según la historiadora Rebecca Scott, Caridad Quesada fue entrevistada varias veces en 1998. Fernando Martínez Heredia hizo el recuento de la historia de su abuela, Faustina Heredia, en una conferencia del Centro Juan Marinello en junio de 2000, y las fechas de nacimiento y matrimonio de Faustina están en su posesión. Tomas Pérez y Pérez fue entrevistado en 1998 y en 1999. Ver Scott, Ob.Cit., pág. 311.

[137] Fernando Gómez: *La Insurrección por dentro: apuntes para la historia*, M. Ruiz y Cía., La Habana, 1897, pág. 119.

enseguida con su miel por dulce: ella en sus chancletas, una mano a la cintura y por el aire la otra, cuenta su historia de la guerra grande: murió el marido, que de noche pelaba sus puercos para los insurrectos, cuando se lo venían a prender; y ella rodaba por el monte, con sus tres hijos a rastro, «hasta que este buen cristiano me recogió, que aunque le sirva de rodillas nunca le podrá pagar». Va y viene ligera; le chispeaba la cara: de cada vuelta trae algo, más café, culantro de Castilla, para que «cuando tengan dolor al estómago por esos caminos, masquen un grano y tomen agua encima: trae limón –Edila es **Caridad Pérez y Piñó**. Su hija **Modesta**, de 16 años, se puso zapatos y túnico nuevo para recibirnos, y se sienta con nosotros, conversando sin zozobra, en los bancos de palma de la salita. De las flores de muerto junto al cercado, le trae Ramón una, que se pone ella al pelo. Nos cose».[138]

Algunas familias visitaban en la manigua al General Máximo Gómez. El periodista norteamericano Grover Flint, dejó constancia de ello, y así describe la visita: «La madre lucía una mantilla y llevaba una sombrilla grande de color azul cielo». [...] «le trajeron al General huevos y queso, y una magnífica gallina para más tarde cocinarla y disfrutar. El niño pequeño vestía un traje blanco de lino. El General se acercó para darles la mano». Y continua Flint: «Estas visitas son comunes según marchamos por Las Villas. Son formales y no duran mucho tiempo y Gómez las disfrutaba sobre todo cuando le preguntaban por sus familias, y les agradecían lo que sacrifican por la patria».[139]

Y otro ejemplo, esta vez narrado por Martí en Cuba: «Al acostarnos, desde las hamacas, luego de plátano y queso... [...]

---

[138] José Martí: *Diario de guerra*, Fondo de Cultura Económica, México, 1998.

[139] Grover Flint: *Marching with Gómez*, Lamson, Wolffe and Co., New York, 1898, pp. 157-158.

nos esperaba el, de brazos en la cerca. El hombre es fornido y viril, de trabajo rudo y bello mozo, con el rostro blanco ya rugoso, y barba negra corrida. 'Aquí tienen a mi señora' dice el marido fiel, y con orgullo: y allí está en su túnico morado, el pie sin medias en la pantufla de flores, la linda andaluza subida a un poyo, pilando el café. En casco tiene alzado el cabello y de allí le cuelga en caudal: se le ve sonrisa y pena. Ella no quiere ir a Guantánamo con las hermanas de Rosalío; ella quiere estar donde esté Rosalío. La hija mayor, blanca de puro óvalo, con el rico cabello corto abierto en dos y enmarañado, aquieta a un criaturín huesoso con la nuca de hilo, y la cabeza colgante, en un gorrito de encaje; es el último parto. Rosalío levantó la funda; tiene vacas, prensa quesos; a lonjas de a libra nos comemos su queso, remojado en café con la tetera en su taburete da leche Rosalío a un angelón de hijo desnudo que muerde a los hermanos que se quieren acercar al padre: Emilia, de puntillas, saca una taza de la alacena que ha hecho de cajones, contra la pared del rancho. O nos oye sentada; con su sonrisa dolorosa y alrededor se le cuelgan los hijos».[140]

Sigue Martí, «y estos que vienen me cuentan de **Rosa Moreno**, la campesina viuda, que le mandó a Rabí su hijo único, Melesio de 16 años, y le dijo: 'Allá murió tu padre; ya yo no puedo ir, tu ve'». Asan plátanos y majan tasajo de vaca con una piedra en el pilón, para los recién venidos. Está muy turbia el agua crecida del Contramaestre, –y me trae Valentín un jarro hervido en dulce, con hojas de higo.[141]

Otro ejemplo es el que nos presenta el Dr. Alfredo Zayas y Alfonso[142]: «De tez absolutamente negra, que resaltaba en cotejo con su cabeza, ya blanca, era F., y estaba al servicio de un conspirador y agente de la Revolución en la Habana, en 1896. En la misma calle y en la cuadra siguiente, junto a un establecimiento de panadería, residía, en una habitación interior, la hija de F., que

---

[140] José Martí: *Obras Completas*, Editorial Lex, La Habana, 1953, pp. 60-61
[141] Ibídem, pág. 68.
[142] Patriota del 95, hermano del Dr. Juan Bruno Zayas, héroe de la Guerra de Independencia. Fue abogado, poeta, juez, alcalde de La Habana y secretario de la Convención Constitucional. Luego senador, vicepresidente y Presidente de la República de Cuba (1921-1925).

guardaba allí los documentos que le enviaba a ese efecto aquel conspirador y agente. Una tarde éste hizo traer a su casa todos los papeles que aquélla guardaba, por necesitar algunos para redactar varias cartas, y por una de esas omisiones de precaución en que suelen los hombres incurrir frecuentemente, en lugar de volver a su escondite los documentos, los dejó atados formando un pequeño paquete en su armario, hasta el siguiente día».

«Pero a las seis de la mañana penetraban en la casa un inspector de policía, un celador y su escribiente, y un teniente de Orden Público, con seis números. Se apostaron éstos en la azotea, en el patio y en la puerta de entrada, y aguardaron a que el agente y conspirador se levantara y saliera de su habitación. Este, tomando el pequeño paquete, [...] lo entregó todo a una de sus familiares diciéndole, en voz baja; 'Entrégale esto a F., y que ocultamente lo lleve a casa de su hija'. Con el paquete en un ancho bolsillo de su vestido, y este cubierto con su delantal, se dirigió la anciana negra a la puerta de la calle, y la pareja de orden público allí situada le prohibió la salida y la hizo retroceder, lo que le fue participado al agente, que concluía de vestirse. Salió éste, y comenzó a abrir armarios y gavetas, e interrumpiéndose de repente, dijo, llamando la negra F.: 'Toma este centén, y cámbialo en plata en la panadería, que no hay moneda menuda en la casa'. De este modo podría ella llevar el paquete a casa de su hija. Al llegar a la puerta de nuevo se le impidió la salida, pero el teniente de orden público ordenó se le permitiese, y en cuanto traspasó ella el umbral de la puerta, dijo a un guardia: 'Siga usted a esa mujer'. [...] Ella vio que la seguían y con una pasmosa serenidad y verdadero valor fue a la panadería cambió la moneda de oro y retornó a la casa con su peligroso depósito en el bolsillo».

«Ya en su casa, hablando a solas, se condolió ante los guardias que ocupaban la entrada de la cocina de la tardanza en preparar el café, y como quien dice, en las narices de los mismos, deslizó el paquete al interior de una cacerola, le echó encima café molido, la llenó de agua, y tapada, la colocó sobre el fuego».[143]

---

[143] Alfredo Zayas: «El León de Santa Rita», *Conferencias y Discursos*, t I, La Habana, 10 de octubre de 1915.

Manuel Piedra Martell, un veterano de la guerra de independencia nos ha dejado el encuentro con una de las prefecturas en el distrito de Sancti Spíritus[144]. Cuando Piedra estaba de operaciones por esa región, a mediados de 1897, llegaron al anochecer a las inmediaciones de una ranchería oculta en aquellos montes. «Al darle el alto, 'quien vive', la guardia que estaba de postas, vio con asombro que entre los centinelas se hallaba una mujer. Aquella valerosa mambisa, que ostentaba estrellas de capitana, era la prefecta del rancherío que estaba en aquellos momentos de recorrido con su escolta. La cordial acogida que la hermosa mambisa les dispensó tuvo la virtud de reconfortar inmediatamente a los cansados y hambrientos guerreros que olvidaron sus fatigas ante aquel vibrante ejemplo de su compañera de lucha. Ella enseguida cursó órdenes para aprovisionar a la columna y bajo su dinámica dirección los rancheros sacaron algunas viandas, una res fue sacrificada y del trapiche les mandaron unas deliciosas raspaduras, que los soldados apreciaban mucho ya que siempre andaban escasos de dulce. Asimismo les indicó el lugar más apropiado para acampar, poniéndolos al tanto de los movimientos de las columnas españolas por aquellos contornos».[145]

---

[144] General Manuel Piedra Martel: *Mis primeros treinta años, memorias de infancia y adolescencia – La Guerra de Independencia,* Editorial Minerva, Tercera Edición, La Habana, 1945.
[145] Piedra Martell: *Memorias de un mambí,* Instituto del libro, La Habana, 1968.

Niños simulando ser mambises en batalla, c. 1898.
University of South Florida Library, Tampa, Special & Digital Collections,
Publicado con permiso. Todos los derechos reservados. ©

La escritora Flora Basulto de Montoya[146], a la que hemos mencionado con anterioridad, recordaba los juegos de su niñez, incluyendo uno en el que los niños se dividían entre «cubanos» y «españoles». Cada niño asumía su papel como comandante de las fuerzas opuestas, y recreaban una batalla ganada por los insurgentes.[147]

---

[146] Para más datos de la patriota, ver pp. 65, 142, 280 de este volumen.
[147] Louis A Perez: *To die in Cuba, Suicide and Society*, University of North Carolina Press, Chapel Hill, 2005, pág.115.

Un mambí recordaba que en una ocasión un grupo de cubanos quedó atrapado en la laguna de una sabana, y los españoles comenzaron a tirotearlos. Una mulata de baja estatura, vestida de hombre, corrió a ayudarlos. Dicen que entonces se dio vuelta hacia donde estaban los mambises, oyendo a sus compatriotas gritar por ayuda, y que les dijo: '¿son ustedes hombres o cobardes? ¿Van a permitir que maten a esos pobres cubanos? ¿Hay alguien aquí que quiera ver con que valentía muere una mujer? Pues síganme'. Arremetió la mujer contra 4 o 5 españoles con el machete paraguayo que portaba, y los cubanos, hundidos en el fango, fueron salvados por aquella valiente mujer. El soldado que narraba la historia recordaba con precisión la fecha del evento: 2 de marzo de 1896, el lugar donde ocurrió y el nombre del general de la brigada, así como de tres coroneles, y admitió: *«No recuerdo el nombre de aquella mujer».*[148] ¿Cómo poder olvidar a la que le dio cobijo y ayuda? ¿A la que los salvó de muerte segura? ¿A la que había protagonizado la hazaña de salvarlos?

En la mañana del 10 de enero de 1896, Gustavo Pérez Abreu[149] narra como el Generalísimo llegó a Güira de Melena a las cuatro de la tarde, y «[...] se hospeda en casa del administrador, Benigno Souza, cubano meritísimo que fue deportado a Chafarinas. Con don Benigno residen en la casa sus hijas **Caridad y Adela Souza** y su hijo Benignito, [...] que hacen un aparte y charlan alegres y contentos con los ayudantes del General. La tropa está alegre y el cantar del mambí con sus estrofas ardientes de desafío se mezclan con el recuerdo de sus regiones que se apagan al toque de silencio».[150]

La situación de las tropas era por momentos deprimente y difícil, y el cubano, que siempre gustó de la música trataría de levantar el ánimo, alegrando aquella situación. «Las hijas del coronel Justo

---

[148] Manuel Martínez Mole: *Epítome de la historia de Sancti Spíritus: desde el descubrimiento de sus costas, 1492, hasta nuestros días*, El Siglo XX, La Habana, 1934. El énfasis es de la autora.

[149] Gustavo Pérez Abreu: *En la Guerra con Máximo Gómez*, Editorial Carbonell, La Habana, 1952.

[150] Ibídem, pág. 257

Sánchez, nombradas **Anita, Inés y Rita Sánchez**, prepararon una velada por la noche con canto y recitaciones de décimas».[151]

La Guerra de Independencia, que duraría tres años, costaría nuevamente a los cubanos cientos de vidas, sufrimiento y dolor. «Estos eran hombres que sabían cómo morir», escribía la patriota y escritora **Rosario Sigarroa**,[152] «que buscaban la resurrección de la patria, y que fueron llamados a ocupar sus puestos en combate». «Estos fueron mártires que mantuvieron una fe pura, el más alto patriotismo, la abnegación más profunda».[153]

La nueva generación de mujeres ayudaría a alcanzar el sueño de libertad. «Estos hombres y mujeres 'descalzos y desnudos, y a la intemperie [...] jamás murmuraron, ni profirieron una queja, ni se entibió en sus almas el fuego sagrado del patriotismo'».[154]

En el dibujo de Conrado Massaguer, publicado en una portada de la revista *Social* de La Habana aparecen en el fondo los mambises a caballo, y en primer plano, una cubana bordando la bandera.[155]

---

[151] Ibídem, abril 22, 1898, pág. 212.

[152] Para más datos de Rosario Sigarroa ver pp. 83, 435-439 de este volumen.

[153] Antonio González Curquejo: *Florilegio de escritoras cubanas*, «El mártir de San Lorenzo y el de Dos Ríos», La Moderna Poesía, t.2, La Habana, 1910, pp. 422-23.

[154] Abreu Cardet: *Los resueltos a morir, relatos de la Guerra Grande (Cuba 1868-1878)*, Editorial Oriente, Colección Bronce, Santiago de Cuba, 2016, p. 39.

[155] Conrado Massaguer (1889-1965), caricaturista cubano, director de la revista *Social*, La Habana.

Mucho se sufrió en aquellos casi 30 años de luchas por la libertad. ¡Patria y Libertad!, decían los cubanos. Y la mambisa, con la frente erguida, la mirada atenta, y el corazón entregado a sus labores revolucionarias, volvió a enhebrar agujas y a bordar banderas, y de nuevo se entregó a la Patria. Era ya la recta final, y ellas confiaban en que se lograría la paz. La cubana lo daba todo: daba al marido, al hijo y al nieto, y en el proceso se daba a sí misma, como dejó el poeta plasmado en sus bellos versos:

La bordadora

Cuando se oyó el grito en Yara
Abandonando su hogar,
Su esposo se fue a pelear,
El odio escrito en la cara.

Ella, joven como era,
llena de entusiasmo santo,
bordó una rica bandera,
en la que envuelto volviera,
¡Muerto!, aquel al que amara tanto.

El hijo heredó la fiera
ansia por la redención;
con fervorosa pasión
ella bordó otra bandera.

Bandera que fue sudario
de aquel expedicionario
que, desplegándola al aire
murió, mártir voluntario,
¡en un manigual de Baire!

En el antes dulce hogar,
La viuda infunde respeto.
¡Como cuida de su nieto
que ha de saberse vengar!

Crece el niño, y ella espera
que atienda Dios su plegaria
—¡verlo triunfar, o que muera!—
mientras borda otra bandera,
con la estrella solitaria.

Enrique Hernández Miyares[156]
Nueva York, 1897

---

[156] En Francisco Ponte Domínguez: *La mujer en la revolución de Cuba*, Conferencia ofrecida en la sociedad femenina Lyceum de La Habana, 8 de febrero de 1932, publicada en *Revista Bimestre Cubana* La Habana, Imp. Molina, 1933, pág. 14.

Ama de leche cubana, siglo XIX. Lugar y fotógrafo desconocidos. Foto de la colección de la autora. Prohibida la reproducción. Todos los derechos reservados. ©

2

La mujer negra en la sociedad y en la guerra

«Estoy seguro de que el primero que dé el grito de independencia, tiene a su favor a todos los originarios de África. Desengañémonos: constitución, libertad, igualdad, son sinónimos, y a estos términos repugnan los de esclavitud y desigualdad de derechos. En vano se pretende conciliar estos contrarios».[157]

Venerable Padre Félix Varela Morales[158]

---

[157] Félix Varela: *Escritos Políticos*, Editorial de Ciencias Sociales, La Habana, 1977, pág. 292.
[158] Félix Varela Morales, (La Habana, Cuba, 20 de noviembre de 1788 - San Agustín, Florida, 25 de febrero de 1853), sacerdote, maestro, escritor, filósofo y político cubano que tuvo un importante desempeño en la vida intelectual, política y religiosa en la Cuba del siglo XIX. El padre Varela es considerado uno de los forjadores de la nación cubana. En el 2012, el papa Benedicto XVI firmó el decreto declarando al Siervo de Dios Félix Varela como Venerable: uno de los primeros pasos para ser declarado santo.

Cuenta la tradición que Ma Güira era una esclava en los ingenios azucareros del municipio Abreu, hoy provincia de Cienfuegos, que había logrado ser liberada de la esclavitud. Había acomodado su rancho en las márgenes del río Damují, en un callejón que luego llevaría su nombre. Onelia Chaveco[159] relata que un día, cuando Ma Güira regresaba a su casa con su hijo pequeño, cayó en un pozo ciego. Aunque los vecinos la oían gritar pidiendo ayuda, les fue imposible socorrerla. Años después de fallecer Ma Güira, los vecinos aseguraban haber escuchado de vez en cuando sus lamentos, que salían de aquella profunda cavidad. La leyenda de Ma Güira se propagó de generación en generación y se integró a las raíces culturales de esa localidad.

A pesar de ser discriminada por ser mujer y además negra, las mujeres negras cubanas pudieron realizar algunas proezas durante la abominable época de la esclavitud en Cuba. No solo avanzaron hacia su independencia personal sino que también lucharon por la libertad de Cuba.

La esclavitud existió en Cuba desde el siglo XVI hasta el XIX, siendo Cuba y Brasil los últimos países en que fue abolida: en Cuba en 1886, y en Brasil, en 1888.[160]

María Felipa de Oliveira, una de las tres mujeres participantes en la lucha por la independencia de Bahía, en Brasil, en 1823. Nació en la isla de Itaparica, en fecha desconocida.

En La Habana, ya tan temprano como en las décadas de 1830 y 1840 algunas mujeres negras y mulatas habían negociado su lugar en la sociedad como «mediadoras entre negros y blancos, como esposas, amantes, maestras, nodrizas, curanderas y sirvientas, sino también como dueñas de propiedades, empresarias y luchando por sus propias causas

---

[159] Onelia Chaveco: «La leyenda de la Ma Güira», WordPress, 7 de octubre, 2013.
[160] Nancy Morejón: «Literatura y 130 años de la abolición de la esclavitud en Cuba», *La Jiribilla*, año XII, La Habana, 16-22 julio, 2016.

legales», apunta la Dra. Luz M. Mena[161]. Y continúa la Dra. Mena: [estas mujeres] «negociaron su participación social y económica por medio de prácticas al margen de reglas urbanas, y de tradiciones sociales». La historiadora María Cristina Hierrezuelo[162] en otro estudio nos dice que «los protocolos notariales de la época recogen innumerables operaciones de compra y venta de esclavos, casas, colgadizos, atarazanas, solares, vegas y haciendas cuyas vendedoras o compradoras eran mujeres 'de color»; [...] los testamentos constituyen una fuente insustituible para conocer las propiedades que algunas de ellas lograron acumular».[163]

Algunas mujeres negras se sobrepusieron a la vida de discriminación que sufrían, y lograron infiltrarse en diferentes tipos de servicios en las ciudades, llegando a ser pequeñas propietarias de fincas, otras tuvieron negocios, como por ejemplo las negras horras[164] quienes vendían vino y ofrecían garantía y seriedad en sus trabajos. Esto las hizo merecedoras de que el gobierno las autorizara de forma oficial para dispensar esta bebida. Fueron ellas las que en el siglo XIX iniciaron un protagonismo de la mujer negra en diferentes trabajos relacionados con la economía de la ciudad.

Muchas mujeres negras y mestizas administraron tiendas u otro tipo de negocio, como por ejemplo bodegas, mientras que otras trabajaban en los mercados. Algunas más se dedicaron al servicio doméstico en las casas de familias adineradas. Eran las nodrizas de sus hijos, se ocupaban de su crianza y cuidado, y trabajaban como criadas domésticas. Algunas eran propietarias de haciendas o fincas al contar con su propio peculio.

La historiadora habanera Raquel Vinat[165] sostiene que «también hacían el papel de educadoras de primeras letras», conocidas

---

[161] Luz M. Mena: «Raza, género y espacio: las mujeres negras y mulatas negocian su lugar en La Habana durante la década de 1830», *Revista de Estudios Sociales* no. 26, Bogotá, 2006, pp. 1-136.
[162] María Cristina Hierrezuelo: «La mujer 'de color' en la sociedad colonial santiaguera», *Cuba La Gran Nación*, en https://cubalagrannacion.word press.com, 20 octubre, 2010.
[163] Ibídem, pág. 3.
[164] Persona que ha sido esclava y obtiene la libertad.
[165] Lucas Garve: «Mujeres negras y nación cubana: memoria histórica e imaginario», *Islas*, 23, La Habana, pág. 35.

como Amigas o Migas, «que por lo general eran ancianas que atendían en sus hogares a niñas pequeñas para ofrecerles elementos de la educación femenina, modales e instrucción; el catecismo y las labores de la aguja».[166]

Mujer afrocubana no identificada, a fines del siglo XIX[167].

Pero, ¿cómo habrían podido adquirir estas Amigas esa educación básica que luego pasaban a sus alumnos? Vinat de la Mata[168] vuelve a decir que: «algunas eran alfabetizadas por sus amos; otras aprendían las primeras letras y el catecismo en las parroquias, y las huérfanas en la Casa Cuna o en otros hospicios». Pero está el hecho inaudito de que muchas de las directoras de esas escuelas eran esclavas que estaban privadas de la educación. Ramiro Guerra también cuestiona esto cuando dice que «la existencia de Amigas hace pensar en cómo fue que esas morenas libres ancianas adquirieron las enseñanzas que transmitían después».[169] Sabemos que ya en 1856 la mujer negra y mestiza había luchado para obtener la licencia para ejercer el magisterio.[170]

A pesar de las trabas que les imponía la sociedad, poco a poco las mujeres afrocubanas se fueron organizando con persistencia y determinación. **Belén Álvarez**, nacida en África y ex esclava, había

---

[166] Raquel Vinat de la Mata: «Mujeres negras en la historia de Cuba, siglo XIX», Nueva York, 2017, conferencia inédita. Humildes aulas donde niñas y niños pobres de ambas razas reciben las primeras letras y se les entretiene haciendo papalotes y recitando de memoria el catecismo y la cartilla. (No poseían licencia del cabildo ni la Iglesia; los padres solo demandaban buenos antecedentes morales y limpieza).

[167] Tomado de *Afrocubanas*, julio 21, 2005, https://afrocubanas.wordpress.com

[168] Vinat, Ibídem, pág. 2.

[169] Ramiro Guerra: *Historia de la Nación Cubana*, La Habana, 1952.

[170] Vinat, Ob.Cit.

comprado su libertad en 1887, y cuando hizo testamento «dejó diez casas, un solar de ocho cuartos, muebles finos y 6,500 pesos en una cuenta del Banco Español. Además, daba empleo a dos blancos como encargados de las casas y los cuartos para cuidarlas, y cobrar alquileres».[171] Muchas mujeres negras compraron y vendieron fincas en Cienfuegos y sus alrededores, como fueron **María de los Dolores Carmen Matamoros** oriunda de Trinidad. Cuando dictó testamento en la década de 1890 era vecina de Palmira, en Cienfuegos, y poseía entonces seis fincas urbanas y una bodega.[172] Igualmente interesante es el caso de **Carlota Bécquer**, nacida en África, que había llegado a Cuba como esclava pero murió con estatus de mujer libre. Carlota era propietaria y matriarca de los congós[173] de Cienfuegos. Siendo ya libre adquirió inmuebles y propiedades e inclusive pudo comprar un espacio en el centro histórico de la ciudad. También se hizo de varias fincas y procuró varios esclavos.[174]

Esclava de madre africana de nación gangá,[175] fue **Matilde O'Bourke**,[176] reconocida como María en el ingenio Nueva Hibernia. Su dueño, el irlandés Juan O'Bourke, médico oriundo de Limerick, Irlanda, llegó a Cuba en 1820 y fue a vivir a Trinidad. Más

---

[171] Vinat, Ob.Cit., pág. 36.

[172] Protocolario de la cuenta de liquidación, división y adjudicaciones de los bienes quedados al fallecimiento de la parda María de los Dolores Matamoros, 3 septiembre 1897, APHC/PN. Estaba María casada con Antonio Abad Cruz, comerciante chino. En Bonnie A. Lucero: «Emergiendo del silencio», *Journal of Transnational American Studies,* 3(2), 2011, pp. 188-189.

[173] Durante la trata esclavista, los esclavos llevados a Cuba procedían de diversos lugares de África, como Guinea, Senegal y sobre el Congo, y se les embarcaba en algunos puertos reflejados en los gentilicios que se les daban: mandingas, congós, angolas, minas, etc.

[174] Bonnie A. Lucero y Lanier Hevia: *Emergiendo del silencio*, Editorial de Ciencias Sociales, La Habana, 2016, p.192. Ver también Carlota Bécquer, «Venta de Casa y Solar», APHC/PN, 2 de marzo 1870, Ramón Sainz de Medina, escritura 125, folio 263.

[175] Entre la multiplicidad de pueblos africanos que intervinieron en la formación de la nación cubana, los gangá son uno de los menos conocidos pero de los más significativos. Llegaron a abarcar de un 10% a un 15% del total de esclavos durante las primeras décadas del siglo XIX.

[176] Lucero y Lanier, Ob.Cit., pp. 196-97.

tarde se mudó a Cienfuegos donde adquirió el ingenio Nueva Hibernia.

Luego de pasar 30 años con los O'Bourke, Matilde logró su libertad. Llegó a tener amistad con la esposa del dueño, Nicolasa Palacios, y con Marina, la hija de esta. De esta forma, Matilde comenzó a comprar tierras pues consiguió préstamos por los lazos financieros que mantenía con comerciantes españoles. Pronto O'Bourke se convirtió en una de las propietarias más acreditadas de Cienfuegos, y hasta prestamista del Cabildo Real Congo[177] en 1897. Tanta fue su influencia, que utilizó sus conexiones con la sociedad blanca de la ciudad para apoyar a la diáspora africana. También desempeñó un papel importante en la lucha por la nación al ser Cuba independiente, cuando luchó por la igualdad racial.[178]

La guerra ayudó positivamente a varios afrocubanos. En Cienfuegos, la morena **Desideria Hernández** de 34 años de edad y soltera, compró en 1897 una finca urbana a su propietario, José Gómez y Romero, ya que este se iba del país. Pagó a Gómez y Romero 100 pesos por el terreno que este poseía en las afueras de la ciudad.[179] Al igual que Desideria, muchos afrocubanos hicieron ese año negocios de tierra aprovechándose de la difícil situación que imperaba por la contienda.

Otro ejemplo de solvencia económica fue el de **María Herculanea Corina Cunill** quien había heredado de su abuela, la morena **Barbara Cunill**, el 16 de enero de 1899, unas propiedades compradas por 800 pesos a Matilde, María Benita y María Casimira de los Dolores. Como buena comerciante, María Herculanea las vendió a Jacinto Font y Silva por 880 pesos.[180] Oilda Hevia[181] aña-

---

[177] Sociedad de negros de ayuda mutua.

[178] La familia O'Bourke de Cienfuegos http://irishlatinamericandiasporas.com/uncategorized/httpswww-youtube-comwatchv2siccufqnsifeatureem-upload_owner/

[179] Bonnie Lucero: «Racial Geographies, Imperial Transitions: Property Ownership and Race Relations in Cienfuegos, Cuba, 1894-1899», *Journal of Transnational American Studies,* 3(2), University of California, 2011.

[180] Ibídem., pág. 20.

[181] Oilda Hevia: «Antecedentes del feminismo negro en Cuba», enero 2015, www.negracubanateniaqueser.files.wordpress.com.

de: «debemos destacar que una parte considerable de las mujeres que lograron construirse una pequeña fortuna, comenzaron desempeñándose como esclavas y en otros oficios humildes, lo cual demuestra que saber desempeñarse en un oficio fue fundamental para que las personas negras pudieran adquirir su libertad y lograr ascender económicamente».[182]

Pero aunque fueran propietarias, eso no les garantizaba el acceso a salones y lugares donde se reunían los blancos, ni tampoco a lograr puestos públicos. «Frente a ellos se alzaba como un muro infranqueable, la barrera del color, los prejuicios inculcados por la esclavitud a lo largo de varios siglos».[183] Estos prejuicios continuaron hasta ya entrada la República, en que continuó la discriminación y los negros cubanos no podían concurrir a ciertos lugares y clubes de blancos.

Como ya vimos en el volumen I de esta obra, la educación de la mujer era deficiente y estaba legislada por el arcaico Reglamento General de Instrucción Pública de 1821, que se aplicaba mayormente a la mujer blanca. La metrópolis no se interesó por la enseñanza primaria de la población hasta la aprobación del Plan de Instrucción General para las islas de Cuba y Puerto Rico en 1845. Esto ayudó a que la mujer negra pudiera dedicarse a la enseñanza, y que alcanzara el título de maestra. Aunque fueron pocas, en el bienio 1836-37, se otorgaron 84 diplomas a hombres blancos, y 37 a mujeres blancas y a los negros libres: 18 diplomas a hombres, y 10 a mujeres.

En 1849 la matrícula de las escuelas de la ciudad de Santiago de Cuba era la siguiente: de un total de 373 niñas que estudiaban en los establecimientos del recinto urbano, solo había 48 niñas negras.[184] En 1858 hay en Santiago de Cuba nueve escuelas, con solo cuatro representadas por mujeres negras. Son estas las escue-

---

[182] Oilda Hevia: «Mujeres libres de color dueñas de una pequeña fortuna en La Habana colonial del siglo XI», *Escritoras afrocubanas en el siglo XIX*, pág. 5, inédita.

[183] Rafael Duharte Jiménez: «El ascenso social del negro en el siglo XIX cubano», *Nación y Nacionalidad*, Editorial Oriente, Santiago de Cuba, 1991, p. 34.

[184] «Registro Estadístico de las Escuelas Públicas de Santiago de Cuba», año de 1849, Biblioteca Provincial Elvira Cape, Santiago de Cuba.

las de **Ramona López, María Nicolasa Ramos, María Feliciana Portuondo y Antonia Núñez.**[185]

Severo Catalina, director de Instrucción Pública en España y sus colonias en 1866, opinaba que en el caso de la mujer, la educación era más importante que la instrucción, porque la primera era principalmente al corazón, mientras que la segunda a la inteligencia. «Eduquemos a las mujeres, e instruyámoslas después, '*si queda tiempo*'», decía este[186]. El punto de vista de la afrocubana **América Font,** era diferente. Font decía: «La instrucción debe ser para la mujer como la savia para el árbol: donde no hay instrucción, no hay libertad».[187]

Sin embargo, las comunidades negras de Cuba no se regirían totalmente por aquellas leyes que venían de la Península. Por ejemplo, en 1879 la logia de negros habaneros, Ciencia y Progreso, organizó el Instituto de Educación para Niñas de Color y dio acceso a alumnas blancas pobres mayores de 7 años.[188] Este Instituto también hace modificaciones a la educación de la época pues vemos que en su reglamento no aparecen las consabidas «labores propias de su sexo». Estas son reemplazadas por un método en el que utilizan el texto de «nuestros autores», y se introduce el concepto de *patria* en vez de *colonia.*[189] Es de notar como la mujer negra goza de mayor libertad y no sufre la rigidez que afecta a la mujer blanca al no regirse por las leyes de educación que impone España.

---

[185] María Cristina Hierrezuelo, Ob.Cit., 20 octubre, 2010.

[186] Severo Catalina: *La mujer, apuntes para un libro*, A. de San Martin editor, 3ª edición, Madrid, 1864, pp. 14-15. El énfasis es de la autora.

[187] Carmen Montejo: «Minerva, una revista para mujeres (y hombres) de color» en Lisa Brok y Digna Castañeda: *Between Race and Empire: African-Americans and Cubans before the Cuban Revolution,* Temple University Press, Filadelfia, 1998, pp. 55-56.

[188] Raquel Vinat de la Mata: *Emergiendo del silencio. Mujeres negras en la historia de Cuba*, «Colores y dolores de la educación femenina en Cuba: siglo XIX», Editorial de Ciencias Sociales, La Habana, 2016, pág.111.

[189] Instituto de Educación Gratuita para Niñas de Color: *Reglamento*, H. Justino, La Habana, 1880, en Vinat, Ibídem, pág. 111.

Belén Rojas de Romero, maestra cubana. Foto The New York Public Library, Imprenta de A. W. Howes, 1899. Todos los derechos reservados.©[190]

La foto de Belén Rojas dice por el reverso: «Esta cultísima dama, con quien honramos las modestas páginas de este libro sencillo, no es una esperanza, sino una gloria real entre las muchas conquistadas por los hijos de Cuba. El magisterio era la pasión dominante de su vida». Aclaremos que Belén Rojas se encontraba en el exilio de Nueva York, donde había otro sistema de enseñanza y honda discriminación hacia los negros. No resta esto, sin embargo, que haya tenido éxito y hecho logros en sus labores didácticas.

En Cuba, la Sociedad Ciencia y Progreso estableció el colegio Las Hijas del Progreso en 1884 integrado por intelectuales cienfuegueras negras y mulatas. Entre ellas se encontraban: **Quintina Valle de Vega, Ana Joaquina Sosa** y **Dorotea Almeida**, así como **Martina Madrigal** y **Úrsula Coímbra**.[191]

La historiadora Raquel Vinat observa que «el período de entreguerras (1878-1895) fue positivo ya que aumentó y mejoró el magisterio negro femenino». Algunas de las graduadas negras de entonces fueron: **Juana Pastor** de Sancti Spíritus; **Florencia Torres** de La Habana; **Elena Basilia Rodríguez** de Punta Brava; las villaclareñas: **Dionisia Risquet, Cristina Valdés, Ana Díaz, Natividad González, América Font, Eduviges Pérez, Dorotea Almeida, Flora y Ana Ventura, Ángela Cuartero, Dionisia D'Woolf**. Luego las santiagueras **María de Jesús Díaz** y **Eloísa Piñeiro**; **Petrona Labalette**, pensionada por la Sociedad de instrucción y recreo El Progreso de Placetas, y también **María de**

---

[190] Schomburg Center for Research in Black Culture, Manuscripts, Archives and Rare Books Division, The New York Public Library Digital Collections. http://digitalcollections.nypl.org/items/510d47da-713d-a3d9-e040-e00a18064a99.

[191] «Asociación de Instrucción y Sociedad Mutua, Las Hijas del Progreso», *Reglamento*, Lago S.A., La Habana 1880, pág. 111.

Jesús Pimentel, pensionada por el Directorio Central de Sociedades de Color que se había constituido en junio de 1887.[192]

En 1879, **María Eduviges Lasagra** fundó la Sociedad de Socorros Mutuos La Caridad del Cobre, dirigida exclusivamente por mujeres negras y mestizas. Los hombres podían ser miembros, pero no ocupar puestos en la directiva. Esto refleja el estado de emancipación que las mujeres afrocubanas habían logrado «frente al retraso de las mujeres blancas en la sociedad cubana decimonónica».[193] También se establecieron otras sociedades de socorros mutuos y de instrucción, como Nuestra Señora de las Mercedes, Hijas de la Igualdad y Nuestra Señora del Carmen.

Matilde O'Bourke, de la que hablamos anteriormente, formó parte de la Sociedad de Instrucción y Recreo Luz de Oriente en 1880, y dedicada a apoyar proyectos educativos para los negros de Cruces, en Cienfuegos. El hijo de Matilde era el tesorero de la asociación, y las reuniones se llevaban a cabo en una de las casas propiedad de Matilde. Las fincas y bienes raíces adquiridos por ella a lo largo de los años proporcionaron beneficios tanto a su familia como a la comunidad residente en Cruces.

La poetisa Mercedes Valdés Mendoza

En lo intelectual, tan pronto como en 1856 las mujeres negras establecieron la revista literaria *El Rocío*, fundada por Antonio Medina de Céspedes y dirigida por personas negras y mestizas. Aparecen en ella los escritos de **Abigail Lozano y Mercedes Valdés Mendoza**.

---

[192] Raquel Vinat: *Programa para los ejercicios de oposición para las aulas y escuelas de barrios*, La Nueva Principal, La Habana, 1879, p. 115. Véase también Juan Risquet: *La cuestión político-social de la Isla de Cuba*, Tipografía América, La Habana, 1900, y *Fondo Instrucción Pública*, Archivo Nacional de Cuba.

[193] Lucas Garve: «Black Women and the Cuban Nation, historical and imaginary memory», Foundation for Freedom of Expression, Revista *Islas* 23, pág. 36.

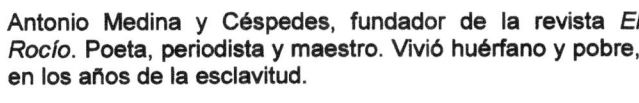
Antonio Medina y Céspedes, fundador de la revista *El Rocío*. Poeta, periodista y maestro. Vivió huérfano y pobre, en los años de la esclavitud.

Aunque *El Rocío* fue una publicación de vida corta, causó impacto en la sociedad negra de la Isla y la mujer tuvo la posibilidad de expresarse por esta vía.[194] Hay que añadir que por esta época los reconocidos escritores Cirilo Villaverde, Gertrudis Gómez de Avellaneda, Ramón de Palma, Anselmo Suárez y Romero y otros, abiertamente denunciaron y rechazaron la esclavitud.

En 1888 las mujeres negras fundaron *Minerva*,[195] la primera revista dedicada a la mujer afrocubana. Dirigida por Miguel Gualba, solo sobrevivió un año (1888-1889), pero sirvió como el cauce por donde orientar las amplias demandas de la mujer negra cubana. «Fue una revista que [...] fue un vehículo por el cual la mujer cubana de la isla podía estar unida a la mujer negra de los Estados Unidos y del Caribe»,[196] ya que debido a la Guerra de los Diez Años, algunas habían emigrado fuera de Cuba. La revista cubría temas como: la reivindicación de la identidad, la esclavitud, el orgullo racial y la superación cultural. Fue un órgano para difundir las ideas e intereses de la mujer cubana negra y mestiza.

Portada de la revista Minerva (1888-1889)

---

[194] *Diccionario de Literatura Cubana*, Instituto de Lingüística de la Academia de Ciencias de Cuba Editorial de Letras Cubanas, La Habana, 1980, t. 2, pp. 902-903

[195] Revista quincenal dedicada a las mujeres negras. Se fundó y empezó a publicar en La Habana en 1888, dos años después de la abolición de la esclavitud.

[196] Revista *Minerva*, 34. Dawn Duke: *Literary Passion; Ideological Commitment: toward a legacy of Afro Cuban and Afro Brazilian Women Writers*, Lewisburg Bucknell University Press, New Jersey, 2008.

La escritora Úrsula Coimbra de Valverde

Escribían en *Minerva*: **Cristina Ayala,**[197] **América Font, Natividad González, Rosa G. Nad, América Céspedes, María Cleofá, María Ángela Storini y Laura Clarens.**[198]. La mayor parte de los artículos estaban redactados por **Úrsula Coimbra de Valverde**[199], que utilizaba el seudónimo de La Sibila. Úrsula se distinguió por su labor en defensa de la igualdad de la mujer, especialmente de la mujer negra. En *Minerva* escribía **Lucrecia González Consuegra,** directora también del periódico *La Armonía* (1882)[200] en Sancti Spíritus. Lucrecia, amiga de José Martí, había mantenido un amplio epistolario con el prócer y también colaboraba en algunas publicaciones como *El Álbum de las Damas de Las Villas, Albores, Ibis, Soñada y Diana*. Junto al poeta negro Rafael Valdés, Lucrecia fundó la sociedad de instrucción y recreo *La Armonía* (1882).

Portada de la revista *Soñada* de Sancti Spíritus

«Intelectuales y guerreras, dos cualidades que habrían de destacarse en la mayoría de las mujeres escritoras de *Minerva*», dice la histo-

---

[197] Nació esclava en Güines, en 1856. Educada y liberada por su dueña, defendió la abolición de la esclavitud y la independencia de Cuba. Murió en 1920.

[198] Los escritos de estas mujeres se encuentran en *Minerva*, no. 3, 15 noviembre 1888, y en el no. 17, junio 1889. Para más información ver Daisy Rubiera Castillo: *Emergiendo del silencio*, «El discurso femenino negro de reivindicación 1888-1958», Editorial de Ciencias Sociales, La Habana, 2016, pp. 223-242.

[199] Periodista y profesora de inglés y francés.

[200] Para más información sobre Lucrecia González Consuegra, ver Teresa Fernández Soneira, *Mujeres de la Pa*tria, t I, pp. 412-413

riadora Oilda Hevia.[201] «Ellas sabían muy bien a la lucha a que se enfrentaban para dejar escuchar sus voces y reclamos desde su condición de mujeres y de negras en la sociedad colonial».[202] Otras feministas afrocubanas fueron **Catalina Medina** y **Ana Joaquina Sosa**[203].

En 1886 la esclavitud fue definitivamente abolida en Cuba, «pero la discriminación y los prejuicios quedaron como fatídica secuela», dice María Cristina Hierrezuelo. «Las historias de cepo, bocabajo y esclavas que viven perseguidas por la lujuria de amos y mayorales, se imponen en detrimento de esas ricas páginas de nuestro pasado colonial que tuvieron como protagonistas a las mujeres 'de color'».[204]

La mujer negra se había destacado como comadrona, poeta, maestra, escritora, música, comerciante y, cuando comienza la Guerra del 95, como luchadora mambisa. Algunas mujeres negras propietarias o hacendados contribuyeron a financiar la guerra con sus fortunas, sobre todo en Guantánamo,[205] y aparecen en este texto en la lista preparada por Emilio Lateulade.[206] El Dr. José Sánchez Guerra[207] aclara que no se puede confirmar que todas las que aparecen en esa lista eran mambisas, ni que trabajaron tan directamente en la guerra, pero sí está convalidado que ayudaban y cooperaban monetariamente.

El desempeño de todas las actividades que llevaron a cabo las mujeres negras cubanas antes mencionadas, lo realizaron con total austeridad. Casi todo les era adverso, y tal vez sus logros fueron gracias a un billete de lotería premiado, o a una herencia obtenida del testamento de una madrina, padrino, abuela, o de cualquier otro familiar; o tal vez su relación con el dueño del central donde trabajaban o en la casa de sus amos. «Esto pudo aportar recursos para comprar

---

[201] Oilda Hevia: «Escritoras afrocubanas en el siglo XIX. Antecedentes del feminismo negro en Cuba», https://negracubanateniaqueser.files.wordpress.com.
[202] Ibídem, pág. 2.
[203] Vinat, Ob.Cit.
[204] María Cristina Hierrezuelo, Ob.Cit.
[205] José Sánchez Guerra: *Mambisas guantanameras*, Editorial El Mar y la Montaña, Guantánamo, 2000, pp. 122-23.
[206] Emilio Lateulade: *Apuntes de la Delegación de Hacienda del Distrito de Guantánamo*, Imprenta El Arte, Guantánamo, 1930, pp. 18-42, en José Sánchez Guerra, Ibídem.
[207] Guerra, Ibíd.

bienes que luego aparecerían en testamentos y que dejarían como legado o herencia a sus amigos y seres queridos», vuelve a apuntar Hierrezuelo en su estudio.[208] Con ese dinero podían haber comprado su libertad, o la libertad de un ser querido. Es de gran mérito entonces que, a pesar de las limitaciones, la mujer negra logró ascender económicamente, y muchas obtener un lugar en la sociedad de fines del siglo XIX.

Contribución de Mujeres Negras a la Guerra[209]

Propietarias	Propiedad	Aporte
Francisca Thaureaux	Cafetales Yateras	500.00
Juana Mena	Cafetales Yateras	500.00
Inés Vidaud	Cafetales Yateras	230.00
Josefina Challoux	Cafetal	98.00
Anita Pons	Finca El Palmar	79.00
Luisa Duverger	Cafetal Jagüey	76.00
Cristina Rosseaux	Cafetal Virginia	60.00
Justa Duverger	Cafetal Monte Social	40.00
Serafina Rivós	Cafetal	40.00
Lucia Coroneaux	Cafetal	40.00
Luz Duverger	Cafetal Palmarito	80.00
Nicolaza Stable	Colonia en Beltrán	12.00
Francisca Ferrer	Ferrer	40.00
Clotilde Moirán	Cafetal	20.00
Josefa Almenares	Colonia (azúcar)	31.00
María Durruthy	Finca	38.00
Martina Morales	Finca	37.50
Mercedes Despaigne	Finca el Sigual	36.00
Celia Favier	Finca	36.00
Constancia Lescaille	Cafetal	36.00

---

[208] Hierrezuelo, Ibíd.
[209] Emilio Lateulade, Ob.Cit., pp. 18-42.

Propietarias	Propiedad	Aporte
Cecilia Favier	Cafetal	32.00
Meranta Durruthy	Cafetal	32.00
Paciencia Savón	Finca en El Ají	34.00
Paulina Turcaz	Finca El Palmar	50.00
Catalina Baró	Finca	4.00
Mercedes Jané	Finca en El Sigual	33.80
Adelaida Coroneaux	Colonia en Beltrán (azúcar)	20.00
Cristina Duverger	Cafetal	20.00
Aspacia Lestapiés	Finca	18.00
Amalia Betancourt	Finca	16.00
Donata Duverger	Cafetal	16.00
Cecilia Bueno	Finca Sigual	16.00
Elisa Lamorú	Cafetal	12.00
Carmen Duverger	Cafetal	12.00
Venus Laugart	Cafetal	12.00
Felicia Favier	Cafetal	12.00
Candelaria Megret	Cafetal	12.00
Nicolaza Stable	Colonia en Beltrán (azúcar)	12.00
Rosa Coroneaux	Finca	12.00
Leonsita Casamayor	Finca	12.00
Anselma Megret	Finca	10.00
Dominga Sosa	Cafetal	8.00
Amalia Betancourt	Cafetal	8.00
Encarnación Figueroa	Finca	5.00
Agustina Leguén	Finca	4.00

En cuanto a la religión, las mujeres negras guardaron y transmitieron sus creencias y mitos religiosos a pesar del nuevo medio en el que se desenvolvían. «Esta misión fue encomiable no solo por el patrimonio inmaterial conservado y transmitido, sino también por imprimir rasgos particulares a nuestra nacionalidad», indica el periodista y escritor Lucas Garve.[210]

Busto de Dominga Moncada, madre del patriota Guillermón Moncada. Dominga actuó como enfermera y comadrona en la Guerra de los Diez Años[211].

Al estallar la Guerra de los Diez Años, muchas mujeres negras salieron a la manigua a luchar, como ya vimos en el volumen I de esta obra. Allí estaban **Mariana Grajales, María Cabrales, Dolores Alcántara, Dominga Moncada** y muchas más. Luego, al estallar la Guerra de Independencia de 1895, están **Rosa Castellanos, Gregoria Herrera Garbosa, Caridad Jaca, Tomasa Duverger**, entre otras. En pleno escenario de la guerra, dice el patriota Fernando Figueredo Socarrás, «**Caridad Bravo y sus hijas**, verdaderas hermanas de la caridad, mujeres de color de Holguín, que ansiosas prestaban sus servicios a los patriotas cubanos, husmeaban, por decir así, el lugar de los combates».[212] En una ocasión establecieron en una casa un hospital de sangre, y al regresar sus dueños, se encontraron la sorpresa de que la casa estaba ocupada.

Pero la guerra también presentó oportunidades desfavorables a las mujeres cubanas negras. El peligro de los ataques de los insurgentes tanto por tierra, pero sobre todo por los puertos, hizo que algunas propiedades estuvieran vulnerables.[213] También provocó

---

[210] Lucas Garve: «Mujeres negras y nación cubana: memoria histórica e imaginario», *Islas*, mayo 2013, pág. 1.

[211] Para más datos de Moncada ver Teresa Fernández Soneira: *Mujeres de la Patria*, t I, pp. 248-250.

[212] Fernando Figueredo Socarrás: *La Revolución de Yara*, La Habana, Instituto del Libro 1968, pág. 204.

[213] Así le ocurrió a algunas propiedades de Matilde O'Bourke, quien se vio forzada a vender pues habían sido dañadas por los insurgentes en 1896. Ver Bonnie Lucero, "Racial Geographies, Imperial Transitions: Property Ownership and Race Relations in Cienfuegos, Cuba, 1894–1899", *Journal of Transnational American Studies*, 3(2), 2011, pág. 19.

que algunos grupos se relocalizaran en otras regiones o buscaran el exilio en el extranjero, particularmente en los Estados Unidos.

Teresa Borrero[214], campesina y negra humilde, dedicada a las labores del campo, analfabeta, residente en Dos Caminos, San Luis (aunque original de Yara), vivió allí con sus padres José y Josefa durante su juventud. Se conoce su labor al encontrarse el proceso judicial seguido contra ella en la causa núm. 2114 del 19 de octubre de 1896 por el delito de auxilio a la rebelión y sus acciones de inteligencia. Estas acciones consistían en el traslado de víveres, correspondencia y otros artículos al campo insurrecto. Al ser sorprendida en estas actividades, alegó que lo hacía porque la habían amenazado con matarla si no los llevaba. Pero el Consejo de Guerra no admitió la excusa y fue sentenciada a doce años y un día que cumplió inicialmente en la cárcel de Santiago de Cuba. Luego fue trasladada a la célebre Casa de Recogidas, en La Habana, donde permaneció hasta el 29 de diciembre de 1897 en que fue puesta en libertad por el Gobernador General.

Mujeres y hombres soldados afrocubanos, en los campos de batalla en Santiago de Cuba.

«Pero el momento inmenso de aquellas horas fue el de la aparición entre las filas de una heroica negra. ¡Rosa la Bayamesa! se llamaba. Aparecía entre los suyos vestida de mujer, pero ostentando gallardamente la insignia de capitán del Ejército Libertador. Llevaba la bandera del regimiento. Aquella negra, vieja ya, era un veterano de nuestras dos revoluciones... [...] Su figura pequeña y anciana, pero viril y erecta, semi-oculta entre los pliegues de la bandera, le daba un aspecto entre modesto y

---

[214] Oilda Hevia y Daisy Rubiera Castillo, compiladoras: *Emergiendo del silencio. Mujeres negras en la historia de Cuba,* Editorial de Ciencias Sociales, La Habana, 2016, pág. 209.

magnífico. Ante la visión todos quedamos, primero suspensos, para reaccionar, luego en delirantes ¡Vivas!...»[215] Emilia Bernal Agüero.

La patriota Rosa Castellanos Castellanos, «La Bayamesa».

Rosa Castellanos Castellanos.[216], «La Bayamesa», fue una patriota singular que luchó en la Guerra de los Diez Años y más tarde en la Guerra de Independencia. También fue una excelente enfermera, con grandes conocimientos de plantas medicinales y remedios naturales.

Tomasa Duverger Lafargue natural de Guantánamo, era hermana del coronel Arcid Duverger Lafargue, quien cayó en combate en 1895. Pertenecía desde finales del siglo XVIII a los «negros franceses» de la emigración afincada en la serranía suroriental cubana que habían emigrado a esa zona de Cuba luego de la Revolución Haitiana. Los Duverger fueron negros libres. En la campaña del 95, Tomasa Duverger trabajó como lavandera del general Pedro Agustín Pérez. También se destacó en las fiestas que se organizaban en los campamentos en la manigua, en las que era experta bailadora del changüí[217]

Monumento al patriota Arcid Duverger en Arroyo Hondo, Oriente.

---

[215] Emilia Bernal: *Layka Froyka*, Espasa Calpe, Madrid, 1925, pp. 179-180. El énfasis es de la autora.

[216] Ver Teresa Fernández Soneira: *Mujeres de la Patria*, t. I, pp. 15, 183-187; 427. También ver pp 189-190, 283 de este volumen.

[217] Changüí es un estilo de música cubana que se originó a comienzos del siglo XIX en la región oriental de la provincia de Guantánamo especialmente en Baracoa, en las refinerías de azúcar donde las comunidades rurales estaban pobladas por esclavos.

Avisado José Maceo por la patriota **Inocencia Arau**jo del desembarco de la Playita de Cajobabo, el 11 de abril de 1895, que José Martí, Máximo Gómez y los expedicionarios vienen con poca escolta a la hostil zona de Guantánamo, de donde ha salido una columna española a cazarlos, va Arcid Duverger a marcha forzada con las fuerzas de Pérez y Garzón al encuentro con la muerte.

En Arroyo Hondo combaten 200 mambises durante cuatro horas contra 600 españoles de la columna del coronel Copello, para proteger y salvar las vidas a las dos figuras cimeras de la Revolución. Los españoles se retiran a la ciudad con 42 muertos y 63 heridos. Los libertadores, 4 muertos y 67 heridos. Poco después de la cruenta refriega llegan al lugar Martí y Gómez. «Murió Arcid Duvergé (sic), el valiente, de cada fogonazo un hombre; le entró la muerte por la frente»,[218] anotó Martí en su Diario de Campaña ese día.

Calazán, un compañero de armas, enterró el cuerpo de Duvergel en un cercano monte de palmas. Las mujeres de Arroyo Hondo, El Yarey y Casiseis cuidaron la tumba durante la guerra con entrega y devoción, depositando flores diariamente en ella, para que no se olvidara aquel rincón sagrado de la Patria.

Cecilia Ferrer, aunque pobre, se valía de su profesión de lavandera para llevar mensajes escondidos a los insurrectos entre los bultos de ropa. Pero el 20 de febrero de 1896, fue sorprendida cuando llevaba una carta donde se solicitaba efectos y municiones. Se le procesó por el delito de auxilio a la rebelión militar en la causa 580 de marzo de 1896. Fue sentenciada a doce años y un día de cárcel y trasladada el 7 de abril a la Casa de Recogidas de La Habana. Luego de ser amnistiada en diciembre de 1897, fue nuevamente acusada con el pretexto de hurto para mantenerla en prisión.[219]

---

[218] José Martí: *Diario de Guerra*, Fondo de Cultura Económica, México, 1999, pág. 29.
[219] Damaris A Torres Elers: *Emergiendo del silencio*, Editorial de Ciencias Sociales, La Habana, 2016, pp. 209-210. En el Archivo Nacional de Cuba, Fondo Asuntos Políticos, leg. 86, exp. 29.

La excelsa poetisa **Mercedes Matamoros**[220], a la que le dedicamos unos párrafos en el volumen I de esta obra, ya había publicado a los 17 años sus primeros artículos costumbristas. Fue maestra del Colegio de María Luisa Dolz y su firma apareció en muchos diarios y publicaciones de La Habana y Guanabacoa. Falleció en Guanabacoa, el 25 de agosto de 1906.

Mercedes nos sorprende con este poema sobre la esclavitud, que fue ganador en los Juegos Florales de Matanzas de 1889. El jurado lo consideró el mejor, pero ni siquiera se le dio lectura públicamente «por razones de prudencia». En 1892, apareció en la revista habanera *El Fígaro*:

La muerte del esclavo
Por hambre y sed y hondo pavor rendido
del monte enmarañado en la espesura
cayó por fin entre la sombra oscura
el miserable siervo perseguido.
Aún escucha a los lejos el ladrido
del mastín, olfateando en la llanura,
y hasta en los brazos de la muerte dura
del estallante látigo en chasquido.
Más de su cuerpo ante la masa yerta
no se alzará mi voz conmovedora
para decirle: –¡Lázaro, despierta!–
¡Atleta del dolor! ¡Descansa al cabo!
que el que vive en la muerte nunca llora,
y más vale morir que ser esclavo.

---

[220] Para información de Mercedes Matamoros, ver Teresa Fernández Soneira: *Mujeres de la Patria*, t I, pp. 414-418.

La familia de Juan Gualberto Gómez

Serafina Ferrer, madre del patriota y amigo de Martí, Juan Gualberto Gómez. Foto en plata sobre albúmina del estudio fotográfico de C.D. Fredricks y Daries, La Habana, c. 1860.

Serafina Ferrer nació esclava, el 11 de octubre de 1833, hija de una negra africana carabalí. Fue bautizada en la parroquia de San Agustín, en Alquízar, propiedad de Doña Juana María Ferrer, a su vez hija de Irene Carabalí, y de padre desconocido, según consta en el libro diez y nueve de bautizos de pardos y morenas del archivo parroquial en ese poblado.

Parroquia de San Agustín de Alquízar donde fue bautizada Serafina Ferrer.

Debido a que los documentos de las parroquias de Santa Ana, Cidra y Sabanilla del Encomendador fueron quemados durante la guerra en 1896, y luego en 1935, es imposible revisar las fuentes que den a conocer las dotaciones de esas parroquias. Por ello, no se sabe nada sobre el matrimonio de Serafina Ferrer con Fermín Gómez ocurrido, según las declaraciones de sus descendientes, cuando ella tenía 17 años y Fermín 32. Serafina y Fermín sufrieron la guerra del 95, teniendo que exiliarse en Cayo Hueso como veremos luego.

Grupo de cubanos negros revolucionarios en Ceuta, deportados por los españoles. Juan Gualberto Gómez es el primero de la izquierda, de pie, con sombrero y bastón en las manos.

Manuela Benítez Mariscal fue la esposa del patriota Juan Gualberto Gómez.[221] Había nacido en 1860 en la villa de los Barrios, en Cádiz, España. Conoció a Juan Gualberto en 1880 en Ceuta, cuando este cumplía allí la expatriación ordenada por las autoridades españolas. Juan Gualberto había conspirado durante la preparación de la Guerra Chiquita, había conocido a Martí y fundado el periódico La Fraternidad en 1879, cuya publicación se interrumpe al ser deportado, el 25 de septiembre de 1879, y confinado a la prisión de Ceuta hasta 1882, debido a su simpatía y vinculación a los clubes revolucionarios y movimientos conspirativos de esa época.

Cuando Juan Gualberto y Manuela se conocen, ella es viuda de su primer esposo, José Mendivil Macías, con quien ha tenido cuatro hijos: Manuela María, Juana, Juan Eusebio y Alejandrina de los cuales sobrevivirían solo dos.

Luego de vivir en el exilio de Ceuta dos años y no poder regresar a Cuba, Juan Gualberto se embarca para Madrid. Luego regresa a Cuba en 1890. En La Habana, Manuela y Juan Gualberto contraen matrimonio el 21 de febrero de 1895, pocos días antes de comenzar la insurrección. Es entonces que Gómez reconoce a sus hijos naturales, y se hace cargo de los hijos de Manuela de su primer matrimonio. Al estallar la Guerra de Independencia, Juan Gualberto se une a la gesta libertadora, pero cae prisionero y es condenado a 20 años de destierro, nuevamente en Ceuta. Su esposa Manuela se queda en Cuba cuidando a sus hijos y suegros que ya están ancianos.

Pronto las autoridades españolas los deportan a todos a Cayo Hueso teniendo que vencer graves dificultades. Serafina y Fermín, padres de Juan Gualberto junto con Manuela y sus cinco hijos, protagonizan un nuevo episodio en el exilio. Emigran a Cayo Hueso: Serafina Ferrer, la madre de Juan Gualberto, y su padre Fermín Gómez. Van también Manuela Benítez Mariscal y los hijos que había tenido con Juan Gualberto: Juan Eusebio, Manuela María, Juana María de la Concepción, y Alejandrina. Fue también María

---

[221] Juan Gualberto Gómez, (Sabanilla del Encomendador, Matanzas, 12 de julio de 1854 - La Habana, 5 de marzo de 1933). Patriota, periodista y líder negro cubano, amigo de José Martí. Se destacó en la lucha por la Independencia de Cuba, y como Senador durante la etapa republicana.

Ana, que Manuela tuvo en un matrimonio anterior, y que Juan Gualberto asumiría como una hija más. Partirían con ellos también a Cayo Hueso las ahijadas de Serafina: Dolores (llamada Loló o Dolorita) y Sara Malagamba.

Bella foto de Juan Gualberto Gómez después de la guerra, con su esposa Manuela, vestida de negro, y sus hijos. Manuela y Juan Gualberto permanecieron unidos desde 1880 hasta la muerte de Manuela, el 25 de marzo de 1932.

El viaje en barco Habana-Cayo Hueso fue muy difícil ya que llevaron un sillón para acomodar al anciano Fermín, que resiste la travesía pero que le daña su salud mental. Aquel sillón quedó en la familia hasta que en 1899, y que llevaron para Cuba Libre, y posteriormente a Villa Manuelita cuando se mudan para allí Juan Gualberto y Manuela.

La situación de la familia en el exilio de Cayo Hueso resultó penosa. Fermín (al que llamaban Yeyé) contaba 75 años, y requería una atención especial; la salud de Manuela era frágil, y Serafina tenía una edad avanzada, aunque se conservaba activa y emprendedora. A todo esto habría que agregar la angustia por la prisión de Juan Gualberto, la manutención de los niños y las carencias económicas.

En el periódico *Faro de Ceuta*[222] aparece publicado un escrito que informa que en Cuba se conservaba un pañuelo que Juan Gualberto llevó a su esposa Manuela como regalo la segunda vez que estuvo preso en Ceuta. En uno de sus bordes tiene marcadas las siglas MB (Manuela Benítez). El pañuelo fue mandado a hacer por Juan Gualberto para su esposa cuando vivía desterrada en Cayo Hueso. El pañuelo fue conservado por Manuela y después por su hija Juana que lo donó al Museo de la Revolución en septiembre de

---

[222] Antonio Guerra: «Juan Gualberto, Preso Cubano en Ceuta», *El Faro Digital*, www.elfarodigital.es/antonio-guerra/11578.

1974. En el 2001 este museo lo transfirió al Museo Juan Gualberto Gómez situado en la calle Empedrado número 359, en La Habana, donde se conservan cientos de objetos del patriota y su familia.

Ya terminada la guerra, y de regreso a Cuba, el matrimonio va a residir a la casa de la calle Lealtad número 106, en La Habana, y más tarde compran una casa quinta situada en la Calzada de Managua, número 65, en Mantilla, actual municipio de Arroyo Naranjo. Allí vivieron desde 1917 hasta la muerte de Juan Gualberto y Manuela y posteriormente su biznieta, Mercedes Ibarra Núñez.

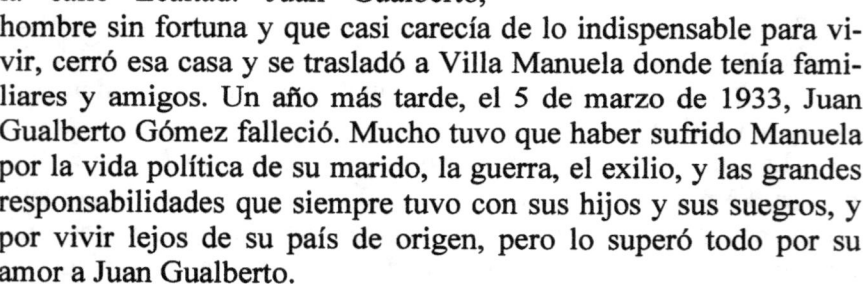

Juan Gualberto Gómez con dos de sus nietos: Plácido y Olguita, en Villa Manuelita, posiblemente en la década de 1920.

Manuela falleció en La Habana, el 25 de marzo de 1932, en la casa de la calle Lealtad. Juan Gualberto, hombre sin fortuna y que casi carecía de lo indispensable para vivir, cerró esa casa y se trasladó a Villa Manuela donde tenía familiares y amigos. Un año más tarde, el 5 de marzo de 1933, Juan Gualberto Gómez falleció. Mucho tuvo que haber sufrido Manuela por la vida política de su marido, la guerra, el exilio, y las grandes responsabilidades que siempre tuvo con sus hijos y sus suegros, y por vivir lejos de su país de origen, pero lo superó todo por su amor a Juan Gualberto.

Lucrecia González Consuegra, de familia mestiza, había nacido el 18 de octubre de 1848 en Sancti Spíritus. Sus padres, Juan González y María Consuegra, no pudieron ofrecerle una educación, por lo que fue básicamente autodidacta. Patriota, trabajó en la preparación de la Guerra de Independencia, donde conoce a Honorato del Castillo,[223] y comienza a colaborar con la Junta Revolucionaria en su ciudad natal. Cuando José Martí y Juan Gualberto Gómez inician los preparativos de la Guerra de Independencia, Lucrecia es una fiel

---

[223] Patriota cubano, delegado de la Asamblea de Guáimaro. Muere luchando en el Ejército Libertador durante la Guerra de los Diez Años, esposo de Elena Óvolos Trillo.

colaboradora desde la Isla. Mantiene amplia correspondencia con el Apóstol, aunque esta se pierde al terminar la guerra cuando, como se cree, Lucrecia la enterró en el patio de su casa.

Lucrecia González falleció en su casa de Céspedes #907 en Sancti Spíritus, el 4 de septiembre de 1929, a los 81 años[224].

Escribe su poema patriótico, *A Cuba,* publicado en el periódico El Fénix, del 4 de julio de 1899:

> *¡Oh Cuba! Ya eres libre tus cadenas*
> *destruyeron tus hijos, valerosos*
> *guerreros y te dieron generosos,*
> *su porvenir, sus vidas y su amor.*
> *Libre eres ya del déspota insolente*
> *que con falacia te llamaba hermano*
> *lanzando sobre el rostro del cubano,*
> *injusticia, oprobios, deshonor.*

Mariana Grajales de Maceo

Mariana Grajales, excepcional madre de los Maceo en la formación de sus hijos, y en su ayuda a los insurgentes en la manigua durante los diez largos años de la Guerra del 68, como ya vimos en el volumen I de esta obra[225].

Junto a su nuera, **María Cabrales** y su amiga **Bernarda Toro de Gómez**, laboró en la manigua y luego en el exilio de Jamaica donde falleció en 1893.[226]

---

[224] María de los Ángeles Romero Aragón: «Lucrecia González Consuegra, hermana y colega en el tiempo», en http://www.monografias.com/trabajos91/lucrecia-gonzalez-consuegra-hermana-y-colega-tiempo. El certificado de defunción se halla en el tomo 52, folio 220 del Registro de Estado Civil de Sancti Spíritus.

[225] Teresa Fernández Soneira: *Mujeres de la Patria*, t I, pp. 23, 150,156, 206-221; 223, 226, 434.

[226] Ibídem, pp. 206-230.

María Cabrales, se fue al exilio con su esposo, Antonio Maceo, luego de permanecer en la manigua durante los diez años de la Guerra del 68, continuaron a Costa Rica, luego de pasar por Nueva Orleans, Cayo Hueso, Honduras y Jamaica. Desde el exilio María siguió luchando por Cuba. De regreso a la patria al finalizar la Guerra del 95, viuda y enferma, continuó laborando por su país como presidenta del Asilo de Huérfanos de la Patria de Santiago de Cuba.[227]

María Cabrales es ejemplo de mujer, esposa y patriota. Muestran integridad y profundo amor por Antonio Maceo y por Cuba los largos años de separación de su esposo por la guerra, y la soledad del exilio.

Irene Herrera Laferté nació en La Habana el 20 de octubre de 1887. Falleció en 1970. Durante la Guerra de Independencia, animaba con su música a los insurrectos en la manigua interpretando danzones de moda, mazurkas y polkas.[228] Tocaba la filarmónica, el laúd y el acordeón y también dominaba casi todos los instrumentos de percusión cubanos. Timbalera y directora fundadora de la Charanga de Doña Irene en el año 1928. Ya viuda, Irene Laferté reunía a sus hijas en la sala de su hogar en La Habana para recrearse con la interpretación de obras populares

La Charanga de doña Irene. Foto de la época. La integraban dos violines, una trompeta, güiro criollo y las pailas que ejecutaba su directora. La agrupación realizó presentaciones públicas en barriadas y poblados de La Habana[229].

---

[227] Para más datos de María Cabrales, ver Teresa Fernández Soneira: *Mujeres de la Patria*, t I, pp. 15-16; 24, 155-175, 211-218, 221, 228-229, 263 y 434.
[228] Alicia Valdés: *Diccionario de Mujeres Notables en la Música Cubana*, Editorial Oriente, Santiago de Cuba, 2011, pág. 205.
[229] http://www.cadenahabana.cu y http://www.myspace.com/musicuba
Radio Cadena Habana y ampliado con datos de Roberto García, junio 2016.

Otras cubanas negras o mestizas que se distinguieron en esta época fueron: **Salie Derosme, América Font, Pastora Ramos, África Céspedes, Catalina Medina, Natividad González, Etelvina Zayas, Cristina Ayala, María Cleofá, Lanita K., Felipa Basilio, María Duabanc, Francisca Turín** y **Laura Clarens.** También: **Aurelia D'Wolf, Claudina Ayala, Desideria Vega, Ana Petrona Torres, Quintina Valle Vega, Cristobalina Consuegra, Martina Madrigal, Luz Hernández, Matilde Acosta, Esperanza Coafar** y **Martina Calzadilla.**

Faustina Heredia cuenta como mambisa residente al norte de Yaguajay, provincia de Sancti Spíritus. De acuerdo con las investigaciones realizadas por la historiadora norteamericana, Dra. Rebecca Scott,[230] la Sra. Caridad Quesada, ya siendo una mujer mayor, declaró en el central Santa Rosalía que Faustina Heredia había nacido libre en 1877, y que se había incorporado a la insurrección con Mateo de Jesús Hernández. También el nieto de Faustina, el Sr. Fernando Martínez Heredia, testificó en 1998 y 1999, que poseía documentos con esa información.[231]

Faustina contrajo matrimonio más tarde con el soldado del Ejército Libertador, Clemente Hernández.

Foto de la patriota Faustina Heredia es cortesía de Fernando Martínez Heredia.[232] Todos los derechos reservados©. Prohibida la reproducción.

---

[230] Rebecca Scott: *Degrees of Freedom, Louisiana and Cuba after Slavery*, The Belknap Press of Harvard University Press, Cambridge, Massachusetts, 2005, pp. 148-149 y 336.

[231] Ibídem., pág. 311 de la versión digital.

[232] Foto cortesía del Sr. Fernando Martínez Heredia y que aparece en el libro de la Dra. Rebecca Scott: *Degrees of Freedom: Louisiana and Cuba after Slavery*, The Belknap Press of Harvard University Press, Cambridge, Massachusetts, 2005.

Cuando Faustina fallece en 1964, su nombre aparece en los documentos oficiales como la esposa de un soldado, pero no como combatiente. Sin embargo, los vecinos, así como la Asociación de Veteranos de Yaguajay, quienes conocían bien su historial y su contribución a la guerra, le dieron sepultura como hija de una mujer negra libre, con honores militares y envuelta en la bandera cubana.[233]

Deben existir muchos más casos como el de Faustina que no han sido encontrados o documentados debidamente. Pero a Faustina Heredia le debemos su dedicación y su lucha por la libertad de Cuba.

Nicolasa Inciarte contrajo matrimonio con Severiano García, en 1887. Conspiran los dos en Oriente con los mambises y con Juan Gualberto Gómez. Sabemos que Severiano se unió al batallón de Antonio Maceo, y que Rafael Inciarte Brioso fue capitán y director de la banda de música de José Maceo,[234] pero nada más sabemos de Nicolasa.[235]

Caridad Jaca había nacido en Nueva Filipinas, Guantánamo, en 1854. Fue «valiente, esforzada, prudente y generosa»,[236] como la describen los que la conocieron. Caridad laboró durante muchos años como esclava en labores agrícolas, y luego en 1890 en la propiedad de Pedro Ramos en Mata Abajo. Al año siguiente se casó con Luciano Peguero Calderón, natural de El Cobre, y pasó a vivir a la finca La Confianza, sitio que desde 1890 se convirtió en centro de conspiración revolucionario.

A partir del 1890, cuando Pedro Agustín Pérez (Periquito Pérez) es nombrado jefe de la conspiración del Alto Oriente, cuenta con el respaldo de Luciano y su esposa Caridad. Jaca era una mujer

---

[233] Recuento del nieto de Faustina Herrera a la historiadora Rebecca Scott realizado en entrevistas entre el 2000 y el 2004.

[234] Lic. Yohana Ortega Hernández: «An Approach to the Cuban Institutions that Treasure Document Heritage Related to Music», *IAML, Latin American Forum*, febrero 23, 2017, MLA Orlando, Fl, pág. 12.

[235] Jorge Quintana: «Primer Centenario de Severiano García», *Bohemia*, La Habana, 1957.

[236] José Sánchez Guerra: *Mambisas Guantanameras*, Editorial El Mar y la Montaña, Guantanamo, 2000.

arriesgada que transmitía mensajes con importantes instrucciones a los insurgentes. Se traslada con frecuencia a la villa y a otros poblados de la región para cumplir misiones de los jefes conspiradores.

Caridad Jaca con su esposo, el veterano Luciano Peguero Calderón, el 22 marzo de 1949 en Guantánamo.[237]

En 1893 se aparece inesperadamente en la casa de los Peguero el general Guillermo Moncada.[238] Luego de una reunión con Periquito Pérez, deciden redoblar las acciones mientras esperan la orden del comienzo de la guerra. Peguero anota en sus apuntes históricos que Caridad monta su mula Manatí y en ella lleva alimentos y suministros desde La Confianza, atravesando el Jaibo y los potreros de Sabana de los Bueyes, hasta el río Guantánamo, y llega hasta donde se mantiene Pedro Pérez en guardia.

Según Felo Polanco,[239] Caridad estaba muy activa los siete días antes del alzamiento, haciendo preparativos revolucionarios. «Ella estaba segura de que no esperarían al mismo día de la cita para comparecer».[240] El 24 de febrero, a las 4 de la madrugada, la primera en levantarse fue Caridad que coló un fuerte café yaterano. Después de brindarle a Luciano, se encaminó al pequeño bohío que estaba semi oculto. Despertó a los hombres, y luego les sirvió almuerzo de carne de res y viandas mientras Pedro Pérez hacía una arenga revolucionaria.

Caridad lleva propaganda revolucionaria, armas y un cornetín de campaña, que posteriormente se empleará en el Estado Mayor

---

[237] Ibídem.

[238] José Guillermo Moncada Veranes, (25 junio 1851-5 abril 1895), héroe de las tres guerras de independencia.

[239] José Sánchez Guerra, Ibídem, pág. 39

[240] Luis de J. Morlote y Ruiz: «La mujer guantanamera del 95», conferencia impartida en el Centro de Veteranos de la Independencia en 1948, pág. 4, en José Sánchez Guerra, Ob.Cit., pág. 39.

del jefe de la primera división del Ejército Libertador. Gran respeto y admiración le tenían sus compañeros de lucha, tanto en el espionaje como en la prefectura o en la línea del combate. También Caridad atendió y curó muchos heridos.

Casa natal de Guillermón Moncada en Santiago de Cuba[241].

En una ocasión fue detenida para ser interrogada y registrada a la entrada de la población, y luego conducida al puesto de mando español en La Coronela. Avispada, se percató de que no había ninguna mujer que la inspeccionara por lo que le dijo al teniente: «el que quiera registrarme ponga aquí a una mujer» y el oficial, más militar que caballeroso, le contestó: «¿para que se venda?» a lo que respondió Caridad con inteligencia ante el peligro del momento: «No me diera Dios más premio que comprarlo a usted». Así evitó ser registrada, y pudo llevar a lugar seguro el mensaje que llevaba oculto en su cintura.[242]

Durante la República trabajó como conserje en una escuela pública los últimos años de su vida. La valiente patriota falleció a los 95 años, el 22 de marzo de 1949, en su morada de la calle Cuartel no. 1037, entre 2 y 3 sur, en Guantánamo.[243]

Monumento al Mambisado en Guantánamo[244] lugar donde, en 1895, se dio la orden de alzamiento emitida por José Martí a través de Juan Gualberto Gómez.

Aquí, en el Mambisado de Guantánamo, reposan los restos de hombres y mu-

---

[241] Foto publicada en la revista *Bohemia*, 2015.
[242] Rafael Polanco Bidart: *Guantánamo en la gesta de 1895,* inédito, pág. 18. Mencionado en *Mambisas del Alto Oriente*, pág. 41
[243] José Sánchez Guerra: Ob.Cit., pág. 42.
[244] Monumento erigido donde se encontraba la Finca La Confianza. Allí se dio la orden de alzamiento en 1895. En EcuRed, www.ecured.cu, La Confianza.

jeres que componen la mambisería guantanamera, entre ellos están los de **Caridad Jaca** y de su esposo Luciano Peguero, así como los del patriota Pedro Pérez y su esposa **Juana Pérez Gutiérrez**.

> *«Estas mujeres humildes de las serranías de Baracoa y Yateras, y otras que permanecen en el anonimato, contribuyeron a preservar las vidas de los generales Antonio y José Maceo, y de los demás expedicionarios de la goleta Honor».*[245]

Juana Francisca Limonta dio asilo a José Maceo, cuando siendo perseguido llegó a su casa en Guayabal de Yateras. Aseguran que Juana Francisca, lo alimentó y dejó descansar en un salón. Mientras tanto, el coronel Agustín Cebreco arribó a Santa Cruz, a la vivienda de Telesforo Drike, y su esposa **Petrona Lobaina**, les cocinó.

Soldados mambises en el Oriente de Cuba. Fotografía Biblioteca del Congreso de los Estados Unidos. Lote 12300. Todos los derechos reservados ©.

Rosa Moreno, prima del General Jesús Rabí, natural de Manzanillo, donde nació en 1880. El hijo de Rosa, Juan Melesio Moreno, vivía con ella en El Diamante, entre Santa Rita y Charco Redondo. Martí comentó a Juan Melesio un día: «Tu madre es una

---

[245] José Sánchez Guerra, Ob.Cit., pág. 105.

gran cubana y nosotros admiramos y reconocemos mucho su gesto patriótico de haberte enviado a luchar por la Patria».[246]

Casa natal del General Jesús Rabí[247] en Baire.

La esposa del General Jesús Rabí[248] **Paula Cruz**, entendió muy bien su vocación de mantener unida a la familia, al contrario de otros mambises que enviaron a sus familias fuera de Cuba. Contando con su gran temple, Rabí se la llevó a la manigua con todos sus hijos, y así Paula lo acompañó por los diferentes campamentos.

Curaba a los heridos y llevaba el control de los alimentos mayormente tasajo, casabe y raspadura. Con la fortaleza de carácter que la caracterizaba, daba a sus hijos solo lo que necesitaban, y si a alguno se le ocurría pedir más, les decía de forma tajante, «ya recibieron lo que les toca y esto es para la hora cero; primero para los que están en el fragor del combate».[249] Cuando el templo de Baire quedó quemado durante la guerra, para que no lo convirtieran en cuartel, el general Rabí, que era católico, ofreció una casona para que se celebrara en ella la Eucaristía.

Según la entrevista realizada a la bisnieta del General Rabí, la Sra. María Antonia Rabí Milanés, por Ivonne Castaño y el Hno. De La Salle, Asquiles Estable, María Antonia les informó que, «cuando Doña Paula murió, el alcalde de la zona decretó tres días de duelo, noticia que fue publicada en el periódico de la época».[250]

---

[246] Tomado de *Bohemia*, 19 de julio, 1968
[247] General Jesús Rabí, Jiguaní, Oriente, (24 de junio, 1845-6 diciembre, 1915).
[248] Ver Fernández Soneira: *Mujeres de la Patria*, t I, pág. 386.
[249] Testimonio de la bisnieta del General Rabí, María Antonia Rabí Milanés.
[250] Esta entrevista fue realizada por Ivonne Castaño a la Sra. María Antonia Rabí Milanés, en septiembre de 2016 especialmente para este libro. La Sra. Rabí en la actualidad reside en Baire.

María Antonia Rabí se siente muy orgullosa de ser la bisnieta de tan valiente e ilustre patriota.

María Antonia Rabí Milanés con el Hno. De La Salle, Asquiles Estable fsc, en su casa de Baire, en el 2017. ©[251]

Juana Bautista Pérez Gutiérrez natural de San Anselmo de Tiguabos, en el año 1849, era descendiente de una extensa familia de buena posición económica en esa jurisdicción guantanamera. Contrae matrimonio muy joven con su primo, Pedro Agustín Pérez (conocido como Periquito), oficial de las Escuadras de Voluntarios de Santa Catalina del Guaso. En 1864 nace **Ruperta Pérez y Pérez**, única hija del matrimonio.

Los Pérez se habían caracterizado hasta finales de la década del sesenta por su incondicional lealtad a la metrópoli. Pero al final de la Guerra Grande, Periquito rompe con todo lo que lo vinculaba al Ejército Español y se une al Ejército Libertador.

Juana marcha a la finca La Pulsiana, en Mata Abajo, y a partir de 1879 coopera en la lucha conspirativa de la Guerra Chiquita. Con Juana trabaja **Dolores Alcántara,** esposa de Rafael Maceo[252].

Aunque la conspiración fracasa en Guantánamo, y Periquito permanece en la manigua, recibe con regularidad la visita de Juana, su esposa, a la que asigna tareas de apoyo estratégico, y ella cumple con sus trabajos revolucionarios. La madre de Periquito Pérez, **Lucía Pérez Céspedes**, era prima de Carlos Manuel de Céspedes.[253]

---

[251] Foto tomada para esta obra con la colaboración de Asquilis Estable, Fsc, Hermano De La Salle. Todos los derechos reservados©.

[252] Rafael Maceo, hijo de Mariana Grajales y hermano de Antonio Maceo.

[253] José Sánchez Guerra: «Amor e intransigencia de Juana y Ruperta Pérez», *Mambisas Guantanameras*, Editorial El Mar y la Montaña 2016, pág. 45.

En los períodos en que el esposo se encuentra perseguido o encarcelado, Juana asume la dirección de la finca y de la numerosa familia. Esos años de sufrimientos y privaciones personales fortalecen más su personalidad y su decisión de no claudicar frente al enemigo. Las autoridades españolas le proponen elevadas sumas de dinero si el marido se acoge a las leyes españolas, pero ella las rechaza.

En la etapa entre la Guerra Grande y la Guerra de Independencia, Juana es el punto de contacto principal entre los patriotas provenientes del exterior y los jefes de Guantánamo. A partir de 1890, al ser nombrado Pedro Agustín Pérez jefe de la conspiración en la región, sus viviendas en La Pulsiana y en Boca de Jaibo así como la casa de **Caridad Jaca**[254] y su esposo Luciano Peguero en La Confianza, se convierten en el corazón de la insurrección del Alto Oriente. Juana y su hija Ruperta reciben a los revolucionarios que acuden a la finca, y en dos ocasiones atiende al general Guillermón Moncada quien, escudándose en sus funciones de Inspector de Bosques, había acudido a la zona a orientar a Periquito sobre las decisiones tomadas por la directiva de los conspiradores orientales.

El 24 de febrero de 1895, en la finca La Pulsiana, se levantan en armas 15 hombres, 2 mujeres y un niño. Periquito escribió: «A las 9 am reunidos en mi casa de la finca de Boca de Jaibo, mi yerno Capitán José Francisco Pérez, mi cuñado Teniente Francisco Castillo y yo, rodeado de mi esposa, hijos y sobrinos, juramos hacer la guerra a la metrópoli. Esa tarde ondeó en la finca La Confianza la primera bandera cubana que enarbolaron los guantanameros en esa guerra. Fue bordada por las manos de **María Olalla Pérez**, esposa de Federico Pérez, hermano de Periquito, quien fuera asesinado por militares españoles en 1880».

Parten después hacia la finca «La Confianza», propiedad de Luciano Peguero, donde firman el acta redactada por el Coronel Emilio Giró y Odio. Todos hacen el juramento de luchar hasta morir en defensa de la independencia de Cuba. Se dan vivas a Cuba libre. Juana, su esposa; Ruperta, su hija, y el hijo de Ruperta, Jesús

---

[254] Para más datos de Caridad Jaca, ver pp. 102, 114-117; 126 y 271 de esta obra.

Pérez, de 12 años de edad, es nombrado ayudante del jefe de la Revolución en el territorio. Se iza una bandera cosida por **Juana Pérez**, esposa de Periquito. Comienza la guerra en Guantánamo. Desde febrero de 1895 a marzo de 1896 **Juana y su hija Ruperta** permanecen en los campamentos y bases de operaciones de la primera división del Ejército Libertador, trabajando en los hospitales, cocinas, talleres, y lavanderías.

En el combate de El Jobito, el 13 de mayo de 1895, permanecen Juana y Ruperta en la retaguardia de las tropas insurrectas, curando a los heridos. Allí reciben la noticia de la caída en combate del Capitán José Francisco Pérez, esposo de Ruperta.

El patriota Pedro Agustín «Periquito» Pérez, quien es ascendido a General de Brigada en el combate de El Cedrito, el 12 de mayo de 1895, por el Lugarteniente General Antonio Maceo.

Cae prisionera la numerosa familia de los Pérez en el asalto al campamento de Ocujal, pero Periquito, de forma astuta y valiente logra rescatarla los días 31 de octubre y 1 de noviembre de 1896. En el primero de los ataques rescata a la anciana **María Pérez** y a su sobrina «**Chimí**» y en el segundo intento a **Juana Pérez**, su esposa; a **Ruperta**, su hija, y los demás familiares: **Narcisa**, **Josefa**, **Agripina**, **Catalina**, Jesús, José, Juan, Pedro y **Custodia**, dejándolos en la finca de Majín Borrero bajo la protección de su primo Hilario Pérez.[255]

Bohío de una población rural donde se ha izado una bandera cubana. Estereoscopio por Underwood and Underwood, Nueva York, 1898, de la colección de la autora.©

---

[255] Francisco Lancis Sánchez: «Los Pérez de Guantánamo: apuntes históricos de una familia cubana», www.bvs.sld.cu/revistas/his/his%2095/hist2295.htm.

Las autoridades coloniales tienen pruebas que Juana Pérez tiene participación directa en una conspiración en febrero de 1896, cuando se confirma que su seudónimo de guerra es 'Madame Sousan', y había sido contactada por Lino Marchal y Sherchy quien es hecho prisionero, procedente de Jamaica, como agente de Antonio Maceo y de Flor Crombet.

El 29 de marzo de 1896, una unidad española del regimiento Simancas cercó la prefectura mambisa de Ulloa y sorprendió a la pequeña guarnición insurrecta que la defendía. Sus residentes fueron detenidos, entre ellos Juana y Ruperta. También fueron hechos prisioneros los nietos de Periquito: Narcisa, Catalina, Juan y José, y sus sobrinos Pedrito, Juan y Jesús, así como su hermana **Lucila Pérez, y Agripina**, esta última esposa de José Demetrio Pérez, hermano de Periquito. [...] Encerradas en la cárcel de Guantánamo permanecieron hasta mediados de 1896, o sea siete meses. Luego fueron trasladadas a Santiago de Cuba donde el gobernador de la plaza les prohibió salir de la población y ordenó mantenerlas bajo vigilancia permanente. Allí recibieron el apoyo solidario de muchas amistades.

José Martí, en su *Diario de Cabo Haití a Dos Ríos*, nos ha dejado unos comentarios sobre esta familia: «A la tarde, Pedro Pérez, el primer sublevado de Guantánamo, luego de 18 meses de escondite, salió al fin, con 37 hombres, seguido de muerte, y hoy tiene 200. En el monte, con los 17 de la casa, está su mujer, (**Cecilia Ruiz**)[256] que nos manda la primera bandera. ¡Y él sirvió a España en las escuadras, en la guerra grande!»[257]

En mayo de ese año, Periquito le escribe a Juana desde Vuelta Corta de Filipinas, cuando ella permanece retenida en Cayo Duany, Santiago de Cuba: «Cuando estoy solo en mi hamaca en las noches estrelladas, o marcho con la caballería en los días de lluvia, pienso solo en ti y en la victoria, en el día en que nos uniremos para siempre. [...] Anoche participé en un baile en el campamento y fui para aliviar mis penas; cantaron boleros acompañados de

---

[256] Dato que aparece en la obra «Los Pérez de Guantánamo», pero que debe ser un error porque Cecilia no era la esposa de Pedro Pérez.

[257] José Martí Pérez: *Diario de Cabo Haitiano a Dos Ríos*, Imprenta Escuela Inst. Cívico Militar, Ceiba del Agua, 1941.

acordeón, luego vino la danza que nombran la rumba. Un trago de ron me puso más triste y me retiré a mi casa de campaña pensando en tus sufrimientos y soledad. [...] La guerra es terrible para los niños y las mujeres, se me rompe el corazón cuando veo el cuadro desolado y sangriento de la guerra. Pero nada nos detendrá, luchamos con todos nuestros recursos y nuestra pasión. [...] Reza por los dos y que el día del triunfo esté cerca. Te besa Pedro A. Pérez».[258]

El 29 de marzo de 1896, en los momentos en que Periquito se encontraba en Baracoa auxiliando al Mayor General Calixto García, y a los expedicionarios del vapor *Bermuda*, una unidad española del Regimiento de Simancas, cercó la prefectura mambisa de Ulloa y sorprendió a todos los que allí se encontraban, entre ellos a los nietos de Juana y Ruperta: **Catalina, Narcisa,** Juan y José; a las **hermanas Lucila y Agripina**[259]. Fueron exhibidos a lomo de mulos por las calles de Guantánamo para desmoralizar a las tropas. En la Plaza de Armas del Príncipe, un grupo de españoles insultó a Demetrio Pérez y a Juana, quien con las manos amarradas y valentía, respondió: «¡Sí, somos la familia del general, pero a él hay que ir a cogerlo peleando en los montes!»[260]

Al culminar la guerra, Juana y Ruperta cooperan en la organización del sistema de educación y salubridad[261] en su municipio, en particular en la atención a niños desamparados. Meses después Periquito le diría a su nieto, quien es ya ayudante de la guerra, que su abuela siempre había querido seguirlo, sin importarle los peligros, el hambre y las enfermedades. «La expuse junto a tu madre a estos sufrimientos pues no podía negar que participara en el sitio de los que tienen decoro».

---

[258] José Sánchez Guerra: Ob.Cit., pp. 51-52. Carta en poder de la Dra. Argentina Pérez, tataranieta de Pedro Pérez.

[259] Agripina era la esposa del Capitán José Demetrio Pérez, hermano de Periquito Pérez.

[260] José Sánchez Guerra, Ob.Cit., pág. 51, y en José Pérez Arocha: *Odisea del General Pedro Agustín Pérez y anécdotas revolucionarias*, Tip. Arroyo Hnos., Santiago de Cuba, 1930, pág. 62.

[261] Sabemos que Pedro A. Pérez, esposo de Ruperta, falleció el 13 de abril de 1914, en Guantánamo.

En noviembre de 1899 el general Quintín Banderas visita Guantánamo para constituir el comité pro-monumento al general José Maceo, que luego se levantaría en el Panteón Nacional de los Héroes (cementerio de San Rafael). Juana integra este comité y coopera en la promoción del proyecto, que no llega a materializarse.

El General Quintín Banderas

En 1900 se crea la Junta del Socorro de Veteranos de la Guerra, y Juana la preside. La sociedad guantanamera reconoció los méritos de Juana y brindó homenajes a la heroína. Junto a ella se encuentra como vice presidenta **Elena González Núñez**, viuda del Mayor General José Maceo. Elena por entonces era maestra de instrucción pública de la escuela No. 4.

Juana Pérez falleció en su casa de la calle Martí entre Pintó y Julio Grave de Peralta, en Guantánamo, el 26 de agosto de 1937. Ruperta su hija murió el 22 de octubre de 1945. Los restos de las heroínas descansan en el Mausoleo del Mambisado Guantanamero en La Confianza, Monumento Nacional.[262]

Teresa Pérez Nicot, mujer negra de alta figura, originaria de las montañas de Baracoa, donde vivía con sus familiares por San José de Ti Arriba, Santiago de Cuba. Tuvo dos hijos con José Maceo: Pilar y Alberto. En julio de 1896 cuando José Maceo resulta herido mortalmente en Loma del Gato, su cuerpo es trasladado a Ti Arriba. Teresa, que se encontraba embarazada de Alberto, atiende el cadáver. Al mes siguiente nacía Alberto Maceo Pérez.

---

[262] José Sánchez Guerra, Ob.Cit., p. 54.

Rosa Planas y Cruz Prieto natural de las Villas, nació el 22 de agosto de 1860. Prisionera del 1 de septiembre hasta el 2 de octubre de 1897. Había sido denunciada por Blas de León (Pupo) [263] por su labor revolucionaria. Personalmente lo declaró al Juez Instructor al ser puesta en libertad.

Matilde Planche, hija de Franquinia Planche, nació en Tiguabos, Oriente, en 1851. En 1885 se vincula a la sociedad secreta de negros y morenos de Santa Catalina del Guaso[264]. Es detenida y conducida a la cárcel el 4 de agosto de 1885. Posteriormente vive en el batey del ingenio Romelié y en ese mismo año se incorpora a la prefectura de Los Machitos.

Cuentan que era experta bailadora de changüí[265], y que cantaba en los bailes una tonada recordando el combate de El Jobito, acción donde las fuerzas comandadas por Antonio Maceo derrotaron al regimiento de Simancas y a las escuadras de Sta. Catalina del Guaso, que dirigía el coronel Joaquín Bosch Abril.

El General Antonio Maceo

En las listas militares del Ejército Libertador, durante la Guerra del 95, hubo gran cantidad de soldados hijos de madres

---

[263] Luis A. Lagomasino: *Episodios Nacionales, retazos de historia Patria*, Tip. del Boletín Nacional de Historia y Geografía, La Habana, 1924.

[264] El asentamiento de Santa Catalina del Saltadero del Guaso se estableció originalmente en 1819, y allí permaneció hasta 1843. Refugiados franceses de Haití ayudaron en la colonización del área, así como catalanes que estuvieron entre los primeros pobladores.

[265] «Guari, guari con pe. La tortilla se ha vuelto un pan de maní». Changüí es un género musical cubano, considerado por algunos autores como madre del son.

esclavas.²⁶⁶ Y también hubo muchas valientes mujeres guerreras negras como: **Inocencia Araújo Villasana, Gregoria Herrera Garbosa, Caridad Jaca y Caridad Romero**, todas de Guantánamo, por solo citar una región, de las que hablamos en esta obra.

Lescaille Ramírez²⁶⁷ **y Severina Ramírez Rojas**, hija y esposa respectivamente del capitán de voluntarios, Enrique Lescaille, que simpatizaban con la causa cubana lo que le trajo a la familia muchas críticas con los militares españoles.

Narcisa Rodríguez era otra mujer humilde, natural de Holguín, que trabajó con ahínco en Sagua la Grande. Se comentaba que a todos llegaba su propaganda y su misión.

Inocencia Valdés Fraga, más conocida como «la niñita», nació en Güines, el 28 de diciembre de 1868, justo al comienzo de la Guerra de los Diez Años.

En su juventud se exilia en los Estados Unidos, y se une a la emigración de Tampa y Cayo Hueso como obrera tabacalera y activista feminista, y había una gran demanda para los trabajadores del tabaco en esas ciudades. Allí trabaja como despalilladora y conoce a Martí siendo gran militante del Partido Revolucionario Cubano. A ella nos referiremos de nuevo en el volumen III de esta obra, dedicada al exilio del siglo XIX.

En Oriente también laboraron varias mujeres. El 1 de abril de 1895 había desembarcado la goleta *Honor* en la playa Duaba,

---

²⁶⁶ Michael Zeuske: «Los negros hicimos la independencia: aspectos de la movilización afrocubana en un *hinterland* Cubano» – *Cienfuegos, entre Colonia y República,* Universidad de Cologne, www.dialnet.unirioja.es

²⁶⁷ Era india de Yateras. Amortajó el cuerpo del valiente mambí Adolfo Crombet Tejera. En José Sánchez Guerra, Ob.cit., pág. 106

en Baracoa, y en ella venía el general Antonio Maceo. En el Diario de Guerra de José Martí, ha quedado la reseña de los que estuvieron en contacto con el Apóstol, y su recorrido por la zona. Dice Martí: «El contingente caminó por entre manglares y caminos hasta llegar a la casa del camagüeyano Santos Rodríguez Jaime, donde **Justina Linares** los ayudó con el vestuario y les coló café. De allí se dirigieron al poblado de Duaba. Los ayudó **Margarita Perigot** con alimentos y otras necesidades. Después de cruzar el río Toa y de llegar a Los Pitases en Zapote, **María Calderín** les preparó comida con puerco asado y viandas. El 7 de abril arribaron a la casa del indio Jorge Rojas, y su esposa les coló café. Más tarde **Caridad Pérez**, en el Alto de Bejuquera, les brindo café y algunos alimentos. Al día siguiente llegaron a Guayabal de Yateras donde hicieron noche; ya era 11 de mayo. **Flor Blanco** les cocinó y lavó las ropas».[268] Desconocemos cuáles de estas mujeres que atendieron a Maceo eran blancas o negras pero todas por igual estaban dispuestas a servir en lo que fuera necesario a la guerra.

El 11 de abril muere en combate el General Flor Crombet[269]. Su esposa, la nicoyana[270] **Elena Castillo Baltodano**, se encontraba en Costa Rica donde recibió la triste noticia. Allí compartía con María Cabrales de Maceo. El cuerpo de Crombet fue llevado en el lomo de un caballo hasta el poblado de Felicidad y depositado en el portal de una casa-tienda donde fue atendido por una mujer llamada **Ramona**.[271]

La labor de la mujer cubana negra, antes y después de las guerras de independencia fue el resultado, en la mayoría de los casos, del afán de luchar contra la discriminación, y a favor de la libertad personal; de ascender intelectual, económica y socialmente en la sociedad cubana y de lograr equipararse con el hombre. La

---

[268] José Martí: *De Cabo Haitiano a Dos Ríos*, Imprenta Escuela del Instituto Cívico Militar, Ceiba del Agua, Cuba, 1941.

[269] Flor Crombet Tejera (Santiago de Cuba, 1851 - Baracoa, 1895). Mayor General y patriota cubano, luchador en las tres contiendas independentistas. Su esposa estaba exiliada en Costa Rica, y era amiga de María Cabrales de Maceo.

[270] De la península de Nicoya, en Costa Rica.

[271] Desconocemos el apellido.

mujer negra luchó como madre, esposa y hermana contra los obstáculos de leyes y costumbres que imperaban. Su abnegación, entrega y fortaleza fueron las virtudes que heroicamente ejercieron por la libertad de Cuba.

De acuerdo con el historiador Jorge Ibarra «el 60% de los individuos que integraban el Ejército Libertador eran mulatos y negros»,[272] y entre ellos, como hemos visto, estaban las valientes mujeres negras que esperaban que bajo la República tendrian condiciones de vida similares a las de la vecina Haití, y confiaban en que Cuba fuera libre. Algunos líderes blancos lucharon contra el racismo en el ejército, y defendieron la valentía y dedicación de muchos militares negros, lo que alentó a la población negra de que en un futuro se haría justicia.[273]

Es interesante apuntar que los oficiales blancos tenían ayudantes, muchas veces adolescentes negros o mulatos, que aparte de ser soldados,[274] servían no solo como proveedores de alimentos, cocineros y cargadores sino también como escuchas, mensajeros y espías, En el ambiente de la manigua todos compartían, pobres y blancos por igual.

Miró Argenter dejó estas líneas sobre Salvador Cisneros Betancourt, que no requieren ninguna explicación. Dice Miró Argenter: «en una elaborada ceremonia pública, el aristócrata y anciano presidente de la República en Armas, Salvador Cisneros Betancourt[275], el hombre a quien Martí había elogiado *por haber enterrado a su hija*[276] *en la misma tumba de un negro, que había sido esclavo,* confió simbólicamente a Maceo el futuro de la República. En la ceremonia, Cisneros Betancourt envolvió los hombros de Maceo con una ban-

---

[272] Consuelo Naranjo Orovio: *Historia de las Antillas - Historia de Cuba*, tomo I, Ediciones Doce Calles, S.L., Madrid, 2009, pág. 353.

[273] Aline Helg: «Sentido e Impacto de la participación negra en la Guerra de Independencia de Cuba», *Revista de Indias*, vol. LVIII, núm. 212, Madrid, 1998, pág. 35

[274] Ibídem, pág. 57.

[275] La madre de Salvador Cisneros Betancourt fue Ángela Betancourt y Betancourt.

[276] No sabemos si fue Ángela o Clemencia Cisneros. El énfasis es de la autora.

dera confeccionada por las mujeres de la villa de Tínima,[277] en Camagüey), y enalteció su valor y su fidelidad».[278]

Flores del Tínima[279]

En medio de un ancho valle
Que cercan verdes cortinas
Entre blancas clavellinas
Se oye un río murmurar;
[...]
Aquel pueblo levantado
En medio de una llanura
Donde el Tínima murmura
Bajo un cielo siempre azul.

Ese pueblo que tranquilo
Mira correr su existencia
Mezcla de ocio y de inocencia
De valor y de virtud.
[...]
Nunca olvides, dulce amiga,
Que las que pongo en tu mano
Las quita un camagüeyano
Para ti, del corazón.

Acuérdate que en el brotan
Cuando está lleno de angustias,
Y que si tristes y mustias,
Flores del Tínima son.

José Ramón Betancourt

El éxito de la Guerra de Independencia se obtuvo gracias al esfuerzo de todos los que en ella trabajaron: negros, blancos; hombres y mujeres; pobres y ricos. Los campesinos desposeídos luchaban por tener acceso a la tierra; los cabecillas buscaban poder político; los negros se rebelaban contra el racismo y la desigualdad, y

---

[277] El Valle del Tínima está situado en Camagüey.
[278] José Miró Argenter: *Crónicas de la guerra,* Editorial de Ciencias Sociales, La Habana, 1981, pág. 228.
[279] Enrique José Varona, editor, *Revista Cubana,* t IV, La Habana, 1886, pp. 532-33.

los acaudalados deseaban seguir teniendo, o recobrar sus bienes y posiciones.[280]

Mambisas y mambises negros durante la Guerra de Independencia. Fotógrafo desconocido

Todos se unieron por el mismo ideal: la paz y la libertad de Cuba. La labor de las mujeres negras cubanas fue en un aporte decisivo.

Se incluye en este capítulo un poema del negro esclavo, y también escritor, Juan Francisco Manzano.

Cuando miro al espacio que he corrido
Desde la cuna hasta el presente día,
Tiemblo, y saludo la fortuna mía,
Más de terror que de atención movido.
[…]
Treinta años ha que conocí la tierra;
Treinta años ha que en gemido estado
Triste infortunio por doquier me asalta
[…]
Más nada es para mí la cruda guerra
Que en vano suspirar he soportado,
Si la calculo ¡oh Dios! con la que falta.[281]

---

[280] En Grethel Morell Otero: *Damas, esfinges y mambisas, mujeres en la fotografía cubana*. Ediciones Boloña, La Habana, 2015.

[281] Juan Francisco Manzano (1797-1854). Esclavo, autodidacta. Escribió versos y cuentos, aunque a los esclavos les estaba prohibido escribir. Publicó algunos. Obtuvo su libertad en 1836 y luego escribió poemas y una obra de teatro. Fue acusado falsamente de estar envuelto en la conspiración de La Escalera en 1844. Después de salir de la cárcel en 1845, nunca más volvió a escribir y murió en la pobreza en 1854.

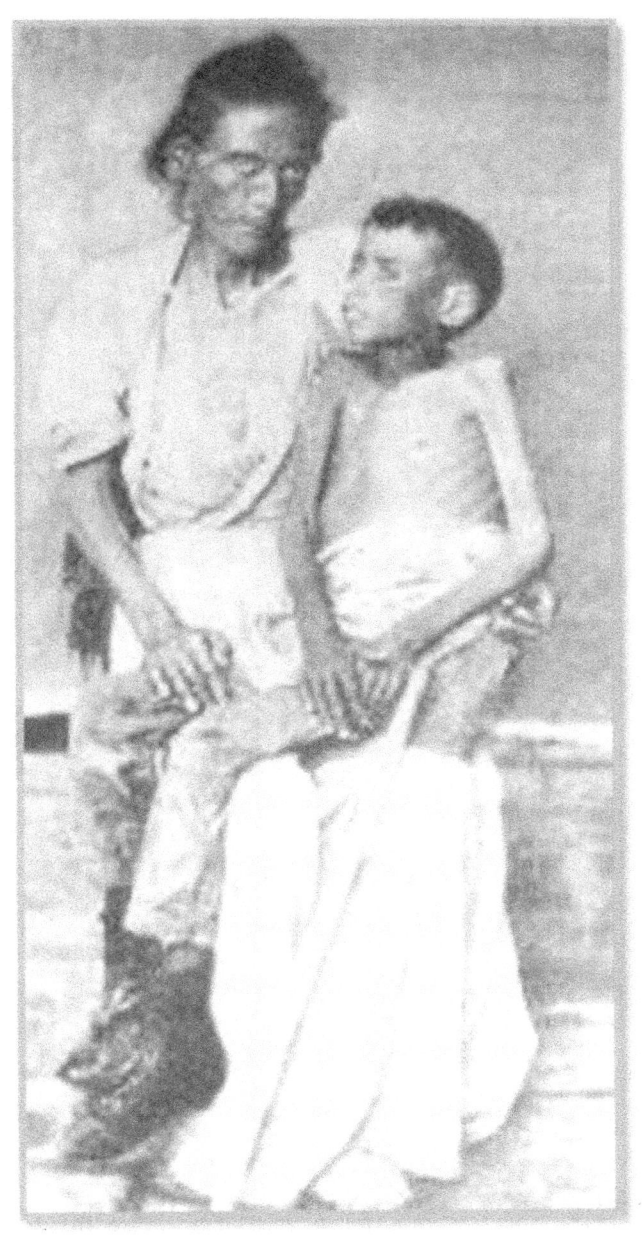

Foto del anverso, una madre enferma con su hijo famélico, producto de la Reconcentración de Valeriano Weyler. Revista *Harper's Weekly*, Nueva York, 1898.

3

Ordeno y mando: La Reconcentración

> «*Piense usted en tanta pobre mujer hambrienta y en esa soldadesca desenfrenada y brutal; todos aglomerados en los pueblos, como manadas de bestias. Aquí, aunque esto parezca una blasfemia, nos vemos obligados a dudar del poder de Dios y a creer en el demonio, porque solamente un ser infernal, puede como Weyler, llevar a cabo estos horrores*».[282]
>
> Magdalena Peñarredonda

---

[282] Carta de Magdalena Peñarredonda al General Juan Rius Rivera, del 25 abril de 1897, en Gabriel García Galán: *Magdalena Peñarredonda, La Delegada*, Imprenta el Siglo XX, La Habana, 1951, pág. 20.

La guerra de Cuba continuaba a pesar de los esfuerzos del General Arsenio Martínez Campos[283]. Para tratar de contener la insurrección, España envió a la isla al General Valeriano Weyler y Nicolau[284], apodado «El Carnicero», quien ya era conocido en Cuba por sus desmanes cometidos por el durante la Guerra del 68. El historiador norteamericano, Murat Halstead[285] lo describe: «[era] delgado, diminuto, ajado, ambicioso por obtener la inmortalidad, maestro de la diplomacia, desagradable, frío, exaltado y esclavo de España con tal de obtener la gloria de sentarse a la derecha del trono». Con esa descripción podemos imaginarnos lo que estaba dispuesto a hacer y lo que les esperaba a los pobres cubanos. Esta vez como había afirmado Antonio Cánovas del Castillo,[286] Primer Ministro del Gobierno español, España se iba a jugar «hasta el último hombre y la última peseta», con tal de salvar la monarquía española en la Isla.

El General Valeriano Weyler y Nicolau
Capitán General de Cuba.

Pero ante la proximidad de la derrota que se intuía, aparece lo siguiente en un artículo editorial de El Nacional sobre la defensa de conservar Cuba: «cueste lo que cueste se transforma en pérdida de los

---

[283] Arsenio Martínez-Campos Antón, (Segovia, 1831 – Zarauz, 1900), militar y político español, Capitán General de la Isla de Cuba.

[284] Valeriano Weyler y Nicolau, Palma de Mallorca, (17 de septiembre de 1838- Madrid, 20 de octubre de 1930), noble, político y militar español, Marqués de Tenerife y duque de Rubí, grande de España y Capitán General de Cuba.

[285] Murat Halstead: *The Story of Cuba*, The Werner Company, Akron, Ohio, 1896, pág. 92.

[286] Antonio Cánovas del Castillo, presidente del Consejo de Ministros decía: «porque es preciso que tengáis la seguridad de que ningún partido español abandonará jamás la isla de Cuba; que en la isla de Cuba emplearemos, si fuese necesario, el último hombre y el último peso», en Francisco Javier Navarro Chueca y José Luis Cifuentes Perea: «El Coste Humano de la Guerra de Cuba para Iniesta (1895-1898)», *Revista de Historia*, http://www.laguerradecuba.com/articulos/costehumano_%20iniesta.pdf

fundamentos integristas preconizados, para acercarse más al sentido lógico y de racionalidad, con una deuda que alcanza los 3.000 millones de pesetas, una inevitable guerra con los EE.UU. y todo perdido, y con la autonomía radical –en Cuba– que es igual a la independencia –que además los cubanos terminaron por no acatarlo que supone la anarquía, ¿es que nadie ha pensado en una anexión pactada y beneficiosa para España –o la venta en firme proyectada, pero no posible– que garantice las propiedades de los peninsulares y nos redima de la deuda? ¿Qué ocurrió para que la bella isla caribeña, la colonia más mimada y sentida de España en América, llegara a esta situación de descontrol que causó su perdida?»[287] Mucho valía Cuba, tanto, que España no quería dejarla libre, y Estados Unidos la quería poseer. Pero sigamos con lo que pasaba en Cuba en aquellos momentos.

El militar español Camilo Polavieja y Castillo[288] notó enseguida cómo los cubanos recibían con miedo y preocupación la noticia de la designación de Weyler. Y aunque el pueblo sentía desasosiego ante el futuro, también sabía que ahora tendría que incrementar la lucha y de una vez por todas eliminar al más riguroso jefe militar de aquella época y obtener la libertad de España.

Valeriano Weyler se hizo cargo del mando de Cuba el 10 de febrero de 1896. En cuanto llegó, envió un comunicado: «me encargo del mando [...]; para conseguirlo cuento con el valor y disciplina del Ejército y la Marina, con el patriotismo nunca desmentido de los cuerpos de Voluntarios y muy especialmente con el verdadero apoyo que me han de prestar los leales habitantes nacidos aquí o en la Península».[289] Y luego añadió: «[...] Habitantes de Cuba, prestadme vuestra eficaz cooperación y con ello defenderéis vuestros intereses que son los de la patria. ¡Viva España! ¡Viva

---

[287] Miguel Leal Cruz: «El General Weyler y la Guerra de Independencia de Cuba», *Cuba Nuestra*, núm. 26, publicación de la Academia Eurocubana, Suecia.
[288] Camilo García de Polavieja, (Madrid 1838-1914) militar y político español, y gran estratega. Participó en la Guerra de los Diez Años, la Guerra Chiquita y fue Capitán General de Cuba y de las islas Filipinas.
[289] Emilio Bacardí: *Crónicas de Santiago de Cuba*, t VIII, Breogán, Madrid, 1972, pp. 306- 307.

Cuba española! Vuestro Gobernador General, Valeriano Weyler, Marqués de Tenerife».

Mientras los españoles se atrincheraban, los soldados cubanos seguían el curso de sus estrategias militares. La insurrección, que llevaba un año desplazándose por provincias y ciudades, se encontraba en aquel momento en pleno apogeo. Según la historiadora María del Carmen Barcia Zequeira[290] «había cañones montados a la entrada de la capital, por las avenidas de El Cerro y Jesús del Monte. Los tranvías y trenes salían por las tardes cargados de soldados, bomberos y voluntarios [...]; los establecimientos cerraban a la una de la madrugada; muchas vías férreas habían sido cortadas, y no funcionaban adecuadamente las comunicaciones telegráficas. Gómez acampaba en Alquízar y Maceo constituía una amenaza evidente». Con este cuadro de conmoción y angustia, los que tenían medios y eran pudientes, abandonaban el país en gran número hacia el extranjero, y los que no, se alistaban para días de desasosiego y miseria.

Pronto comenzaría la sanguinaria labor de Weyler, atacando no solo a los rebeldes sino también a los pacíficos habitantes. Dictó varios bandos[291], entre ellos los de la temida Reconcentración. El primer bando fue el del 6 de febrero de 1896, dirigido a la jurisdicción del actual Sancti Spíritus y a las provincias de Puerto Príncipe y Santiago de Cuba. El bando ordenaba que:

> «En un término de ocho días todos los residentes en los campos o áreas rurales fuera de la línea de fortificación de los poblados, se reconcentrarán en los pueblos ocupados por tropas españolas. Se prohíbe extraer víveres de las poblaciones y su traslado por cualquier vía sin autorización del mando del lugar de partida. Las reses se llevarán a los poblados o sus inmediaciones. El que infrinja estas disposiciones se considerará rebelde y como tal sería juzgado».[292]

---

[290] María del Carmen Barcia Zequeira: *Una sociedad en crisis, La Habana a finales del siglo XIX*, Editorial de Ciencias Sociales, La Habana, 2009, pág. 4.

[291] Órdenes o manifiestos.

[292] Raúl Izquierdo Canosa: *La Reconcentración 1896-1897*, Ediciones Verde Olivo, La Habana, 1997.

Así comenzaron las violentas medidas: dividió la isla a través de las trochas y levantó murallas con puestos de vigilancia para aislar a los mambises. Luego vinieron los fusilamientos, incendios, atropellos, destrucción de los campos: era la aniquilación de los hijos de Cuba. Varias semanas transcurrieron luego de hacer cum‑

plir el primer bando y otros más, pero las proezas que realizaba Antonio Maceo en la región occidental, desacreditaban a Weyler. Este, que tanto había predicado sobre la eficacia de los batallones de voluntarios españoles, ahora se deslucía y disminuía su reputación ante la estimación pública. Todo porque los mambises habían jurado: ¡Independencia o Muerte!

El 21 de octubre Weyler dictó otro bando para la provincia de Pinar del Río para luego extenderlo a todo el país. Quedaron establecidas 34 estaciones de reconcentrados a lo largo de la Isla[293], diecinueve de ellas en el Occidente, diez en el Centro, y cinco en la región Oriental del país. Esta medida pretendía aglomerar a los campesinos en poblados cercados con el fin de aislar a los insurrectos de su espacio natural, evitando que pudieran recibir ayuda los mambises. Pensaban los españoles que de esta forma al Ejército Libertador no se le podría suministrar víveres, zapatos, ropas, medicinas e informaciones de carácter militar. Esta medida también reducía la posibilidad de que los jóvenes campesinos se unieran a los mambises e impedía que se transmitiera información sobre el movimiento de las tropas españolas. Pero el Ejército Libertador no se debilitó y siguió luchando y avanzando de Oriente a Occidente.

En Sancti Spíritus la situación de la Reconcentración ya comenzaba a hacerse sentir. El periódico El País reportaba: «...en los últimos pocos días se han sucedido a intervalos, cuadros de desesperación presentados por las gentes que entran en las ciudades. La situación de esta gente va a ser siempre difícil desde todos los puntos de vista, y más en este distrito militar a causa de una medida que obedece a una orden superior que prohíbe plantar maíz y plan-

---

[293] Barcia, Ibídem., pág. 13

taína (sic) y que también atañerá al azúcar de caña que tiene una doble utilidad, las hojas como pienso para el ganado, y el tronco, para fabricar azúcar [...]. Observadores contemporáneos, continua el reportaje del periódico *El País*, describen los terribles sufrimientos de estas gentes.»[294]

Como ya mencionamos, la única forma de evitar los efectos de estos bandos era la de emigrar. En Santiago de Cuba, por ejemplo se expidieron 2,780 pasaportes entre enero y noviembre de 1897, cantidad que alcanzó los 2,980 hasta fin de año, lo cual según Enrique Capriles y Osuna[295], «equivalía a una emigración de 10,000 personas, sin contar la que tuvo lugar a Puerto Rico, ni los regresos a España».[296] La magnitud y el dramatismo del éxodo también lo demuestran las noticias publicadas por esos días en el periódico *El Pueblo*[297]. El día 27 de junio de 1895 bajo el título de «Abandono» apareció el comentario siguiente: «Los laboriosos campesinos de la rica zona de Yaguajay, inmediata al Central Senado, han abandonado por completo sus heredades, pasando unos al poblado de Minas, otros a la ciudad de Nuevitas, emigrando algunos para Santo Domingo, sin cuidarse nadie de recoger ni frutos, ni animales».

Cientos de familias campesinas, después de haber vendido a precios ínfimos algunas de sus pertenencias, cargaban con lo que podían y se asentaban donde conseguían dentro del área del sistema defensivo español, bien fuera en el poblado o en la ciudad. No había ningún albergue dispuesto para acomodar a la población, por lo que los reconcentrados debían buscar el sitio pero sin recursos de ninguna clase. En estos primeros momentos, el dinero obtenido de las ventas les proporcionaba algún recurso para subsistir, pero al cabo de algunos meses en unos casos, y unos días en otros, la situación se tornaba insostenible. Sin trabajo ni dinero, solo les quedaba la caridad, el robo y la prostitución como únicas vías de supervivencia.

---

[294] *El País*, Sancti Spíritus, 5 de abril de 1896.
[295] Enrique Capriles y Osuna, Gobernador Civil de Santiago de Cuba.
[296] Stucki, Andreas: *La Guerra de Cuba, una historia de violencia y campos de reconcentración (1868-1898)*, Editorial La Esfera de los Libros, Madrid, 2017.
[297] «Abandono», *El Pueblo* XI (144): 2, Puerto Príncipe, 27 de junio 1895.

Niños y ancianos de los pueblos de Pinar del Río marchan lejos de sus hogares durante la Reconcentración. Foto por Gómez de la Carrera, publicada en *El Fígaro*.

Bernabé Boza describe la hostilidad de los campesinos habaneros, a quienes tenían que sacar por la fuerza de sus arados. Los mambises les quemaban los instrumentos de trabajo y las máquinas, y les decían: «aquí en Cuba no trabaja nadie hasta que no tengamos paz, que será el día que tengamos patria».[298] Era una medida que ayudaría a ganar la guerra, aunque teniendo que sacrificar el sustento diario.

El historiador Ramiro Guerra Sánchez[299], niño entonces y víctima junto a su familia de la situación, recordaba: «Decidido nuestro traslado a Batabanó al dictarse la orden de pre concentración, papá obtuvo permiso de la prefectura para efectuar la mudada en la carreta de la finca, tirada por una yunta de bueyes, y llevar toda la ropa, la cantidad de vianda que fuese posible, el trapiche hecho por él, y el caldero de hacer melado, pues pensaba que podría seguir fabricándolo en Batabanó; y una vaca de leche arrabiatada a la carreta».[300]

En aquella carreta llegaron al poblado que ya se hallaba congestionado, y en las primeras horas buscaron donde cobijarse, pero les fue muy difícil encontrar un lugar. Por suerte, la madre se empleó de cocinera del jefe militar de la localidad, y también le lavaba la ropa a un sargento jefe de una de las postas de entrada al pueblo.

---

[298] Bernabé Boza: *Mi Diario de Guerra*, Imprenta La Propagandista, La Habana, 1900, pp.124-125.
[299] Ramiro Guerra Sánchez (Batabanó, La Habana, 31 de enero de 1880- La Habana, 29 de octubre de 1970) historiador, economista y pedagogo cubano.
[300] Ramiro Guerra Sánchez: *Por las Veredas del Pasado*, Editorial Lex, La Habana 1957.

La vaca lechera que habían llevado se conformaba con la yerba de los solares, y el padre comenzó a fabricar melado en el pequeño trapiche. El niño Ramiro, con permiso de las autoridades, traía la caña de un plantío cercano, pero la caña se acabó, y en un tiroteo les mataron la vaca. Sin embargo, Ramiro había aprendido otro oficio: «forrajear»,[301] de modo de que cuando un soldado, apostado a la entrada del pueblo, le preguntó si sabía escribir. Ramiro tuvo desde entonces una clientela segura redactando cartas. Como compensación, los soldados le permitían salir de la plaza fortificada a recoger viandas y frutas en los sitios cercanos, sin tener que pagar por un pase de una peseta mensual al ayuntamiento, como estaba estipulado.

La Reconcentración incrementó la prostitución. Muchas mujeres vendían sus cuerpos para sobrevivir y casi todas las jóvenes quedaban abandonadas a los hombres menos honrados. Algunas muchachas, todavía adolescentes, se prostituían con la soldadesca y a cambio obtenían un pase gratis para salir del pueblo.[302] Sin duda alguna, los ancianos, las mujeres y los niños fueron los más castigados por esta situación. Llegaban a los pueblos y ciudades abandonados a su suerte, dormían a la intemperie y pedían limosnas para subsistir, o comían las sobras del rancho de los soldados.

La historia o cuento que sigue a continuación, sea real o no, ilustra muy bien el cuadro de los pobres cubanos en aquellos últimos años de la guerra. Dice así el relato: «Juana Clara era una niña de ocho años de edad cuando los soldados, vestidos con uniformes de rayas[303], la sacaron a empujones de su bohío campesino cerca del río Caunao, con su padre, su madre y su hermanita de tres años, y le pegaron fuego a la casa. Fueron a parar al Parque de la Aduana en Cienfuegos, donde se oían los gritos, llantos y maldiciones que cada cual sufría.

---

[301] Hacer toda clase de gestiones para conseguir una mercancía escasa en el mercado.

[302] Eugenio Molinet: *Memoria informe de la Sección Médica de la Higiene Especial*, Imprenta De Francisco Xiques, La Habana 1899, pág. 155. En la clínica ubicada en el número 440 junto al edificio de Obras Públicas, las salas comunes tenían 16 camas y había un comedor para «prostitutas distinguidas», en Barcia, Ob.Cit., pág. 119.

[303] Soldados españoles que vestían uniformes a rayas, o rayadillo.

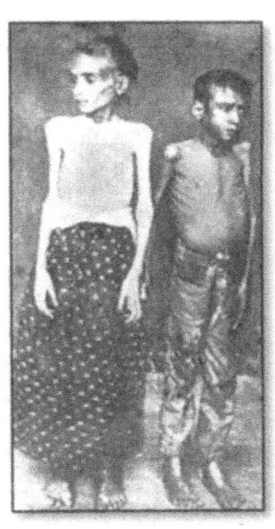

Dos niños famélicos reconcentrados.

Tirada allí, en aquel parque cienfuegero, hacinados en los portales por las noches lluviosas, Juana Clara se preguntaba por qué una niña flaquita como ella no podía seguir viviendo en su finquita a orillas del rumoroso Caunao. A veces se lo preguntaba a su madre, pero ella solo se echaba a llorar. La niña tenía miedo de enfermar de viruela porque un día tras otro por allí pasaba, camino del cementerio de Reina, el carretón atestado de cadáveres de personas infectadas. Ella cerraba fuertemente los ojos para no ver aquel espectáculo tan terrible.

Un amanecer triste, Juana Clara conoció a Miguelito. Esa noche no pudo dormir en el portal de la Aduana sobre un pedazo de cartón que su mamá le ponía para que no cogiera la frialdad del piso. Un niño estuvo tosiendo toda la madrugada. Al levantarse ella fue a ver quién era. Vio que era más o menos de su edad. Estaba sucio como todos, y el cartón con que se tapaba goteaba humedad por el rocío. Tenía una sonrisa ausente y una mirada de desconfianza pero tenía una carita de ángel que la atrajo. Conversaron un rato y cuando salió el sol fueron juntos a caminar y visitar familias generosas que les daban un pedacito de pan o un buchito de algo caliente, parecido a la leche, porque la gente no tenía nada tampoco para compartir con tanta gente hambrienta.

Los dos niños rieron por primera vez por el «banquete» inesperado y por unos días hicieron el mismo recorrido para mendigar. Una noche que llovió mucho y Miguelito tosió toda la noche. Al amanecer no pudo salir a caminar con ella; solo la miró con sus ojos tristes, y aunque quiso sonreír y hablarle, solo tosió.

Dos días después el carretón de los muertos vino a llevárselo, y Juana Clara lloró todo el día, rodeada de esqueletos vivientes que también lloraban».[304] Hasta aquí la historia o cuento desgarrador de

---

[304] Andrés García Suarez: «Reconcentración de Weyler, holocausto cubano», en 5 de septiembre, www.5septiembre.cu/reconcentración-de-weyler.

Juana Clara y Miguelito. Era la triste realidad que vivían los pobres cubanos entonces.

Niños reconcentrados

Al estar concentrados en un lugar, quedaban acorralados detrás de las alambradas, sin permitírseles salir del recinto, por lo que los reconcentrados morían a montones víctimas de la desnutrición, la disentería y la fiebre. Según el testimonio de **Consuelo Álvarez de la Vega**[305] de Puerto Príncipe, Camagüey, «la ciudad fue convertida en un pueblo amurallado o más bien barricada, con una triple fortaleza de alambres, de barriles de arena y de púas de unos palitos que me pareció guayaba». La ciudad era como una cárcel, donde se vigilaban todos los movimientos de sus habitantes.

Flora Basulto de Montoya, al escribir sus memorias de la guerra, cuando aún era una niña, contaba: «¡De cuánto valió la "exagerada previsión" de mi madre! Aseguraban que la guerra solo duraría seis meses, pero mi madre jamás lo creyó, y ¡guardó víveres!».[306] También Basulto habla de los «pacíficos» que no habían obedecido el bando y se habían quedado en el campo. «Ese no era nuestro caso, pues mi padre era jefe de un taller. Pero todas las familias, ya fueran de pacíficos o de mambises, corrían peligro, por eso al salir las tropas españolas, todos nos escondíamos en los bosques como alimañas…nos escondíamos tan pronto sabíamos que "salían tropas del pueblo" y pasábamos hasta tres días en el bosque, en silencio, sin fuego ni luz ni nada […]».[307]

---

[305] Elda Cento y Gustavo Sed: *Visión de la Guerra. Correspondencia de Consuelo Álvarez de la Vega 1896-1897*, Editorial Ácana, Camagüey, 2001, p. 76.
[306] Flora Basulto de Montoya: *Una niña bajo tres banderas*, Editorial Juvenil, La Habana, 1963, pág. 69.
[307] Ibídem., pág. 214.

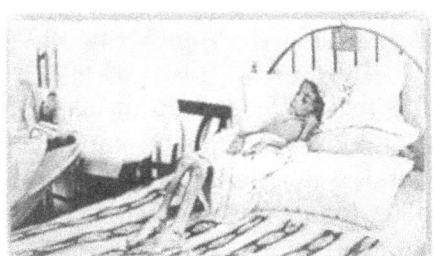

Un niño víctima de la desnutrición y las enfermedades.

La poetisa **Mercedes Matamoros**,[308] expresa en un poema su desprecio hacia un español rico que victimiza a las mujeres sin hogar:

¡Cuánta virgen cubana sin pan ni asilo!
¡A la casita aislada temblando llega!
¡Cuántos nidos se quedan sin sus palomas!
¡En las garras del lobo cuántas ovejas!
El viejo alza la copa y exige el beso,
¡Y el brindis por España también ordena...!

La penosa y difícil situación de las mujeres está claramente descrita por Ramiro Guerra[309] en este conmovedor relato: «Era una guajirita pinareña. Sus ojos, de un verde pajizo con reflejos metálicos, un día miraron azorados, vivarachos y curiosos por las rendijas del bohío. Ahora extrañamente abiertos con bovina mansedumbre, están vidriosos y turbios y la luz de sus pupilas mortecinas parecía que venía de muy adentro, de una llama lejana y fría, próxima a extinguirse. Sus morbideces de púber estaban acentuadas por la hinchazón; las ojeras hacían pensar investigablemente la muerte. Casi descalza, cubierta de harapos, avanzaba por los viejos tablones cubiertos de astillas y penetró en el buque atracado al muelle. Se acercó a la cocina y extendió en silenciosa súplica un plato de lata. Pedía un poco de sobras del almuerzo».

Y continúa: «El cocinero, brutalmente lascivo, la miró y sonrió; se le acercó, extendió las manos. El rostro de la adolescente

---

[308] Antonio González Curquejo: *Florilegio de escritoras cubanas*, t 2, La Moderna Poesía, La Habana, 1910, pág. 106. Para más información de Mercedes Matamoros ver Teresa Fernández Soneira: *Mujeres de la Patria*, t I, pp. 414-418.

[309] Ramiro Guerra, Ob.Cit., pág. 116.

tomó una expresión de angustia infinita. Inclinó la cabeza, apenas insinuó un gesto de repulsión o de defensa, pero el pudor herido se manifestó en tan resignado y desesperado sufrimiento, que la mano sacrílega se detuvo. El plato quedó lleno. Un pedazo de papel lo cubrió. Se escuchó unas gracias tembloroso como un soplo y la reconcentrada se alejó por el carcomido muelle en dirección a las casuchas miserables donde esperaban los padres moribundos y los hermanitos hambrientos. Yo había hecho un gesto de defensa de la pobre reconcentrada, y un soldado español de varios que hacían el mismo viaje que yo, me miró iracundo y me dijo: '¡Mambí!' Su pretendido insulto lo consideré un honor para mí».

¿Cuántas niñas y mujeres no fueron abusadas, ultrajadas; heridas física y moralmente como esta joven pinareña? ¿Cuántas más no habrán sido violadas y quedado embarazadas, para luego dar a luz solas, sin apoyo de ninguna clase? ¿Cuántos niños recién nacidos no morirían más tarde por carecer de los medios básicos para subsistir? Es esta una de las caras más despiadadas de la guerra.

La poetisa Catalina Rodríguez de Morales (1835-1894)[310] da voz al sufrimiento de la mujer joven, huérfana y abandonada, y revela su enorme vulnerabilidad.

> *El canto de la mendiga* (fragmento)
> ¡Piedad! graciosa niña, ¡piedad! matrona hermosa,
> El hambre me consume, mirad mi desnudez,
> De lo que os sobra, un poco, con pena dolorosa
> Os pide de rodillas, llorando una mujer.[311]

Aunque muchas enfermedades se habían propagado entre la población antes de la Reconcentración, el hacinamiento contribuyó a que se acrecentaran los problemas. En los lugares donde vivían los reconcentrados, se empezaron a enfermar con la viruela, el tifus, el paludismo, el vómito y otras enfermedades que no eran tratadas en

---

[310] Poetisa, dramaturga y periodista, (La Habana marzo 1835- Villaclara 1894). Firmó algunas obras con el pseudónimo de «Yara», pero su verdadero nombre era Catalina Rodríguez Martínez de Tardiña. Los cambió al casarse en 1866 con Sebastián Alfredo de Morales.

[311] Catalina Rodríguez de Morales: «El canto de la mendiga» en Antonia González Curquejo, *Florilegio de escritoras cubanas*, t II, La Moderna Poesía, La Habana, 1910, pág. 176.

los hospitales. En las ciudades se oían los sonidos distantes de las mujeres que se quejaban y los niños que gritaban, mientras los hombres pedían la liberación y juraban venganza sobre sus torturadores. Emilio Bacardí Moreau[312], en sus *Crónicas de Santiago de Cuba*, deja anotado que en julio de 1896 se habían gastado 2,489 pesos en pústulas para la vacunación a fin de evitar la propagación de la terrible epidemia variolosa. Pero aquello no serviría de nada, como explica Bacardí: «*desgraciadamente, la vacunación no ha surtido gran efecto pues [...] se hacen inculpaciones y se produce un fuerte escándalo en la población cuando se hace público que, en lugar de vacunar para el virus apropiado, se ha estado vacunando con sustancias químicas sin resultado algo, realizando así un criminal negocio algunos comerciantes sin escrúpulos*».[313]

Dos mujeres reconcentradas de Matanzas.

La ciudad de Mantua, en Pinar del Río, sufrió el azote de Weyler, sobre todo en Los Arroyos, donde hubo un número considerable de víctimas inocentes. En el cementerio de este poblado encontraron sepultura los cientos de niños que habían perecido por el hambre y las enfermedades. Pensemos por un momento el dolor de aquellas madres y lo impotentes que se sentirían al no poder hacer nada por sus hijos, y después verlos morir.

Dos niños cubanos durante la Reconcentración.

---

[312] Hijo de Facundo Bacardí, fundador de la Compañía de Ron Bacardí en Santiago de Cuba.
[313] Emilio Bacardí Moreau: *Crónicas de Santiago de Cuba*, t VIII, Breogán I.C, S.A., Madrid, 1973, pág. 395.

Ante esta situación, Antonio Legorburo y López, alcalde de Mantua, adquirió las tierras al final de la calle Galeano, propiedad de la **Sra. Regla Cigaray** y allí levantó un hospital para atender a los enfermos que habían contraído terribles enfermedades. Pero no todo era tan bueno como parecía. Llevaban a los enfermos en carros tirados por mulos, y luego eran lanzados como a bestias, unos encima de otros, casi moribundos. ¡Horrible espectáculo!

Según pasaron las semanas, la situación de los reconcentrados se fue agravando. «Mamá enfermó gravemente», dice de nuevo Raimundo Guerra[314], «y en la imposibilidad de poder ser atendida en la finca, donde se carecía de todo, tuvimos que trasladarla al pueblo con gran trabajo. Papá, con dos barras de madera, hizo una especie de "angarilla" con un viejo sillón amarrado en el centro, en el cual se sentaría mamá. La angarilla la cargarían con las barras sobre los hombros, papá, yo, Horacio Sánchez mi primo, turnándonos con alguien si mal no recuerdo. Y Amelia con Felicia, José Dolores y Amador de corta edad aún, iban detrás».[315]

La desesperación de los habitantes fue inenarrable: «Cuando en los alrededores de Batabanó se acabaron las viandas que salíamos a recoger escoltados por la guerrilla, la situación de los reconcentrados se hizo desesperada», dice Guerra. En toda la extensión de los campos de la provincia de La Habana ocurrió lo mismo porque, «para privar de recursos a los insurrectos, las columnas españolas se dedicaron a destruir todo lo que pudiera serle útil a estos, incendiando las casas y bateyes de fincas, arrasando los restos de los sembrados hasta cegar los pozos».[316]

La patriota **Magdalena Peñarredonda**[317] envía desde Pinar del Río sus impresiones a don Tomas Estrada Palma en una carta fechada el 27 de julio de 1897. En ella le dice: *Al fin logré que el*

---

[314] Ramiro Guerra Sánchez: *Por las Veredas del Pasado*, Editorial Lex, La Habana 1957, p. 135.

[315] Se refiere a los hermanos.

[316] Ramiro Guerra Sánchez: *Mudos Testigos*, cap. XI, Editorial Lex, La Habana, pág. 113.

[317] Para más datos de Magdalena Peñarredonda, ver pp. 24, 64, 213, 305-306; 378, 380-389 y 436 de esta obra.

La tragedia de la Reconcentración. Observe el lector al pie del tronco del árbol hay una mujer o a un niño amarrado.

Secretario de Mr. Lee (cónsul de los E.U.) fuese a Vuelta Abajo para que viese la pre concentración con todos sus espantosos horrores. Le hice acompañar por un joven familiar mío que conoce aquello al dedillo. Ha venido atontado, como el que sale de una pesadilla; la misma tarde que llegó estuvo a verme, tan conmovido y triste, que su visita fue como una visita de pésame. [...] Ha tomado vistas fotográficas de algunas de las escenas que se ofrecieron a sus ojos, entre ellas la de tres niños muertos de hambre en un portal y otra de una mujer muerta en la plaza. El Cónsul le ha dicho que de todo haga una relación para mandarla al Departamento de Estado.

El 26 de octubre de 1897, Magdalena relata las pérdidas sufridas y el ambiente de la población en general: 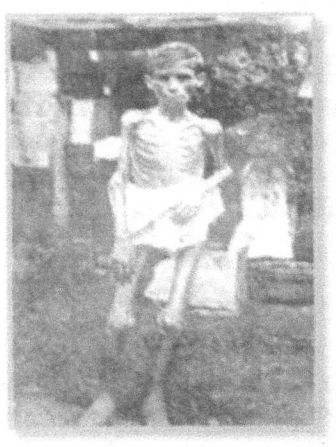 «*Yo creí que después del macheteo de niños y mujeres en los campos, de los fusilamientos sin número, del incendio, el robo y el saqueo, de los horrores de la pre concentración, ya nada nuevo podían, en materia de crueldad y bajezas, ofrecernos los españoles. Pero esta gente es inagotable en la maldad y ayer nos ofrecieron un nuevo espectáculo, como exponente grafico de sus instintos. En un carretón de esos de plaza, inmundo y asqueroso, han paseado el cadáver del General Castillo por las calles de La Habana. Por delante de mi puerta lo pasaron; el cadáver iba cubierto con unos sacos. Como 50 civiles custodiaban el carro y detrás la plebe sucia y desarrapada, formando todo un conjunto espantoso. Lo depositaron en el Necrocomio, donde aún permanece.*

[...] Pasado mañana se embarca Weyler y se le prepara una gran manifestación. Allí estará la flor y nata de la plebe española soez y cínica, que aquí ha logrado levantarse y ostentar, con el más inaudito descaro, cruces, bandas y títulos. Irán a lamentar la ausencia del Gran Asesino, sintiendo no haya concluido su obra de exterminio sobre el pueblo cubano».

Luego de meses de sufrir la infame Reconcentración, sin comida, ni agua, ni baños; sin cuidado de salud, edificios donde cobijarse, y ropa, los reconcentrados murieron de hambre, deshidratación y la viruela en proporciones alarmantes. Muchos fueron trasladados al cementerio y enterrados en fosas comunes sin previa identificación. Solo en la ciudad de Pinar del Río quedaron más de 2,000 niños huérfanos.[318] Se conserva el noveno y último libro de defunciones de la parroquia de Nuestra Señora de Las Nieves en Mantua, lo que hace deducir que el cura párroco, Martin Viladonat, se había refugiado llevando consigo los libros del archivo parroquial. De estos libros se ha obtenido mucha información de esta población en esta época. En el Archivo suman 1,084 los sepelios de los fallecidos desde el 1 de enero de 1894 hasta el 19 de mayo de 1897, de los cuales 754 corresponden a 1896 que fue el año más triste para Mantua[319].

Orden de Reconcentración promulgada por Valeriano Weyler el 12 de junio de 1897.

---

[318] Joaquín Gaiga: «*Pinar del Río: Tres siglos de compromiso evangelizador*», Colección Memoria, *Ediciones Vitral*, Pinar del Río, 2003. Sin embargo en el periódico *La Lucha*, «Medidas humanitarias», La Habana, 6 de agosto 1897, pág. 2c. 1 y 2, se afirma que eran 1700.
[319] Ibídem.

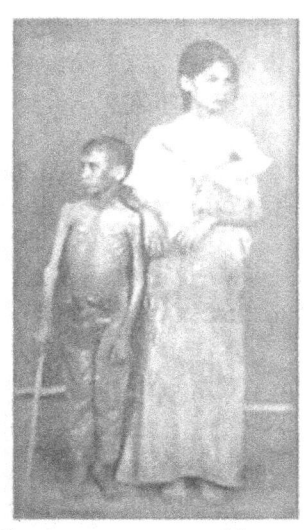
Dos niños reconcentrados.

Este sistema criminal produjo una enorme ola de protestas en todo el mundo.[320] El periódico neoyorquino, *The World*,[321] publicaba una correspondencia procedente de Cuba y se informaba sobre los efectos inmediatos de la concentración. Decía el corresponsal: «los pueblos de Campo Florido, San Miguel de los Baños, Minas, Jaruco, Bainoa, Aguacate, Mocha y Buenavista, fueron triplicados y cuadruplicados en población. Los labradores leales y obedientes llevaron sus muebles y a sus hijos pequeños en carretas; sus vacas y cerdos, mujeres e hijos mayores iban a pie. Construyeron casas con palmas largas para las vigas, y techadas con paja. […] Los miembros de muchas familias habían muerto, si no directa, indirectamente del hambre. […] todo hablaba de muerte; hasta los niños que son la representación de la alegría y la vida […], revelaban tragedia y mortandad al entrar en aquel lugar».[322]

La cubana, **Elena Mayolini de Valdés**, dirigía al Papa León XIII una carta describiendo lo que se sufría en Cuba. Entre otras cosas decía Mayolini: «en nombre del cristianismo y la humanidad; en nombre de la justicia; en nombre de lo más santo y más sagrado, me dirijo a Vuestra Santidad, con la risueña esperanza de que haciendo valer vuestro poder, cesen en Cuba los horrores que el mundo absorto contempla en el sacrificio de hombres, de mujeres y de niños inocentes en la lucha armada por la independencia de la patria realizados por las hordas del Ejército Español». Y continuaba la carta diciendo: «[…] No soy yo, insignificante para vos,

---

[320] Manuel Piedra Martel: *Mis primeros treinta años*, Editorial Minerva, 1945. Piedra Martel fue coronel del Ejército Libertador y ayudante de Antonio Maceo.

[321] Periódico de Joseph Pulitzer, editado e impreso en Nueva York.

[322] *The World*, Nueva York, 22 de noviembre de 1897, pp. 183-184.

quien se atreve a elevar quejas y esperanzas a tan gran altura como la Vuestra…[…] son, Beatísimo Padre, las lágrimas, son los corazones oprimidos de las madres cubanas que se refugian en Vos, que buscan en los nobles sentimientos de vuestra Santidad, el amparo que no encuentra, la protección que se les niega, la justicia, si, la justicia que se oculta en este suelo precioso de Cuba, en el que derramó Dios todas las bellezas, y que la discordia lo tiene envuelto entre nubes de pólvora, donde solo se pisan charcos de sangre y se respira el odio, la venganza y el crimen».

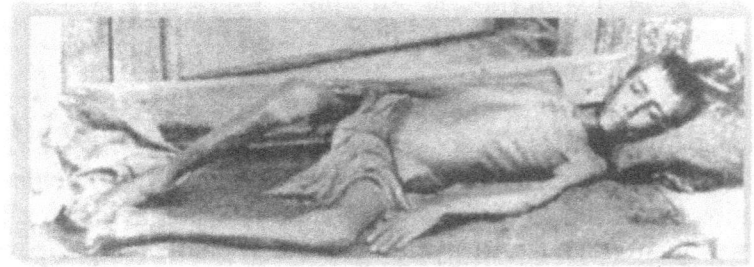

Horrores de la Reconcentración

Y terminaba rogándole al Papa: «[…] Beatísimo Padre; a vuestros pies caigo implorando piedad, para los débiles, para los inocentes, para nosotras las madres, para las víctimas, y los débiles […]; porque el dolor nunca llamó en vano a las puertas de Vuestro palacio…podéis hacer tanto bien, ¡tanta obra de caridad en Cuba! La paz y la tranquilidad en cristianos hogares pudieran volver al influjo de un solo sentimiento vuestro. Esta es la limosna que yo pido. Y la pido por amor a Dios, pido Monseñor, piedad, nada más que piedad». La carta estaba firmada por la Sra. Elena Mayolini de Valdés, mayo de 1896 en Nueva York, 228 West 40th St.[323]

Por vías humanitarias y a través de la Cruz Roja Americana, se enviaron alimentos y medicinas a Cuba. Pero ese socorro era insuficiente y la mortandad entre los reconcentrados continuó. El

---

[323] Manuel P. Maza Miquel, S.J.: *Entre la ideología y la compasión, guerra y paz en Cuba 1895-1903*, Pub. Instituto Pedro Francisco Bonó, Santo Domingo, 1997, pp. 233-234, en los Archivos Vaticanos, AVSS 1901, R. 249, Fasc. 3, 32-35, 29 mayo 1896.

cónsul norteamericano, el General Fitzhugh Lee, informaba el 14 de diciembre de 1897, que de los 100,000 reconcentrados en La Habana, ya en esa fecha habían muerto 52,000.[324]

El historiador Philip Foner ha dejado documentado lo que un periodista norteamericano escribió el 1 de agosto de 1898 desde Ciego de Ávila:[325] «Estas pobres mujeres, niños y viejos eran empujados a punta de bayoneta por los soldados españoles, por los peores caminos que hubieran transitado jamás. Los que trataban de llevar comida, ropa o muebles a través de un fango que les llegaba hasta las rodillas, caían exhaustos al borde del camino para morir allí. Las madres llevaban a sus niños de brazos hasta que morían o los soltaban exhaustas en un último esfuerzo por seguir caminando bajo el temor de las bayonetas. Solo los más fuertes llegaron a Ciego de Ávila y una vez allí les esperaba la muerte por inanición bajo la custodia española».[326]

Mujeres y niñas en espera de alguna comida en Jesús del Monte, La Habana, c. 1897.[327]

Muchos fueron a buscar ayuda al Hospital de Caridad San José de Sagua la Grande donde buscaron ayuda numerosos reconcentrados.

---

[324] Louis A. Pérez: *To Die in Cuba: Suicide and Society*, Chapel Hill, University of North Carolina Press, 2005.

[325] Philip Foner: «La Guerra Hispano Cubano Norteamericana y el surgimiento del imperialismo yanqui», *Monthly Review Press*, Nueva York, 1972, p. 97.

[326] Philip Foner: *History of Cuba and its relations with the United States, 1845-1895*, International Publishers, University of Virginia, 1963, t. I, pág. 132.

[327] Revista *La Ilustración Española y Americana*, Madrid, octubre 1897.

Mientras los cubanos sufrían y morían, la prensa española difundía los festejos en homenaje al General Jiménez Castellanos[328] tras su regreso de las acciones en Guáimaro y Cascorro. Los periódicos publicaban los agasajos y banquetes que le ofrecían, y como habían sido homenajeados los jefes, oficiales y soldados, cada cual según su jerarquía. Decía el periódico: «Desde vinos hasta champaña; fideos con chorizo, paella, jigote, pavo trufado, jamón, longanizas, atún, chuletas, langostinos», y una larga lista que continuaba con aceitunas y ensaladas como acompañantes, así como quesos, confituras con frutas, melocotones, peras y manzanas, y café y tabacos para terminar.

Los mambises no aflojaban, ni cedían, ni aminoraban su marcha. Ni el acoso por el hambre, ni el maltrato, o la ejecución de «pacíficos», ni la disminución en artículos necesarios para la guerra, ni siquiera los miles de muertos lograban debilitar el empuje de la rebelión. Weyler no quería aumentar el número de militares en la isla, y el apoyo sanitario en camas y hospitales era insuficiente para atender a tantos enfermos. Finalmente solicitó un refuerzo de 35,000 soldados que fueron desplazados para Cuba entre el 22 de agosto y el 29 de septiembre de 1896, embarcados en 21 buques que zarparon de los puertos de Barcelona, Valencia, Cartagena, Málaga, Cádiz, Vigo, La Coruña y Santander.[329]

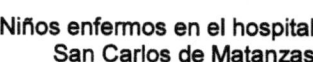

Niños enfermos en el hospital
San Carlos de Matanzas

---

[328] Adolfo Jiménez Castellanos (Montilla, 1844-Madrid, 1929) fue el último Gobernador y Capitán General de Cuba.
[329] Asúnsolo García, José Luis: «La Compañía Trasatlántica Española en las Guerras Coloniales del 98», *Militaria*, Madrid, 1999, pág. 81.

El sufrimiento de la mujer y de sus hijos es el tema de uno de los poemas de la poetisa, **Clotilde del Carmen Rodríguez:**[330]

Un socorro tardío

Señora, por piedad, una limosna
Que el hijo de mi amor muere de hambre,
Que sus manos se hielan con el frío,
Y mis besos no pueden reanimarlo.
–Volved, buena mujer, a vuestra casa;
Mañana os llevaré cuanto hoy os falte.–
Y fue, pero ¡que cuadro! la miseria
En todo su apogeo desolante:
Abrazada la madre con angustia
A su estenuado (sic) niño ya cadáver,
Con embargada voz le repetía:
–Dejadlo ya, señora ¡que es muy tarde!

Cuentan que un alcalde trabajaba en su despacho revisando cuentas y expedientes cuando una joven de aspecto dulce, suciamente vestida y en chancletas, con el rostro bañado en lágrimas, se presentó ante el con otra niña de la mano y le dijo: «Señor alcalde, por caridad, tenga compasión de mí y de mi hermanita y mande que entierren a nuestra madre, que se ha muerto esta mañana. ¿Y dónde ha muerto? preguntó el alcalde. Allá, en unos colgadizos casi a la intemperie, en el suelo, cerca de los almacenes Betharte, en Sagua la Grande. ¿Y de qué ha muerto?, volvió a preguntar. No sé; enferma y de hambre, sin alimentos ni medicinas. Cuentan que el hombre salió a ver si recogía una limosna y cuando volví estaba muerta, y esta (señalando a su hermanita) enferma también, sin comer desde ayer, acostada sobre ella».[331] Los horrores del exterminio dejado por la Reconcentración eran el pan nuestro de cada día.

---

[330] Domitila García de Coronado: *Álbum poético-fotográfico de escritoras y poetisas cubanas*, La Habana, Imprenta de El Fígaro, 1926, pp. 181-88 y 211. Para más datos de esta patriota ver Fernández Soneira: *Mujeres de la Patria*, t I, pp. 420-21.
[331] Yoel Rivero Marín: «La Reconcentración de Weyler en Sagua La Grande», *Contribuciones a las Ciencias Sociales*, Septiembre 2011, http://www.eumed.net/rev/cccss/13/yrm5.html.

Huérfanos de la Reconcentración

En La Habana, en una vieja nave de almacén abandonada, con el suelo inseguro y lleno de agujeros, sin separaciones entre hombres y mujeres, ni lavabos ni camas, las enfermedades aumentaban cada día para las familias que allí se refugiaban. Las tropas españolas ocupaban tantos edificios que no quedaba hospedaje para el excedente de la población. «Los lugares donde viven los reconcentrados son poco más que cochiqueras, y la gente ha dejado de respirar el limpio aire al que estaba acostumbrado. Esto, junto a la escasez de alimentos está resultando en cientos de muertes», escribía el corresponsal norteamericano Fitzhugh Lee al Sr. Day, el 18 de enero de 1898.[332]

Estereograma de unos niños reconcentrados, en las afueras de La Habana en 1898. De la colección de la autora.

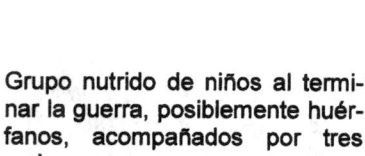

Grupo nutrido de niños al terminar la guerra, posiblemente huérfanos, acompañados por tres mujeres.

---

[332] Miguel Leal Cruz: «La política de Reconcentración de Weyler», en www.latinamericanstudies.org/1895/reconcentración.

La tristeza se refleja en los rostros de estos niños reconcentrados de Sagua la Grande.

William J. Calhoun[333] hizo un estudio del campo en varias zonas de la parte central de Cuba. El 22 de junio escribió sobre las concentraciones en las afueras de Matanzas. «...entré en las chozas, hablé con la gente y vi pruebas de privaciones y sufrimientos que hicieron sangrar mi corazón por las pobres criaturas. Vi niños con miembros hinchados y aspecto hidrópico que se debía al hambre... en mi opinión si la actual política continua, dará por resultado la extinción gradual, pero cierta, de estas gentes».[334]

El director de la John F. Craig y Cía. de Filadelfia escribía al secretario de Estado norteamericano, John Sherman, en base a noticias recibidas desde la isla: «...continúan las privaciones y sufrimientos de los campesinos conducidos a las grandes ciudades bajo los decretos gubernamentales...para los que se solicita socorros y alivio...hombres y mujeres y niños hacinados por miles en corrales sin tejados y sin alimento suficiente, ropas o medicinas y en lamentables condiciones sanitarias, están muriendo en gran número diariamente».

Luego de tantas quejas de la opinión pública internacional, y del fracaso de las estrategias españolas por parar la guerra, la Reconcentración quedó suspendida. El 8 de octubre de 1897 el Gobierno español expidió un real decreto por el cual el General Vale-

---

[333] Abogado norteamericano, amigo personal del presidente William McKinley, y asesor del cónsul Fitzhugh Lee en La Habana, en 1897.
[334] Leal Cruz, Ibídem.

riano Weyler era relevado de su cargo por el Teniente General don Ramón Blanco y Erenas[335]. El 29 de octubre llegaba a La Habana el general Blanco para ocupar su nuevo cargo, y dos días después la Reconcentración cumplió un año y 10 días de haber sido promulgada.

El General español Ramón Blanco y Erenas

Con Ramón Blanco y Erenas, se iniciaba una nueva etapa en la guerra. La insurrección continuaba y los mambises proseguían su lucha contra el despotismo. Hombres y mujeres de todas las clases sociales seguían uniéndose a la insurrección. Y aunque Weyler había logrado exterminar una parte de la población de la Isla, se estima que en un tercio, no había conseguido que la guerra terminara y que las tropas mambisas dejaran las armas.

La Reconcentración había llegado a su fin dejando a Cuba destruida, con cientos de muertos, muchos más sin hogar, trabajo, ni modo de supervivencia, y miles de enfermos sicológicamente quebrantados.

De acuerdo con los investigadores, y la siguiente tabla, la provincia de Santa Clara fue la más perjudicada durante la Reconcentración. Entre los niños de Oriente, los resultados también fueron espantosos, muriendo miles por la epidemia del cólera.[336]

---

[335] Ramón Blanco y Erenas, (San Sebastián 1833-Madrid 1906). Llegó a Cuba por primera vez en 1858, luego pasó a Santo Domingo en 1861, y a las Filipinas entre 1866 y 1871. Fue miembro de la Armada de Infantería. En octubre de 1897 Sagasta creyó poder utilizar su experiencia y sus maniobras pacificadoras para conducir su plan de autonomía para Cuba. Sustituyó a Weyler pero luego tuvo que enfrentarse a la guerra contra los Estados Unidos y a la capitulación española.

[336] María Poumier Taquechel: *Apuntes sobre la vida cotidiana en Cuba en 1898*, Editorial de Ciencias Sociales, La Habana 1975, pág. 152.

Defunciones causadas por la Reconcentración[337]

Provincia	1895	1896	1897	1898
Pinar del Río	2,878	8,638	15,454	14,186
La Habana	7,410	11,728	18,123	21,235
Matanzas	7,008	10,498	23,347	18,088
Santa Clara	9,700	14,749	46,477	40,875
Camagüey	2,363	2,531	3,365	2,875
Oriente	3,324	6,523	9,894	9,071

Otro ejemplo fue el barrio de Guanabo,[338] en La Habana. Luego de la Reconcentración, la barriada casi había desaparecido: «no quedó una sola casa en pie», dice Ramiro Guerra. «[...] el ingenio Andrea, destruido por el incendio; de los cultivos que habían cubierto el barrio, no quedaban ni rastros. Los pozos con los brocales de piezas de quiebra hacha y otras maderas duras, destruidas por el fuego. [...] ni una voz humana, ni el mugido de una vaca, el relincho de un caballo, el ladrido de un perro, el canto de un gallo podía percibir el oído más atento. El silencio resultaba desolador como los restos calcinados de cuanto habían creado las generaciones».[339]

Con el fin de aliviar la situación que encontró a su llegada y de apaciguar a la población, el general Ramón Blanco promulgó un bando fechado el 15 de noviembre de 1897, y que estipulaba: «[...] que se facilite a los reconcentrados, ración diaria y que se atienda debidamente a los enfermos en los hospitales, hasta disponer [...] la reorganización de las faenas agrícolas e industriales y la normalización del trabajo, para que, sin obstáculos ni dificultades de ningún género puedan buscar todos, especialmente las clases pobres,

---

[337] Fuente: *Anuario Estadístico de la República de Cuba*, Imprenta El Siglo XX, La Habana, 1915, pág. 30.
[338] Barriada al este de La Habana.
[339] Ramiro Guerra y Sánchez: *Por las Veredas del Pasado*, Editorial Lex, 1957, pp. 247-248.

medios de librar su subsistencia, alivio a su situación económica, y remedio posible a sus desgracias».[340]

La poetisa **Manuela Cancino**[341], escribe el desgarrador poema[342] del que anotamos unos versos:

Sin hogar
¡No tenemos hogar, hija del alma,
No tenemos hogar!
Vamos así por el erial del mundo
Sin asilo y sin pan.
Sin una mano cariñosa y tierna
Que apoye tu orfandad.
[...]
La muerte, con fatídico semblante
Mis pasos cuenta ya;
La corona de mártir de mi frente
Por otra de ciprés quiere trocar!

Dos ángeles que fueron tus hermanas
Me dicen sin cesar:
'Tú no tienes hogar, madre querida,
Ven con nosotros a vivir en paz'.

Más entonces, mi cándida María,
Pienso en tu soledad,
Y enjugo el llanto que mi rostro baña
Y de nuevo, mi bien, quiero luchar.

Es difícil determinar con certeza el número de personas que fallecieron durante la Reconcentración de Valeriano Weyler. El historiador José Manuel Pérez Cabrera, aportó los siguientes datos: en diciembre de 1896 unos 400,000 no combatientes, estaban reconcentrados en distintos lugares de Cuba. Carlos M. Trelles Govín, historiador cubano, afirmó también que habían fallecido no menos de 300,000, incluyendo residentes habituales de las ciudades. El abogado español Álvaro de Figueroa, conde de Romanones,

---

[340] Periódico *La Lucha*, La Habana, 15 noviembre 1897.
[341] Para más información de Manuela Cancino, ver Fernández Soneira: *Mujeres de la Patria*, t I, pp. 31; 175-78 y 434.
[342] Antonio González Curquejo: *Florilegio de escritoras cubanas*, t 2, La Moderna Poesía, La Habana, 1910, pp. 265-66.

habla de 300 mil reconcentrados que murieron de hambre y miseria, y el célebre político e intelectual español, José Canalejas, afirmó: «Aun antes de terminada la guerra cubana, entre los muertos caídos en el campo de batalla, por las enfermedades y la Reconcentración decretada por Weyler, ascendían aproximadamente a la tercera parte de la población rula de Cuba».[343]

Si sumamos estas cifras, llegamos a un total aproximado de 310,334 fallecidos durante los tres años de la guerra y la Reconcentración.

De Santiago de Cuba tenemos estas cifras de fallecidos[344]

	1894	**1895**	**1896**	**1897**
Enero	94	110	202	329
Febrero	65	82	220	261
Marzo	87	86	114	333
Abril	69	157	220	302
Mayo	71	173	273	442
Junio	75	309	466	555
Total	**461**	**917**	**1495**	**2222**

No sería fácil comenzar de inmediato la labranza de los campos que habían quedado totalmente devastados, sin animales de trabajo, sin implementos agrícolas, sin recursos ni medios de subsistencia de ninguna clase, quedando las familias diezmadas y sin fuerzas físicas los que habían sobrevivido. La Reconcentración había terminado, pero ¿a dónde irían los reconcentrados mientras la contienda bélica continuaba? Sus propiedades habían quedado devastadas bien fuera por los contra guerrilleros, la tea incendiaria o las disposiciones de acabar con las viviendas y recursos en el campo.

---

[343] Miguel Leal Cruz: «El General Weyler y la Guerra de Independencia de Cuba», *Cuba Nuestra* #26, Academia Eurocubana, Suecia.
[344] Andreas Stucki: *La Guerra de Cuba, una historia de violencia y campos de reconcentración (1868-1898)*, Editorial La Esfera de los Libros, Madrid, 2017.

El apoyo del Gobierno a los municipios para ayudar a solucionar las dificultades con los problemas de viviendas, higiene y alimentos fue ínfimo. «En realidad fueron las organizaciones sociales, religiosas y la voluntad popular la que más contribuyó a aliviar las calamidades sufridas por los reconcentrados y los sectores más empobrecidos de la población, dice el historiador Francisco Pérez Guzmán».[345]

Ramón Blanco decretó otro bando el 13 de noviembre de 1897, a dos semanas de asumir el nuevo cargo, en el que ordenó la creación de Juntas Protectoras, a nivel de ciudades y pueblos, cuya tarea principal consistiría en socorrer a los reconcentrados.[346] Entre esas juntas protectoras se encontraban los asilos para huérfanos y mujeres solas que continuarían su labor después de terminar la guerra. El Asilo Ángel Custodio de Sagua La Grande, llegó a tener 205 asiladas, donde señoras y señoritas formaron parte de la directiva. Después se abrió un asilo para varones con el nombre de San Francisco que llegó a albergar 84 niños.[347]

También la Cruz Roja Americana hizo gestiones, y sociedades y familias pudientes ayudaron con recursos. Sin embargo, a pesar de los esfuerzos de gobernadores y alcaldes, y de estas entidades, continuaron las muertes por hambre y enfermedades.

Isabel Hernández de Gómez Trigo, vice presidenta de la Cruz Roja de Cienfuegos.

Fueron los niños los que más sufrieron los efectos de la Reconcentración. Ver gráfica del poblado de Güira de Melena, en La Habana[348].

---

[345] Francisco Pérez Guzmán: «Los efectos de la Reconcentración (1896-98) en la sociedad cubana», *Revista de Indias*, 1998, no. 212, pp. 284-285.
[346] Pérez Guzmán, Ibídem, pág. 285.
[347] Yoel Rivero Marín: «*La Reconcentración de Weyler en Sagua la Grande*», en *Contribuciones a las Ciencias*, www.eumed.net.
[348] Actas de defunciones del Registro Civil de Güira de Melena, t 11 y 12, en Pérez Guzmán, pág. 290.

Muertes en Güira de Melena

	Año 1897		Año 1898	
EDAD	TOTAL	%	TOTAL	%
de 1 a 5	550	38.40	341	24.70
de 6 a 14	195	13.50	170	12.31
de 15 a 49	393	27.22	503	36.48
de 50 a 64	142	9.83	197	14.27
de 65 y mas	164	11.35	169	12.24

Moneda de una de las cocinas económicas de Santiago de Cuba.

El obispo de La Habana tomó la iniciativa de fundar cocinas económicas[349] para aliviar la situación. El ejemplo lo siguieron otras localidades. En marzo de 1897 se establecían en Santiago de Cuba y en septiembre en Trinidad.[350] En Las Villas comenzaron a funcionar las cocinas económicas en diciembre. Desde el extranjero, las tres hermanas Abreu Arencibia aportaron considerables sumas de dinero para ayudar a la cocina económica que funcionaba en la Iglesia del Cristo del Buenviaje, proyecto que realizaban los PP Pasionistas y el P. Alberto Chao, párroco de la Iglesia Mayor.[351]

Una cocina económica

---

[349] La cocina económica de La Habana distribuía 2,000 raciones en la capital y cuatro de 1,000 raciones en Jesús María, San Lázaro, Cerro y Jesús del Monte. Estaban administradas por las Hijas de la Caridad. Periódico *La Lucha*, La Habana, 3 agosto y 8 septiembre 1896.

[350] Imilcy Balboa Navarro: «Las ciudades y la Guerra 1750-1898», Colección Humanitats #8, *Universitat Jaume I,* 2002, pág. 429.

[351] Ibídem, pág. 30.

A diario estas cocinas económicas suministraban alimentos a más de 3,000 reconcentrados. Luego abrió las puertas el Dispensario de Niños Pobres donde se proveía de alimento y medicinas a los infantes huérfanos víctimas de la Reconcentración.[352]

Asilo Huérfanos de la Patria de Cienfuegos.

En La Habana, el médico alemán Monae Lesser y su esposa organizaron el Hospital de Tulipán. También se crearon asilos de niños y niñas huérfanos bajo la directiva de señoras y señoritas. Además, se formó una comisión en la que figuraban **Amelia Arratía, vda. de Ramón Pintó**[353]**; África Arredondo; Casilda; María Meca** y otras señoras.[354]

En la foto las señoras que integraban la comisión de la Cruz Roja en Cárdenas, presidida por la Sra. Elvira Balbeira de Ramos. Foto *El Fígaro*, 19 julio 1896.

---

[352] María del Carmen Barcia: *Una sociedad en crisis, La Habana a finales del siglo XIX*, Editorial de Ciencias Sociales, La Habana, 2009, p. 45.
[353] Ramón Pintó fue director de la Junta Revolucionaria de La Habana, y dirigió una conspiración junto con otros patriotas cubanos en 1852.
[354] «Por los Reconcentrados», *Diario de la Marina*, La Habana, 28 de abril de 1898, en Barcia, Ob.Cit, pág. 46.

El marqués de Cervera hizo una propuesta al gobernador general de Cuba para que **Adelaida Álvarez de Hernández y la señorita María Luisa Quijano y Pérez**[355] ingresaran en la orden civil de Beneficencia, ya que: «han sacrificado sus particulares intereses abandonando las comodidades de sus hogares para dedicarse con gran celo a la curación y asistencia de los heridos y enfermos de la guerra en las acciones del Cano, Punta Braba (sic), el Guatao y otras».[356] Estas mujeres altruistas, fieles a España a pesar de ser cubanas, ubicaban a numerosas víctimas de la Reconcentración en los palacetes que poseían en el pueblo familias, como las de Bustamante, Hidalgo y Soto Navarro. También las socorrió cuando fueron afectadas por el paludismo y la disentería. Todos los meses María Luisa recaudaba dinero para atenderlas y auxiliada por otras mujeres imprimió tarjetas con la imagen de san Vicente de Paul, que hacían la función de vales de compra para los pobres y menesterosos.[357] Luisa Quijano se ganó el sobrenombre de «madre de los pobres», y más tarde una calle de La Habana llevó su nombre.

En Las Villas se establecieron asociaciones cívicas como El Bando Piedad, La Gota de Leche, Las Damas Caritativas, Las Hijas de María, la Sociedad Cristiana de Jóvenes, la Fundación Luz y Caballero, las logias masónicas y la Junta de Señoras Protectoras, dirigida y organizada por **Ana Bonet vda. de Tomasino,** con el objetivo de recaudar fondos para los desvalidos[358].

Reconcentrados de Remedios

---

[355] Magdalena Díaz Hernández: «El marqués de Cervera y el derecho de los cubanos fieles a ser ciudadanos españoles después del 98», *Anuario de Estudios Americanos*, 65, 2, julio-diciembre, 225-245, Sevilla, 2008. El marqués de Cervera hizo una propuesta al Gobernador General de Cuba para que Adelaida Álvarez de Hernández y María Luisa Quijano y Pérez ingresaran en la orden civil de Beneficencia.

[356] Ibídem.

[357] Fernando Inclán Lavastida: *Historia de Marianao*, Editorial El Sol, La Habana, 1952, pp 46, 119-120.

[358] Barcia, Ob.Cit.

Cuando finalizó la guerra, se establecieron otros asilos en La Habana, Matanzas y otras provincias, para asistir a los huérfanos, como fue, por ejemplo, el dirigido por la patriota **María Cabrales de Maceo**[359] en Santiago de Cuba; el que dirigió la escritora **Aurelia Castillo de González** en La Habana, y el de Cienfuegos, dirigido por la conocida revolucionaria **Edelmira Guerra Valladares**.

En estos proyectos cooperó **Rosalía Paula Abreu**[360], la hermana menor de la patriota **Marta Abreu Arencibia**[361]. Rosalía ayudaba económicamente con el sostenimiento del hospital de San Juan de Dios y el de Viruelas de Santa Clara.

Rosalía Abreu Arencibia

A pesar de la destrucción, no solamente del país sino sobre todo de las personas, muchos españoles siguieron apoyando a Weyler. Tanto es así que llegaron a dedicarle un «canto épico»[362] cuya última estrofa dice así:

Canto épico al General Weyler

¡Salud Weyler!, tu nombre esclarecido,
Que aquí ensalzamos todos los leales
Por los traidores es escarnecido;
Elogios para ti los dos iguales.
Dios quiera que, al partir, no se hayan ido
Contigo los colores nacionales,
Y que no nos sonroje la memoria
De alguna inicua página en la Historia.

La Habana, noviembre de 1897

---

[359] Para más datos sobre María Cabrales de Maceo, ver Teresa Fernández Soneira: *Mujeres de la Patria*, t I, pp.155-175; 211-218, 221, 228-229, 263, 434.

[360] Rosalía Abreu nació el 15 de enero de 1862 en Santa Clara. Ver Juan Manuel Fernández Triana: *Marta Abreu, la dama todo corazón*, Publicaciones Acuario, Centro Félix Varela, La Habana, 2010, pp. 28-30.

[361] Las tres hermanas eran: Rosa, Marta y Rosalía.

[362] Serapio Bravo: *Canto épico al General Weyler*, La Habana, imprenta de M. Ricoy, Madrid 1897, pág. 16.

Grupo de reconcentrados en las afueras de La Habana

Clara Barton, una sureña norteamericana que había fundado la Cruz Roja Americana a raíz de la Guerra Civil de los Estados Unidos, al enterarse de los horrores de la Reconcentración en Cuba, y de los heridos y enfermos de la guerra, acude a Cuba para ayudar a todos los que necesitaban ayuda. Barton describió Los Fosos, un lugar junto a las antiguas murallas de La Habana, donde según ella vivían unas 400 personas, entre mujeres y niños. Refiere ella que era un edificio grande y lleno de reconcentrados, en condiciones higiénicas deplorables. A comienzos de enero de 1898 tras visitar aquel campamento que se hallaba bajo administración militar, le parecieron a Barton incluso «compasivas» las «masacres de Armenia» que tuvieron lugar entre 1894 y 1896.[363] Veremos más de Clara Barton en el capítulo 5 de esta obra.

La Reconcentración no resolvió la situación que tenía el Gobierno español en sus manos, ni tampoco detuvo la guerra. Pero un solo año bastó para que esta política despiadada diezmara la población del occidente de Cuba. Las consecuencias nefastas de la Re-

---

[363] Andreas Stucki, Ob.Cit.

concentración fueron la incentivación de la prostitución, la delincuencia y la corrupción de menores. La lucha por la sobrevivencia obligaba a las mujeres a prostituirse y muchos niños huérfanos se convirtieron en pillos de calle mientras que los padres de familia buscaron el sustento a cualquier precio.

Tumba de la niña Genoveva Menéndez fallecida durante la Reconcentración y enterrada en el cementerio de Viñales en Pinar del Río, 1897.[364]

Las huellas traumáticas de la Reconcentración en la familia y la sociedad cubana fueron amplias y profundas. Sus efectos continuaron hasta bien entrada la etapa republicana, como enfatiza el historiador Francisco Pérez Guzmán,[365] 'como lesión psicológica y psíquica'.

La Reconcentración ha quedado como una página luctuosa y triste en la historia del país, y constituye uno de los mayores crímenes en contra de la humanidad, parecidos a los que vendrían más tarde durante la Segunda Guerra Mundial.

---

[364] Padre Joaquín Gaiga: «*Pinar del Río: Tres siglos de compromiso evangelizador*», Colección Memoria, *Ediciones Vitral*, Pinar del Río, 2003, pág. 41

[365] Francisco Pérez Guzmán: «Los efectos de la Reconcentración (1896-98) en la sociedad cubana – un estudio de caso: Güira de Melena» en *Revista de Indias*, 1998, vol. LVIII, núm. 212, pág. 292.

«*No concibo el monumento al soldado español o al soldado mambí, sin la silueta de la blanca y ensangrentada toca de la Hija de la Caridad*».

Manuel Aznar Zubigaray[366]

---

[366] Manuel Aznar Zubigaray, (Navarra, 1893-Madrid, 1975) periodista, historiador y diplomático español. Hizo esa declaración en 1924, con motivo de las Bodas de Oro del colegio La Inmaculada en La Habana.

La imagen del anverso representa a unas Hijas de la Caridad de San Vicente de Paúl asistiendo a enfermos y necesitados. Pintor desconocido.

4

Dios clemente y misericordioso
La labor humanitaria de mambisas, religiosas y enfermeras

> «Nuestra puerta abundaba de pobres extenuados;
> de mujeres que casi no podían andar,
> de chicos que buscaban algo que comer».[367]
>
> Sor Eduvigis Laquidaín, F.D.C.

---

[367] Carta de sor Eduvigis Laquidaín a la Madre Visitadora en Cuba, 19 de abril de 1898. En el archivo de las Hermanas de la Caridad en Miami, Florida.

No sería justo escribir sobre la labor de la mujer durante la Guerra de Independencia de Cuba sin mencionar el sacrificio, la entrega y el amor de las congregaciones religiosas femeninas, así como de las mujeres mambisas que actuaron como enfermeras y auxiliaron a heridos y enfermos durante la guerra. Este capítulo trata de la labor realizada por algunas de ellas, entregadas a Dios y al prójimo.

Al comenzar la Guerra de 1895, el sistema estatal de salud quedó subordinado al sistema militar y los centros de asistencia médica quedaron privados a disposición de las necesidades de la guerra desde ese momento. Se tuvieron que hacer grandes ajustes: algunos locales e instituciones en La Habana fueron temporalmente utilizados como hospitales, enfermerías y clínicas dependientes de otros hospitales, y se hizo necesario abrir y habilitar nuevos hospitales en Santa Clara, Cienfuegos, Sancti Spíritus, Remedios, Ciego de Ávila y Matanzas.

España envió a Cuba cerca de 700 médicos para atender a los soldados de su ejército. Cada batallón que partía hacia la Isla llevaba uno o dos médicos militares. El Ejército Libertador, sin embargo, estaba en desventaja. En la Guerra de Independencia participaron un poco más de 130 médicos cubanos[368] de los que fallecieron 14 de ellos, así como 10 farmacéuticos y 5 dentistas y también la «*mártir de la enfermería mambisa*»,[369] la pinareña **Isabel Rubio**[370] a la que se hará referencia luego. Los médicos y enfermeras cubanos no disponían de los medios que tenía el Ejército Español, aunque sí estaban dispuestos y preparados para funcionar en la

---

[368] Jorge Eduardo Abreu Ugarte: «Experiencias aportadas por los médicos militares cubanos en las guerras por la independencia del siglo XIX», Rev Cub Med Mil [online] 2009, vol. 38, n.1, Disponible en: <http://scielo.sld.cu/scielo.php?script=sci_arttext&pid=S0138-65572009000100015&lng=es&nrm=iso>. ISSN 1561-3046

[369] Ibídem, pág. 5.

[370] Para más datos de Isabel Rubio, ver pp. 24, 64-65; 201-205; 361 y 367 de esta obra, y Fernández Soneira, *Mujeres de la Patria* t I, pp. 401-402.

manigua con una «cartilla instructiva»[371] o protocolo en los hospitales de campaña, muchas veces improvisados, para curar las heridas producidas en combate. También contaba el Ejército Mambí con un servicio sanitario móvil para los batallones en marcha por la manigua, y otro fijo en los poblados, así como algunas farmacias. Pero no puede compararse el nivel de los asistentes médicos del Ejército Español con el cubano que era muy inferior en equipos, pertrechos de guerra, transportes y lugares de abrigo y avituallamiento.

El 28 de enero de 1896 quedó aprobada la Ley de Sanidad Militar[372] del Ejército Libertador, que estableció la distribución de médicos, dentistas, farmacéuticos y estudiantes de medicina. También se organizó un sistema de transporte de heridos en las acciones de combate más activas y movibles de la guerra, que se aplicó durante la campaña de la Invasión, cuando se hizo necesaria la evacuación de más de 400 heridos de las fuerzas mambisas, la mayoría de las veces durante el acoso de las tropas españolas.[373]

El Ejército cubano sufrió una gran escasez de medicinas y materiales médicos, que fue compensado con medios naturales, pues al cuerpo médico se le añadió un gran número de curanderos que utilizaban plantas medicinales para hacer curas y tratar algunas enfermedades. La mayoría de los curanderos eran de la raza negra que habían aprendido a curar en sus lugares de origen, en el África, o que se habían familiarizado con las plantas cubanas. Aunque este medio no reemplazaba al cirujano o al médico, aliviaba y ayudaba sicológicamente al enfermo necesitado de asistencia.

Ramiro Guerra, en un artículo publicado en el *Diario de La Marina*, evoca las condiciones miserables en que se encontraban los enfermos y heridos en la provincia de La Habana:

> *«En el exterior del rancho, envuelto en un negro y sucio capote, sentado en el suelo, doblados los muslos hacia arriba, rodeadas*

---

[371] G. Delgado García: «Cartilla Instructiva de Sanidad Militar», *Cuaderno de Historia de la Salud Pública*, La Habana, 1999, 85(1): 71-96. Esta cartilla estipulaba el protocolo a seguir en cada caso.

[372] Delgado García, Ibídem, pág. 4.

[373] G. Delgado García: «Cuerpo de Sanidad, Sección Médica», *Cuaderno de Historia de la Salud Pública*, La Habana, 1999, 85 (1): 57-60.

las piernas con los brazos, recostados en unas yaguas, del lado del sol, un hombre con el rostro lívido, tirita de frío castañeteándole los dientes. En el interior del bohío un compañero, a quien el ataque palúdico sorprendió más temprano, se incorpora, ardiendo en fiebre, de su camastro, y bebe ansiosamente del agua dejada a su alcance por los que se marcharon.

Un herido, echado en su hamaca, espanta las moscas empeñadas en posarse en las úlceras de sus piernas apenas cubiertas de ensangrentada gasa, y otro con un balazo en el hombro izquierdo, casi cicatrizado ya, limpia en silencio meticulosamente con limón y ceniza, el pavón de su tercerola. El fogón está apagado todavía. Algunas albardas, algunas armas, pocas medicinas». [374]

Muchas de las medicinas naturales empleadas durante la Guerra del 68, se aplicaban a los casos de paludismo[375] y podían consistir en purgantes de saúco, piñón de botija, manzanillo, guaguasí, frailecillo, y otras más. Para el dolor se utilizaba la quinina, que era muy popular, aunque también se empleó el arsénico, que cuando se conseguía se utilizaba para tratar la malaria. Esta forma de utilizar remedios naturales la ilustra la narración de un escritor, y que ocurrió entre los días 28 al 30 de agosto de 1897 en el Departamento Oriental. Fue el coronel Nicolás de Cárdenas y Benítez, quien dejó constancia del protocolo que seguían: «A los soldados que podían caminar los llevábamos al campamento. A los que no, les administrábamos en una jícara, su buena dosis de quinina[376] y, apenas estaban algo repuestos, los mandábamos a incorporarse. Así, cuidadosamente administrada, aquella quinina sirvió para levantar un ejército de unos mil hombres, los cuales, ya devueltos al servicio, se alimentaron con carnes recibidas de Camagüey. Con ese ejército se tomó Las Tunas, plaza en la que había un gran hospital bien provisto y, por supuesto, una enorme cantidad de quinina que sirvió

---

[374] Ramiro Guerra: *Diario de La Marina*, 24 de febrero de 1930.

[375] Se declararon 79,552 casos de paludismo entre las tropas españolas en los dos primeros años de la Guerra, con 600 soldados fallecidos. Navarro Carballo, pág. 42.

[376] Para un ejemplo del uso de la quinina en la guerra, ver Alfonso Hernández Cata: *Once cuentos cubanos*, «La quinina», Instituto Cubano del Libro, Editorial Letras Cubanas, La Habana 2016, pp. 29-34.

para levantar todo el Departamento militar de Oriente y socorrer a los niños y a familias enteras que lloraban en demanda de quinina».[377]

Unas de las principales enfermedades que afectaron a los soldados españoles eran la malaria o paludismo, el vómito y la fiebre amarilla. A los inconvenientes también hay que añadir el clima tropical y el vestuario de los soldados españoles, factores decisivos de muchas bajas. En cierta ocasión el Generalísimo Máximo Gómez llamó a los meses de junio, julio y agosto «*mis tres mejores generales*» porque era cuando más bajas tenía el Ejército Español, que era ganancia para el Ejército Libertador.

En ocasiones, los médicos y soldados cubanos y las enfermeras mambisas, realizaron curas de heridas y de úlceras con emplastos hechos con ceniza o borras de café. Como vendajes utilizaron pedazos de ropa interior femenina y también las tiras de majagua, o simplemente pedazos de bejucos. Las hilas y vendajes eran cuidadosamente hechas de la ropa blanca de hilo, y posteriormente del algodón. Cuando quedaba poca materia prima, sacaban las gasas de las telas grandes para no desperdiciar ni un hilo. Mucho después ya no quedaba apenas con que hacerlas.

El entonces coronel Serafín Espinosa y Ramos, narró sus memorias al enfermar de gravedad en la manigua. Luego de tomar píldoras de quinina explica: «me hicieron unos cocimientos de *Don Diego*, de almácigo y otras yerbas, y mejoré, al extremo de que a los seis días me consideraba convaleciente, comiendo funche de harina de maíz y pudiendo ir con cierta firmeza un poco más lejos dentro del monte [...]. Los días me parecían eternos sobre aquella tarima cuyos maderos irregulares, llenos de rugosidades, me lastimaban la piel sobre los huesos, formándome llagas en la región sacra».[378]

---

[377] Ismael Sarmiento Ramírez: «La Sanidad Militar en la Guerra de Cuba», *Militaria, revista de cultura militar* 2001, 18:299-300. Este material se encuentra en el archivo de la Academia de la Historia de Cuba, caja 575, sig. 7.

[378] Serafín Espinosa y Ramos: *Al trote y sin estribos, Recuerdos de la guerra de Independencia*, Jesús Montero Editor, La Habana 1946, pág. 200.

Utilizaban también la guayaba en diversas formas, y el guayacán[379], la guasita, el guamá, la yagruma, el ocuje y el copey. Y también algunas frutas como el mango, la guanaba y el mamey. De las plantas herbáceas: la yerba mora, la retama, el llantén, el saúco, el caisimón y también la lengua de vaca. Otras plantas y árboles de las que se hacían uso corriente eran: los limones, el fuafuasí, el manzanillo, el purgante de saúco, el piñón de botija, el frailecillo, la salvadera y el nogal de la India, como purgantes. El extracto de cedro como astringente, y si se necesitaba un vomitivo, usaban el yaracoco o lirio, y el íctamo real.

Hospital español en la manigua.

Los hospitales de sangre[380] del Ejército Libertador estuvieron enclavados en lugares intricados del monte o de la sierra, siempre cercana a algunas prefecturas. En ocasiones, estos hospitales quedaban en zonas poco seguras por lo que estaban en constante amenaza de ser atacados por las fuerzas españolas, que aniquilaban médicos y heridos. «Los hospitales de sangre consistían en unos colgadizos rectangulares techados de guano para proteger a los pacientes de la intemperie, bajo los cuales se colocaban unas tarimas hechas con cujes sostenidas por unas horquetas clavadas en el suelo sobre las que se colocaban colchones de espartillo[381]. Aunque los hospitales de sangre tenían su escolta militar, los custodios y los propios heridos estaban siempre alertas contra cualquier ataque

---

[379] Guayacán, guasita, guamá, yagruma, ocuje y copey, todos son árboles de la América tropical.

[380] Los hospitales de sangre fueron creados para atender las necesidades de los heridos evacuados del campo de batalla.

[381] Esparto: planta de la familia de las gramíneas, con las cañas de unos 70 cm de altura. Sus hojas son empleadas en la industria para hacer sogas, esteras, tripe, pasta para fabricar papel, etc.

por sorpresa, guiados por el cantío de los judíos[382] que no silenciaban nunca la presencia de una persona cualquiera por matorrales y caminos».[383]

Antes de que comenzara la guerra, los hospitales militares en Cuba tenían una estructura muy elemental. El historiador B. de Esteban Marfil[384] relata que durante la guerra hubo que ampliar los existentes, e inaugurar otros, como clínicas y enfermerías, «funcionando casi un centenar de establecimientos sanitarios a lo largo de toda la Isla».[385] El Hospital Militar de Regla, quedó establecido en 1896 en los almacenes de azúcar construidos en 1843 por el comerciante Eduardo Fesser y considerado el hospital más grande de Cuba. Según Marfil, llegó a tener 14,896 camas, aunque Navarro Carballo[386] apunta que en noviembre de 1896 llegó a tener 5,000. El personal del hospital estaba constituido por médicos, farmacéuticos y auxiliares de sanidad militar, aunque el peso de la asistencia sanitaria recayó sobre las Hijas de la Caridad,[387] de las que se hará referencia más tarde.

En Isabela de Sagua se estableció el hospital de sangre en unos de los almacenes adecuados para estas funciones, y proporcionados por dos personalidades locales: **la viuda de Oña y la condesa Moré**, subvencionado por el Ayuntamiento que además debía sostener a los más de 1,500 heridos y enfermos recluidos en

---

[382] Ave totalmente negra de la fauna cubana que conserva el mismo nombre vulgar en todo el territorio nacional. Se le denomina 'guardián de los campos de Cuba' porque ante la presencia de un intruso, lanza un fuerte grito.

[383] Ismael Sarmiento, Ramírez: «La Sanidad Militar en la Guerra de Cuba», Revista *Militaria* 2004, 18: 291-318.

[384] B. de Esteban Marfil: «Los médicos y la guerra de Cuba, Protagonismo de los médicos en la guerra de Cuba», *Seminario Médico*, volumen 53, número especial 2001, pp. 64-75.

[385] Ibídem, pág. 71.

[386] José Ramón Navarro Carballo: «La asistencia sanitaria a las fuerzas armadas en Cuba», *Militares 93*, julio 2011, pp. 40-43.

[387] Hijas de la Caridad de San Vicente de Paúl es una sociedad religiosa femenina fundada el 29 de noviembre de 1633 por Vicente de Paúl y Luisa de Marillac con el fin de dedicarse al servicio corporal y espiritual de los pobres enfermos. Las mujeres de esta sociedad son conocidas como Hijas de la Caridad, Hermanas Paúles, Vicentinas o Vicencianas.

él. Para poder pagar la «petición» del Inspector General de Sanidad, se hizo necesario eliminar varios servicios públicos como el alumbrado de gas en las calles sagüeras.

Con la creación del hospital de sangre en la Isabela, la ciudad se llenaba de luto y dolor al ver morir a tantos hombres jóvenes, cubanos y españoles. Dolía ver como las consecuencias de la sangrienta lucha llegaban hasta el pequeño poblado que ya había sufrido la Reconcentración al ser invadido por cientos de familias en busca de trabajo y refugio. Muchas se establecieron en los cayos cercanos y se dedicaron a hacer carbón. Nunca antes o después se vieron tan poblados estos pequeños lugares tan apartados, y con condiciones de vida tan difíciles.

Los hospitales contaban con una sala o pabellón de aislados, que los soldados llamaban las «salas de la muerte» por los enfermos de fiebre amarilla o con enfermedades contagiosas como la viruela, de la que cientos morían. Las epidemias hicieron mucho daño. En Sagua La Grande era rara la calle que no tuviera dos o tres casos de enfermedades contagiosas, expone Antonio M. Alcover, y la mayoría de las familias afectadas se esforzaban por esconder a los enfermos en lugar de declararlos, marcar las viviendas, y tomar las medidas de cuarentena correspondientes.[388]

«Casi un tercio de todos los soldados importados de España a Cuba se enfermaron y muchos murieron», reportó el *New York Times* el 4 de abril de 1897. La situación de la fiebre amarilla en Cuba era indiscutiblemente una causa de gran preocupación, y la guerra proveía las condiciones ideales para que se la enfermedad se regara por toda la Isla.[389] En la provincia de Santa Clara, la fiebre amarilla causó aproximadamente 150 muertes anuales entre 1889 y 1896; y en 1897 murieron 1,469 de esa enfermedad. Al comienzo de la guerra menos de 100 las mujeres fallecieron por la fiebre amarilla en el puerto de la ciudad de Santiago de Cuba, pero en 1894, la cifra subió a 664 y en 1895 ya había 1002 contagiadas. La principal causa de este aumento era que los soldados españoles al

---

[388] Yoel Rivero Marín: «La Reconcentración de Weyler en Sagua La Grande», en www.eumed.net.

[389] *Reporte de Estadísticas Vitales*, La Habana, 1901.

llegar a Cuba, la propagaban. Entre 1895 y 1896 murieron de la fiebre amarilla 1,601 soldados españoles.[390]

El Hospital de Caridad San José de Sagua que se aprecia en la foto, estaba carente de ropa de cama, medicinas, alimentos y personal calificado para la atención de los enfermos. Al entrar se observaban los pisos renegridos de suciedad y las camas unidas para acomodar la mayor cantidad posible de pacientes. La insalubridad, el hambre y la miseria hacían que numerosos reconcentrados y pobladores, sobre todo niños, acudieran al hospital a pesar de que poco se podía hacer por ellos.

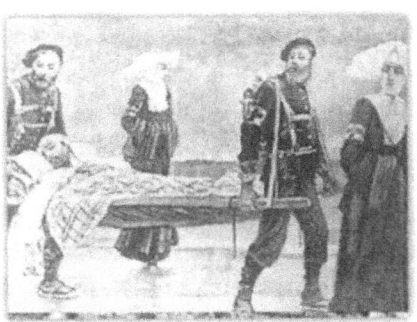

Soldados españoles llevan a un enfermo en camilla.

Las camillas que utilizaban los españoles eran de la firma norteamericana *Fraguar*. Los soldados cubanos las arrebataban a los españoles después de los combates. Sin embargo, lo que más se usaba era la hamaca de lona, en la que se colocaba al enfermo y que cargaban dos hombres en sus hombros. Además, abriendo camino iba una guardia acompañando al convoy de enfermos a fin de que los heridos pudieran llegar sin dificultades a su destino.[391]

---

[390] H.S. Caminero: «Sanitary Inspector, USMHS, A Report on Yellow Fever at Santiago de Cuba», US Marine Hospital Service, *Annual Report of the supervising Surgeon-General of the Marine-Hospital Service of the US for the FY 1897*, junio 1, 1897, pp. 473-75.

[391] James O'Kelly: *La tierra del mambí*, Colección de Libros Cubanos, La Habana, 1930, pág. 221.

Se transportaba a los heridos y enfermos cubanos en parihuelas[392] o camillas rústicas, hechas con troncos de árboles, y se les atendía de manera rudimentaria como vemos en este dibujo.

Dibujo del periodista norteamericano Grover Flint, de su libro *Marching with Gómez*.[393]

Estados Unidos pidió varias veces a España que se ocupara de la sanidad de ciudades y puertos y que se requiriera cuarentena para tomar todas las precauciones necesarias. Veía amenazada la salud de sus habitantes de los estados del sur y urgía repetidamente a las autoridades españolas que tomaran las riendas en el asunto. Pero poco hicieron.

Cuando el 25 de abril de 1898 Estados Unidos le declara la guerra a España, el periódico *New York Times*[394] reportó el discurso del Director General de Salud Pública que recordaba a sus lectores que la fiebre amarilla en La Habana había ofrecido suficiente justificación para ir a la guerra: «cualquier país del mundo que descuidadamente permite que esa enfermedad afecte a los buques del mundo sin realizar ningún esfuerzo por mejorar las condiciones necesarias, debe ser castigado».

Las enfermeras mambisas

Aunque hubo muchas mujeres mambisas que se dedicaron a ayudar a enfermos y heridos durante la guerra, a las que nos referimos en el capítulo 3 de este libro, señalamos solo las enfermeras más destacadas de las que se han conservado abundantes datos, y deja

---

[392] Artefacto compuesto de dos varas gruesas con unas tablas atravesadas en medio donde se coloca la carga para llevarla entre dos. Camilla.

[393] Grover Flint: *Marching with Gómez*, Lamson, Wolffe and Co., New York, 1898.

[394] «A yellow fever yarn: Spaniards Say the Disease Is Raging Among Our Men at Guantanamo», *The New York Times*, junio 1898, pág. 1.

abierto el tema para un más exhaustivo estudio. Indudablemente que hubo muchas de las que poco o nada se sabe. Las enfermeras mambisas aparecen por orden alfabético.

Gabriela de la Caridad (Adela) Azcuy[395] Labrador

«*Esta mujer soldado goza del cariño y del respeto de todos, pero en especial la quieren los niños, a quienes presta una gran atención. La prensa norteamericana la llama Juana de Arco, aunque ella no es la única mujer en las filas de los insurgentes, y no tiene para estos el significado que tenía la muchacha de Orleans para Francia*».[396] Esto lo afirmaba un ruso, Piotr Streltsov, que se había alistado para ir a Cuba en el vapor *Three Friends*, como parte de la expedición del General Juan Rius Rivera. Junto con otros dos rusos, Streltsov tomó parte en algunas batallas en Cuba. Por la cita vemos claramente el impacto que le hizo la patriota Adela Azcuy Labrador.

Adela nació en la finca Ojo de Agua, en el municipio de Viñales. Sus padres, Francisco Azcuy Martínez y María del Carmen Labrador Piloto la llevaron a bautizar a la parroquia de la Purísima Concepción de San Cayetano y Viñales donde aparece registrado su bautizo, el día 18 de marzo de 1861, el mismo día en que nació. La nombran Gabriela de la Caridad, aunque más tarde se le conocería por Adela.

---

[395] La familia Azcuy, de tradición patriota, participó en la Guerra de Independencia falleciendo en ella muchos de sus miembros. Se cree hubo 23 combatientes entre estos: 3 capitanes, 2 subtenientes, 3 sargentos, 4 cabos y 11 soldados. Información ofrecida por la Sra. Gladys Pandiello parienta de la familia Azcuy Labrador. Correspondencia con la autora, 2015, 2017 y 2018.

[396] Piotr Streltsov: «Dos meses en la Isla de Cuba, Diario de Campaña», *Noticiero de Europa,* mayo, 1898.

Parroquia del Sagrado Corazón de Jesús en Viñales.
Foto cortesía de Domingo Noriega.© Todos los derechos reservados.

Los Azcuy formaban una larga prole de vueltabajeros; la mayoría de ellos habían participado en la lucha por la libertad. Un tío de Adela se incorporó a una de las expediciones de Narciso López en 1852 y más tarde toda la parentela se unió a la Revolución del 68 y a la del 95. En la Guerra de Independencia fallecen muchos miembros de la familia. Se cree que hubo 23 combatientes, entre estos 3 capitanes, 2 subtenientes, 3 sargentos, 4 cabos y 11 soldados[397]. Adela también sería una valiente Capitana del Ejército Libertador.

«Los pintorescos montes de San Cayetano y San Vicente formaron el escenario natural donde se deslizó su niñez» nos dice la periodista Graziella Méndez.[398] «De carácter inquieto y resuelto, desde la infancia Adela cultivó la equitación y la caza y se adiestró en el uso de las armas de fuego», sigue diciendo Méndez. «Fue

---

[397] Información ofrecida por la Sra. Gladys Pandiello cuya abuela, Lucinda Azcuy Pérez, era tía de Adela Azcuy Labrador. También Lucinda era prima de Leonor Pérez, la madre de José Martí. Correspondencia con la autora, 2015, 2016 y 2018.

[398] Graziella Méndez: «Adela Azcuy» *Mujeres,* La Habana, 5, agosto 1965, pág. 43.

poeta y sus versos se dedicaron a cantar la belleza de su tierra, y a exaltar la idea de la libertad». La hacienda donde se encontraban los famosos Baños de San Vicente pertenecía a sus padres, por lo que desde que nació disfrutó de una sana vida en el campo, y creció amando a su Viñales natal.

Los que la conocieron la recuerdan de elevada estatura, delgada, derecha como una palmera, de ojos pardos y expresivos, tez blanca y caballera rubia abundante. Joven aún se casa con el licenciado en farmacia Jorge Morejón Cosculluela[399], joven camagüeyano de familia criolla. El matrimonio vive una etapa de felicidad y es una pareja muy estimada en la región. Pero en 1886 la terrible viruela ocasiona la muerte del esposo. Adela busca refugio en Castor del Moral, español empleado de la farmacia, con el que se une en matrimonio el 17 de enero de 1891. Pero eran dos caracteres disímiles; el deseoso de mantener el poderío de España en Cuba, y ella comprometida cada vez más con la libertad de su país. Esto hace que viniera la ruptura. Del Moral pasó a servir a la metrópoli, mientras que Adela se dedicó a conspirar.

Estalla la guerra y Adela se relaciona con revolucionarios de La Habana y Pinar del Río. Cuando en enero de 1896 comienza la campaña de Vueltabajo, se une en la zona de Gramales, a la guerrilla de Miguel Lores el 14 de febrero, y en menos de un mes es ascendida a subteniente.

Casa natal de Adela Azcuy en Guane

El 12 de junio el General Pedro Díaz la vuelve a ascender, pero esta vez al grado de Capitana del Ejército Libertador. Interviene bajo las órdenes de Antonio Maceo, en el combate de Loma Blanca el 4 de octubre. Esta batalla que dura trece horas, se desarrolla con-

---

[399] Perla Cartaya Cotta: «Adela Azcuy», *Palabra Nueva* 39, no. 97, año X, La Habana, 2007, pp. 39-40.

tra las fuerzas españolas que forman las columnas de Viñales, Piloto[400] y Pinar del Río.

Adela participó en alrededor de cincuenta combates, entre ellos los de Ceja del Negro, Tumba de Estorino, Loma del Toro, El Guao, Cacarajícara. Cuando Adela quedó incorporada a las fuerzas del coronel Banegas. Dicen los testigos que Banegas la creyó perjudicial o peligrosa en las filas revolucionarias. «Creí, dijo Banegas, que su valor era un alarde, que su decisión, una forma de complacer su vanidad y que en lugar de sernos útil, nos sería altamente perjudicial. Cierto día, al sonar unos disparos en vanguardia, ordené a las fuerzas formar dos grupos, uno que iría a reforzar a los atacados y el otro la impedimenta. A este último mandé a Adela, pero esta, dando un salto se colocó frente a mí y me dice: 'Comandante, yo he venido a la guerra a pelear, si tengo que morir, quiero morir como los valientes peleando'. No sé cómo pude contener mi insulto; para no darle un golpe, viré la espalda y marché al frente pero llevando en mi mente la idea de cobrarme tamaña osadía»[401].

Y continúa Banegas su relato: «pero pronto encontré la ocasión; a los pocos días sonaron disparos e inmediatamente ordené a la señora Azcuy que defendiera una cuchilla, lugar a donde seguro dirigían su ataque los españoles, con la intención de tomarle, lo que significaba nuestro exterminio. Aquella mujer, sin pensar en el peligro, montó a caballo y con el revólver en la mano, se lanzó con un grupo de hombres hacia el lugar designado. *Confieso que lo hice con la intención de que la mataran.*[402] Cayeron a su lado varios heridos, pero ella seguía en su puesto, disparando su revólver constantemente. [...] *Yo sentí desde ese momento admiración ha-*

---

[400] En este pequeño poblado al noroeste de Consolación, se veneraba al Apóstol Santiago, patrono de España. Al llegar en 1896 Antonio Maceo en su campaña de Pinar del Río, cambia el patrono para la Virgen de la Caridad del Cobre, protectora de los mambises. Fue un gesto de desafío a la Corona bien visto por los pobladores del lugar y por el sacerdote de dicha parroquia. Desde aquel momento se comenzó a celebrar la Caridad del Cobre el 24 de febrero, comienzo de la guerra del 95.

[401] Armando Guerra Castañeda: *Adela Azcuy, La Capitana*, Imprenta El Siglo XX, La Habana, 1950.

[402] Aquí se ve el menosprecio a la valiente combatiente, como es el caso de Adela Azcuy. El énfasis es de la autora.

cia esa mujer y viendo que solo a ella las balas habían respetado, me lancé con todas las fuerzas en su ayuda, retirándola inmediatamente de la zona del peligro y ordenándole que fuera a curar a los heridos, lo que hizo en la misma forma y con el mismo acatamiento que cuando le ordené viniera a este lugar con peligro de su vida. Esa joven, esa era Adela Azcuy, la que nunca conoció el peligro ni tuvo miedo a la muerte. Así siguió conmigo durante la guerra, unas veces peleando y otras curando a los enfermos y a los heridos»[403].

A Adela le gustaba escribir versos. Muestra de eso es un soneto que dedicó al General Antonio Maceo:[404]

> Aquí luchó. Las palmas altaneras
> centenarias, ciclópeas, más erguidas
> para verle pasar, estremecidas
> alzaron sobre el monte sus cimeras.
>
> Los árboles le hicieron sus trincheras
> juntando ramas de verdor teñidas,
> y a su paso marcial, entretejidas,
> se formó un pabellón de enredaderas.
>
> Y con la nota que el arroyo crea
> juntándola del pájaro a la nota,
> una diana triunfal al aire ondea
> y hoy en la niebla que en las tumbas brota,
> sobre el mismo lugar de la pelea
> ¡aún me parece que se agita y flota!

Al término de la guerra, el 1 de diciembre de 1898, Adela se licencia. Sin embargo, la Comisión Liquidadora del Ejército Libertador, le niega el pago de veteranos por el siguiente acuerdo: «La promovente no ha podido, por razón de su sexo, prestar servicios en el ejército. Por tanto, se desestima la presente solicitud».[405] Había luchado y puesto en peligro su vida durante los 3 años de la contienda, y ¡ahora le negaban la pensión de veterana! Pero lo más triste fue que el General Máximo Gómez opinó igual que la Comi-

---

[403] Guerra Castañeda, Ibídem.
[404] Revista *Artemisa*, núm. 2, 22 marzo de 1914, pág. 4.
[405] Juan F. Sánchez: *Conferencia sobre Adela Azcuy,* Pinar del Río 1933. Inédita.

sión. Resuelta y decidida, la Capitana Azcuy fue a visitarlo a su residencia de la Quinta de los Molinos. Cuando Gómez la vio vestida como un mambí en plena guerra, parada cerca de él, le preguntó con voz ronca, la misma que tenía en el mandar: «*¿Quién es esa mujer con tantas estrellas?*» Y el General Antonio Varona le respondió, explicándole y defendiendo a la heroína, haciendo el elogio y recuento de sus servicios y su valor. Con todo y eso, el General Gómez no admitió la legalidad del grado efectivo.

Máximo Gómez al salir de la Quinta de Los Molinos, en la Habana, con algunas amistades, al término de la guerra

Pero en el Acta de la Asamblea del Cerro del 30 de junio de 1899, aparece dispuesto lo siguiente:

«Vista la comunicación del Jefe Superior de Sanidad General, doctor Daniel Gispert, solicitando los diplomas de Teniente y Capitán de Sanidad a favor de la señora Adela Azcuy, el primero, con antigüedad de 12 de septiembre de mil ochocientos noventa y seis, Adela Azcuy Labrador, Capitana de Sanidad, y el segundo, con la de 1 de diciembre del mismo año. Se acuerda expedir dichos diplomas, con las antigüedades mencionadas». Había ganado Adela su lucha y logrado la pensión de veterana del Ejército Libertador. Sin embargo, muchas mujeres no lograron como Adela su pensión hasta bien entrada la República por las demoras burocráticas, la falta de dinero y la discriminación porque eran mujeres. Muchas recibieron medallas en el lecho de muerte o murieron antes de poder recibir ayuda que merecían.

Al terminar la guerra, la Capitana Adela Azcuy regresó a su humilde hogar de Viñales, con la única compañía de una huérfana recogida en el campo de batalla, la pequeña Rafaela[406] a quien desde que la amparó, le prodigó amor y cuidado. En 1911 se dedicó por entero a luchar por el mejoramiento de las condiciones de vida de su pueblo pinareño, tomando posesión de la secretaría de la Junta de Educación del término de Viñales.

Develación de la imagen de la patriota Adela Azcuy el día de la inauguración de la escuela pública no. 27 que llevaba su nombre. Pinar del Río, 1950.

En 1913, cuando vivía en Viñales acompañada de algunos sobrinos, enfermó de cuidado. Se trasladó a La Habana, a casa de su amigo Antonio Hernández Rivera, en la calle Rayo número 49, para obtener mejor atención médica. Pero la Capitana muere a las once de la mañana del 15 de marzo de 1914. El Consejo Nacional de Veteranos, reconociendo los méritos de la valiente mujer, reclamó tenderla en sus salones y rendirle los honores, para luego depositar su cadáver en el Cementerio de Colón.

---

[406] En 1897, en un campamento cerca de Las Pozas, se encontraba el Capitán Francisco Portales con su esposa, cuatro hijos jóvenes y una niña de pocos meses. Asaltado el lugar por las fuerzas españolas, Portales y otros mambises fueron apresados. Dos de los hijos mayores fueron fusilados en presencia de la madre. Esta tenía a la niña en brazos; los otros dos niños pudieron escapar al monte. Al llegar allí las fuerzas cubanas de Banegas y moribunda la esposa de Portales, Adela recibió de ésta la pequeña niña, a la que atendió de campamento en campamento cuidándola.

El doctor Alfredo Zayas[407] nos recordará su imagen en la guerra: «*vistiendo el traje de amazona, armada de machete y revólver, con la cabellera recogida que ocultaba el amplio sombrero de yarey que se levantaba al frente para lucir la escarapela tricolor, militaba en las filas libertadoras*».[408] El pueblo de Viñales y la ciudad de Pinar del Río rebautizaron sus calles con su nombre en homenajes póstumos.[409]

El historiador, Gerardo Castellanos, dijo de ella: «Merece el pedestal más alto, aplausos fervientes, Adela Azcuy, porque fue mujer de magnífica historia guerrera, que no se redujo a papel pasivo, sino que abandonó el sosegado hogar, la familia, todo, para dar frente al enemigo con un machete y un fusil, o auxiliando de mil modos en la manigua a sus compañeros. No aportaba lágrimas y ternezas, sino energías, balas y acero afilado. Era, sin mixtificación alguna, una amazona cubana».[410]

La casa del siglo XIX donde residió la patriota y su familia, de 1906 a 1912, es ahora un museo[411] que recoge algunas de sus pertenencias. Fue declarado Patrimonio de la Humanidad en 1999,[412] y se encuentra ubicado en una vivienda de estilo colonial. En la fachada de la casa se colocó una tarja que dice: '*En esta casa vivió gran parte de su preciada existencia la Capitana Adela Azcuy Labrador, una de las más valientes mujeres de la Revolución Cubana, que nació el 18 de marzo de 1861 en este término, y mu-*

---

[407] Alfredo Zayas y Alfonso, (21 de febrero de 1861 - 11 de abril de 1934) jurista, orador, poeta y político. Fue fiscal, juez, alcalde de La Habana, Senador en 1905, Presidente del Senado en 1906, Vicepresidente de 1908 a 1913 y cuarto Presidente de la República de 1921 a 1925.

[408] José A. Rodríguez García: *De la revolución y de las cubanas en la época revolucionaria*, Imprenta El Siglo XX, La Habana, 1930, p. 126.

[409] Kena Téllez Frandin et al: «Papel de la mujer cubana como enfermera en las guerras de independencia», *Facultad de Ciencias Médicas, José Assef Yara*, Ciego de Ávila.

[410] Gerardo Castellanos García: *Huellas del Pasado; viajes por Cuba*, Editorial Hermes, La Habana, 1925.

[411] El museo se encuentra situado en la calle Salvador Cisneros No. 15 e/ Adela Azcuy y Celso Maragoto.

[412] La casa natal de la patriota fue considerada lugar histórico por Resolución no. 143 de la Comisión Nacional de Monumentos del 8 de mayo de 1996.

rió el 15 de marzo de 1914 en La Habana. A su eterna memoria y a iniciativa del Gobernador Provincial de Pinar del Rio, Señor Cirilo H. Bugalló, se dedica esta tarja en el 89 aniversario de su nacimiento, hoy día 16 de marzo de 1950'.

Busto de Adela Azcuy y fachada de la casa/museo en Viñales.
Foto cortesía de Gladys Pandiello. Prohibida la reproducción.
Todos los derechos reservados.©

Iglesia parroquial de Viñales.

La patriota Adela Azcuy Labrador
luciendo su uniforme de enfermera.

[...] «*Bandera y verso, machete en alto y cabellera al viento, que tremolan en un solo soplo y a una sola emoción. Mujer al fin, pone fe y pasión; ciencia y ensueño, como una de las maneras de hacer patria*».[413]

---

[413] Palabras sobre Adela Azcuy pronunciadas por el Dr. Armando Guerra en sesión pública de la Academia de la Historia de Cuba en La Habana, el 7 de febrero, 1950.

Rosa Castellanos, «La Bayamesa». Esta mambisa, que ilustra la portada de esta obra, ya había sobresalido en la Guerra del 68,[414] nació en un barracón del poblado del Dátil, en Bayamo, en 1830. Sus padres, Matías Castellanos y Francisca Antonia Castellanos, habían sido esclavos traídos de África.

Rosa compartió su vida íntima con José Florentino Varona Estrada, antiguo esclavo negro, con quien se incorporó a la contienda independentista de 1868. Más tarde se casó con José Francisco Varona.

Cuando estalla la Guerra del 95 «comenzó por seguir a las fuerzas cubanas, y en los combates se hacía cargo del 'hospital de sangre', ayudando a los médicos y sanitarios en la primera cura de los heridos»[415]. Como afirma el historiador Leopoldo Horrego Estuch[416] «poseía valor para la pelea; pero prefirió, por más útil, curar a los heridos y enfermos, para lo que tenía íntima vocación y disposición síquica».

Rosa Castellanos trabajó junto a **Juana Disotuar Botey** en un hospital en las prefecturas de Monte Ruz, en Guantánamo. Las dos obtuvieron los grados de capitanas del Ejército Libertador por su desempeño y labor como enfermeras.

La valentía de Rosa quedó probada innumerables veces. Nada más elocuente que la descripción que hace de ella la escritora y poetisa Emilia Bernal[417], al verla en un desfile patriótico al finalizar

---

[414] Para más datos de la patriota, ver Fernández Soneira: *Mujeres de la Patria*, t. I, Miami, 2014, pp. 183-187.

[415] Jorge Juárez Cano: *Apuntes de Camagüey*, t. I, Imprenta Popular, Camagüey, 1929.

[416] Leopoldo Horrero Estuch: «Patriotas Cubanas», *Bohemia* no. 73, La Habana, 1968, pp. 23-28.

[417] Emilia Bernal Agüero, (Nuevitas, mayo, 1884-diciembre, 1964), fue una poetisa cubana que también cultivó el ensayo, la traducción y la novela autobiográfica.

la guerra: «Aparecía entre los suyos vestida de mujer, pero ostentando gallardamente la insignia de Capitán del Ejército Libertador. Llevaba la bandera del regimiento. Aquella negra, vieja ya, era un veterano de nuestras dos revoluciones [...]. Su figura pequeña y anciana, pero viril y erecta, semi-oculta entre los pliegues de la bandera, le daba un aspecto entre modesto y magnífico. Ante la visión todos quedamos, primero suspensos, para reaccionar, luego en delirantes ¡Vivas!».[418]

Rosa Castellanos Castellanos falleció el 25 de septiembre de 1907. Veintiún días antes había recibido su primera pensión de 25 pesos como veterana del Ejército Libertador. Su amor por Cuba hizo que se entregara a la libertad de su país.

María Cabrales de Maceo[419] esposa de Antonio Maceo, «como otras esposas de los insurrectos que se hallaban en los montes, asistía a los combates para estar atenta a auxiliar a los heridos apenas caían, exponiendo sus vidas en los sitios de mayor peligro si era posible», dice de ella una historiadora cubana[420]. Sus cualidades patrióticas y de valor humano no escapan de la pluma de José Martí: «*María, la mujer, nobilísima dama, ni en la muerte vería espantos porque los vio en las sombras muchas veces...En la sala no hay más culta matrona, ni hubo en la guerra mejor curandera. De ella fue el grito aquel: y si ahora no va a haber mujeres, ¿quién cuidará de los heridos?*»[421]

---

[418] Emilia Bernal: *Layka Froyka*, Espasa Calpe, Madrid, 1925, pp. 179-180.
[419] Para más datos de María Cabrales de Maceo, ver Fernández Soneira: *Mujeres de la Patria*, t I, pp. 15-16; 24, 155-175; 211-218, 221, 228-229, 263, 434.
[420] Victoria Caturla Bru: *La Mujer en la emancipación de América*, La Habana, Editor Jesús Montero, 1945.
[421] José Martí Pérez: *Obras Completas*, t IV, La Habana, Editora Nacional, La Habana 1963, pág. 453.

María Cabrales pasó los diez largos años de la Guerra del 68 en la manigua, donde trabajó como enfermera junto a su suegra, Mariana Grajales, y ayudó a curar a su esposo, el General Antonio Maceo Grajales, cuando este cayó en combate, y fue herido múltiples veces.[422] Exiliada después de terminar la guerra, se fue a vivir a Costa Rica, y donde recibió la triste noticia de la muerte de su esposo, el General Antonio Maceo, en Punta Brava. También trabajó en los clubes revolucionarios del exilio, como se aprecia en el volumen III de esta obra.

Rosario Dubrocá Rodríguez de Osorio, (1873-1924) conocida como «La Mambisa», nació en Jagüey Grande, Matanzas en

enero 1873. Su padre era de nacionalidad francesa, y su madre matancera, la cubana María Victoria Rodríguez. Rosario pasó su infancia en el ingenio La Perla, propiedad de su padre.

Se casó con Armando Osorio, y ambos lucharon por la libertad de la patria. Ya en tiempos de paz, el 11 de septiembre de 1898, Rosario Dubrocá funda el primer hospital militar para atender a los heridos del Ejército Libertador en el poblado de San José de las Lajas, actualmente provincia de Mayabeque. El Hospital Bacallao estaba situado en la finca Bocalandros y albergaba cinco espaciosas salas y cerca de cien camas, con el personal médico necesario.[423] Fundó también Rosario un cuerpo de enfermeras.

Autorizada por el jefe del Departamento Oriental, el General Mayia Rodríguez, para fundar el hospital, las amigas de Rosario la ayudaron a obtener medicinas, útiles de necesidad y dinero, que aportaban los propios españoles. La fundación contaba con doce

---

[422] Para más información sobre María Cabrales, ver Fernández Soneira, *Mujeres de la Patria*, t I, pp. 155-174.

[423] Annual Reports of the War Department, Report of Military Governor of Cuba on Civil Affairs, t.1, 2da parte, Washington, 1901, p. 398. La presidenta fue Rosario Dubrocá, la vice, Mercedes Allum, y la primera vice, Carlota Ramírez.

miembros, y como dirigentes: **Mercedes Allum**, vice presidenta del hospital, y **Carlota Ramírez**, la primera vice presidenta.[424]

Un grupo de señoras eligió a Rosario Dubrocá como presidenta de la Cruz Blanca en Bolondrón, en San José de las Lajas.

Luego de toda una vida dedicada a su país, Rosario Dubrocá, una de las iniciadoras del excelente Cuerpo de Enfermeras cubanas, falleció en La Habana, el día 7 de octubre de 1924.[425]

Comisión de damas y caballeros de la sociedad benéfica La Cruz Blanca establecida para auxiliar a los enfermos de las fuerzas cubanas. Foto de José Gómez de la Carrera. *El Fígaro*, 18 septiembre, 1898. Creemos que Rosario Dubrocá aparece sentada en el centro, vestida de blanco.

En la finca Ojo del Agua, en Guayacanes, hoy provincia de Ciego de Ávila, había nacido **Emilia González Echemendía** el 5 de abril de 1850, hija de Juan González Gómez y de Inés Echemendía Pérez. Al comenzar la Guerra de los Diez Años Emilia contaba 18 años. Conoce a José Eusebio Abelardo Egües Bonachea, natural de La Esperanza, en Santa Clara, contrae matrimonio en 1872. Deciden irse a vivir a Ojo de Agua, en la actual provincia de Ciego de Ávila. Allí nacen en la manigua sus tres primeros hijos, los que mueren por enfermedades, desnutrición y falta de medicamentos. Posteriormente se mudan a Morón donde Emilia da a luz al cuarto hijo, quien también fallece por las mismas causas.

A finales de 1875 y en plena Guerra de los Diez Años, regresan a la comarca y se asientan en lo intrincado del monte de la fin-

---

[424] Ibídem.

[425] Enrique Ubieta: «Rosario Dubrocá», *Bohemia,* La Habana.

ca San Antonio, conocida por La Vega, perteneciente al hato de Río Grande, en Majagua.

Al comienzo de la Guerra de Independencia, Emilia participa en las operaciones de la Invasión de Las Villas, ya que reside en una localidad al oeste de la trocha militar de Júcaro a Morón, jurisdicción de Sancti Spíritus.

Bernarda Toro con su esposo, el General Máximo Gómez y su hija, Clemencia Gómez Toro en su casa de La Habana, después de terminada la guerra.

En la Guerra del 68, en la espesura del monte de La Reforma, asentó también su bohío de yagua y guano el General Máximo Gómez junto a su esposa, **Bernarda Toro Pelegrín** (Manana), y su pequeña hija **Clemencia**[426]. También en aquel lugar había nacido en 1876 su hijo Francisco Gómez Toro «Panchito». La familia Gómez Toro pronto establece relación con el matrimonio de Emilia y Abelardo González, ya que la finca San Antonio distaba a 3 kilómetros al sur de La Reforma.

En Palo Viejo la situación fue difícil para el matrimonio que tuvo que refugiarse en el monte debido a la persecución de los españoles. En lo intrincado de la manigua, Emilia armó campamento: construyeron una ranchería y crearon las condiciones para la siembra y la supervivencia. Organizaron también dos hospitales de sangre permanentes: uno en la Reforma, a cargo de **Ana Joaquina Miqueline**, y el otro lo dirigía Emilia en Paso Viejo.

El Dr. Gustavo Pérez Abreu[427], en su diario de la guerra, relata: «La casa de doña **Emilia González Echemendía** en los montes de Palo Viejo, es un verdadero hospital permanente que ha salvado

---

[426] Más sobre Clemencia Gómez Toro ver Fernández Soneira: *Mujeres de la Patria*, t I, pp. 257-277.

[427] Gustavo Pérez Abreu (1872-1953), médico y Coronel del Ejército Libertador.

muchas vidas. Doña Emilia, como cariñosamente la llamamos los jefes, oficiales y soldados de las fuerzas, es una señora de alma muy noble a quien todos quieren por sus infinitas bondades y porque se desvive en atender personalmente a cada uno».[428]

El General Máximo Gómez, quien es su amigo, le envía heridos, y desde ese momento su casa se convierte en un verdadero hospital de sangre del que ella es jefa y enfermera. En una ocasión es descubierta y los españoles destruyen el hospital teniendo que trasladarlo para Ojo del Agua, en Guayacanes.

Cuando termina la guerra con el Pacto del Zanjón, se reincorpora Emilia a su vida hogareña, aunque llena de privaciones. Se trasladan a Morón y posteriormente a La Vega, situada a 5 kms. al norte de Majagua. Allí le nacen seis hijos más.

Pasan los años de entre guerras, pero al producirse el levantamiento armado en Las Villas en 1895, va Emilia de nuevo al monte a ocupar su puesto.

El 22 de mayo de 1895 el cuñado de Emilia González Echemendía, el veterano mambí Justo Sánchez Peralta, junto con su esposa **Serafina González Echemendía**[429] hermana de Emilia y sus hijos, se alzan también en Paso Viejo.

Serafina González Echemendía

Emilia González Echemendía.

A pesar de lo difícil de su vida, del fallecimiento de varios hijos y de las dificultades sufridas por las guerras, Emilia se había convertido en una mujer muy fuerte. La vida le había enseñado a sobrellevar los obstáculos, por difíciles que fueran y a conocer los

---

[428] Gustavo Pérez Abreu: *En la guerra con Máximo Gómez*, Editorial Carbonell, La Habana, 1952, pág. 179.
[429] Serafina era hermana de Emilia González Echemendía.

secretos de las plantas medicinales para curar a sus hijos y también ayudar a mitigar el hambre.

«Amanece el 1 de enero de 1896. Muy temprano el General[430] está a caballo» cuenta Pérez Abreu en su diario. «[...] El General pone en mis manos el parte del jefe de infantería, [...] en que pide médicos para la atención de heridos que tuvo en el combate el día anterior [...]». Y continúa: «Pasamos al Hato Viejo recogiendo del rancho de doña **Emilia González** un frasco de cloroformo que a su custodia tenía, y llegamos a las once de la noche al monte del Ocujal, donde se encontraban los heridos desnudos sobre camas de cujes del monte, y teniendo por sabanas hojas secas de los árboles»[431].

En el rancho de Emilia todos tenían sus funciones; Abelardo, su esposo y otros rancheros arreglaban arreos para las bestias y confeccionaban zapatos. Sus hijas **Petronila y Luisa** eran sus auxiliares que atendían enfermos y heridos en el hospital.

Hospital de sangre del cuartel general del Ejército Libertador de Paso Viejo, cerca de La Reforma, en Sancti Spíritus, a cargo de la enfermera y jefa **Emilia González Echemendía**.[432]

Por entonces otras patriotas colaboraron también con enfermos y heridos. Aunque reside en Paris, la generosa patriota **Marta Abreu Arencibia** socorre desde esa ciudad a los heridos de la guerra con una donación de 50,000 francos para comprar media tonelada de medicinas que llevará la expedición de Rafael Cabrera en

---

[430] Se refiere a Máximo Gómez.
[431] Ibídem, pág. 327
[432] Ibíd.

el vapor *Dauntless*.[433] No será esta la única donación de Marta, señaladas en el volumen III de esta obra. También, desde Cienfuegos **Rita Suárez del Villar**,[434] «la Cubanita», envía a las fuerzas cubanas un suministro de medicamentos que reciben las tropas el 25 de diciembre de 1897. **Carmen Abreu de Luna**[435] tuvo a su cargo el hospital de sangre de Abras Grandes en Ciego de Ávila.

Juana Limonta Ramírez había nacido en 1854 en el batey del trapiche azucarero 'San Emilio'. Se sabe que era alta, fuerte, rolliza; comunicativa, sagaz e impetuosa. Tenía un color pardo, de matiz brillante que rivaliza con la canela. De grandes ojos muy negros y relucientes, amaba a la patria con fervor religioso.

En esta zona del valle de Guantánamo conoció a **Cristina Pérez,** con quien estableció estrecha amistad. Educada Juana en el magisterio del espiritismo, pronto se destaca en sus prácticas. Juana también fue enfermera de las prefecturas de Monte Ruz. Cuando resultó herido en el vientre el combatiente Víctor Duvergel, Juana lo atendió y curó.

En 1895 se vincula a la labor de captación de los indios de Yateras junto a Cristina Pérez, trabajando con éxito consiguiendo adeptos para el Regimiento Hatuey. Por sus méritos de gran valor, el General Antonio Maceo nombra a Juana Limonta Capitana. Al arribar a Aguacate Rafael Inciarte, el 6 de abril de 1896, tiene la oportunidad de conocer a la luchadora. El entonces director de la banda de música del estado mayor de José Maceo, escribió en sus memorias: «Vimos a la ciudadana Juana Francisca [Limonta] con su revólver a la cintura y que pertenece a la fuerza de Periquito» [Pérez].

---

[433] Cesar García del Pino: *Expediciones de la Guerra de Independencia 1895-1898*, La Habana, Ediciones de Ciencias Sociales, 1996, y en Sarmiento, Ibíd., pág. 304.

[434] Más datos de la patriota en pp. 327, 429, 432-435 y 453 de esta obra.

[435] Francisco J. Ponte Domínguez: *La mujer en la revolución de Cuba*, Imprenta Molina y Cía., La Habana 1933, pág. 28. En 1933 esta patriota vivía en la miseria, en la villa de Morón.

Juana Limonta Ramírez falleció en El Cristo, Oriente, en 1906. En el poblado se levanta un monumento a su memoria.

En Majaguabo, San Luis, Oriente, nace **Victoriana Nogueras** en 1850. A los 15 años se casa con Prudencio Martínez Echavarría, y al estallar la Guerra Grande sigue al marido a la manigua. Se desenvuelve en las cercanías de la finca que Marcos Maceo y Mariana Grajales tienen y donde había trabajado su padre. Allí funda junto a Mariana Grajales y María Cabrales varios hospitales de sangre. También traslada correspondencia secreta al mando mambí en Santiago de Cuba. En 1873, durante la guerra, muere el bebé de Victoriana y Prudencio.

Victoriana trabaja en 1897 en los campamentos de Monte Ruz y luego en Tiguabos, cerca de donde laboraba el esposo. Al finalizar la guerra el matrimonio de Victoriana y Prudencio se retira a la finca que tenían en Oriente.

Murió en Guantánamo, el 26 de agosto de 1922. Sus restos fueron depositados en el cementerio San Rafael donde permanecieron hasta 1995 en que fueron exhumados y trasladados al Mausoleo del Mambisado Guantanamero en la finca La Confianza.

Luz Noriega Hernández, «La Reina de Cuba»

Fotógrafo Maceo, La Habana. Publicada en *El Fígaro*, febrero 1899.

Se veía «[...] la figura joven y bella de Luz Noriega a caballo, con su vestido limpio de holanda cruda, sombrero de yarey al estilo mambí, y machete al cinto».[436]

---

[436] Antonio Iraizoz Villar, notable historiador cubano. Mis. No. 14, Biblioteca Nacional José Martí.

Según algunos historiadores, **María de la Luz Noriega Hernández** nació en Casiguas, Pinar del Río, mientras que otros aseguran que fue en La Habana, de familia cubana y buena posición económica.

Muy joven contrajo matrimonio con el Dr. Francisco Hernández, trasladándose ambos a Pinar del Río donde se incorporan en Pilotos, Pinar del Río, a la columna invasora del General Antonio Maceo, el 29 de enero de 1896.

Llena de fe, con valentía y decisión, entraba armada en el combate y ayudaba a curar enfermos y heridos. Acompañó al Titán en aquellas cargas peligrosas contra la columna del General Luque[437]. Cruzaban los incendiados campos de Las Villas, y en Sancti Spíritus caería gravemente enfermo el esposo. Maceo, quien la llama «la Reina de Cuba», la asciende a Capitana.

«La heroína de la Revolución, Luz Noriega, de quien tantas alabanzas habíamos oído», dice el General Loynaz del Castillo «sabíamos que venía de los ensangrentados campos de Vuelva Abajo. Pedí permiso al General Mayía para ir a recibir a la gran cubana, y su distinguido esposo, y acompañarlos desde la avanzada, para de paso colocar allí un rehén por ser la guardia del camino que debía traer el enemigo [...]. Al llegar a la avanzada aquella infantería formó en dos filas para que ante las armas terciadas pasara la heroína. Con el acero en atención me adelanté a saludarla en nombre del General Rodríguez con efusiva bienvenida. Llegaban a pie y descalzos, el doctor Rodríguez demacrado por el paludismo y la disentería; iban los dos extenuados por larga caminata a través de peligros y sufrimientos [...]», termina diciendo Loynaz.[438]

«Regalé mi caballo a la heroína, y mi ordenanza le dio el suyo al doctor Hernández», sigue narrando Loynaz del Castillo. «Al lado de su esposo –los dos a caballo– ella de amazona escultural sobre el sillón que fue ofrenda de Maceo, recorrieron las filas paralelas de aquellos desnudos infantes que rendían los honores asig-

---

[437] Antonio Luque y Palmas, General de infantería española.
[438] Ibídem.

nados a la gloria. Luz bajó los ojos y alzó la mano a la sien para contestar el homenaje de las armas».[439]

Entre otras tareas, Luz Noriega debía registrar los nombres de los soldados caídos, y revisar el tipo de herida causante de la muerte, una tarea realizada sin aspavientos, para asombro de los hombres.[440] Luz se había hecho famosa en la acción de Río de Auras en Pinar del Río y había estado presente en gran número de batallas y escaramuzas. Su frialdad ante el peligro era objeto de admiración, aunque también recibió críticas, como la de un reportero que dijo: «admiro su belleza femenina, pero no me gusta su valor masculino. En un campamento una señora ve y oye lo que no debería ni oír».[441]

El Coronel Cosme de la Torriente menciona que una vez en la confusión que siguió un ataque enemigo, los hombres corrieron sin esperar recoger las acémilas mientras ella continuó guardando las provisiones de la compañía a pesar de que silbaban las balas a su alrededor. Señaló de la Torriente: «Tiene mucho valor esa señora, pero no sé si es por lo mucho que me choca verla en la fuerza, el caso es que no me agrada. Creo que ya antes he escrito que es joven y bastante agraciada».[442]

El General Loynaz del Castillo apunta, «no volvimos a ver a Luz Noriega en la guerra». Estando en El Bejuco «supimos que un día había ella bajado del rancho[443] que compartía con su esposo, a lavar la ropa de ambos en cercana cañada. Junto con otras mujeres lavaba con el jabón preparado con el sebo fundido con agua de ceniza, los rotos vestidos, cuando a todas las dispersó un súbito tiroteo. Luz corrió hacia su esposo en el instante en que a golpes se apoderaban de él los infames guerrilleros; él tan demacrado que no pudo levantarse del taburete para huir. La fidelidad conyugal ilu-

---

[439] Enrique Loynaz del Castillo: *Memorias de la Guerra*, Editorial de Ciencias Sociales, La Habana, 1989, pág. 470.

[440] Teresa Prado Torreiras: *Desatando las Alas a la mujer cubana en la Guerra de Independencia,* Universidad de Oriente, 1998. pp. 215-216.

[441] Otro comentario negativo de la época sobre su carácter fuerte, pero positivo sobre su belleza física.

[442] Se advierte por este comentario de Cosme de la Torriente, la discriminación hacia esta mujer, y posiblemente hacia todas las mujeres, que como Luz Noriega peleaban con valentía en la manigua.

[443] Era el hospital de la finca Jicarita en Matanzas.

minó ahora el alma heroica de Luz Noriega» –sigue narrando Loynaz del Castillo. «Podía huir, no había sido vista; pero prefirió inmolarse junto a su esposo. Llegó –ella tan altiva– a suplicar por la vida de él. Y al oír la orden feroz de machetearlo, se abrazó a él para juntos morir. Insultando a los enemigos de su Patria, apareció una vez más como '*la encarnación de Cuba*'[444]. Amarrada, viendo en su desesperación caer a machetazos al compañero de su vida, sollozó por vez primera en la guerra. La deportaron a Isla de Pinos».[445]

Luego de estar presa en un lugar inhóspito y lejano por casi un año, fue indultada por el gobierno colonial con motivo del restablecimiento en Cuba del régimen autónomo, a fines de noviembre de 1897.[446] Pero Luz no demoró en volver al campo de la guerra junto a sus hermanos.

Al terminar la guerra, y enloquecida su mente por la tortura de tantas circunstancias sufridas, puso fin a su vida trágicamente en la ciudad de Matanzas, el 16 de agosto de 1901. Triste fin para la brava y heroica María de la Luz Noriega. No existe de ella ningún monumento en toda Cuba.

Candelaria Olivero llegó junto a su hermano Joaquín al campamento de La Pimienta, el 6 de julio de 1895, donde se refugiaba el General José Maceo. Ese día se incorporaba Candelaria a la guerra, y entregaba ocho armamentos, 200 cápsulas, y un botiquín médico.

El 23 de agosto fue incorporada a la sección de sanidad de la brigada Guantánamo, que dirigía el cirujano Víctor Manuel García. José Maceo le entregó un escrito en donde resaltaba su labor en los

---

[444] El énfasis es de la autora.
[445] Loynaz del Castillo, Ibídem., pág. 472.
[446] Armando Caballero: *La mujer en el 95*, Editorial Gente Nueva, La Habana, 1989.

servicios médicos del Primer Cuerpo del Ejército Libertador, y la nombra practicante.

Isabel Rubio y Díaz[447]

«*¡Cuanto de hidalguía y fortaleza femeninas será siempre el recuerdo de la vasta y generosa obra y del sacrificio realizados por Isabel Rubio, dechado de la abnegación, la dignidad y la grandeza de la mujer cubana!*».[448]

Isabel Rubio nació en Paso Real de Guane, Pinar del Río, el 8 de julio de 1837. Antonio Rubio y Prudencia Díaz fueron sus padres, perteneciente a una de las familias más distinguidas y numerosas de Vuelta Abajo.

Isabel contrajo matrimonio con Joaquín Gómez Garzón con el que tuvo cuatro hijos: Ana María, Isabel, Rosa y Modesto. Su hija **Isabel Gómez Rubio** contrae matrimonio con el Coronel Enrique Canals en 1882 y van a residir al exilio de Cayo Hueso donde los visita Isabel Rubio. Allí en el Cayo, Isabel Rubio se familiariza con los exiliados y conoce a muchos patriotas. De esta forma, Isabel comienza a viajar a Estados Unidos con el pretexto de ver a su hija, cuando en realidad su labor es iniciar los contactos con el movimiento independentista en Nueva York. En Tampa se entrevista con José Martí, que la orienta en la preparación del alzamiento. También se reúne con Antonio Maceo y Máximo Gómez, quienes le confían la organización de los grupos independentistas en el occidente de Cuba. Al regresar a Cuba, Isabel se pone en comunicación con Juan Gualberto Gómez y más tarde con Enrique Collazo[449].

---

[447] Más datos de la patriota en Fernández Soneira: *Mujeres de la Patria,* t I, pp. 401-402.
[448] Emeterio Santovenia: *Una heroína cubana, episodio histórico*, Imprenta La Comercial, Pinar del Río, 1918, pág. 18.
[449] Juan Gualberto Gómez y Enrique Collazo fueron líderes del movimiento independentista.

Tarja y monumento a la memoria de la patriota Isabel Rubio en su pueblo natal de Guane.

Cuando se preparaba la Guerra de Independencia, Isabel puso su casa de Paso Real de Guane a disposición de los revolucionarios de Vuelta Abajo para unir a los guaneros y llevar a cabo su labor conspiradora. Entre los colaboradores, que se reúnen en su casa figuran: su nieto Cesar Díaz y Gómez; su hermano Alejandro; los Lazo y los Camejo, de los Remates de Guane; Baldomero Pimienta, Blas Valdés, Narciso Camejo y Justo y Luis Pimienta, en la Grifa. También Luis Iduate, Francisco Gargallo, Antonio Ríos y Matías Rubio, de Guane. Rafael Báster, Leopoldo y Luis Pérez y los hermanos Guerra, de San Juan y Martínez. Y en Pinar del Río Miguel Blanco así como Ramón y José Antonio Cruz de Consolación del Sur.[450]

Modesto Gómez Rubio, hijo de Isabel Rubio, y el canario Antonio Ríos son detenidos en abril de 1895 por conspirar en el alzamiento y luego liberados. Al regresar a Paso Real de Guane, Isabel los espera y recrimina diciéndoles: «¡muéranse antes de volver a dejarse aprisionar»!

Asesorada por un grupo de mambisas vueltabajeras, y provista de un bien surtido botiquín, Isabel Rubio organiza, dirige y sostiene un verdadero hospital ambulante, perseguida constantemente, pero ella y sus compañeras siempre ofrecieron el auxilio a los soldados. Realiza largas marchas a Catalina de Guane, a las montañas de Serrano, por costas cenagosas y colinas, y permanece en La Gallarda por espacio de dos días a la intemperie y sin alimentos,

---

[450] Santovenia, Ibídem, pág. 11.

solo tomando agua de curujey y bejuco de parra de cimarrona[451]. Incursiona por desfiladeros escabrosos, y es heroica su asistencia en el campamento de Aguaditas con enfermos contagiosos.

En un hospital de sangre en la manigua, donde cura a los heridos y enfermos, se le agotan las medicinas, consume las enviadas por simpatizantes, y desprovista acude a las hierbas de los campos, desbarata sus sábanas y ropas íntimas usándolas como vendajes, por lo que convierte sus vestidos en harapos. El Mayor General Antonio Maceo visita el hospital el 20 de enero de 1896, y le concede el grado de capitana.

Sello postal que emitió Cuba en 1998 al celebrarse el centenario de la muerte de Isabel Rubio Díaz.

Durante la segunda campaña de Maceo en la provincia de Pinar del Río, del 15 de marzo al 3 de diciembre de 1896, Isabel recorrió con su hospital de campaña más de 150 kms., prestando sus servicios médicos a las tropas mambisas.

A pesar de su edad, y de las constantes peticiones de amigos y familiares de exiliarse, ella contestaba siempre que su papel estaba en Cuba. Continuó con sus deberes patrióticos, manteniendo sin dudar sus principios, y decía: «necesito practicar lo que propagué».

Desde finales de 1896 Isabel se vio obligada a trasladar frecuentemente el hospital para evitar el asalto de las guerrillas de San Diego de los Baños, que la buscaban incesantemente. Pero el 12 de febrero de 1896 la sorprende la de Antonio Llodra en el hospital de sangre de Seborucal, territorio de Los Palacios. Casualmente encontraron las huellas de un buey que horas antes los libertadores habían llevado al hospital insurrecto, oculto en la espesura

---

[451] Curujey: planta de la familia de las bromeliáceas, que vive principalmente sobre las ceibas. Parra de cimarrona: Árbol de la familia de las anonáceas, con tronco recto y delgado, hojas lanceoladas, de madera flexible y fuerte.

del monte, y que con sus bramidos el buey delató el lugar donde se encontraban.

Poblado e iglesia de San Diego de los Baños a comienzos del siglo XX.

La guerrilla rodeó el pequeño campamento al advertir la presencia de Isabel Rubio que serenamente, ante el peligro, y deseosa de impedir el exterminio del grupo presente, se yergue a la entrada del bohío, y presentando el pecho a la fusilería exclamó: «¡no tiren, que somos mujeres, niños y enfermos!». La respuesta fue una descarga que la hiere en una pierna. La asiste de inmediato **Petra Ríos**, otra mambisa valiente que la levanta, y sosteniéndola en sus brazos, Isabel se vuelve a encarar a los soldados exigiendo respeto humano.

Sabiendo los españoles que Isabel Rubio es la persona la herida, y lo que ella significaba, decidieron conducir a los prisioneros a San Diego de los Baños, llevándose a Isabel con ellos. La conducen a pie, realizando una gran caminata. Se le manifiesta una infección, y la llevan hacia el hospital San Isidro, de la cabecera provincial, sin tomar en cuenta los esfuerzos de su hermano mayor, el Dr. Antonio Rubio, para que le permitieran trasladarla a su consulta particular. Rodeada de sus sobrinas y sus pequeños nietos René y Rosa, murió Isabel Rubio el 15 de febrero de 1898, cuando caía la tarde. Su pueblo natal de Paso Real de Guane lleva hoy con orgullo el nombre de esta excelsa patriota.

María Ríos Rodríguez, ahijada de Isabel Rubio pasaba gran parte del tiempo en casa de Isabel por su amistad y la cercanía de sus familias. Isabel dedicó tiempo a enseñarle a María el oficio de farmacia, al punto de convertirse en su asistente personal. Fue así que María se relacionó con los ideales de Isabel y pronto se incorporó a la Invasión. Cuando los hombres de la familia se fueron a la manigua redentora, María los acompañó, a pesar de la oposición de todos por su corta edad y algunas dolencias que padecía.

Petrona Rubio era sobrina de Isabel Rubio. En una ocasión vio a su madre y a su tía llorando. Se acercó la niña, que apenas tenía 7 años y preguntó: ¿quién se ha muerto, mamá? Hijita, han fusilado a unos estudiantes en La Habana, y eran inocentes. Su tía Isabel le habló entonces de la patria. Nunca olvidó la niña sus palabras. En la Guerra del 95 Petrona haría con las ropitas de sus hijos, vestimentas para los soldados y canastillas para las bravas mambisas que habían seguido al esposo y dado a luz a sus hijos en el monte. El recuerdo de aquellas palabras haría de sus hijos hombres útiles para la patria.[452]

Mercedes Sirvén Pérez-Puelles procedía de una antigua y distinguida familia cubana de Oriente. Había nacido en Bucaramanga, Colombia, ya que sus padres, Faustino y María, se encontraban en ese país latinoamericano por sus labores revolucionarias.

La familia Sirvén Pérez-Puelles: los padres con sus tres hijos: Ricardo y Mercedita, nacidos en Colombia, y Faustino, nacido en Puerto Plata, República Dominicana, regresan a Cuba después de la Paz del Zanjón y se radican en Holguín. Ricardo y Mercedita se licenciarían en farmacia, en tanto que Faustino estudia medicina, como el padre, Faustino Sirvén Durán, médico de la municipalidad holguinera y uno de los mejores doctores de la región. Además era el forense de la jurisdicción.

---

[452] Herminia del Portal: «Las mambisas: Isabel Rubio», *Bohemia* 34 (46) pp. 4-5, 65, 29 de noviembre, 1942.

Los Sirvén eran miembros de la Sociedad La Tertulia, que era simpatizante del autonomismo. El historiador Hernel Pérez Concepción[453] escribe sobre el autonomismo holguinero: «Los miembros del autonomismo holguinero emplearon las veladas político-literarias para propagandizar (sic) su ideología. Puede servir de ejemplo la velada efectuada el 13 de mayo de 1888. Ese día el acto contó con dos momentos [...]. En el primero se recitó la poesía al General Serrano, de José Fornaris, declamada por la señorita Mercedes Sirvén Pérez-Puelles; luego fue el discurso político de Manuel Rodríguez Fuentes».

Según María Collado[454], biógrafa de Mercedes Sirvén: «Mercedes se distinguió por poseer una mente bien organizada y un alma gigante». Su tío, Ricardo Sirvén Durán, había luchado durante la Guerra de los Diez Años y había sido fusilado por los españoles. Este hecho contribuyó también al patriotismo de Mercedes. Como escribe Emilio Bacardí Moreau en sus *Crónicas de Santiago de Cuba*, el 24 de junio de 1869: «*D. Ricardo Sirvén, natural de La Habana, soltero y del comercio, es pasado por las armas. Era uno de los expedicionarios cubanos de la goleta "Grapeshot" desembarcados en Baitiquirí, y hecho prisionero por las fuerzas del teniente D. Florencio Gubert*»[455].

Faustino, hermano de Mercedes, ya médico, se casa el 24 de febrero de 1894 con la holguinera Consuelo Carreño Serrano. Un año más tarde, al estallar la Guerra de 1895, el doctor Sirvén se mantiene en la ciudad mientras puede, ayudando al campo insurrecto. Por su parte, Mercedes había terminado los estudios de farmacia en la Universidad de La Habana, y residía en Holguín. Allí su hermano Faustino le comunica que han decidido, él y su esposa,

---

[453] Hernel Pérez Concepción: *Holguín: ¿Reforma o Revolución?, el autonomismo holguinero*, Ediciones Holguín, 2005.

[454] María Collado (1885-1960), periodista, poetisa y feminista cubana. Fue la primera mujer reportera y la primera cronista parlamentaria de Cuba. Creadora y presidenta del Partido Demócrata Sufragista de la Isla.

[455] Emilio Bacardí Moreau nació en Santiago de Cuba, el 5 de junio de 1844. Fue el primer alcalde republicano de Santiago de Cuba, elegido en 1901. Era hijo de Facundo Bacardí, fundador de la Compañía de Ron Bacardí, de fama mundial. Sus servicios a su ciudad natal le valieron el reconocimiento oficial de «Hijo predilecto de Santiago de Cuba».

partir a la guerra a combatir por Cuba. Mercedes, que ya lo tenía en mente, se une a ellos y todos se van a la manigua.

El 12 de diciembre Faustino se incorpora al Ejército Libertador como jefe de Sanidad en la Tercera División del Segundo Cuerpo, comandada por el Mayor General José Manuel Capote. El Jefe de Sanidad Militar, Dr. Sánchez Agramonte, al conocer la decisión del matrimonio y de Mercedes, agradece el magnífico aporte profesional, así como la gran cantidad de medicinas que Mercedes aporta a la guerra.

El historiador Hernel Pérez Concepción[456] añade en otra parte de su libro: «Muchas de las noches en la Prefectura de Mala Noche, se dejó oír la dulce voz de Mercedes Sirvén que junto con su madre y otros familiares se habían trasladado allí con el objetivo de alejarse del dominio español. La voz de Mercedes sirvió para cantarle a las glorias del Ejército Libertador y a sus principales líderes como Martí, Maceo, Gómez y otros». Debe existir algún error, dice la escritora María Julia Guerra, «porque la madre, **María de los Ángeles Pérez-Puelles**, había fallecido el primero de marzo de 1891, en Holguín»[457]. Además Mercedes estaba allí para ayudar a la guerra, y no para alejarse del dominio español.

Merceditas y su cuñada Consuelo ingresaron en el campo insurrecto en octubre de 1896 en la finca Palmarito de Gamboa, al sur de Las Tunas. Allí, Mercedes Sirvén estableció un hospital de sangre, donde Consuelo servía como enfermera. Mercedes organizó un sistema de suministro de medicamentos a los mambises. Sirvén era una mujer de singular valor. Su botica revolucionaria abastecía de medicamentos y materiales de curación a diferentes hospitales de guerra tanto fijos como ambulantes en todo el territorio holguinero y de Las Tunas. Su hermano Ricardo era el más eficiente suministrador. Ella sola hacía la distribución, sin más compañía que su mula y su fusil.

Al agotarse la quinina, Mercedes se vio en la obligación de aplicar los conocimientos del campesinado usando un extracto de

---

[456] Concepción Pérez, Ibídem.
[457] María Julia Guerra: «Mercedes Sirvén Pérez-Puelles: una holguinera comandante del Ejército Libertador», *Aldea Cotidiana*, www.aldeacotidiana blogspot.com, 1 de julio, 2009.

hierbas silvestres para hacer píldoras que le dio muy buenos resultados. Muchas veces era ella quien administraba personalmente los medicamentos ya que los médicos se encontraban en labores de campaña y debían cuidar a los enfermos.[458] Mercedes se pasaba las noches preparando fórmulas para curar a los soldados y su botica revolucionaria le salvó la vida a muchos.

A finales de 1896 se le concedió a Mercedes los grados de capitana, y en 1897 fue ascendida a Comandante. Mercedes Sirvén Pérez-Puelles fue la única mujer que alcanzó este grado en el Ejército Libertador.

Según datos genealógicos facilitados por el Dr. Alberto Sánchez de Bustamante sobre la familia de los Sirven,[459] «Mercedes estableció una farmacia en el área de Palmarito de Cauto a 9 leguas del sur de la ciudad de Victoria de las Tunas, así como un hospital de campaña y centro de recuperación para los mambises heridos. [...]».

Al finalizar la contienda fue Mercedes nombrada al frente de la farmacia del Hospital Civil de Holguín, y luego fundó su propio establecimiento en Gibara. En 1912 regresó a Holguín y quedó al frente de la Farmacia-Droguería Sirvén.

Farmacia Sirvén de Mercedes Sirvén Pérez-Puelles en Holguín.

Como médico cirujano, Faustino alcanzó el grado de Coronel. Cuando termina la guerra, el gobierno interventor lo nombra alcalde de Puerto Padre, y al instaurarse la República en 1902, es electo Representante a la primera Cámara. Ricardo, casado con la holguinera **Antonia Herrero Morató**, abrió su farmacia en 1899 frente a la plaza central. En 1902 es electo Concejal y luego en

---

[458] María del Carmen Barcia: *La Turbulencia del reposo*, «Accionar político de las cubanas durante la etapa de entreguerras», Editorial de Ciencias Sociales, La Habana, 1998, pág. 308.

[459] Datos facilitados por el Dr. Alberto Sánchez de Bustamante a la autora en el 2016.

1912, Representante por Oriente, ante el Congreso.[460] Poco a poco la familia se fue trasladando a La Habana y fue Mercedes la última en hacerlo.

Al final de la guerra y por su trabajo y tenacidad, el Presidente Tomás Estrada Palma condecoró a la doctora en farmacia y Comandante del Ejército cubano, Mercedes Sirvén Pérez-Puelles. Mercedes falleció en La Habana, en la madrugada del día 25 de Mayo de 1948, luego de muchos años de servicio a Cuba en la manigua y en la ciudad.

Regla Socarrás Socarrás nació en Bahía Honda, Pinar del Río, en el 1880, de familia de ideales separatistas. Carlos Socarrás Acosta y Antonia Socarrás, fueron sus padres.

La patriota Regla Socarrás y Socarás. Foto cortesía de su nieta, Marian Prío de Odio. Prohibica la reproducción.© Todos los derechos reservados.

Sus abuelos poseían haciendas y un trapiche de cañas en Las Pozas. Fueron ellos de los pocos cubanos que secundaron a Narciso López en 1851 cuando desembarcó en Playitas, Pinar del Río, en su segunda expedición. Al ser hecho prisionero

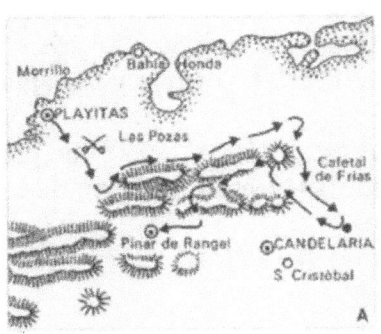

Carlos Socarrás en acción de guerra, fue conducido a La Habana y más tarde a Ceuta. Años más tarde fue amnistiado y fijó su residencia en Bahía Honda, provincia pinareña y en 1895 se unió a la Guerra de Independencia. Carlos Socarrás llevó a la manigua a sus hijos varones, a su esposa y a sus hijas. Pronto fue ascendido a coronel.

Su hija Reglita, como cariñosamente llaman a Regla Socarrás, era entonces una joven de 15 años. A los 24 años de edad contrae

---

[460] Datos facilitados por su sobrina nieta, Sor Eva Pérez-Puelles, Superiora de las Hijas de la Caridad de Miami, en el 2016.

matrimonio con Francisco Prío Rivas.[461] Luego muere su padre Carlos, tiroteado por la columna española, después del combate de Cacarajícara.

Regla Socarrás pronto se destaca por actos de valor y de patriotismo, como su padre, por lo que según algunas fuentes, Antonio Maceo le confiere el nombramiento de capitana antes de partir del territorio de Pinar del Río. Es entonces cuando deja a Reglita al frente de todos los hospitales de sangre de los mambises en la zona comprendida entre Río Blanco y Cacarajícara. Allí Regla Socarrás curaba heridos y atendía a los enfermos. También Regla y sus compañeras de lucha cavaban fosas para enterrar a los caídos, y velaban los contornos de los hospitales.

En una ocasión los guerrilleros españoles mataron a machetazos a sus hermanos Antonio y Miguel, de 18 y 16 años respectivamente y su tío quedó gravemente herido, cayendo a sus pies, para luego morir. En este triste episodio también estaban presentes su madre y su hermana. Cuentan que la valiente Regla no se arredró y tomó en sus manos el rifle de su tío, y en desenfrenada carrera se internó en los montes, disparando. Anduvo errante por la manigua mucho tiempo en unión de su mamá y su tía Olaya y de otras valientes mujeres.

Fueron sorprendidas finalmente y hechas prisioneras en San Diego de los Baños por la delación de un «presentado»[462]. Débiles, enfermas, hambrientas y extenuadas por el trabajo, las llevaron a La Cabaña en calidad de presas políticas. Terminada su prisión, Regla Socarrás siguió luchando por la libertad de Cuba y trabajando para llevar el sustento a su familia.

Uno de sus hijos, Carlos Prío Socarrás, (1903-1977), fue presidente de la República de Cuba, desde 1948 hasta el golpe de estado de 1951.

---

[461] Uno de sus hijos, Carlos Prío Socarrás, (1903-1977), fue presidente constitucional de la República de Cuba, desde 1948 hasta el golpe de estado de 1952.
[462] Temiendo por sus vidas, algunos cubanos se presentaban a los españoles antes de que fueran fusilados.

La valiente patriota, Regla Socarrás y Socarrás, murió el 3 de marzo de 1960, en La Habana. Una calle de Bahía Honda llevaba su nombre así como un hospital en La Habana.

Panteón de la familia Prío-Socarrás en el cementerio de Colón en La Habana, donde se encuentran los restos de la patriota Regla Socarrás y Socarrás.

Soldados españoles ejecutando a cubanos en Pinar del Río, 1895.

Catalina Valdés Páez nace el 22 de marzo de 1837 en la finca de Sabanetón, en Consolación del Sur, Pinar del Río. De baja estatura, más bien delgada y de tez trigueña, no podía suponerse que esta mujer tenía un espíritu rebelde y compulsivo, lo que compensaba su fragilidad física.

Desde joven trabaja en los campos con su esposo. Arrastra a la manigua a su esposo Francisco Páez, y a sus diez hijos, y dos hijas: **Juana y Santiaga**, Eduviges, Andrés, Pablo, Tomás, Candelario, Sotero, Carmelo, Gumersindo, Ciriaco y Pedro. De estos, cinco alcanzan el grado de capitán, y uno el de sargento en el Ejército Libertador.

Cuando Maceo comienza a operar por su zona, en enero de 1896, Catalina tiene 59 años. Sigue activa y establece un campamento en Arroyo de Agua que se convierte en hospital de sangre, donde se curan y restablecen los mambises. Un día el campamento es atacado por los españoles. La lucha es fuerte y el enemigo tiene que retirarse dejando atrás muertos y heridos.

Después de atacar la villa de Consolación, Maceo visita el campamento de Catalina. La asciende personalmente al grado de Capitana,[463] y lo que era de esperar: el cuerpo de Catalina está cubierto de cicatrices, pero no muere en ninguna de las batallas ni pierde en la guerra a ninguno de sus hijos.

Cuando no había heridos que atender, empuñaba las armas en acciones muy violentas con el ímpetu y la entereza de un hombre. Dios premió su dedicación y pudo ver la llegada de la República.

Rodeada de sus hijos, la patriota falleció en el barrio de Lajas, el 23 de agosto de 1915 a las siete de la mañana. Tenía 78 años de edad. El cadáver fue trasladado en un coche tirado por seis caballos negros. Luego se escucharon campanadas y las notas de La Bayamesa. Su cadáver reposa en el cementerio de Consolación del Sur.

Teatro Dolz en Pinar del Río

---

[463] Wilfredo Denie Valdés, «Apuntes para una historia de Pinar del Río», *revista Convivencia,* Pinar del Río, agosto 212, p. 318

Ayuntamiento de Pinar del Río en el siglo XIX

También en Artemisa, Pinar del Río, laboraron en la Guerra del 95 el padre Guillermo González Arocha[464] y la patriota **Magdalena Peñarredonda**.[465] Transportaron correspondencia de Pinar del Río a La Habana, recaudaron y enviaron medicinas, víveres y ropas a las fuerzas cubanas, en un complicado engranaje de lugares y personas.[466] A Magdalena Peñarredonda nos referimos extensamente en el capítulo 5 de esta obra.

Hospital Militar de Manzanillo

---

[464] El Padre Guillermo González Arocha (Regla, junio 1868- Habana, abril 1939), fue administrador de la Catedral de La Habana. En las primeras elecciones celebradas en Cuba en 1901, salió electo Representante a la Cámara por Pinar del Río, sin haber realizado campaña política. Fue vocal de la Junta Superior de Beneficencia durante seis años, y Capellán del colegio De La Salle del Vedado. El 10 de octubre de 1938 recibió la Orden Nacional de Mérito Carlos Manuel de Céspedes. Falleció el 1ro de abril de 1939 a los 70 años. Se le rindieron honores de Capitán del Ejército Libertador.

[465] Más información sobre Magdalena Peñarredonda, ver pp. 306-07; 379-390 de esta obra.

[466] Fernando Gómez: *La insurrección por dentro. Apuntes para la historia,* Imp. M. Ruiz y Cía., 1897, p. 121.

Lila Warring, esposa del Dr. Emilio Luaces e Iraola, trabajó en los hospitales de sangre en la Guerra de Independencia, ayudando a su esposo en la insurrección. Había también actuado como enfermera en la Guerra de los Diez Años. En medio del olvido y de una pobreza extrema, murió el 17 de diciembre de 1937. **Cirila López Quintero** de Santa Clara, nace el 4 de julio de 1844. Tomó parte en la labor de los hospitales de sangre durante la Guerra del 68, y luego en el rescate de Julio Sanguily, en la prefectura que ella tenía a su cargo en Camagüey[467].

Arriesgando la vida, las mujeres mambisas ofrecieron asistencia médica con dedicación y desprendimiento. Varias investigadoras afirman que «nuestras mambisas de las guerras de independencia mostraron un valor, una decisión y una abnegación dignos del mayor elogio, y no pocas dejaron su vida en el campo insurrecto, incluso fusiladas por el Ejército Español» [468] Se distinguieron cuidando enfermos y heridos, y sin señalarse en este capítulo: **Concha de la Peña** y sus hijas **Fara, Flora y Conchita; María Valdés Carrero, las hermanas Chipi, América Arias, Rosario Bolaños, Candelaria Olivero,** y muchas más.

Heridos entre las tropas norteamericanas en El Caney, Oriente.[469]

El hospital de sangre de Sagua La Grande se estableció en La Isabela de Sagua, en unos de los almacenes adecuados

---

[467] Siendo brigadier, Julio Sanguily Garrite fue capturado por los españoles el 8 de octubre de 1871 y rescatado por las fuerzas del Mayor General Ignacio Agramonte. Alcanzó el grado de Mayor General del Ejército Libertador de Cuba en mayo de 1872.

[468] Kenia Téllez Frandin, Grisell María Gutiérrez, Susana Ma. Hernández Rodríguez e Hilaria Benítez Díaz: «Papel de la mujer cubana como enfermera en las guerras de independencia», *Facultad de Ciencias Médicas José Assef Yara, Ciego de Ávila*, en http://bvs.sld.cu/revistas/mciego/vol13_supl2_07/ historica/h2_v13.

[469] Gustavo Pérez Abreu: *En la Guerra con Máximo Gómez*, Editorial Carbonell, La Habana, 1952, pág. 169.

para aquellas funciones, propiedad de dos personalidades locales, **Carmen Ribalta viuda de Oña y la condesa Moré,** tomando para este fin el dinero del ayuntamiento que además debió sostener a los más de 1500 heridos y enfermos recluidos en él.

Por entonces, el Dr. Abril Letamendi alertó que el hospital de Caridad «San José», lejos de ser una institución de salud, era un foco infeccioso para la ciudad. En una sala de niños llegaron a recluir hasta 75, durmiendo en el mismo catre tres o cuatro niños con ropas sucias, y las enfermeras carecían de la más elemental preparación profesional.

Faltan más cubanas, muchas más, que consagraron sus vidas a curar y cuidar enfermos. Quizás algún día podamos recomponer esta historia de entrega y valentía de nuestras enfermeras durante las guerras. Pero no hay duda que cientos de mujeres cubanas colaboraron con el cuerpo sanitario en los bohíos perdidos entre las malezas y en lugares apartados de nuestros montes sin haber tenido ninguna recompensa, solo la satisfacción de haber cumplido con Cuba Libre.

Enfermeras de las congregaciones religiosas femeninas[470]

No fueron solo las mujeres mambisas citadas las únicas que se dedicaron a curar enfermos y heridos durante la guerra. También lo hicieron muchas religiosas con los afectados por la guerra, fuera el hambre, las heridas, las enfermedades, la soledad, la orfandad o los dolores del alma, relacionados en esta sección.

Cuando estalla la Guerra del 95, en Cuba ya trabajaban varias congregaciones religiosas femeninas, algunas dedicadas a la enseñanza, otras vivían en clausura, otras más asistían a los fieles y otras más curaban enfermos y cuidaban ancianos. Al comienzo de la guerra, las que eran enfermeras se aprestan a socorrer a cubanos y españoles por igual en hospitales y lugares habilitados. Las de enseñanza se ven forzadas a cerrar sus colegios por la situación y se dedican a ayudar en lo que está a su alcance. Todas lucharán con

---

[470] Ver mas información sobre las congregaciones religiosas en Teresa Fernández Soneira: *CUBA, Historia de la Educación Católica*, t I, y t II, Ediciones Universal, Miami, 1997.

afán y dedicación, pero sobre todo con misericordia y caridad, arriesgando sus propias vidas por amor al prójimo.

La Reina María Cristina de España

A los pocos días de iniciarse la contienda, existían en La Habana 145 parroquias y 20 templos no parroquiales, así como cuatro conventos. Las congregaciones religiosas femeninas establecidas eran: las Ursulinas, las Hijas de la Caridad de San Vicente de Paúl, las Claretianas, las Religiosas del Sagrado Corazón de Jesús, las Hermanas del Cardenal Sancha, las Hermanas del Amor de Dios, el Inmaculado Corazón de María, las Religiosas del Apostolado del Sagrado Corazón de Jesús, las religiosas de Ntra. Señora del Santísimo Rosario, y las Hermanas de la Caridad del Sagrado Corazón de Jesús[471]. También estaban las congregaciones femeninas de clausura como por ejemplo las Clarisas[472] y las Carmelitas Descalzas, quienes habían comenzado su labor en Cuba en 1702.

Las religiosas se ocuparon de los menesteres de la salud y también del hambre del cuerpo y del espíritu desde que comienza la contienda. Es muy probable que hubiera habido más congregaciones que también estuvieran involucradas durante esta época, y que serán añadidas en una edición futura.

En los primeros meses de la Guerra de Independencia, el conde Camilo Pecci, sobrino del Papa León XIII, escribió abiertamente al nuncio en Madrid, denunciando la situación en Cuba: «*yo no sé verdaderamente hasta qué punto España querrá que se destruya completamente un país, al cual ella ha demostrado y demuestra diariamente no querer y no saber gobernar, y tampoco sé cómo no se entiende que en este estado de cosas no se puede continuar, viendo destruirse los medios de la propia existencia, las fatigas de tantos años, el futuro de la propia familia; después que se han gastado sumas enormes en un gobierno al cual se deja*

---

[471] Ibídem, t I, pág. 9-10.
[472] El Convento de Santa Clara de Asís fue establecido en La Habana en 1644.

completamente abandonado; y que se permite mejor la destrucción completa de un país, que ceder a la evidencia de los hechos, salvar al menos los últimos vestigios de tanta riqueza y salvar tanta y tantísimas vidas!...es imposible permanecer indiferente a tanta ruina».[473] Pero la Iglesia española, obcecada por mantener a Cuba como colonia, apoyaba la guerra, que seguía su paso destructor por la Isla, que diezmaba a la población y a los soldados españoles que venían a Cuba a combatir. En los templos cubanos, los sacerdotes españoles elevaban plegarias a Dios por el éxito de la guerra para España, y pedían castigo para los que provocaban la insurrección. Era una Iglesia ciega que solo veía por los ojos de España.

Es imperativo reseñar como ayudaron las congregaciones religiosas femeninas durante la difícil situación en que estaba toda la Isla.

> *«Las Hijas de la Caridad eran el reverso de la medalla de los Capitanes Generales: aquellos representaban la justicia y la muerte; ellas cuidaban de los heridos, abogando infinidad de veces por los indultos de los cubanos, escondiéndolos en no pocas ocasiones. Eran símbolo de la compasión y la vida».*[474] Eva Canel

Las Compañía de las Hijas de la Caridad de San Vicente de Paúl (Vicentinas) (fundada en 1633)

Desde su llegada a Cuba en el 1847, las Hermanas de la Caridad de San Vicente de Paúl trabajaban bajo la dirección de **sor Casimira Irazoqui**. Se habían hecho cargo de la Casa de Beneficencia en La Habana, y más tarde del Hospital de la Virgen del

---

[473] Manuel Maza Miguel, S.J.: *Entre la ideología y la compasión, guerra y paz en Cuba 1895-1903,* Pub. Instituto Pedro Francisco Bonó, Santo Domingo, 1997.

[474] Eva Canel: *Lo que vi en Cuba a través de la Isla,* Imprenta La Universal, La Habana, 1896. Eva Canel abiertamente defiende la causa española durante la guerra del 1895, y sin embargo hace estas declaraciones. Eva Canel fe una periodista y escritora española afincada en Cuba.

Carmen, y el Hospital Militar. Cinco años más tarde, por cédula de 1852, las Hermanas fueron destinadas a substituir a los hermanos de San Juan de Dios en los hospitales donde estos trabajaban.

En aquel momento fray José Olallo Valdés[475] hacía una labor de caridad en el hospital de San Juan de Dios de Camagüey. Había dedicado su vida a ayudar a enfermos, huérfanos y heridos en la Isla en el período de la Guerra de los Diez Años, sirviendo a Dios y al prójimo con coraje, ayudando a todos, sin importar un bando u otro, raza, o estado social. En el 2008 fue beatificado por el Papa Benedicto XVI.

Pero en 1854 llegaron a Cuba más Hijas de la Caridad quienes fueron destinadas a trabajar al Hospital Militar de San Ambrosio en La Habana. Al reconocer el trabajo de la Congregación, la Reina María Cristina[476] ordenó que las Hermanas se encargasen de los hospitales militares y de sangre de la Isla cuando se inicia la lucha en 1895, y consecuentemente se dio a conocer esta Circular:

Circular[477]

«Excmo. Sr.: Reconocido por la experiencia el ventajoso resultado que para la asistencia de enfermos y heridos reporta el establecimiento de asociaciones religiosas de mujeres, no solo en los hospitales militares de diferentes naciones europeas, sino también en los de Marina de la Península y en los militares de los distritos de Ultramar; adoptados recientemente tan beneficioso como eficaz elemento de auxilio en el Hospital de Madrid; por virtud de convenio entre el Capitán General de Castilla la Nueva y Extremadura y el Director General del Real Noviciado de las Hijas de la Caridad, aprobado por Orden de 7 de febrero de 1896 y demostrados además los valiosos servicios de esta Asociación religiosa viene prestando

---

[475] Fray José Olallo Valdés (La Habana, 1820-Camagüey, 1889). Su causa de beatificación iniciada por el Papa Juan Pablo II, se hizo realidad el 15 de marzo de 2008, durante el papado de Benedicto XVI.

[476] María Cristina de Habsburgo-Lorena o María Cristina de Austria, (Groß Seelowitz, julio 1858-Madrid, febrero 1929), fue la segunda esposa del rey Alfonso XII y madre de Alfonso XIII. Ejerció la regencia durante la minoría de edad de su hijo, el rey Alfonso XIII, desde 1885 hasta 1902, por lo que le tocó enfrentarse a la Guerra Hispano- Cubana-Estadounidense.

[477] Sor Eva Pérez-Puelles: Archivo de las Hijas de la Caridad de Miami, s/f.

en el citado Hospital y en los de Cuba y Filipinas, atendiendo y cuidando con incesante abnegación y caridad a los numerosos enfermos y heridos que en ellos existen con motivo de las actuales campañas, la Reina Regente del Reino, se ha servido resolver, en nombre de su augusto hijo, el Rey (q.D.g.) que los Capitanes Generales de las regiones en cuyo territorio existan hospitales militares que por su capacidad y condiciones, permitan que se establezcan, desde luego, en ellos las Hijas de la Caridad para ejercer su humanitario ministerio, entablen las gestiones necesarias con el referido director general de dicho Real Noviciado a fin de celebrar convenios iguales al de que se ha hecho mención; siendo también la voluntad de S.M. que en los hospitales en que por deficiencia de local u otras causas no sea posible se instale dicha Asociación, propongan a este ministerio los capitanes generales respectivos cuanto consideren necesario para el citado objeto.

De Real Orden lo digo a V.E. para su conocimiento y fines consiguientes. Dios guarde a V.E. muchos años. Madrid, 29 de septiembre de 1897. Firma: Azcárraga».

En junio de ese año, se establece un hospital militar en Ciego de Ávila con 1,700 camas que atenderían las Hermanas. Durante 1896-1898 ingresaron 7,502 enfermos y fallecieron 414.

En Cienfuegos, las Hijas de la Caridad estuvieron a cargo de varios hospitales. En 1895 el Hospital Militar llegó a tener 500 enfermos hospitalizados. De aquella fecha quedan en el cementerio municipal los restos de un pequeño panteón construido por la piedad pública para el eterno descanso de las Hermanas de la Caridad que allí murieron durante la guerra. La primera semilla sembrada en tierra cienfueguera fue la de **Sor Ángela Martínez Ramiro**, quien muere a los 42 años víctima de los mismos males que trataba de aliviar en el hospital durante la Reconcentracion de Weyler. No fue ella la única ya que otras también murieron de estas enfermedades.

El sacerdote cubano, Manuel Maza S.J.,[478] cuando realizaba investigaciones sobre el clero y la independencia de Cuba en los

---

[478] Manuel J. Maza, SJ, sacerdote cubano doctorado en historia, y licenciado en humanidades y en teología fundamental. Historiador con varios libros publicados sobre la Iglesia y el clero, y las guerras de independencia de Cuba.

archivos Vaticanos, comentaba: «En la biblioteca de los Padres Paúles en Roma me permitieron conocer los esfuerzos de las congregaciones en la Cuba del siglo XIX y sus relaciones con los obisobispos de Cuba».[479] Y continúa: «Me resultaron particularmente interesantes las informaciones sobre las Hermanas de la Caridad y sus heroicos esfuerzos durante la Guerra del 95. Estas religiosas salvaron cientos de vidas en los hospitales al servicio de los soldados españoles. Algunas de las Vicentinas[480] fallecieron exhaustas mientras atendían sin descanso a los enfermos y heridos».[481]

Hospital de San Ambrosio de La Habana

En agosto de 1895 se creó el Hospital Militar de San Juan de los Remedios de Santa Clara, con 1,400 camas. El 20 de diciembre de ese año solicitan 20 Hermanas al Director del Real Noviciado para atender los hospitales militares recién abiertos en distintos puntos de la Isla. Luego, a mediados del 1897, el Ministro de la Guerra pide 60 Hermanas más a la Visitadora de España.

Las Hermanas de la Caridad continuaron llegando a Cuba en diferentes épocas y para las diferentes necesidades. Algunas de ellas llegaron a dirigir hospitales. Así lo hicieron en el Hospital Militar de Santiago de Cuba, sor **Bernarda Lacabe; sor Juana Goicoechea** en el de Sancti Spíritus; el de Remedios lo dirigió **sor Ignacia Batlles**, y el de Cienfuegos **sor Demetria Ochoa. Sor Petra Vega** tuvo a su cargo el Asilo San Vicente de Paúl de El

---

[479] Correspondencia con la autora, Miami, 2003.

[480] Vicentinas: hermanas de la Caridad de San Vicente de Paúl.

[481] Datos proporcionados a la autora por Sor Eva Pérez-Puelles, Superiora de la Casa General de las Hijas de la Caridad de Miami, de su obra, aun inédita: *Resumen de la labor de las Hijas de la Caridad durante la Guerra de Independencia*.

Cerro en La Habana, donde alimentó a niños a pesar del hambre general que pasaba el convento con motivo de la Reconcentración.

Casa de Beneficencia y Maternidad de La Habana[482] establecida en 1832 en el nuevo edificio donde estaba el colegio de San Isidro. Las Hermanas de la Caridad se hicieron cargo de esta casa en 1847.[483]

Hospital Militar Alfonso XIII durante la guerra y que luego sería el Hospital Calixto García de La Habana.

Se fundó un nuevo hospital, el Militar de Alfonso XIII, en las alturas del Príncipe. Este hospital (hoy Calixto García), que aparece en la foto, había sido inaugurado a finales de 1895. Con 500 camas, pronto se amplió a 2,000 y llegó a albergar 3,000 enfermos. Tenía pabellones de madera unidos por galerías cubiertas.[484] En 1895 ingresaron en este hospital 5,049 enfermos, salieron 4,544 y fallecieron 354. Las Hijas de la Caridad tuvieron a su cargo en gran medida

---

[482] Foto de la colección de Manuel de Bustamante.

[483] Manuel Solórzano: «Enfermería Avanza, Historia de la Enfermería Pediátrica en Cuba», http://enfeps.blogspot.com/2013/11/historia-de-la-enfermeria-pediatrica-en.html, noviembre 2013.

[484] Yamil H. Kouri, Jr.: «Las instituciones militares de salud en Cuba durante la Guerra de Independencia, 1895-1898».

la atención de los enfermos y heridos desde 1896.[485] En ese año también se adaptaron otras salas para albergar 2,100 camas y poder recibir a militares enfermos. El 1 de enero de 1898 había internados 1,729 enfermos, bajo la dirección de **sor Andrea Tellaeche**.

En 1897 fallecieron en ese Hospital por enfermedades 1,056 pacientes: 327 de fiebre amarilla, 68 de otras infecciones y 37 de heridas. Se preparaban diariamente 3,000 recetas. Había entre 23 y 27 médicos, 4 auxiliares, 3 farmacéuticos y 150 subalternos, así como 32 Hijas de la Caridad.[486]

En La Habana se habilitaron por entonces varios almacenes para convertirlos en hospitales, como fueron los de Regla, Santa Catalina, Hacendados y la Real Casa de Beneficencia.

Durante su episcopado en Cuba, el arzobispo San Antonio María Claret[487], a mediados del siglo XIX, ya había abogado para que las Hijas de la Caridad fueran a trabajar en los hospitales y en otras obras de su diócesis. Al estallar la guerra, estas ya trabajan allí, y llegan algunas más.

San Antonio María Claret,
Arzobispo de Cuba (1850-1857)

Cuando en 1898 se piensa que las necesidades de Cuba están cubiertas, el Ministro de la Guerra ordena que las Hermanas marchen con los batallones, expuestas a muchísimos peligros. El pro-

---

[485] Sor Eva Pérez-Puelles, Ob.Cit, y en Historia de las Hijas de la Caridad en http://vincentians.com/es/hijas-la-caridad-fundacion-cuba-1/

[486] María del Carmen Hernández, H.C.: «Historia de las Hijas de la Caridad, Anales Españoles, 2008», en *Vicentinos,* www.vicentivos.org/hijas de la Caridad en Cuba, 1947.

[487] San Antonio María Claret y Clará (Sallent, Barcelona, 23 de diciembre de 1807-Prades Francia, octubre 1870). Fue Arzobispo de Santiago de Cuba (1850-1857) a los 42 años. Su báculo tenía grabada la imagen de la Virgen de la Caridad del Cobre.

pio Ministro advierte que el propósito es para que los soldados tengan en su agonía «los cuidados de una madre y el pensamiento del cielo». Son enviadas a Cuba ¡otras 60 Hermanas! Es así como las Hijas de la Caridad llegan al campo de batalla en medio de los quejidos de moribundos y de los heridos y entre los silbidos de la metralla. Algunas Hermanas quedan ¡desconsoladas! en las ciudades por tener que permanecer en el hospital y no ir a la manigua...

Las Congregación conserva el diario de la Hermana **Sor Lucía Sosa,** y por el podemos revivir lo que sucede en esa época, y luego al llegar las tropas norteamericanas a Oriente en 1898. Narra la Hermana: «Estamos sitiadas por mar y por tierra, y se muere de hambre toda la gente. A nosotras no nos falta un poco de arroz, garbanzos y unas cajas de sardinas [...]. Nos sentimos tan débiles que no tenemos fuerza para resistir los sustos de los bombardeos, que como Vd. sabe han sido nueve o diez. El día seis [junio de 1898] fue terrible. [...] Por el patio y cocinas de este establecimiento pasaron tres enormes granadas haciendo un ruido que aterrorizaba [...]. No puede Ud. figurarse las ganas que tengo de comer un pedacito de pan. Sólo tenemos el eucarístico, y bendito sea Dios que todavía no nos ha faltado [...]».[488]

Y sigue su crónica la hermana, «si no muriese hoy le acabaré de contar lo que ocurra en este terrible día en que no se ve por todas partes más que soldados, fusiles y todo lo que puede hacer estremecer de espanto. Las Hermanas de la Beneficencia han salido fuera de la población para salvar a las niñas. Sólo **sor Justa y sor Isabel** han quedado en el Hospital Militar, donde tienen tanto trabajo las pobres Hermanas». Y termina diciendo: «Hemos tenido enfermería de tres mil enfermos, como sucedía en Regla, de donde salí un día muy conmovida del espectáculo que ofrecía ver cientos de enfermos tirados, con cuatro días de hos pital y de no haber bebido ni agua. ¡Pobres miembros de Jesucristo! Me entró tal pena y sentimiento que tuve que esconderme y hartarme de llorar para desahogarme. Y lo que me ha pasado a mí ha pasado a las pobres Hermanas, a la vista de tan triste espectáculo».

---

[488] Hernández, Ibídem.

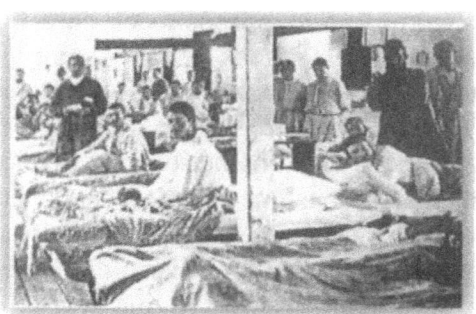

Hospital militar español

Sor Eduviges Laquidaín escribe a la Hermana Visitadora, el 21 de octubre de 1898: «Cuando el hambre se comenzó a sentir en La Habana, empezamos también a pensar menos en el bombardeo, pues ya las conversaciones y noticias eran de distinta clase. Nuestra puerta abundaba de pobres extenuados, de mujeres que casi no podían andar, de chicos que buscaban algo de comer. No despedíamos a nadie sin dar alguna cosa, y dentro de la casa se volvieron a abrir las escuelas de las niñas pobres, alimentando a unas trescientas, que quizá no tenían otra cosa». Y añade, «no crea Vd., mi respetable Madre, que esta miseria no ha sido nada más que de estos meses. Casi un año hace que para algunos establecimientos empezó el bloqueo, pues la miseria ha sido general durante el sitio, venía siendo particular pudiéndose señalar con especialidad  el manicomio, que ha tenido una baja de quinientos pobres poco más o menos [...].tantas calamidades que naturalmente exclama uno: mejor es morir».[489]

En el periódico español *La Patria*[490] de 1898, salió publicado el siguiente encomio: «Hoy que Cuba está castigada por el azote de la guerra, la hermana de la Caridad ha venido a cumplir su misión; la tenemos en los hospitales corriendo con todo lo que a la administración concierne a la asistencia de los enfermos; ellas velan

---

[489] Hernández, Ob.Cit.
[490] Periódico moderado fundado en Madrid en 1854.

cuidadosamente porque, del jefe al soldado, todos estén bien atendidos; ellas atienden a todo con su mágica influencia; con su humilde palabra consuelan a los unos y a los otros; les sirven en este destierro cual si fueran las madres que les lactaron; durante la noche ejercen una exquisita vigilancia; alimentos, medicinas, todo lo suministran por sus manos con arreglo a la prescripción facultativa, y a cada rato se las ve sentadas a la cabecera de un moribundo, hablándole de la vida eterna, consolándolo en sus dolores, infundiendo aliento y, por fin, cuando el alma del que deja de existir abandona la envoltura humana, sus labios rezan una palabra, pidiendo a Dios la gloria para el pecador, que abandona el mundo de los mortales». Bonita imagen de este cronista sobre la labor de las Hermanas dedicadas a servir al prójimo en Cuba.

Tanto fue el trabajo de las Hermanas en los hospitales militares que hasta durante el tiempo que deberían emplear en la oración personal, tenían que ocuparse de los enfermos, cumpliendo aquello de dejar a Dios en la capilla para encontrarlo en la persona de los pobres que padecían.

El periódico *Diario de la Marina*[491], en 1897 resaltaba el valor de la labor de las Hermanas: «Es necesario verlo y tocarlo para apreciar con conocimiento de causa y en toda su extensión el inapreciable servicio realizado por esos ángeles de la Caridad en este país, en este clima, donde, en las presentes circunstancias, la atmósfera asfixia y emponzoña; en esta zona tórrida donde las mortíferas emanaciones causan la muerte a nuestros jóvenes y heroicos soldados. Es de ver y admirar en particular la energía sobrehumana de la Reverenda Visitadora, **Sor Teresa Mora**. Nacida en feliz cuna, entre las dulces brisas de Andalucía, bajo el magnífico cielo de la provincia de Málaga, es admirable el espíritu sobrenatural que da a la valiente y caritativa señora fuerzas para soportar con intrepidez los inminentes peligros de esta guerra, cuyas consecuencias ella participa de muy cerca. Lo que desconcierta y preocupa a los hombres fuertes, no es capaz de intimidar a esta religiosa andaluza».

Y ya al final, añade el articulista: «antes de terminar esta narración no puedo menos de hacer mención de la digna Superiora

---

[491] *Diario de la Marina,* La Habana, 1897.

del Hospital Militar de Santiago de Cuba, **Sor Bernarda Lacabe**, así como de las otras Superioras de los diferentes hospitales militares establecidos hace un año: **Sor Juana Goicoechea**, de Sancti Spíritus; **Sor Ignacia Batlles**, de Remedios; **Sor Demetria Ochoa**, de Cienfuegos».

Otros dos hospitales se abrieron en Regla y en Santiago de las Vegas que casi totalmente eran sostenidos por las Hermanas, quienes dejaban con gusto su oficio de maestras para convertirse en enfermeras.

Anuncio de la compañía naviera de Antonio López y López, «La Trasatlántica», fue fundada en Cuba, en 1850 como la Compañía de Vapores Correos A. López.

En 1861 Antonio López consigue la concesión de los contratos de transporte de pasaje y correo entre España, Puerto Rico, Cuba y República Dominicana, a la que se añadió el traslado de soldados a Santo Domingo (1863-1865) y a Cuba durante la Guerra de los Diez Años, entre 1868 y 1878. El tamaño de la flota fue creciendo, y en 1878 la naviera contaba con 13 vapores. Ese mismo año, Don Alfonso XII le concede a López el título de Marqués de Comillas.

Con la Guerra de Independencia, la Compañía Trasatlántica Española se dedicó casi exclusivamente al transporte de soldados a Cuba. Todos los buques de pasajeros españoles disponibles fueron contratados por el Gobierno de España para este fin. La Trasatlántica puso a disposición del gobierno los *buques Alfonso XII, Alfonso XIII, Cataluña, Buenos Aires, Santander, San Ignacio y Baldomero Iglesias*. La Trasatlántica transportó un total de 240,823 soldados a las Antillas, y la mayoría de esos buques navegaron en un año más de 40,000 millas. Se calcula que durante las travesías a España fueron arrojados al mar más de 4,000 fallecidos.[492]

---

[492] José Luis Asúnsolo García: «La Compañía Trasatlántica Española en las Guerras Coloniales del 98», *Militaria*, número 13, Universidad Complutense de Madrid 1999, pp. 77-92.

El buque *Buenos Aires* de la Compañía Trasatlántica Española.

En 1895 en el vapor *Buenos Aires* iban 22 Hijas de la Caridad con el batallón Pavía, que había salido del puerto de La Coruña. Con el batallón de Navarra también iban varias Hermanas. El *Marqués de Comillas* impuso además la presencia de dos Hermanas de la Caridad en los buques españoles, por cuenta de la Compañía, a lo que no estaba obligado por contrato con el Gobierno. La Compañía hizo un total de 194 expediciones a Cuba.

Sor Francisca Vicente con las Hermanas s**or Jiménez y Sor Gregoria,** salieron de Santander a La Habana en el vapor *Santo Domingo*, en diciembre de 1896. Estando ya en La Habana, visitaron a los Padres en la Iglesia de La Merced, a las Hermanas del Hospital de Regla, a las del Hospital de Santiago de las Vegas y todos los hospitales de la ciudad de La Habana y sus alrededores.

Altar mayor de la Iglesia de La Merced en La Habana.

Luego regresaron a España, viaje que les tomó 22 días en llegar. Regresaban a la Península con 469 enfermos, 150 de ellos graves, y trabajaban de día y de noche con los enfermos. Decía un periodista: «una fosa común con 102 soldados españoles olvidada en Puerto Real, Cádiz, es una de las pocas heridas de la Guerra de Cuba que España mantiene abierta». Y sigue relatando: «Sus cadáveres fueron arrojados en una zanja junto al cementerio de San Roque, apenas unos días después de regresar moribundos a la patria, a finales de 1898, tras la pérdida de nuestras últimas colonias en ultramar». «Este enterramiento colectivo es el ejemplo más claro de que la desinformación por parte del Gobierno con respecto a los repatriados de Cuba fue total. De los 104 soldados que murieron en el lazareto del Fuerte de San Luis, 102 terminaron en esa fosa común sin que ninguna de sus familias recibiera información alguna de que su padre, hijo o hermano había regresado enfermo a Puerto Real. Allí fueron lanzados sin más», explica el historiador gaditano Manuel Izco, autor de «Soldados en el olvido»[493]. Muchos soldados cubanos también fueron a parar a fosas comunes, como ya hemos visto en esta obra.

«Para Guillermo Cervera Govantes, bisnieto del famoso Almirante Cervera, héroe de la Guerra de Cuba y Ministro de la Marina entre 1892 y 1893» continúa diciendo el articulista del periódico *ABC*, «estamos ante la punta del iceberg del drama que vivieron los 158,492 repatriados que, según el estudio de Jordi Maluquer de Montes, recibió España entre 1895 y 1899. Los de Puerto Real fueron los peor parados. Al Estado le fue materialmente imposible atenderlos a todos. El país estaba arruinado, era una nación moral y materialmente vencida», termina el periodista su reportaje.

Al llegar las tropas norteamericanas a Cuba en 1898, se recibió orden de evacuar a los enfermos del Hospital Militar de Beneficencia porque iba a empezar el bombardeo. Y así fue, y las Hermanas de dicho hospital quedaron solas. «Dentro de pocas horas principia el bombardeo» decía **Sor Lucía Sosa** en su diario, reviviendo la llegada de los norteamericanos a Santiago. «En esta casa no ha quedado ni capellán, ni presidente, ni administrador, ni médico, ni practicante, y hasta la mayor parte de los empleados se han ido, deseando salvar sus vidas. Ahora sí que me considero Hija de la Caridad de San Vicente. A Dios sean dadas las gracias», escribía con valentía sor Lucía.[494]

«La abnegación y sacrificio de nuestras Hermanas ha sido admirable, decía sor Lucía, en tanto grado, que algunas han sucumbido víctimas de la caridad. Aún no había elevado el ancla el buque, y estando todavía en la bahía de Santiago, tuvimos el dolor

---

[493] Israel Viana: «Fosas comunes de soldados españoles: la herida abierta de la Guerra de Cuba», *ABC Cultura*, Madrid, 1 de febrero, 2018.
[494] Pérez-Puelles, Ob.Cit.

y sentimiento de ver morir a una de las dos Hermanas que en grave estado, en camilla, fueron conducidas a bordo [...]. La otra murió el sexto día de navegación. [...] La hermana superiora del Hospital Militar, que también fue embarcada en grave estado de salud, falleció apenas había llegado a La Coruña. Llevaba ya esta hermana más de treinta años de sacrificios en la Isla. En La Coruña falleció también, después de largos días de enfermedad, otra hermana, que durante muchos años, había trabajado incansablemente, y servido en el mismo hospital de Santiago».

Hospital de San Fernando en Colón, Matanzas

Grupo de mujeres y niños reconcentrados cerca de El Caney, en Oriente, en 1898.[495]

Otras hermanas quedaron sepultadas en el fondo del mar, yendo o viniendo de Cuba para España. «Casi todas las noches, la nave detiene su marcha un momento para depositar en el blando lecho de las aguas el cadáver de algún soldado que ha fallecido en la jornada. [...] sor **María Cruz** cae con ellos, como madre que acompaña a sus hijos. Ya antes, **sor Josefa de la Rota y sor Francisca de Sales Montoya** habían hallado igual descanso en los mares de Oriente».

---

[495]Fotógrafo William Dinwiddie, 1898. © Library of Congress, Washington, DC, Lote 11519, no. 8.

En su trabajo de recopilación de datos, sor Eva Pérez-Puelles[496], escribe: «Conocemos por relatos de la asistencia de las Hijas de la Caridad a los desamparados y refugiados de La Habana, […] y las Hermanas en lo posible los atendían, unas veces, solo durante el día por no haber lugar para pasar la noche, proporcionándoles alimento y cuanto ellas podían conseguir para aliviar sus necesidades, como sucedió en la finca La Jacoba, al fondo de lo que fue más tarde el Asilo Menocal, en El Cerro. También en otros lugares, encontrándose ubicado uno de ellos en el propio terreno donde luego se levantaría el Capitolio Nacional. Las Hermanas no despedían a nadie sin darles algo, y hasta volvieron a abrir las escuelas de niñas pobres, alimentando a unas trescientas, que quizá no tenían otra cosa que comer».

Grupo de Hermanas de la Caridad norteamericanas en la Florida esperando para salir para Cuba. Florida Historical Society. ©

En La Habana, **Sor Antonia Torrontegui**, Superiora del colegio La Domiciliaria, en carta dirigida al P. Arnaiz, Visitador en Madrid, hace el siguiente relato: «En tiempos del bloqueo, como me dejaron sola y sin recursos para dar de comer a más de ciento doce que éramos en el colegio, tuve que armarme de fe y esperanza en Nuestro Señor y en la protección de María Santísima e ir a la casa de un comerciante, al que pedí víveres fiados para dos meses, lo que alcancé; pero como el bloqueo duró más de cuatro, mi aflicción era muy grande al ver terminarse los efectos, y pensando en ellos, ni dormía, ni descansaba: añádase a esto que dos Hermanas

---

[496] Sor Eva Pérez-Puelles, Ob.Cit.

estaban muy graves en las enfermerías, y que al fin murieron, pero sin que hayan carecido de nada»[497].

Cura de urgencia en un puesto militar durante la guerra, c. 1898.[498]

El sufrimiento de esta religiosa se vio premiado. «Una mañana en la oración me inspiró el Señor lo que tenía que hacer, y lo puse en práctica; fui a casa de un comerciante conocido y le expuse el caso en que me encontraba; estaba con él otro caballero, quien al oír mi relación me dijo: –'Madre, mande Ud. mañana un carretón a tal número'. Lo hice así y envióme arroz, manteca y judías». Dios proveía. Y sigue la historia diciendo: «El primer comerciante me llevó a la Lonja, donde se reúnen todos y allí habló a sus amigos, que en menos de media hora reunieron tres carretones de víveres, siendo así que aun teniendo dinero, se carecía de ellos. Contrajimos una deuda de unos tres mil pesos oro».

Pero el relato no termina ahí. La religiosa continuó recibiendo ayuda. Dice ella: «Concluida la guerra, vino una señora a visitar el colegio, y después que lo vio todo, detúvose en medio del dormitorio y me dijo: –'Madrecita, ¿qué es lo que más desea usted?' Le contesté: –'No deseo otra cosa, ni pido a Dios otro favor, sino que me proporcione una persona o un ángel que pague las deudas que hemos contraído durante la guerra'. Me preguntó a cuanto ascendían y me dijo que lo arreglaría todo. Más aún: preguntándome lo que me hacía falta para las niñas, se lo indiqué y triplicando ella misma sus cálculos, me entregó 400 pesos para ropa encargándome hiciera yo misma los pagos, sin que entregara nada a las señoras»[499].

---

[497] Pérez-Puelles, Ob.Cit.

[498] Revista *Militares* 93, julio 2011, pág. 43.

[499] Pérez-Puelles, Ob.Cit.

Sor Carolina García, del hospital de Mazorra, en su carta del 28 de febrero de 1898 a la Madre General, Sor Lamartine, le dice: «*Las tres plagas que tanto temíamos, al fin han caído sobre nosotras: la guerra, la peste y el hambre. Excepto tres Hermanas, todas las demás han caído enfermas; casos ha habido de estarlo hasta tres o cuatro a la vez. Respecto a nuestros pobres, (enfermos), ya no pueden resistir por estar mal alimentados, pues no les podemos dar sino un poco de arroz cocido en agua. [...] muere una multitud considerable..[...] No tenemos vestidos con qué cubrirlos; la Visitadora de España nos envió algunas piezas de tela blanca y de color para vestirlos y pasar así mientras Dios quiera*»[500].

Lámina antigua del Hospital Militar de La Habana

El 22 de abril de 1898 Sor Eduvigis hace un sencillo relato a la Madre General de lo ocurrido a las Hermanas durante el bloqueo: «*se presentó la escuadra americana, que ya había anunciado su llegada.[...] la detonación de los tres cañonazos como señal del principio de la guerra puso en movimiento, no sólo a las tropas, que momentáneamente ocuparon sus puestos respectivos, sino a todas las familias, y trataron de resguardarse lo mejor que les era posible. Este Colegio quedó sin niñas al cabo de dos horas; y previniendo que pudiese ocurrir algún accidente desagradable durante la noche, con nuestro respetable Padre Director dispusimos trasladar a las Hermanas ancianas y enfermas al Hospital de San Francisco de Paula y a la Casa de la Beneficencia, situada entonces en centro de la Habana. Esto era a las siete de la noche [...]*».

---

[500] Pérez-Puelles, Ob.Cit.

Los Padres Paúles de la ciudad de Matanzas acudieron a ayudar a las Hijas de la Caridad y así aliviar enfermos y personas de las clases menesterosas. Uno de los Paúles, el P. Juan J. Soriano, escribe con fecha 8 de octubre de 1898 al P. Eladio Arnaiz, su sucesor:

> «*En medio de todo, nunca nos faltó el ánimo a los individuos de la Casa. Desde el primer cañonazo dispusimos que cada Padre fuese a una casa de Hermanas, por lo que pudiera ocurrir.*
>
> *[...] Antes de terminar el primer mes de bloqueo ya no había comida para los pobres, ni para los asilos ni hospitales. ¡Ah, cuántas veces nos hemos acordado, señor Arnaiz, de aquellos tiempos en que nuestro Padre Vicente sostenía a pueblos y provincias enteras, asoladas por la guerra y sus funestas consecuencias, la peste y el hambre*»![501]

La hermana María Luisa cuenta su experiencia:

> «*Por pan no comemos sino galletas mojadas en agua, que solo con mirarlas se nos enfría el estómago; [...] tenemos muchos enfermos y los que comen es una especie de rancho que traen de la cocina económica*[502]*, que con solo verlo dan ganas de provocar; y así y todo, es tanta la gente que viene detrás del carro, pidiéndole al conductor que les dé un poquito para no morirse de hambre, que se está pensando, si esta situación dura, mandar dos soldados para custodiar el carro, y que no arrebaten en la calle la pobre comida de estos desgraciados enfermos.*
>
> *[...] Ya desde mañana no podrán llevarse los cadáveres al cementerio, porque el enemigo lo rodea, y han abierto una gran zanja los del Gobierno para que no pueda penetrar a la ciudad. Así que los que mueran aquí tendremos que enterrarlos en el patio ¿Puede haber un conjunto mayor de penas y tribulaciones? Yo nunca creí que pudiera sufrir tanto sin morirse.*

---

[501] María del Carmen Hernández, H.C: «Historia de las Hijas de la Caridad, Ob. Cit.

[502] Las cocinas económicas fueron establecidas por el Obispo de La Habana, Manuel Santander y Frutos (1887-1899), para aliviar la situación alimenticia. Luego se establecieron también en Santiago de Cuba, Trinidad y otras ciudades de Cuba. Eran administradas por las Hijas de la Caridad.

[...] Cuando regresábamos a este Hospital encontramos tres hombres vestidos de paisano sentados en una esquina de la calle, los cuales al vernos se pusieron en pie, nos saludaron y nos miraban de arriba abajo como no creyendo lo que veían hasta que por fin uno de ellos nos preguntó: –Hermanas, ¿no tenéis miedo de estar en Cuba? Yo le contesté: –Señor, las Hijas de la Caridad no tienen miedo a las balas cuando están cuidando a sus pobres».[503]

Manuel Santander y Frutos, Obispo de La Habana (1887-1899)

¡Cuánto dolor, cuánta entrega, cuánto sacrificio el de las Hermanas de la Caridad de San Vicente de Paúl! Los cubanos estaremos eternamente agradecidos a estas santas mujeres que, sin ser cubanas, lo ofrecieron todo por los heridos, enfermos y alumnos necesitados durante los años terribles de la Guerra de Cuba.

Una vez terminada la guerra, las Hermanas acompañaron a los soldados enfermos y heridos en los barcos de repatriación que los que continuaron atendiendo a bordo y en la Península. El P. Antolín Martínez relata lo sucedido en Santiago de Cuba y la decisión de regresar tanto Padres como Hermanas: «*Después de las capitulaciones y entrega de la plaza de Santiago de Cuba, las cosas estaban allí tan mal, que nos pareció imposible poder permanecer por entonces, en nuestra residencia de Santiago y resolvimos, muy a pesar nuestro, regresar a España, acompañando y asistiendo a nuestros pobres enfermos y soldados repatriados. Habiendo conseguido del General Toral que embarquemos auxiliando a los enfermos, el día 10, en el* Alicante, *embarcamos el señor Barquín, señor García y las Hermanas del Hospital Militar*»[504].

---

[503] Hernández, Ibídem.
[504] Ibíd.

Vapor *Cristóbal Colón* de la Compañía Trasatlántica Española

Como dato que merece dejar constancia, las Hermanas atendieron enfermos de una y otra parte, españoles y cubanos, habiéndose registrado en una ocasión que una Hija de la Caridad en Camagüey le prestó su hábito a un ayudante de Calixto García para que se escapara, saliendo al anochecer como si fuese una hermana que iba a hacer compras a la ciudad.

Sor Petra Moya

«Por fin llegamos a Madrid y a los días murió también Sor Petra, y había muerto pocos días antes Sor Ramona, la del Hospital Civil; las restantes no están muy buenas, siendo la más grave, Sor María Mazos, la sordita del Militar y Sor Luisa la de Matanzas,» escribía el padre Antolín Martínez[505].

Las Hijas de la Caridad escribieron páginas de oro en los años de la Guerra de Independencia. Sus trabajos heroicos han quedado registrados como uno de los capítulos más hermosos de la Congregación en la Isla. Siempre estaremos agradecidos los cubanos ante tanta dedicación, amor al prójimo, y sacrificio por parte de cada una de las Hijas de la Caridad que sirvieron y dieron su vida en la Isla de Cuba.

A las sores **Antonia Barbero** y **Mercedes Sánchez**, el Estado cubano les otorgó la Cruz de la Orden de Beneficencia «Carlos J. Finlay» en 1947. A **sor Serafina Ferrés** el Estado cubano le otorgó los siguientes premios: Cruz Carlos Manuel de Céspedes, Cruz Carlos J. Finlay. La Cruz Roja Cubana la condecoró con la Medalla del Reconocimiento al Mérito en 1932, y con la Orden al Mérito en 1947. En 1948 el Estado español la condecoró con la Orden de Isabel La Católica.

---

[505] Ibíd.

Sor Serafina Ferrés

Los heridos curados en los hospitales españoles fueron: 1,900 en 1895; 7,200 en 1896 y 2,600 en los cinco primeros meses de 1897. Y el Ejército Español perdió por enfermedades a 22,500 soldados heridos, de marzo de 95 a mayo de 1897.

A continuación un resumen de los servicios ofrecidos por las Hijas de la Caridad de San Vicente de Paúl en Cuba:

Provincia de La Habana[506]

Nombre	Fecha de creación	Año de Servicio de Hermanas	Número de Hnas.	Camas iniciales	Camas finales
Santiago de las Vegas	29 junio 1895	1896	7	200	900
Alfonso XIII	23 enero 1896	1896	40	2,000	3,000
Madera	9 agosto 1896	1897	6	500	1,100
Beneficencia	28 agosto 1896	1897	24	800	2,000
Regla	11 octubre 1896	1897	10	500	3,600
San Ambrosio	Reabierto 21 octubre 1896	1897	4	00	700
Márquez González	Clínica Hospital Madera 28 octubre 1896	1897		500	
Santa Catalina	Clínica Hospital de Regla 12 nov. 1896	1897	2	500	2,000
Hacendados	13 nov. 1896	1897	2	1,000	0

---

[506] Recopilación de datos facilitados por sor Eva Pérez-Puelles, Superiora de la casa de las Hijas de la Caridad de Miami, Florida.

Provincia de Matanzas

Nombre	Fecha de creación	Año de Servicio de Hermanas	Número de Hnas.	Camas iniciales	Camas finales
Militar de Santa Isabel	18 Julio 1896	1896	6	500	800

Provincia de Las Villas

Nombre	Fecha de creación	Servicio de Hermanas	Número Hermanas	Camas iniciales	Camas finales
Santa Clara	Ya existía	1896	10	600	1,000
Sancti Spíritus	11 julio 1895	1895	9	400	1,500
Remedios	10 agosto 1895	1896	8	600	1,400
Cienfuegos	28 abril 1896	1896	6	500	1,450

Provincia de Puerto Príncipe (Camagüey)

Nombre	Fecha creación	Servicio de Hermanas	Número Hermanas	Camas iniciales	Camas finales
Ciego de Ávila	17 julio 1896	1896	6	258	1,700

Provincia de Santiago de Cuba

Nombre	Fecha creación	Servicio de Hermanas	Número Hermanas	Camas iniciales	Camas finales
Santiago de Cuba	Ya existía	1864 1897	23	1,200	2,000

Religiosas de la Caridad de San Vicente de Paúl norteamericanas

El gobierno americano pidió doce Hijas de la Caridad enfermeras de la provincia de Nueva York para cuidar y atender a los soldados enfermos en Santiago de Cuba. Cinco de ellas salieron de Nueva York en el barco *Yale,* y las otras siete en el *Yucatán.* Pedían que las Hermanas que fueran hubiesen estado anteriormente expuestas a la fiebre amarilla por ser inmunes a la misma.

Las Hermanas de la Caridad norteamericanas desembarcaron en Santiago el 19 de agosto de 1898. Las llevaron al convento de las Hermanas españolas que estaban en el hospital. Estas estaban empacando sus cosas para regresar a España. Pensaron que las Hermanas venían a hacerse cargo del hospital con los prisioneros españoles. Pero las Hermanas americanas dejaron bien en claro que ellas habían venido para atender a los soldados americanos que estaban en el Campamento Siboney. Sor Mary Carroll reportó:

> «*Nosotras vimos al General Schaffter y al Dr. Harvard, pero ninguno de los dos nos dejaron ir al campamento. De hecho nos dijeron que eran imposibles las condiciones que había para que viviéramos ahí. Nos mandaron con un oficial al Hospital que era un edificio con 235 pacientes entre hombres, mujeres y niños; ninguna persona en la casa hablaba ni entendía una palabra de inglés. Las Hermanas estaban empacando sus cosas, y nosotras tratamos de hacerles comprender que no nos haríamos cargo de sus hospitales sin la autorización de los superiores, que sólo veníamos para los soldados americanos en la medida que ellos necesitaron de nuestros servicios, y estaban para regresar a sus hogares. Parecía que hacía un año que habíamos dejado New York y sólo estuvimos una noche en Santiago*».

El General Leonard Wood, gobernador militar, ordenó que las Hermanas norteamericanas regresaran en el vapor *Yale,* llevando 13,000 hombres enfermos de regreso a los Estados Unidos, muchos de ellos que sufrían de fiebre y diarrea. Inmediatamente las Hermanas empezaron a hacerse cargo de los hombres y hacerles lo más confortable posible aquel viaje. Llegaron al Campamento Wikoff, ahí continuaron trabajando junto al grupo de Hermanas que ya estaban en el campamento. Cerca de 20,000 soldados fueron tratados en el hospital de campaña. Esto aclara el motivo de la presencia de las Hijas de la Caridad americanas en Santiago.

Las Siervas de María de los Desamparados, Ministras de los Enfermos.

«Estuve enfermo y me visitaste»
Consigna de la Congregación.

Esta Congregación fue fundada en Madrid en 1851. El 21 de abril de 1883 quedó instituida la comunidad en La Habana, siendo la superiora de ella la **Madre Soledad Torres**. También la Congregación prestó su servicio a los enfermos del hospital de San Isidro de Pinar del Río, y tomaron posesión del hospital de San Fernando en Matanzas, el mismo día en que se firmaban los acuerdos de la fundación, el 1 de agosto de 1890. En este hospital trabajaron **la Madre Cruz Erades,** y las Hermanas **Leandra Santiago y Zoa Horegio**. Allí pasaron los días terribles de la Guerra de Independencia. En 1891 llegaron a Camagüey, al hospital del Carmen. En 1895 se retiraron del Hospital y se establecieron en otra Casa de la ciudad, dedicándose a la asistencia a domicilio.

Pero sería el hospital de San Isidro de Pinar del Río el que sufrió más el hambre que ningún otro durante la guerra. En el período de la Reconcentración de Weyler había en este hospital siete Hermanas que se vieron obligadas a salir por las vegas de tabaco en los contornos de la ciudad, en busca de alimentos para ellas y para los enfermos del hospital.

Sor Aracelia Ayala a los 103 años.[507]

Sor **Aracelia Ayala**, nacida en Navarra en 1859, de los 100 años que vivió, 70 los pasó en Cuba. Trabajó en el hospital de San Isidro de Pinar del Río del cual recordaba: *«pasé grandes calamidades en aquel hospital cuando la Reconcentra-*

---

[507] Luego de vivir y trabajar en Cuba 72 años, sale en 1961 para Navarra, España. Foto cortesía de Manuel Antonio Bonet. Publicada en el *Diario de Navarra*, 7 de julio de 1961, Año LIX núm. 18,192, Pamplona, pág. 2.

ción. En el establecimiento atendíamos a doscientos enfermos, pero sin los medios más elementales. A veces nos enviaban un saco de huesos. Con estos lográbamos hacer alguna sopa, pero sin papas, sin fideos, sin manteca ni especias de ninguna clase. En algunas ocasiones obteníamos un poco de harina de maíz y eso aminoraba un tanto nuestros inconvenientes».[508]

En otra entrevista realizada a la hermana **Aracelia**,[509] ésta dijo lo impresionada que estaba porque durante la guerra no tenían nada para comer. «Pasando un hambre canina, un señor nos regalaba tres litros de leche. Una hermana salía por los alrededores y pedía a los campesinos. Solía traer algunos boniatos, un poco de yuca, maíz».[510] Desde que llegó a Cuba en 1889, la hermana Aracelia tuvo muchas experiencias, algunas malas, pero la mayoría muy buenas.

El periodista Del Arco del periódico La Vanguardia Española,[511] le hizo otra entrevista en 1961, después de regresar a España, y esta le dijo al reportero: «he estado 72 años allá (se refiere a Cuba), y cuando salí de la Casa besé la tierra cubana y escribí un verso a la Virgen»:

«Adiós, Virgen de la Caridad,
Ya no te veré más;
Pero aquí llevo un botoncito,
Para poderte besar».[512]

Fachada de la capilla y convento de las Siervas de María en el Vedado, La Habana.

---

[508] P. Joaquín Gaiga: «Jesús Nazareno de Los Palacios, 250 años de historia», *Pinar del Río, tres siglos de compromiso evangelizador*, Colección Memoria, Editorial Vitral, Pinar del Rio, 2003.
[509] Manuel Antonio Bonet Ochoa: *Siervas de María, ministras de los enfermos, 140 años en Cuba*, pág. 1. Inédito.
[510] Ibídem, pág. 75.
[511] *La Vanguardia Española*, Barcelona, 29 de julio, 1961, pág. 16.
[512] Publicado en *La Vanguardia Española*. Cortesía del periodista Manuel Antonio Bonet Ochoa.

En muchas ciudades donde la Reconcentración hizo estragos, las **Siervas de María** acompañaron a los cubanos, atendiéndolos y compartiendo con ellos lo poco que otras manos generosas les hacían llegar. El triste espectáculo que ofrecían, sobre todo los niños, movió la compasión del Obispo de La Habana, así como a hombres y señoras, y con la ayuda de varios médicos pusieron un dispensario para darle alimentos y medicinas a los niños. Aunque al principio se le confió la obra a seglares, pronto estos fueron cambiados por Hermanas de la Caridad, pues era muy grande el reto. El Sr. Obispo pidió también una hermana boticaria para que se encargara de suministrar las medicinas, y otra para repartir alimentos. En el dispensario se llegaron a suministrar alimentos y medicinas a cerca de 9,000 niños por lo cual pronto se solicitó otras dos Hermanas de la Congregación.[513]

En San José de las Lajas las Hermanas prestaron asistencia en los fosos, en unos barracones donde se refugiaban unos 2,000 reconcentrados. Por cama tenían el suelo; carecían de ropa, estaban en la miseria, y cada día morían unos cuantos.[514]

También se abrieron enfermerías agregadas en el hospital de Nuestra Señora de los Desamparados, en Bejucal, y el colegio que las religiosas tenían allí se cerró para habilitarlo como hospital de sangre. En el hospital de Caridad de Guanabacoa también se habilitó una parte para atender a los heridos. En estas dos enfermerías trabajaron las Siervas de María.

Instituto de Religiosas del Apostolado del Sagrado Corazón de Jesús, fue la única institución de enseñanza fundada y establecida en Cuba (1891) por criollas. En los años en que se desenvuelve la guerra, el Instituto tenía casas en La Habana, Marianao y Cárdenas.[515] Después de la guerra, abrirían colegios en Sagua la Grande, Sancti Spíritus y Cienfuegos.

---

[513] *La Vanguardia*, Ibíd.

[514] Bonet Ochoa, Ibíd., pág. 82.

[515] Luego de la guerra establecerían otros colegios en Cienfuegos, Sancti Spíritus, Caibarién, y en Sagua La Grande. Para más datos de las fundaciones de colegios en Cuba, ver Teresa Fernández Soneira: *Cuba: Historia de la educación católica 1582-1961,* Ediciones Universal, Miami, 1997.

Al llegar la guerra el Instituto estaba todavía organizándose. El 20 de enero de 1895 la Superiora era la Madre **Mercedes Barbarrosa** y las otras Hermanas: **Carolina Martínez, Carmen Dumpiérrez, Gertrudis Jaspe, Gabriela Fontán, Julia Hernández, Mercedes del Valle, Natalia Hernández, Rafaela Fabre y Sofía Cadavid.**

En febrero de 1895 era impensable que las Hermanas pudieran realizar el sueño del Arzobispo de La Habana de ir a los pueblos a consolidar la labor iniciada en su visita pastoral. Nadie hubiera consentido en poner en peligro la vida de las Hermanas. Por otro lado, el Arzobispo sentía la obligación de socorrer a heridos y enfermos, sin distinguir si eran insulares o peninsulares, por lo que las Hermanas eran necesarias.

Aunque se había instituido la Congregación para la enseñanza de las niñas cubanas, en los comienzos tuvieron que desempeñar otras labores, entre ellas la de ayudar a las necesidades de la guerra. Por ello, las Hermanas del Apostolado sufrieron como las demás la falta de alimentos, los desasosiegos de los ataques y el miedo a lo que pudiera ocurrir. La comunidad de Marianao regresó a La Habana, y se les dijo a las de Cárdenas que hicieran lo mismo, pues se temía que la ciudad fuera bombardeada, como sucedió días más tarde. Para más seguridad, decidieron reunirse las tres comunidades en el tiempo de mayor peligro, en la casa de la calle Zanja, en La Habana. «Nuestra vecindad con el cuartel de Dragones nos proporcionó también inseguridad y algunos malos ratos. Durante el bloqueo de los americanos a la Isla sufrimos las consecuentes privaciones al igual que todo el pueblo».

La situación económica de las Hermanas era precaria ya que por la situación de la guerra, había disminuido la asistencia a clase de las alumnas, y llegó un momento en que hubo que cerrar los colegios.

«No obstante», expresa la historiadora del Instituto, la hermana Teresa Azcona,[516] «manteníamos con fuerza nuestra esperanza en que el Corazón de Jesús que nos quería para apóstoles suyos, nos sacaría adelante, aclarando aquellos horizontes que en

---

[516] Ma. Teresa Azcona, RA: *Una historia de esperanza, Religiosas del Apostolado del Sgdo. Corazón de Jesús en su primer centenario*, Madrid, 1989.

realidad se presentaban muy nublados. Volvíamos la mirada a María, nuestra Madre de la Esperanza, siguiendo unas palabras de nuestro Padre Fundador: "En las oscuras noches de vuestra travesía por el mar del mundo, es María la estrella que os guiará al puerto"».[517]

En esta foto del 10 de febrero de 1896, en plena guerra, un grupo de Religiosas del Apostolado, de la fundación de Marianao. De izquierda a derecha aparecen: **Mercedes Barbarrosa, Pilar Vera** (novicia), **Isolina Ferré** (novicia), **Ana Gabriela Fontán** (profesa), **Clara** (postulante), **María Sicre** (novicia) **Carolina Martínez** (Superiora General) **Teresa Torres** (novicia) y **Josefa Jiménez** (novicia.).

Al igual que las demás congregaciones religiosas, las Apostolinas vivieron con estrechez y angustia los días en que la escuadra de Estados Unidos atacó la ciudad de Santiago de Cuba.

Pocos datos más conservamos de este Instituto religioso durante la guerra, pero imaginamos que además de pasar estrecheces, también darían asistencia a los necesitados, en lo que estuviera a su alcance.

Estas mujeres se ofrecieron como voluntarias al mando de Anita Newcomb McGee, quien fue su vicepresidenta y médico. La Dra. McGee tuvo el cargo de Cirujano Ayudante en activo del Ejército de los Estados Unidos, y coordinó los envíos de enferme-

---

[517] Valentín Salinero S.J., fundador del Instituto de Religiosas del Apostolado.

ras voluntarias a Cuba. Recibían 30 dólares mensuales más alojamiento y manutención.

Daughters of the American Revolution o Hijas de la Revolución Americana, el 22 de febrero de 1892.

La Hermana **M. Nolasco McColm** de las Hermanas de la Misericordia junto a una carpa en el Chickamauga Park, en el estado de Georgia, Estados Unidos.

Otras Congregaciones de Religiosas Norteamericanas

Hay que mencionar a otras congregaciones de religiosas que trabajaron durante la Guerra de Independencia en Cuba: las Sisters of Mercy (Hermanas de la Misericordia), Congregation of American Sisters (Congregación de Hermanas Americanas) y las Sisters of the Holy Cross (Hermanas de la Santa Cruz).[518]

Todas estas religiosas nativo americanas venían del estado de Dakota del Sur, en los Estados Unidos, y fueron originalmente asignadas al Campamento Cuba Libre de Jacksonville, Florida en 1898. Pronto, el 22 de diciembre de ese año, fueron transferidas a La Habana ya que todas tenían experiencia con enfermedades contagiosas.

---

[518] Mercedes Graf: «Band of Angels, Sister Nurses in the Spanish-American War», 2da parte, www.archives.gov/publications/prologue/2002.

Religiosas americanas, y nativo americanas que fueron enviadas a Cuba durante la Guerra en 1898.[519] Pertenecen a la Congregation of American Sisters de la tribu de indios Lakota.[520] De izquierda a derecha: **Josephine Dos Osos** (Josephine Two Bears), **Ella Clarke, Anna Bridget Pleets y Anthony Bordeaux**. Aparecen junto al Reverendo Francis Craft.

El Director General de Salud Pública de los Estados Unidos declaró, cuando se refería a la Congregación de Hermanas Norteamericanas, que: «pocas estaban enfermas considerando la cantidad de trabajo que hacían, la falta de sueño, la ansiedad, los mosquitos, y el clima caliente a lo que estaban sometidas [...]; demostraron ser una verdadera bendición para los oficiales médicos con demasiado trabajo, ahorrándoles mucho tiempo, evitándoles mucha ansiedad, y previniendo que fueran llamados durante la noche sin necesidad.»[521]

La Hermana Anthony Bordeaux

En febrero de 1899 estas Hermanas pasaron al Hospital Militar de La Habana hasta que sus contratos caducaron. La hermana Anthony Bordeaux falleció el 15 de octubre de 1899 en Pinar del Río, y fue enterrada en el cementerio militar de Camp Egbert de esa ciudad,[522] recibiendo un funeral militar. Cuando los res-

---

[519] «The Native American Nurses of the Spanish American War» en http://www.bloggernews.net/126349.

[520] Los lakota, indios americanos mohawks, pertenecían al grupo de la Confederación Iroquesa de Ontario, Canadá.

[521] John W. Ross, M.D.: «Lessons Drawn from Practical Professional Experience with Trained Women Nurses in Military Service» *Journal of the Association of Military Surgeons of the United States*, noviembre 1902, pág. 274, y también en Graf, «Band of Angels», pág. 3.

[522] La tarjeta de trabajo de la Madre Anthony indica que era bisnieta del Jefe indio Spotted Tail, y sobrina nieta del Jefe Red Cloud, en Brenda Finnicum: «The First Indian Army Nurses», *Indian Country Today*, 3 de enero, 2001.

tos de los soldados norteamericanos fueron trasladados al Cementerio de Arlington, en Virginia, los de la Madre Bordeaux no fueron llevados con los de los soldados y aún permanecen en Pinar del Río.

Los historiadores[523] relatan que el Padre Craft[524] escribió al Departamento de Estado quejándose y diciendo que «ella (la Hermana Bordeaux) fue muy querida entre los soldados que ella cuidó y ayudó a restablecerse; sacrificó su propia vida por ellos, y los soldados lloraron y oraron por ella, tanto cubanos como españoles, y la quisieron por los cuidados que prodigó a huérfanos y enfermos».

El equipo de médicos y enfermeras de la División del Ejército de Estados Unidos, en el campamento de Columbia en La Habana, 1899.

La enfermera norteamericana Anna Wheeler en Cuba

La Congregación de Hermanas Norteamericanas recibió la Cruz de la Orden de Enfermeras de la Guerra Hispanoamericana, y el Congreso de manos del Congresista John Fitzgerald de Massachusetts, quien introdujo una Resolución Conjunta, «agradeciendo el

---

[523] Jerome Lamb, Jerry Ruff y P. William Sherman: *Scattered Steeples*, Burch, Londergan and Lynch, Fargo North Dakota, 1988, pág. 22.
[524] Director de la Congregación.

Congreso...por atender las necesidades de los soldados en la Guerra Hispanoamericana...». El 1 de febrero de 1899 fueron licenciadas con honores, pero permanecieron en Cuba hasta 1901 trabajando en un orfelinato que dirigía la hermana Josephine Two Bears.

Asilo Lazareto San Francisco en Sagua La Grande.

La hermana María Wilberforce, de la Cruz Roja.

La Hermana María Wilberforce de la Cruz Roja, consagró su vida a remediar los males de los enfermos. En 1896 se trasladó a La Habana cuando supo de los miles de enfermos que necesitaban asistencia debido a la guerra. Trabajó con ellos en el hospital Alfonso XIII, mayormente con los heridos del acorazado *Maine* luego de la explosión en la bahía de La Habana.[525]

La **Sra. de John Addison Porter**, esposa del Secretario del Presidente norteamericano, William Mac Kinley[526], fue una valerosa auxiliar de la Cruz Roja en los primeros combates que se llevaron a cabo frente a Santiago de Cuba. Se vio

---

[525] *Revista de Cayo Hueso*, 1897.
[526] William McKinley, (29 enero 1843-14 septiembre, 1901), vigésimo quinto Presidente de Estados Unidos. Fue asesinado en septiembre de 1901 cuando solo llevaba seis meses en su segundo término de gobierno.

obligada a recorrer largas distancia a caballo en su silla de hombre vistiendo pantalones prestados por unos oficiales. Su intrepidez ayudó a heridos y enfermos frente a la línea de combate, y fue admirable su valor.

Enfermeras a bordo del buque hospital «Relief» cerca de las costas de Cuba. National Library of Medicine, Bethesda, Maryland. ©

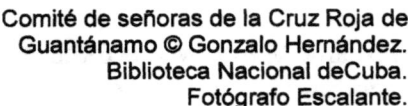

Comité de señoras de la Cruz Roja de Guantánamo © Gonzalo Hernández. Biblioteca Nacional deCuba. Fotógrafo Escalante.

Es probable que alguna de la enfermeras que aparecen en la foto trabajaran durante la Guerra, auxiliando a heridos y enfermos. Fueron las primeras enfermeras cubanas graduadas en Cuba en 1902. El 22 de septiembre se graduaron: **Trinidad Cantero, Rosa Gallardo y García, Martina Guevara y Molina, Adelaida Rendós Alarcia, Rosa Seiglie y Comesañas, Antonia Tejedor y Herrera y Bienvenida Cantón Pérez.**

Para su graduación se encontraban presentes los doctores Carlos E. Finlay, Emilio Martínez, Enrique Nuñez y Miss Mary O'Donnell. Fue un gran logro que estas siete mujeres se convirtieran en las primeras enfermeras cubanas a comienzos de la República. Mucho les debió costar obtener sus diplomas considerando lo adversas que eran las condiciones para la educación de la mujer.

El 7 de enero de 1898, el nuevo Capital General de la Isla, el General Blanco llegó a Sagua La Grande, y el alcalde, Francisco Machado, aprovechó para hacer un informe de la situación de la jurisdicción. En su administración, Machado se dio a la tarea de detener la epidemia de viruela que se extendía por la ciudad y sus alrededores. En agosto de 1898 se decidió construir un lazareto con el nombre de San Francisco donde se recluyeron 634 casos de los que fallecieron 212.[527] Machado también logró la vacunación de unas 14,500 personas.

El alcalde Machado tuvo una gran iniciativa apoyada por las damas del Consejo de Caridad y el resto del Ayuntamiento en la creación de asilos para huérfanos. El primero fue un asilo para niñas vulnerables a la prostitución debido a la Reconcentración, que se denominó Ángel Custodio.

Luego se hizo necesario abrir otra casa porque la cifra de asiladas llegó a 205, donde también señoras y señoritas de sociedad formaron parte de la directiva y se encargaban de la educación y atención de las jovencitas.

---
[527] Ibídem.

Enfermeras cubanas del Hospital Mercedes, preparadas para auxiliar a las Hermanas de la Caridad. Foto de José Gómez de la Carrera, publicada en el periódico *El Fígaro*, 24 septiembre, 1899.

La obra humanitaria de la gran norteña Clara Barton en Cuba[528]

El 6 de febrero de 1898, cuando contaba 77 años de edad, llegó a Cuba la Sra. Clara Barton, Presidenta de la Cruz Roja Norteamericana quien se dispuso a hacer algunos aportes y auxiliar a los soldados enfermos y heridos.

Clara Barton en 1897

Mujer insigne en la expresión de sentimientos altruistas, había nacido en 1821 en Oxford, Massachussets. Se educa en Clinton, New Jersey, y tan pronto obtiene el título de maestra, establece un colegio en Bordentown, New Jersey. En el ejercicio del magisterio la sorprende la Guerra Civil de Estados Unidos (1861). Abandona la escuela y marcha al campo de batalla a curar heridos. Poco después, en 1864, se hace cargo de los hospitales de sangre y al año siguiente se dirige al Cementerio Nacional

---

[528] Revista *Bohemia*, mayo, 1952, pp. 124 y 127.

de Ardensonville, donde logra identificar las tumbas de doce mil muertos de la contienda.

Más tarde presta sus servicios en la Guerra Franco-Germana (1870), y se pone en contacto con el Comité Internacional de la Cruz Roja. Regresa a los Estados Unidos y funda en 1881 la Cruz Roja Americana, ocupando la presidencia de esa institución hasta 1904.

Se incorpora al Cuerpo de Sanidad Militar de los Estados Unidos y durante la Guerra de Cuba presta sus servicios como enfermera. Mientras dura el conflicto desarrolla una labor prodigiosa. Los auxilios que el pueblo norteamericano envía al de Cuba, abrumado por la miseria que la guerra ha provocado en el país, son distribuidos bajo la dirección de Barton y su capacidad se debe, en gran parte, a la organización de los servicios de beneficencia pública durante la intervención del gobierno norteamericano en la Isla, así como los de salubridad.

Clara Barton equipó el buque «Comal», que cargado de víveres y medicinas, se destacaba en el horizonte y arribaría a playas cubanas para alimentar a los infelices hambrientos.

Después de la explosión del acorazado *Maine,* se agravaron las relaciones entre los Estados Unidos y España y el 20 de abril de 1895, con la aprobación de la «Resolucion Conjunta» que reconocía que los cubanos eran y de derecho debían ser libres e independientes surgió la ruptura. La obra de Clara Barton[529] a favor de los reconcentrados quedó interrumpida en la parte occidental de Cuba, pero ella acompañó al ejército expedicionario que desembarcó en Santiago de Cuba y sitió la plaza. Allá desarrolló Barton su admirable labor de socorro a los necesitados como en La Habana, salvando muchísimas vidas.

La pérdida de vidas en toda Cuba fue sobrecogedora. En el término municipal de Mantua, por ejemplo, que en 1887 contaba con 11,122 habitantes, en 1899 tenía 8,366. La disminución de población causada por la guerra y la Reconcentración en esa región de Pinar del Río fue de 2,756 habitantes. En la provincia de Santa Clara la fiebre amarilla causó aproximadamente 150 muertes anua-

---

[529] Herminio Portell Vilá: «Clara Barton; Protectora de los Reconcentrados Cubanos», *Sociedad Colombista Panamericana*, Historia de América, Discurso, Universidad de La Habana, 1954.

les entre 1889 y 1896, y en 1897, 1,469 murieron de la enfermedad. En el puerto de Santiago de Cuba, las mujeres fallecidas fueron menos de 100 en 1893, en 1894 subió la cifra a 664, y en 1895 a 1,002. Todas estas muertes eran producto de la fiebre amarilla propagada por los soldados españoles que llegaban en grandes cantidades para nutrir las tropas. Así el saldo de soldados españoles muertos en 1895 y 1896 fue de 1,601.[530]

Cuando termina la guerra en 1899, Cuba tenía la proporción más grande de viudos en el Hemisferio Occidental. La proporción de mujeres viudas era de 51.2 por cada cien, o sea, una viuda por cada 2 casadas.[531]

Al firmarse el Tratado de Paz el 10 de diciembre de 1898 que dio fin a la dominación española en Cuba, quedó establecido un gobierno interventor estadounidense. En enero de 1899 la sanidad militar norteamericana escogió el Cerro de las Ánimas en La Habana, (que limita por el este con la Calzada de Infanta y por el sur y el oeste con el Pasaje Manglar y el Cerro antiguo), para convertir un cuartel de ingeniería del Ejército Español que radicaba allí, en un hospital para sus tropas. La institución funcionó en principio como un hospital para los soldados norteamericanos y el 20 de noviembre de 1899 que se le declaró hospital municipal, siendo bautizado con el nombre de Hospital Las Ánimas.

En el Hospital de las Ánimas no habían atendido casos de fiebre amarilla las enfermeras que allí trabajaban, hasta que llegaron los de esa enfermedad, permaneciendo con ellos hasta su final,

Hospital civil de Santiago de Cuba

---

[530] H.S. Caminero: «Sanitary Inspector, USMHS, A Report on Yellow Fever at Santiago de Cuba», US Marine Hospital Service, *Annual Report of the supervising Surgeon-General of the Marine Hospital Service for the FY 1897*, junio 1, 1897, pp. 473-75.
[531] Louis A Perez: *To Die In Cuba*, University of North Carolina Press, 2005, pág 79.

Comisión de Señoras de la Cruz Roja de Cárdenas, presidida por la Sra. Elvira Balbeira de Ramos. Foto Pedro J. Pérez, *El Fígaro*, 19 de julio, 1896.

tratando de aliviar sus dolores y malestares. Una de esas enfermeras fue **Miss Clara Maass** quien entregó su vida por un alto sentido del deber al decidir que sería mas útil como enfermera en Cuba después de haber padecido la fiebre amarilla. Dispuesta a contraer la enfermedad, pidió ser picada por mosquitos infectados para quedar inmunizada. Trataron de disuadirla pero ella insistió y le aplicaron en el brazo los mosquitos. A los tres o cuatro días se le desencadenó una hemorragia de fiebre amarilla que le causó la muerte una semana después.

Clara Louise Maass (1876-1901) nació en East Orange, New Jersey, y fue de las primeras cinco enfermeras graduadas de la escuela de enfermería en 1895. Trabajó en el Hospital de Las Ánimas en la primavera de 1901. Falleció el 24 de agosto de ese mismo año. Fue la única norteamericana y la única mujer que murió durante los experimentos que interrumpieron tras su muerte. Finalmente se acabó de vencer la enfermedad.

Entrada al Hospital de Las Ánimas

La Sra. Clara Barton con su secretario, en La Habana

Ambulancia de la Cruz Roja española y dos Hermanas de la Caridad

Soldados norteamericanos que llevan a un herido por la carretera de San Juan, en Oriente.

En estas páginas no se pretende en ninguna forma agotar el tema. El objetivo es rendir tributo de respeto y admiración a las heroicas mujeres que con consagración y valor asombrosos prestaron sus útiles servicios en los asediados hospitales de sangre, y en la manigua. Este homenaje se dedica así mismo a las religiosas que con desvelos, entrega y dedicación, salvaron vidas y ayudaron con su compañía y sus rogativas a los moribundos en sus últimos momentos. Su labor en los hospitales y en los campos de combate fue encomiable, tomando en cuenta que no eran del país.

Señoras de la Cruz Roja Americana se embarcan en el buque *State of Texas* para Cuba, el 23 de abril de 1899.

Actualmente existen fosas comunes en Cuba con soldados españoles de la guerra, y también con mambises. Buscadas por los españoles, en Manzanillo se encontró una de estas fosas comunes con 142 cadáveres procedentes de las batallas de Peralejo, Cacao, Melones y Los Indios. Dice Javier Navarro, quien lleva dos décadas en busca de soldados de la guerra en Cuba, que «se encuentran allí abandonados, sin nombres, con un echadizo de hormigón encima».[532]

Hospital de San Lázaro en La Habana a fines del siglo XIX.

---

[532] Ibídem, p. 3.

«... [los niños] eran la parte más sensible y tierna de Cuba Libre».[533]

Un capellán católico a caballo en la manigua con un grupo de niños «soldados».[534]

Las guerras son horrendas, despiadadas y sangrientas: terminan siendo un cementerio de soldados de uno y otro bando. Estos soldados fueron, en cierto modo, obligados algunos, mientras que otros lucharon por un ideal y se inmolaron. En cualquier caso, murieron hombres y mujeres sin volver a ver a sus seres queridos, solo para que años más tarde olvidaran sus sacrificios. Sus esfuerzos y su martirio fueron honorables, como dijo en su tiempo el escritor español Vicente Blasco Ibáñez, opuesto a la guerra y favorable a la independencia de Cuba, «[los soldados] son las únicas víctimas de las locuras patrioteras y de los errores gubernamentales».[535]

---

[533] José Abreu Cardet: «Los pequeños insurrectos: niños, familia y guerra en Cuba (1868-1878)», *Caribbean Studies*, vol. 40, No. 1 (Enero-Junio 2012), pág. 117.
[534] «La Guerra de Cuba en fotos», http://www.fundacionhabaneras-tpd.es/?page_id=1632, p. 175, fotógrafo anónimo.
[535] Vicente Blasco Ibáñez: «El rebaño gris», *El Pueblo*, Valencia, septiembre, 1895.

Por el anverso, "La Abanderada", Biblioteca Nacional José Martí, La Habana.

Trábase rudo combate
con saña y terrible estruendo,
rojas balas despidiendo
el mortífero cañón.
Y Lucila...la primera
en las filas...entusiasta
empuña gozosa el asta
del cubano pabellón.

El casco de roja bomba
la hiere y el pendón suelta...
Pero más fiera y resuelta
lo coge y alza otra vez.
Y por mil balas candentes
la bandera acribillada
muestra, con mano crispada
y mayor intrepidez.

Y mientras nuestros soldados
con firme empuje pelean,
y al ibero machetean
con indomable furor,
Lucila, de muerte herida,
yerta y pálida la frente,
el pendón independiente
¡aún sostiene con valor!

¡Victoria! Al fin el cubano
clama con sublime gloria,
y moribunda...¡Victoria!
Lucila a la par gritó.
y envolviéndose en los pliegues
de la cubana bandera,
aún ¡Victoria! clamó fiera,
y exhaló un ¡ay!, y murió.

José Fornaris[536]

---

[536] En Los Pinos de Baire el 26 de octubre de 1868 se llevó a cabo la primera carga al machete dirigida por Máximo Gómez. Para batir a los enemigos sin necesidad de parque, una mujer abanderada de los mambises se burló de la lógica. Fornaris la ha dejado retratada en estas lindas octavas.
José Fornaris poeta y escritor, (Bayamo, 1827- La Habana, 1890). Escribió los versos de *La Bayamesa*. Ver Francisco Ponte Domínguez: *La mujer en la revolución de Cuba*, Imprenta Molina, La Habana, 1933, pág. 297

Mambisas, mambises y un niño mambí

5

«*Que la Patria os contempla orgullosa*»

«Habrá fuego y habrá sangre: habrá lágrimas y habrá luto; familias sin padre; hogares sin familia. Pero habrá también almas de héroes en cuerpos de mujeres: habrá en Cuba Lucrecias como en Roma; Carlotas como en Francia; Martas Washington como en los Estados Unidos; Policarpas[537] como en Colombia; habrá mil esposas como la de Joaquín de Agüero, que al estrecharlo entre sus brazos, en la hora de partir para el combate, no le llora, sino le sonríe; no lo detiene con sus lágrimas, sino que lo anima con sus miradas de entusiasmo; no le pide que se quede, sino que vuelva, –como decían las espartanas, o vencedor o muerto, por su patria y por su honor!–».

Miguel Teurbe Tolón.[538]

---

[537] El autor hace alusión aquí a las guerreras Lucrecia, de la antigua Roma; Carlota Corday, de la Revolución Francesa, y a Policarpa Salabarrieta del movimiento independentista de Colombia.

[538] «A las Cubanas», discurso pronunciado por Miguel Turbe Tolón, poeta y escritor (Matanzas 1820-1857. Ver Rodrigo Lazo: *Filibustero, Writing to Cuba*, University of North Carolina Press, Chapel Hill, North Carolina, 2005, pág.126.

En 1897 Sofía Estévez de Rodríguez dejaba sus impresiones de aquel momento en que España veía que perdía a la «siempre fiel Isla de Cuba». Decía Sofía: «las mujeres cubanas, nacidas bajo el peso de la esclavitud, se han acostumbrado a llorar toda la vida bajo el poder despótico que se ha llevado a las galeras a las personas que ellas han amado con todo su corazón. Pero no dejamos que nuestro espíritu flaqueara, ni que nuestros corazones se debilitaran. [...]¡Es demasiado tarde para la autonomía! Nunca hemos querido autonomía, [...] es muy tarde ya. Demasiada sangre inocente ha sido derramada; demasiados cubanos han sido deportados a las prisiones de África; demasiados cubanos han muerto. El país ha quedado devastado. Y lo más importante, demasiadas mujeres cubanas han sido brutalmente ofendidas. Nuestros esposos, nuestros hijos, nuestros hermanos, todos los cubanos con dignidad, todos los hombres de honor, continuarán derramando su sangre... y las mujeres –por encima de todo– seguirán dolidas sobre todo por los desmanes infringidos en muchas de nuestras hermanas. Escupimos el rostro del tirano y su autonomía, y rechazamos cualquier pacto que pudiera dejar a Cuba de cualquier forma atada a España».[539]

Por ello la mujer cubana volvió a la lucha y se unió a la contienda. Fue tras sus hombres porque ya no había más nada que perder; porque no quería que la patria se desangrara más; y había que alcanzar la libertad a toda costa. Reseño en este capítulo por orden alfabético, a las cubanas meritorias producto de mis investigaciones de esta etapa pre-independentista de nuestra historia. Las numerosas mujeres que marcharon al exilio, constan en el volumen III de esta obra.

Eva (María Josefa) Adán y Betancourt[540], nació el 27 de agosto de 1855 en Camagüey. Era hija de Nicolás Adán y Arteaga, y de Inés Betancourt y Varona, y ya en la Guerra de los Diez Años está en la manigua con su familia. Allí contrae matrimonio con el

---

[539] Sofía Estévez de Rodríguez: «Las mujeres», *Cuba*, 19 octubre 1897, pág. 2
[540] Más datos de la patriota en Teresa Fernández Soneira: *Mujeres de la Patria*, t1, pp. 285 y 425.

espirituano Alejandro Rodríguez Velazco, con el que tiene dos hijas, Sofía y Eva.

En 1870 cae prisionera de los españoles y es llevada con su madre y dos hermanos a Puerto Príncipe, para poco después salir expatriados a los Estados Unidos. Cuando termina la Guerra de los Diez Años regresan a Camagüey.

Al estallar la Guerra de Independencia la nombran delegada del Gobierno Revolucionario en Camagüey, llevando el sobrenombre de «Ave María» y está encargada de recoger dinero para la causa. El 2 de enero de 1897 cae prisionera y es conducida a La Habana en cordillera y a pie, sufriendo maltratos, para luego ser encerrada en la Casa de Recogidas[541]. Es interesante la narración del General Pujals[542] en su Diario de guerra, con fecha del 1 de febrero de 1897, en el que relata la forma en que Eva y otras mambisas fueron llevadas a La Habana: «Se recibe, por mediación del Teniente Calixto Sánchez, una carta de Salvador Cisneros[543] fechada el día once del corriente, dándonos aviso de haber tenido noticias de las últimas prisiones llevadas a cabo en la población [...], cuyos presos iban esposados de dos en dos al ser trasladados a Nuevitas por ferrocarril, el día 31 del mes próximo pasado. Estos presos son [entre ellos] las señoras **Concha Agramonte, Eva Adán, Ángela Malvina Silva**[544]**, Gabriela de Varona y María Aguilar** que van rumbo a La Habana suponiendo, según la carta, que esto sea con los mejores fines. Gracias a las gestiones realizadas por **Caridad Esteban**, esposa de Eugenio Sánchez Agramonte[545], son puestas en libertad con la condición de que salgan del país».[546]

---

[541] La Casa de Recogidas era la cárcel para mujeres en La Habana.

[542] Vicente Pujals Puente (1843-1901), comandante en las guerras de independencia.

[543] Salvador Cisneros Betancourt, (Camagüey, 10 de febrero, 1828 - La Habana, 28 de febrero, 1914), político, presidente de la República de Cuba en Armas, de familia noble y acaudalada. Al estallar la Guerra de los Diez Años, otorga la libertad a sus esclavos y pone sus bienes al servicio de la independencia cubana.

[544] Ángela Malvina Silva era la esposa del General Lope Recio y Loynaz. A ella nos referimos en el volumen I de esta obra, pp. 285, 338 y 425.

[545] Eugenio Sánchez Agramonte (1865-1933), General de Brigada. Tercer Jefe Superior del Cuerpo de Sanidad del Ejército Libertador. Hijo de la patriota Con-

Sofía Rodríguez Adán, hija de Eva Adán y Alejandro Rodríguez.[547]

De nuevo Eva Adán tiene que marchar al exilio. Regresa al país al terminar la contienda y se establece en La Habana. Sus memorias fueron publicadas en 1935 con el nombre de *Hojas de Recuerdos, Páginas de una vida*.[548]

Matilde Agramonte Varona, natural de Santa Clara, se unió al ejército del General Maceo y luchó en la batalla de Olayita en Quemado de Güines. Allí muere junto a otros soldados.[549]

Nace **Caridad Agüero Betancourt** en Camagüey, el 5 de septiembre de 1845. Era hermana de los patriotas Diego y Gaspar Agüero, ambos fusilados en el Castillo del Príncipe durante la Guerra de los Diez Años.

Caridad permanece junto a su familia toda la Guerra del 68, y es hecha prisionera en Curana, Camagüey, cuando salva a su padre del fusilamiento. Luego parte para el exilio y sirve en la Junta Revolucionaria hasta el final de la guerra, fungiendo como representante del presidente Salvador Cisneros Betancourt.

Al estallar la Guerra de Independencia, envía a La Habana baúles repletos de armas y municiones. Luego regresa a Cuba y no descansa en su labor por la libertad. Se comenta que en la calle detenía a cualquier cubano para pedirle que se uniera a la insurrección, y que asistía a velorios de distinguidas personalidades para exigir de los hombres, en nombre de la patria, que sacrificaran sus vidas.

---

cha Agramonte. Para más datos de Concha Agramonte ver Fernández Soneira, *Mujeres de la Patria,* t I, pp. 280, 288, 291, 425 y 434.

[546] Revista *Bohemia,* Año 42, núm. 44, 29 de octubre, 1950. Eva Adán se exilia en Cayo Hueso.

[547] Foto publicada en *Revista de Cayo Hueso,* 1898.

[548] Eva Adán: *Hojas de Recuerdos,* Imprenta Molina y Cía., La Habana, 1935.

[549] Gonzalo de Quesada: *The War in Cuba,* Liberty Publishing Co., New York, 1898, pág. 172.

En una ocasión visitó Nuevitas llevando consigo alguna correspondencia comprometedora. Llegó a la estación del ferrocarril con una pesada maleta en sus manos, y al arribar a Nuevitas se le hizo un minucioso registro. Nada le encontraron ya que la atrevida Caridad llevaba la correspondencia escondida entre los barrotes huecos de la jaula de un perico que llevaba consigo.

Caridad falleció en Camagüey, el 29 de noviembre de 1919, a los 75 años.

Catedral de Camagüey

Hija de Antonio Aguilar Miranda y de Sacramento Borrero Varona, **María Aguilar Borrero** había nacido en Camagüey, el 4 de septiembre de 1854. Contaba los 14 años, marcha con su familia a la manigua durante la Guerra de los Diez Años. El 20 de agosto de 1870 las tropas españolas asaltaron su refugio en Palmarito de Curana en Las Tunas, donde tomaron prisioneras a las mujeres. De regreso a Puerto Príncipe, logró marchar al exilio en la República Dominicana.

Después del Pacto del Zanjón regresa a Cuba y prosigue su labor revolucionaria. La persiguen, y en junio de 1896 se ve obligada a abandonar nuevamente su patria y sale para los Estados Unidos. Por su persistencia, en diciembre de ese año vuelve a Camagüey sin darse por vencida. Allí es nuevamente apresada y esta vez la llevan a La Habana donde es internada en la Casa de Recogidas para luego ser desterrada, ¡por tercera vez!, y enviada a Nueva York. Al término de la guerra, María regresa a Camagüey, donde fija residencia para siempre.

Luego de una larga vida de entrega a la libertad de Cuba, fallece en su ciudad natal, el 9 de junio de 1915.[550]

Florentina Aldama y Aldama fue a la manigua en 1896 con el esposo. En pleno campo de batalla la hieren tres balazos, pero

---

[550] Ibídem, p.120.

luego de recuperarse de las heridas y con el deseo de combatir, sigue luchando en la manigua.[551]

Antonia Alpízar, conocida como «La Inocente»,[552] nació en 1877. Fue socia del club mixto *Fe Patriótica* del cual Máximo Agüero era el presidente y **Ana Falcón de Agüero** (La Solitaria) la tesorera. Entre los siete asociados restantes de este club figuraba otra mujer: **Rita Cuervo,** con el seudónimo de «La Hija del Pueblo».

El 14 de septiembre de 1871 nació en Puerto Príncipe, **Consuelo Crescencia Álvarez de la Vega,** hija de Juan Ramón Álvarez Estrada y de Ángela Mariana de la Vega y Olivera. La familia era de modestos recursos económicos ya que según el padrón de vecinos de Minas en 1879[553], el padre de Consuelo era carpintero.

Aparentemente Juan Ramón, padre de Consuelo, estaba implicado en la Revolución porque Consuelo le escribe a Puerto Plata, Republica Dominicana, el 21 de agosto de 1896. Entre otras cosas le dice: «Esto cada día se hace más insoportable y cada uno de ellos que pasa nos trae nuevas calamidades; el pueblo está amurallado o más bien barricada con una triple fortaleza de alambres, de barriles de arena y de púas de unos palitos que me pareció guayaba».[554] Y luego dice: «ahora le han formado consejo de guerra a cuatro jóvenes, entre ellos Miguel Ángel Núñez y Albertico, el novio de **Luz Díaz**; se dice que los fusilan y además tienen en la cárcel a dos niños, uno de 11 años y otro que no lo conozco. Figúrese como estaríamos de sobresaltadas».[555]

---

[551] Francisco Ponte Domínguez: *La mujer en la revolución de Cuba,* Imprenta Molina, La Habana, 1933.

[552] Raquel Vinat: «Accionar Político de las cubanas durante la etapa de entreguerras», en María del Carmen Barcia, *La Turbulencia del Reposo,* Editorial de Ciencias Sociales, La Habana, 1998, pág. 279

[553] Elda Cento y Gustavo Sed: *Visión de la Guerra: Correspondencia de Consuelo Álvarez de la Vega* (1895-1897) Editorial Ácana, Camagüey, 2001, pág. 15.

[554] Ibídem, pág. 76

[555] El niño era Rogelio Loret de Mola Escobar, hijo de Virgilio Loret de Mola y Ángela Escobar. Rogelio pertenecía a la familia Loret de Mola que escribió páginas de valentía y honor durante la guerra del 68. Para datos del trágico incidente, ver Fernández Soneira, *Mujeres de la Patria*, t I, pp. 314-315.

Fue Consuelo propagandista de la Guerra de Independencia junto con **Ana María Echevarría**.[556] También es muy probable que Consuelo haya integrado el club revolucionario Hijas del Tínima, ya que la familia siempre tuvo espíritu rebelde, y los tres hermanos mayores lucharon con el Ejército Libertador.

Consuelo Álvarez era sobrina de Justo Magín Valdés, prefecto de Mala Noche[557], residente en la prefectura del lugar. Esta era una casona de tabla, donde había un fogón de leña que quemaba constantemente un tronco de júcaro negro. Se comentaba que a la luz del candil, las sobrinas del Capitán se sentaban a coser la bandera cubana, entre ellas Consuelo Álvarez.

A veces había baile, y las jóvenes se adornaban los cabellos con la flor de la mariposa[558]. El 31 de octubre de 1895 se llevaría a cabo un baile. Todas las guajiras lucían hermosas para la fiesta en la casona de Valdés. El General Enrique Loynaz del Castillo,[559] quien se encontraba allí esa noche, anotó en su diario:[560] «cuando terminado mi turno, me dirigí al cuartel general, situado en la casona de la finca, se tocaba el último vals en homenaje al General Maceo. Salía en esos momentos el Teniente Peregrín Carrullas dando el brazo a la señorita Consuelo Álvarez Valdés, sobrina del capitán prefecto, quien acababa de hacer gala en aquella reunión de sus admirables facultades de poetisa y recitadora. Me concedió el Teniente Peregrín el brazo de la joven que era maestra insurrecta. Del brazo llevé a la señorita Álvarez Valdés para que tomara asiento, y me senté a su lado para atenderla».[561] Así comenzaría un romance platónico entre los dos.

---

[556] Ibídem.

[557] Cercano a la ciudad de Camagüey.

[558] Aunque no es oriunda de Cuba sino de Asia, India y Nepal, la *Hedychium coronarium* es la flor nacional de Cuba.

[559] Enrique Loynaz del Castillo, (Puerto Plata, República Dominicana, junio 1871 - La Habana, febrero 1963), General del Ejército Libertador en la Guerra de 1895. Autor de la letra del Himno Invasor.

[560] Enrique Loynaz y del Castillo: *Memorias de la Guerra*: Editorial de Ciencias Sociales, La Habana, 1989. Loynaz del Castillo luego contrajo matrimonio con María de las Mercedes Muñoz Sañudo. Loynaz del Castillo erróneamente se refiere a Consuelo con el apellido Valdés en lugar de De la Vega.

[561] Loynaz del Castillo, Ibídem.

Según la describe el General Loynaz, Consuelo era una linda joven, trigueña, de ojos negros, esbelta, de finas facciones. «Era una flor del campo, apunta Loynaz. Nunca había estado en ciudad ni pueblo alguno. Solo conocía los campestres bohíos. Pero la madre, **Juanita Valdés**, mujer de cultura y mérito, había logrado darle una esmerada educación [...]. La niña aprendió a recitar con arte y pronto a componer admirables poesías». Consuelo enseñó a los mambises a leer y escribir en escuelas improvisadas en la manigua.

Consuelo Álvarez de la Vega y su familia en torno a Salvador Cisneros Betancourt, sentado en el centro y vestido de negro. Consuelo está sentada, a la izquierda de Cisneros Betancourt.[562]

El 2 de noviembre de 1895 la columna invasora se puso en marcha hacia occidente. En el primer descanso que tomaron, Loynaz del Castillo escribió en su diario: «Cuando partimos del inigualable campamento de Mala Noche me pareció, más que nunca, triste y luctuoso el día, y en la monotonía de la marcha sin aliciente, un mundo de recuerdos me atraían al horizonte cada vez más lejano, e iluminado por la personalidad radiante de gracia de Consuelo Álvarez».[563]

Durante toda la guerra, Loynaz del Castillo y Consuelo Álvarez mantuvieron larga correspondencia. Ella aparece mencionada en el diario de Loynaz con mucha frecuencia. En una de sus anotaciones dice el combatiente: «Después fueron sus cartas inigualables y mi mayor deleite espiritual. Eran tan bellas, que muchas veces las leía en alta voz y con cálidas celebraciones. El General

---

[562] Cento y Sed, Ibíd.
[563] Loynaz del Castillo, Ob.Cit.

Mayía Rodríguez[564] más de una vez me las quitó de las manos para ruidosos estallidos de admiración». La historiadora Elda Cento Gómez[565] ha estudiado esta correspondencia en la que la joven escribe sobre las acciones militares de Saratoga, El Congreso, Cascorro, Guáimaro y La Redonda, por lo que esas cartas han sido de gran importancia por su gran aporte a la historia.

Poco antes de terminar la guerra, el 9 de abril de 1898, Consuelo contrae matrimonio con Miguel Alfredo Agramonte y Duque de Estrada, en La Caridad de Palmarito, de cuya unión nacerían tres hijos. Después de enviudar en 1904, contrae segundas nupcias con Antonio Pablo Ronquillo y Riverón, el 3 de octubre de 1909, con el que tuvo una hija.

Cuando ya habían pasado muchos años, Loynaz aún la recordaba: «Aquella joven, que no había asistido a una escuela, que no tuvo maestro, que no había visto una ciudad, que por su propio esfuerzo y talento escribió versos exquisitos y fue maestra en la guerra, fue a residir a Manzanillo al final de la contienda y ganó por oposición un aula en la Escuela Normal de Matanzas. Fue profesora de pintura y dejó al morir magníficas obras. Escribió varios libros de filosofía teosófica,[566] y una novela».

Consuelo Álvarez falleció en Camagüey, el 24 de abril de 1959 a los 87 años de edad, en su casa de la calle República, no. 171.

Aunque pocos datos tenemos de **Mercedes Amat vda. de Martínez,** el historiador Gustavo Pérez Abreu anota en su Diario: «a escasez de parque, nuestra eterna pesadilla, nos obliga a retirarnos dirigiéndonos a la finca de Mercedes Amat vda. de Martínez, adonde llegamos a las seis de la tarde. […]. A Mercedes Amat la distingue mucho el General Máximo Gómez, recomendándosela eficazmente al co-

---

[564] José María Rodríguez, más conocido como Mayía Rodríguez, (Santiago de Cuba 1849 - La Habana, 1903), militar cubano que participó en las tres guerras por la independencia.
[565] Cento, Ob.Cit.
[566] Estudio comparativo de religión, ciencia y filosofía.

ronel Pedro Díaz, jefe de la zona. **María Teresa Martínez**, su hija, es celebrada por los ayudantes del General».[567]

Clemencia Arango y Soler nació en la provincia de La Habana en 1880. Era una adolescente de 15 años cuando estalló la gesta de 1895 y entonces se va a la manigua con su hermano, el coronel Raúl Arango, una de las figuras más prestigiosas del campo de la Revolución. A pesar de sus cortos años, se involucra en actividades peligrosas. En mayo de 1895 remite cartas a Estrada Palma en Nueva York y también gestiona la salida de Cuba de una señora que está siendo perseguida.

Tomas Estrada Palma, delegado de la República en Armas, al hablar de Clemencia Arango dijo en cierta ocasión «que era su mejor confidente, la más valiente y segura, y que le había otorgado todas las facultades y toda la libertad para actuar y proceder».

Clemencia entraba y salía de las ciudades e iba a los campamentos conduciendo la ayuda más necesaria como balas, medicinas, ropas y noticias referentes a los movimientos de las tropas españolas. Clemencia Arango sólo soñaba con la libertad de Cuba. Terminada la contienda, sirvió a su país desde otros ángulos; pero siempre en posiciones modestas.

Inocencia Araújo Villasana nació en 1852 en una finca cafetalera de Yateras, en Guantánamo. De familia independentista, era hija del tabaquero de Mayarí, Manuel Lorenzo Araújo, y de la yaterana Juana María Villasana.

Los padres de Inocencia participaron en la guerra del 68. El padre falleció en una prisión española de Ceuta. Luego de morir también su madre, Inocencia se ocupa de sus hermanos. Años después contrae matrimonio con el cubano francés, Enrique Fournier, y van a residir a la calle Caridad Alta, no. 8, en Guantánamo.

Los hermanos de Inocencia: Juan, Trino y José Agustín Araújo, fueron los responsables del levantamiento armado en El Yarey, el 24 de febrero de 1895. Inocencia es nominada para diri-

---

[567] Gustavo Pérez Abreu: *En la guerra con Máximo Gómez*, Editorial Carbonell, La Habana 1952, pág. 29.

girse a Yateras a transmitir la noticia del alzamiento y al empezar la guerra, colabora con Maceo utilizando el seudónimo de «Isabel», y por su influencia y trabajos junto a la patriota **Cristina Pérez**[568], los indios de Yateras se alzan junto a los mambises, como se referirá más tarde.

En un encuentro en noviembre de 1893 entre Inocencia y Nicolás Jané y Peguero en Aguada de los Bueyes, Guantánamo, Periquito Pérez le pidió a Inocencia que creara una red de inteligencia para localizar informaciones militares de la guarnición de la villa y otras investigaciones de carácter político. También le indicó Periquito que observara la labor de la red de inteligencia del grupo conspirativo en esa localidad ya que la conspiración tenía como propósito hacerse pública para alcanzar el apoyo del pueblo, mientras que el espionaje debía ser secreto.

En julio de 1894 se organizó el Comité Revolucionario de Guantánamo, uno de los centros conspirativos más fuertes de la isla. Estaba integrado por 28 destacadas figuras del separatismo del Alto Oriente, entre las cuales se encontraba Inocencia, única mujer del Comité. Periquito Pérez nuevamente le asignó otra misión, esta vez la de localizar recursos para la guerra y garantizar contactos con los responsables de los grupos que se habían alzado en Yateras.

La agente Isabel, que era su seudónimo de guerra, tuvo extremado cuidado en la selección del personal que trabajaría en la labor secreta, tanto en la villa como en los poblados del valle. Era valiente la mambisa, quien junto a Nicolás Jané, escogió entre los comprometidos a veteranos de las campañas pasadas y a jóvenes neófitos, así como a hombres y mujeres que estaban preparados para llevar a cabo las difíciles misiones propias de los agentes. Varios patriotas que laboraron en esta etapa de la guerra en esta zona fueron: Eleusipo Bertot Almenares y su esposa **Gregoria Herrera Garbosa**; **Caridad Jaca,** esposa de Nicolás Jané; Joaquín Ross y Miguel Masón.

Más adelante Inocencia se convirtió en el enlace de Periquito Pérez con la mambisa **Cristina Pérez**. Estos grupos fueron centros de la inteligencia revolucionaria, y tenían como punto de reunión

---

[568] Para más datos sobre Cristina Pérez ver pp. 64, 196, 271, 292, 376, 391-394 de esta obra.

la cafetería y dulcería La Dominica de Pánfilo Mesa y su esposa **Caridad Romero.**

Un encuentro casual en San Justo con un oficial le iba a proporcionar a Inocencia una de las informaciones más valiosas de la inteligencia mambisa en la guerra de 1895. Se trataba de los planes operativos del coronel español Juan Copello y de su Estado Mayor para acorralar a Martí y Gómez en la zona de Arroyo Hondo. Inocencia informó a Carlos Jané de esto, y luego salió en dirección al campamento de Periquito Pérez en Vuelta Corta de Filipinas.

El Coronel español Capello, al mando de 500 hombres del regimiento Simancas, salieron en busca de los insurrectos. Consciente de la importancia de evitar que Martí fuera capturado por la tropa española, Isabel se las ingenió para ponerse en contacto con el General José Maceo y alertarle de lo que estaba ocurriendo. El General Maceo con su escolta y unos 200 hombres más, marcharon al encuentro de los españoles. La batalla del puente de Río Hondo se libró a 12 kilómetros de Guantánamo. Después de dos horas de duro combate el regimiento español se retiró y José Maceo alcanzaba su primera victoria de la Guerra del 95.

Martí y quienes lo acompañaban sólo escucharon las descargas de fusilería. Unos días después conocieron lo cerca que habían estado de caer en manos de los españoles. Quizás alguien le comentara a Martí el papel que jugó Inocencia Araujo en salvarle la vida lo que nunca sabremos, ya que el 19 de mayo de 1895 moría el Apóstol en Dos Ríos.

Inocencia continuó su labor y sostuvo encuentros con José Maceo en Vuelta Corta y en La Pimienta. Allí Maceo la nombró su agente personal.

En agosto de 1895 resultó decisiva su participación en el descubrimiento de la espía Belén Botijuela, negra ex-esclava, comprada por los españoles para realizar servicios de infiltración en los campamentos insurrectos en la Guerra Grande y en 1895. La traidora entraba libremente a la villa guantanamera junto a su marido, y luego informaba la situación de los campamentos y unidades insurrectas a los españoles. Estas entradas llamaron la atención a Inocencia quien lo informó a Pedro Pérez para que ordenara su captura.

Calle Real de Guantánamo a finales del siglo XIX

En octubre de 1895 hubo un registro en el ferrocarril donde los soldados españoles encontraron municiones, dinamita y materiales que debían usar los mambises en Mata Abajo. El proceso de investigación condujo a un grupo de conspiradores a prisión, entre ellos a Inocencia y a Joaquín Ross. Pero Inocencia sufrió prisión en la cárcel de Guantánamo breve tiempo y luego fue conducida al Morro en Santiago de Cuba. Estaba allí el comandante Manuel de Jesús Granda, expedicionario de la goleta *Honor*, que luego escribió: «al ver arribar a la fortaleza de El Morro a la prestigiosa mambisa, Inocencia Araújo aquella tarde de noviembre, maniatada por las ataduras y conducida por un grosero sargento, comprendí que la Revolución había sufrido un fuerte golpe».[569]

Después se la llevaron presa a La Cabaña en La Habana, y finalmente la deportan a los Estados Unidos. En el exilio participa en los clubes revolucionarios, pero pronto regresa a Cuba. La activa guantanamera murió en 1902 en su tierra natal.[570]

---

[569] Manuel de Jesús Granda: «Prisión en el Morro santiaguero», *El Triunfo*, La Habana, 22 mayo 1916, pág. 27.
[570] Ana María Luján O'Farril: *Patriotas Cubanos,* t VII, Casa Editora Abril, La Habana, 2011.

Castillo San Pedro de la Roca, conocido como El Morro, en Santiago de Cuba. En sus celdas, durante las guerras de independencia, guardaron prisión muchos patriotas cubanos, entre ellos algunas mujeres como fueron Dominga Moncada y Concepción Araújo Calderón.

América Arias López nació en Sancti Spíritus, en 1857. Su familia le proporcionó una formación religiosa y patriótica que luego la llevaría por los senderos de la caridad y el amor a Cuba. Al fallecer sus padres, Manuela y Juan Pablo, tuvo América que asumir la atención de sus hermanos menores.

Aún muy joven, contrae matrimonio con José Miguel Gómez y poco tiempo después estalla la Guerra de los Independencia. Su esposo decide incorporarse a las filas patrióticas, convirtiéndose ella también en auxiliar de la Revolución.

América Arias es una mujer religiosa quien, además de prestar servicios a la guerra, también guarda relaciones con las familias pobres de Sancti Spíritus que como ella tienen familiares luchando y las ayuda con los medios que puede ofrecerles para que sobrevivan aquellas dificultades.

En la guerra, América participa activamente como enfermera, correo y mensajera de los mambises y llega a alcanzar el grado de Capitana del Ejército Libertador. La escritora Reneé Méndez Capote la describe: «era fuerte, dulce, sencilla, cariñosa y cordialísima; inspiraba, sin embargo, un gran respeto [...]; ni era ambiciosa, ni amaba el lujo, ni ponía el dinero por encima de las nobles cualidades del espíritu. Era trigueña, con ojos penetrantes, pero bondadosos. Tenía las luces muy claras, como se decía entonces, de una inteligencia sólida».[571]

---

[571] Reneé Méndez-Capote y Chaple (La Habana, 12 de noviembre de 1901 - 14 de mayo de 1989), fue una escritora, ensayista, periodista, traductora, sufragista

En el jardín del Hospital de Maternidad América Arias[572] situado en la calle Línea esquina a la Avenida de los Presidentes, en El Vedado, La Habana,[573] hay un busto en bronce sobre un pedestal de piedra que representa a América Arias López. La escultura, de estilo *art deco*, fue creada por el artista habanero Teodoro Ramos Blanco, y quedó instalada el 20 de junio de 1936.[574]

Tanto en su ciudad natal, cuando residía en Santa Clara, como cuando se trasladó a La Habana, ya como esposa del que fue Mayor General, José Miguel Gómez y luego Presidente de la República (1909 a 1913), perteneció América Arias a muchas asociaciones y contribuyó con obras de beneficio a la Iglesia católica.

El General del Ejército Libertador, José Miguel Gómez, luego Presidente de la República de Cuba.

La labor de América Arias durante la República se distinguió por sus trabajos humanitarios y religiosos, como fue el pro-

---

y activista feminista cubana. Hija del General Domingo Méndez Capote del Ejercito Libertador.

[572] Al inicio la institución se llamó Elvira Machado, quien era esposa del Presidente Gerardo Machado Morales, pero a la caída de su gobierno, el entonces alcalde de La Habana, Miguel Mariano Gómez Arias, la rebautizó para honrar a su madre.

[573] Localizado en la calle Línea esquina a G, Avenida de los Presidentes, en el Vedado.

[574] Teodoro Ramos Blanco también haría el monumento a Mariana Grajales en el Vedado. El Hospital de Maternidad fue el primer gran hospital de La Habana, no solo por ser el primero en tener varias plantas, sin pabellones aislados, sino también por ser modelo de distribución en la organización de sus actividades en un solo complejo hospitalario. En los jardines se colocaron varias esculturas realizadas por el arquitecto, escultor y dibujante cubano, Félix Cabarrocas.

yecto que aparece en un artículo de la revista *Bohemia* de noviembre de 1910[575]: «En los días sombríos de la emigración, durante la guerra que redimió a Cuba de sus desventuras, muchas cubanas refugiadas en New York prometieron con fervorosas plegarias elevadas al cielo entre lágrimas y suspiros que tan pronto terminara la campaña cubana, si obtenían la libertad de su tierra, los esforzados hijos que por ella luchaban levantarían un templo a la excelsa Virgen de la Caridad, ¡la protectora de sus ideales!». Aparentemente este deseo de aquellas damas no llegó a hacerse realidad hasta que en 1913[576] la Primera Dama de la República, América Arias, ayudó a que se cumpliera. Y sigue el periodista relatando: «Consta documentalmente en el archivo del Arzobispado de La Habana,[577] que "personas piadosas de esta ciudad, secundadas por América Arias de Gómez expresaron sus deseos de dedicar en la capital un templo al culto de Nuestra Señora de la Caridad del Cobre".[578] Como no había recursos para levantar un nuevo templo, América pensó que tal vez la parroquia de Nuestra Señora de Guadalupe de La Habana podía ser dedicada a "Nuestra Señora de la Caridad. El 29 de junio de 1911, el Obispo Pedro González y Estrada[579] pidió autorización al Papa Pío X para realizar el cambio de advocación, y recibió una respuesta afirmativa algún tiempo después. El acontecimiento fue celebrado con una fiesta solemne en la iglesia».

En la Iglesia del Santo Ángel Custodio de La Habana, se veneraba una imagen de Nuestra Señora de la Caridad del Cobre que la primera dama, Sra. América Arias, había donado al templo alrededor de la década del 1920.[580]

---

[575] Enrique Ubieta: «América Arias López», *Bohemia,* La Habana, noviembre, 1910.

[576] Perla Cartaya Cotta: «América Arias López», *Palabra Nueva*, no. 107, año X, abril, La Habana, 2002, pp. 46-47.

[577] «Por la Virgen de la Caridad, Patrona de Cuba», Revista *Bohemia*, noviembre 1910, pág. 494.

[578] Legajo 16-A, expediente 37, parroquias.

[579] El cubano, Mons. Pedro González Estrada, Obispo de La Habana (1903-1925).

[580] Enrique Ubieta: *Efemérides de la revolución cubana*, volumen IV, La Habana, mayo 1920 pág. 177.

Iglesia Nuestra Señora de la Caridad en La Habana.

América Arias y su esposo, el Presidente de la República, José Miguel Gómez, al salir de la parroquia de La Caridad, después de la ceremonia de dedicación.

América Arias fue presidenta honoraria de la Asociación Nacional de Enfermeras de la República de Cuba[581] y presidenta del Patronato de Damas del Asilo San Vicente de Paúl. También fundó la escuela de tipografía, mecanografía y taquigrafía que llevó su nombre, regenteada por las Hijas de la Caridad, en la cual numerosas jóvenes cubanas se prepararon gratuitamente para ganarse la vida en las oficinas. Cuentan que en la época del período presidencial de su esposo, ella salía todos los días a visitar familias pobres de La Habana para auxiliarlas económica y espiritualmente.

América Arias falleció en La Habana, el 20 de abril de 1935. Su esposo había fallecido en 1921. Hay testimonios de que el día de su muerte fue de luto para los hogares cubanos. El pueblo acompañó sus restos hasta el cementerio donde fue enterrada junto a su esposo.

---

[581] Mrs. Glen Levin Swiggett: «Report on the Women's Auxiliary Conference», 2do Congreso Científico Pan Americano, Washington, DC, 1915-1916, pág. 34.

Monumento erigido junto al parque antiguamente conocido como Parque Zayas, que llevaba el nombre de América Arias y actualmente es Memorial Granma, y que ocupa el área entre las calles Zulueta, Morro, Trocadero y Colón. El busto sobre pedestal, obra del escultor cubano, Juan José Sicre[582], fue primer Premio en el «Concurso Nacional, busto a América Arias», celebrado en La Habana en 1937.[583].

Tumba del Presidente José Miguel Gómez en el cementerio de Colón, en La Habana, donde también yacen los restos de su esposa, América Arias. Foto cortesía de Trip Advisor ©.

Leonor Arrondo de Amoedo anima a sus vecinas a crear una red de recogida de víveres y medicinas para las tropas donde se encontraban también sus esposos. Al ser delatadas, son enviadas a prisión y en el juicio, Leonor, con palabras sencillas y firmes, declara: «Si defender la sagrada causa por la que combate mi amado esposo, el padre de mis hijas es delito, condenadme, que yo sabré resistir la pena». Sufre la cárcel junto con sus hijas menores y luego tiene que marchar al exilio pero regresa a Cuba una vez liberada la patria. Poco más se conoce de la vida de esta patriota[584].

Francisca Barrios era natural de Pinar del Río. En 1896 los mambises incendian el pueblo de Sábalo, en Guane, luego de pedir autorización a los mambises, Barrios salva el archivo y los vasos

---

[582] Juan José Sicre (Matanzas 1898-Washington, 1974). Ganó varios premios nacionales, y ejecutó varios monumentos, entre ellos el de José Martí en la Plaza Cívica (hoy Plaza de la Revolución), en la década de 1950.

[583] Derubín Jácome, publicado en *Cuba en la Memoria,* https://cubaenla memoria.wordpress.com/

[584] K. Lynn Stonner: *Cuban and Cuban-American Women, an Annotated Bibliography,* Scholarly Resources, Inc., Delaware, 2002, y Archivo de la Federación de Mujeres Cubanas.

sagrados de la parroquia, y se los entrega a su párroco. No sabemos si finalmente se salvaron estos objetos ya que Pinar del Río sufrió muchos incendios y pérdidas de iglesias durante la guerra.

Flora Basulto Guevara de Montoya había nacido en Camagüey, el 10 de julio de 1889. Era hija del veterano de la Guerra de Independencia, Teniente del ejército cubano, Antonio Basulto de Castro, y de Catalina Guevara del Risco.[585]

Flora nos ha dejado un relato interesante de los comienzos de la guerra: «la noticia corrió veloz por toda la isla, aunque de manera enigmática. Los telegramas entre los conspiradores eran generalmente refiriéndose a ganado vacuno: al tratar los libertadores de disimular decían: 'recoge ganado y envíalo a la finca tal' o 'tengo reunidas tantas cabezas de ganado' (o sea, tengo tantos hombres y llévalos a tal lugar). En el establecimiento de mi padre se avivó la venta extraordinariamente. La existencia de aperos de ensillar caballos y polainas mermaba rápidamente, por las muchas ventas que se hacían. Todo esto tenía alarmada a la guardia civil que vivía al lado de mi casa. Yo no entendía eso del "Grito de Baire", que los cubanos decían alborozados. ¿Cómo era que un grito alegraba así?, pensaba yo. Los criollos decían los "alzados", mientras los españoles decían "los bandoleros o los facinerosos"».[586]

Flora Basulto se juntó a una partida de doce hombres procedentes de la columna de Maceo y capitaneada por Miguel Lores. Por ser mujer, la incorporaron en el servicio sanitario, con lo cual no se conformó y fue a pelear. Ganó finalmente los galones de Capitana por su participación en algunos combates en 1896.

Emilia Bernal de Agüero nació el 18 de mayo de 1884 en Nuevitas, donde sus padres estaban de paso, ya que residían en la ciudad de Camagüey.

Emilia Bernal Agüero a los 23 años, cortesía de Emilio Bernal Labrada. Todos los derechos reservados ©.

---

[585] Flora Basulto de Montoya: *Una Niña Bajo Tres Banderas (Memorias)* Editora de libros y folletos, La Habana, 1954.

[586] Ibídem., pág. 13.

Su madre, **Concepción de Agüero**, es maestra rural y poetisa y se ocupa de la educación de su hija. Su padre, Emilio Bernal, es pintor y periodista[587]. Según palabras de la misma Emilia, sus padres eran «dos artistas, dos espíritus de selección que naufragaban en el maremágnum de la realidad, y sin embargo creyeron que fuera de Cuba él podría pintar retratos que le pagarían ventajosamente, y ella podría fundar una escuela productora de ganancias provechosas»[588]. Van así viajando entre México y Santo Domingo, para luego regresar a Cuba.

Al comenzar la Guerra del 95, la casa familiar iba a ser incendiada, como las demás del pueblo. Es entonces en que la familia se prepara para salvar algunos objetos y artículos valiosos dentro de la vivienda. Ya se alejaban de ella los miembros de la familia Bernal Agüero cuando dicen que la madre de repente, gritó: «¡Los papeles de mi familia!» Concepción de Agüero se lanza, corriendo, de regreso a la casa, cuyas paredes empezaban a arder. La siguen Emilia y sus hermanos.

Del poblado solo faltaba por quemar el paradero del ferrocarril donde debería regresar la madre. Un hombre se disponía a quemarlo cuando Emilia corrió, gritándole: «¡Espere! ¡Mi madre está del otro lado!» Pero el hombre contestó: «quítenme a esa muchachita de allí, o le pego un tiro!» Pero en ese momento reapareció Concepción apretando junto a su cuerpo una cartera verde con los papeles de la familia: ¡eran los versos de los tíos abuelos de Emilia! Entre ellos figuraban los de Francisco de Agüero y Duque de Estrada[589], llamado «El Solitario».

Decidieron irse del país ante tanto desastre en la Isla. El padre de Emilia pudo cobrarles a algunos arrendatarios y con ese dinero costeó el viaje de la familia a República Dominicana. Al llegar a Santo Domingo alquilaron una casita vieja que acababan de dejar

---

[587] Emilia Bernal de Agüero: *Layka Froyka*, Espasa Calpe, Madrid, 1925, pág. 130.

[588] Martha Elizabeth Laguna Enrique: *El Museo Nacional de Bellas Artes de La Habana y la colección de retratos de la pintura española del siglo XIX*, Ediciones Universidad de Salamanca, 2014.

[589] Francisco de Agüero y Duque de Estrada fue un camagüeyano ilustre, patriota y activista.

unos exiliados cubanos. Algunos vecinos les llevaron varios objetos pues la casa estaba vacía. Entre las donaciones estaban: una silla, un «balance», vasos y otras cosas útiles. Al anochecer se apareció un niño con una lámpara, en nombre de su madre.

En el patio de la casa había algunas tablas de palmas reales apiladas en el suelo. Estas les sirvieron de cama a la madre y los dos niños. Bernal determinó que él dormiría en el balance mientras que Emilia lo haría sobre uno de los baúles. Algunas ropas se arreglaron para sustituir las sábanas mientras que otras enrolladas sirvieron de almohadas. Así pasaron la primera noche del exilio.

Para Emilia fue una noche de angustia porque su madre tosía con frecuencia. En la familia abundaba la tuberculosis, y su madre tal parecía que la sufría. Emilia lloró en silencio e imploró a la Virgen que su madre no tosiera más esa noche. Así se quedó rendida de cansancio.

Pronto regresan a Cuba y desembarcan en La Habana para luego seguir a Puerto Príncipe. Había una vacante de maestra en la escuela de Minas y la madre solicitó la plaza, que le fue concedida.

Antigua foto del Cementerio de Camagüey

Más tarde muere trágicamente su hermano Fernando. Aquí unas estrofas del poema de Emilia a su hermano:

Crespón[590]
Durante la guerra,
Enteco, muy flaco
Tú, del hambre sufriste conmigo
Los fieros zarpazos.

---

[590] Emilia Bernal: *Alma Errante*, Rambla, Bouza y Co., La Habana, 1916.

También te veía por las calles corriendo descalzo,
Con tu ropa de mangle teñida
Y vuelta guiñapos,
Que de noche lavaba y zurcía.

Durante la guerra la situación es difícil. Narra Emilia que en las noches oscuras, los tiroteos a veces alcanzaban las casas, y los Bernal tenían que echarse al suelo. Cuentan también que la madre rezaba letanías a la Virgen, y que Emilia le contestaba con el estribillo: ¡Ruega por nosotros! Emilia llama a José Martí *el Cristo de la redención* de su país, «Cristo escarnecido y vilipendiado por muchos, dio forma, al fin, tras largo batallar, a la Revolución».[591]

Pero vendrían tiempos peores. El gobierno no pagaba los sueldos. Las mercancías eran caras y cada día más escasas. Los padres de familia se tuvieron que dedicar a los cultivos aunque a veces los sembrados eran destruidos por los mambises para causar daño a los españoles. Emilia, quien ya es una jovencita, escribe poesía, y también profundiza en ensayos sobre la problemática cubana de la época. Y va madurando. La madre pierde la mente, pero es una locura pacífica,[592] que no le hacía mal a nadie.

Cuando concluye la guerra se festeja el triunfo. Entre las muchas paradas cívicas que se organizan, Emilia narra una en la que participa, y en ella menciona a una valerosa patriota Rosa Castellanos: «pero el momento inmenso de aquellas horas fue el de la aparición entre las filas de una heroica negra. ¡**Rosa la Bayamesa**!,[593] se llamaba. Aparecía entre los suyos vestida de mujer, pero ostentando gallardamente la insignia de Capitán del Ejército Libertador. Llevaba la bandera del regimiento. Aquella negra, vieja ya, era un veterano de nuestras dos revoluciones [...]. Su figura pequeña y anciana, pero viril y erecta, semioculta entre los pliegues de la bandera, le daba un aspecto entre modesto y magnífico. Ante la visión todos

---

[591] Emilio Bernal Labrada: *Emilia Bernal: Su Vida y su Obra*, Ediciones Universal, Miami, 1999.
[592] Ibídem, pp. 179-80
[593] Su foto ilustra la portada de esta obra.

quedamos, primero suspensos, para reaccionar, luego en delirantes ¡Vivas!»[594]

Emilia Bernal era todavía una muchacha pero las experiencias de la guerra la habían hecho madurar. Residiendo aún con sus padres en la ciudad de Camagüey, se gradúa de la Escuela Normal y ejerce el magisterio varios años. Luego emprende su carrera de poetisa y escritora en La Habana, adonde se traslada en 1910 y colabora con publicaciones tales como *La Nación, Bohemia, Social, y El Fígaro*.

Contrae luego matrimonio con Armando Labrada Canto, juez camagüeyano. El matrimonio tiene varios hijos: Emilio José, Concepción, Italia Nohemí, e Hilda. Años después Emilia sale de Cuba en periplo intelectual para escribir libros y dar conferencias. Pasa largas temporadas viajando por España, Francia y Portugal y por todo el continente americano. Escribe, da recitales poéticos, traduce obras de poetas tan importantes como Rosalía de Castro, de Galicia; Joaquim Folguera de Cataluña, y el brasileño Anthero de Quental, sin contar los de traducción pública, en verso y prosa, doce libros –*América* y *Alma Errante*, entre ellos– y se distingue en las letras hispánicas.

A partir de 1962, cuando sale al exilio, vive en México y Miami. Poco después de llegar al seno de sus familiares en Washington, D.C., muere en esta capital, el 20 de diciembre de 1964.

La patriota Rosa Blanco y Pérez

Rosa Blanco y Pérez, nació en Cacarajícara, Santa Clara, el 20 de febrero de 1854. Perteneció al club Hermanas de Juan Bruno Zayas donde trabajó como vocal y laboró en aquella ciudad durante la Guerra de Independencia.

---

[594] Emilia Bernal: *Layka Froyka, el romance de cuando yo era niña*, autobiografía, Ediciones La Gota de Agua, Filadelfia, 2006, pp. 179-180.

Rosario Bolaños, fotografía de la Cuban Heritage Collection de la Universidad de Miami.© Todos los derechos reservados.

«*...Era Peña Pobre, donde mi tía abuela Rosario Bolaños había conspirado en vísperas de la guerra del 95*». Cinto Vitier[595]

Mujeres de la familia Bolaños-Fundora

Rosario Bolaños Fundora nació en Madruga, provincia de La Habana, el 15 de abril de 1873. Fueron sus padres Miguel Antonio Bolaños y María Josefa Fundora. Era rubia, muy blanca y de ojos azules. En la finca Dos Hermanos en Madruga habían nacido Rosario e Isabel, su hermana mayor. Francisco Javier Bolaños, había sido coronel médico del Ejército Mambí, y junto con José Manuel, eran los dos hermanos de las hermanas Bolaños.

Al iniciar la Guerra de Independencia, Charito, como cariñosamente le decían, tenía 22 años. Una noche, una señora trigueña de ojos y cabellos muy negros llegó a la casa. Era el 23 de febrero de 1895. Entregó unas cartas, saludó, y se fue sin decir más. La señora era la patriota habanera **Emilia de Córdova**[596]. Una de las cartas era para Charito y decía que en el tren de la tarde había salido Gerardo de La Habana, y que se dirigía al ingenio La Ignacia cerca de Ibarra, en la provincia de Matanzas. Iba con Juan Gualberto Gómez, Antonio López Coloma y un grupo de patriotas. En La Ignacia se reunirían con otros comprometidos para iniciar la Guerra de Independencia.

Había prendido en Baire el grito de independencia. Isabel y Charito salieron enseguida para la finca familiar. El Dr. Julio Cordovés, esposo de Isabel se encontraba en México, por lo que fueron las hermanas y la madre prepararon los equipos para los hermanos que se incorporarían a las fuerzas insurrectas.

---

[595] Cintio Vitier (Cayo Hueso, Florida, 1921-La Habana, octubre de 2009) poeta, narrador, ensayista y crítico cubano. Cita de «La Habana que va conmigo», revista *Opus Habana*, 20 mayo 2005, www.opushabana.cu
[596] Para más detalles de Rosario Bolaños, ver pp. 66-68 de esta obra.

La finca Dos Hermanos en La Habana estuvo siempre abierta a las fuerzas libertadoras. Charito llegó a ser muy solicitada, no solo en confeccionar ropas, sino también en transportar y llevar útiles de guerra y documentación comprometedora.

El regimiento de Jaruco

Jacinto Hernández, Jefe de la 2da. División de la 2da. Brigada del 5to. Cuerpo, escribe en esos días a la compañera «Violeta», nombre de guerra de Charito, y le acusa recibo de 43 pares de zapatos. Muchos artículos enviaron a los mambises las hermanas Bolaños, sobre todo alimentos y medicinas. Dos mil píldoras de quinina y una libra de sal de higueras recibe de una vez el Regimiento de Caballería Mayía Rodríguez y tres mil píldoras la Brigada Sur de la 1ra División. Hasta trapos viejos para cubrir heridas aparecen en las listas. Y es frecuente encontrar algunas arrobas de chocolate; regalo particular de Isabel Bolaños, pues cuando recibía la mesada de su esposo, ella separaba unos pesos para el café de sus hijos y el resto lo convertía en chocolate para los soldados.

Desde el comienzo Charito se había entregado a la lucha independentista junto a sus hermanos, y llevaba siempre sobre el pecho una medalla con esta inscripción: 'A Violeta, los Jefes y Oficiales, 2da. Brigada, 2da. División, 5to. Cuerpo'. La llamaban también «Azucena» para que no se supiera que era Charito la que laboraba. La periodista Herminia del Portal durante una entrevista que le hace en la década del 1940 describe aquel regalo: «Es un peso plata con baño de oro. Fue grabado por Oscar Helt, un polaco que murió por Cuba en las fuerzas del coronel Néstor Aranguren. En el reverso de la moneda, orillando el escudo de la República, Rosario ha hecho grabar dos fechas "24 de febrero de 1895; 12 de agosto de 1898|". Son esos los años en que laboró en su patriótica militancia,» termina diciendo del Portal[597].

Las hermanas estuvieron vinculadas a la Junta Revolucionaria de La Habana. Rosario fundó el club Juan Alberto González integrado por muchachas habaneras cuya ubicación nunca descubrió el enemigo, ni aún en tiempos de Valeriano Weyler.[598] El club debía llamarse Esperanza, pero se supo entonces que el valiente soldado de las fuerzas del General Castillo, Alberto González, había muerto, y entonces se le puso el nombre del héroe. Charito fue su presidenta.

Conspiró junto al Dr. Alfredo Zayas y realizó toda clase de gestiones. «Desde que empezó la Revolución, recaudaba fondos, recibía y repartía periódicos separatistas, pedía en las boticas de compatriotas quinina, vendas, algodones y ciertas medicinas, y todo iba al campo. Sostenía correspondencia con Nueva York, Tampa y Cayo Hueso; ocultaba balas en las tinas y macetas de su casa» dice el Dr. Zayas,[599] quien luego fue detenido y confinado a Ceuta.

Alfredo Zayas[600] la llamaba «Constancia» cuando laboraban juntos en La Habana. Y dice Zayas: «era mucha constancia la que tenía aquella cubana ejemplar para servir a la causa de la independencia. Tenía Rosario en su casa un pomo con pedazos de fósforo que me llevé, y también una abultada carta procedente de la Delegación de Nueva York que juzgábamos de gran interés para la causa y que, de ninguna manera, quiso entregarme, arrostrando el

---

[597] Herminia del Portal: «Charito Bolaños», *Bohemia* 34 (48) 20-21 noviembre 29, 1942.

[598] René González Barrios: *En el mayor silencio*, Editora Política, La Habana, 1990, pág. 177.

[599] Alfredo Zayas: «El sufragio político de la mujer en Cuba», conferencia impartida en la Alianza Femenina, 30 de marzo de 1930, pág. 207.

[600] Alfredo de Zayas y Alfonso (21 de febrero de 1861 - 11 de abril de 1934) jurista, orador, poeta y político. Fue fiscal, juez, alcalde de La Habana, senador en 1905, Presidente del Senado en 1906, vicepresidente de 1908- 1913 y cuarto Presidente de la República 1921-1925.

riesgo de su hallazgo antes que abandonar aquellos pliegos a ella confiados».[601]

Charito sostenía correspondencia con el patriota Alejandro Rodríguez[602]. En una carta de Rodríguez a Rosario le decía: «[...] escribo a Chema[603] enviándole relación de varios efectos y ropa que me son indispensables para habilitar a mi E-M que se encuentra en el más desastroso estado, efecto de la larga y penosa campaña que se acaba de hacer. No es mi ánimo –ni lo permitiría yo, que Ud. con su abnegación sin límites– se haga cargo de llenar la necesidad que le indico, pues demasiados sacrificios le ha impuesto ya su acendrado patriotismo».[604]

Los que operaron en La Habana y Matanzas, cuentan las crónicas de aquella época, sabían quiénes eran «Violeta» y «Azucena»[605]. La otra hermana Bolaños, María Luisa, aunque muy joven, llevaba el sobrenombre de «Hilda» y también trabajaba para los libertadores en la provincia habanera. María Luisa tenía 16 años de edad y era la agente del militar Rafael García Osuna. Llevaba ropas, zapatos, medicinas y balas al campo insurrecto en los trágicos días de Weyler. Es casi una niña, pero «cuando las tropas de Rafael de Cárdenas entran en Guanabacoa, pisando tierra libre, vistió María su primer traje largo y peinó en alto moño su magnífica cabellera»[606].

En cierta ocasión Rosario y sus hermanas fueron encargadas de enterrar un tesoro de millares de pesos recolectados con mucho trabajo para la causa de la Revolución. José Manuel, conocido como «Chema», hermano de Charito, venía una noche de cobrar los impuestos por ingenios y haciendas de la zona de Aguacate y Madruga. Traía algunos hombres con él, y habían reunido 25,000 pesos que

---

[601] Enrique Ubieta: «Charito Bolaños», *Bohemia* 1, no. 30, noviembre 26, La Habana, 1910.
[602] Jefe de la 2ª. División, 5to. Cuerpo del Ejército Libertador.
[603] Chema, sobrenombre del hermano de las hermanas Bolaños.
[604] Carta de Alejandro Rodríguez a Rosario Bolaños, Cuartel General en La Jaula, 6 de Agosto, 1898. En el Archivo de la Universidad de Miami, Cuban Heritage Collection, Col. 0398, caja 1, archivo 13.
[605] Sobrenombre de su hermana Isabel.
[606] Herminia del Portal, Ob.Cit.

llevaban en sacos, en uno de los sacos había 10,000 en centenes. En una emboscada derribaron a uno de sus hombres de confianza, que llevaba 5,000 pesos. Al caballo moro de Chema se le doblaron las patas delanteras. En un esfuerzo desesperado logró salir a galope al tiempo que los suyos respondían el ataque. En la finca dejó el dinero a sus hermanas y volvió a incorporarse a los suyos.

No sabiendo donde ponerlo, las hermanas se encaminaron a su finca «Dos Hermanos».[607] «Era noche cerrada. Caía una llovizna fina y persistente», narra Charito a la periodista Herminia del Portal[608]. «Hay que esconder este dinero», dijo Charito. «Es muy tarde, vamos a dejarlo para mañana», respondió Isabel. «Mañana vamos a tener aquí a la columna». Entonces Charito enterró los centenes en el jardín, y en un cajón donde se habían colocado unas macetas, escondió el resto. Al amanecer las fuerzas de Moncada entraban en la finca pero no encontraron nada.

Mambises en los suburbios de La Habana

Copada la finca, las dos heroicas mambisas, ayudadas por su hermano Juan, desenterraron a toda prisa el precioso tesoro y corrieron al ingenio El Rosario, en Aguacate, propiedad de Ramón Pelayo, desde donde le hicieron llegar el dinero a Tomás Estrada Palma en Nueva York por medio de Chema. ¡Menuda y arriesgada hazaña la de las hermanas Bolaños! ¡Cuán valientes fueron en esta y las demás situaciones que afrontaron!

De acuerdo a la investigadora K. Lynn Stonner,[609] Rosario también trabajó como enfermera, curando heridos en la guerra. Entre 1895 y el 1898 cosió ropa para el Ejército Libertador, cuidó a heridos, cocinó para los soldados y trabajó como emisaria.

---

[607] Archivo de la Federación de Mujeres Cubanas.
[608] Del Portal, Ob. Cit.
[609] Stonner, Ibíd.

A causa de la labor insurreccional, la finca «Dos Hermanos» fue destrozada forzando a sus miembros a marchar a La Habana. Allí convirtieron su casa de la antigua calle de Peña Pobre en un centro donde los rebeldes podían conspirar, reponerse, esconder dinero y realizar otras actividades.

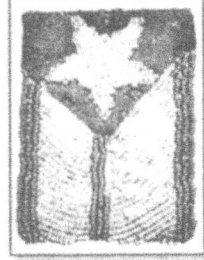

Modelo de escarapela que se confeccionaba para los soldados cubanos.

Los amigos le pedían a Charito escarapelas[610] con la bandera para prenderlas a los yareyes[611]. Contaba el Teniente coronel Miguel Iribarren, que Charito le había bordado su escarapela y que llevándola en su sombrero una bala le hirió la frente y la bañó de sangre. Se lo mandó a decir a Charito y ella contestó: «para eso la hice; no para que sirviera de adorno». Pero desde entonces empezó a hacer también «detentes»[612] con las escarapelas.

Detentes como este fueron los que confeccionaron las mambisas para los guerreros en la manigua. [613]

Las hermanas entregaban puntualmente sus recibos, fechados y firmados por los jefes con los que cooperaban. Ellos sabían que cada día salían las hermanas Bolaños en el ferry del muelle de Luz con los envíos, atravesaban la bahía, llegaban a Regla y allí los entregaban a los maquinistas, que en los empalmes y lugares convenidos se los daban a los insurrectos.

---

[610] Escarapela: distintivo colocado en el sombrero, o como adorno. En Cuba, como signo patriótico que llevaba la bandera.

[611] Yarey: en Cuba, planta de la familia de las palmas, con el tronco delgado y corto y hojas plegadas, sin espinas, cuyas fibras se emplean para tejer sombreros.

[612] Recorte de tela con la imagen del Corazón de Jesús u otra imagen, que se usó durante las guerras, en el siglo XIX, prendido en la ropa, o sobre el pecho.

[613] Este detente aparece en el libro del periodista Grover Flint: *Marching with Gomez*, The Norwood Press, J.S. Cushing & Co., Berwick & Smith, Norwood, Mass., 1898, pág. 6.

La explosión del Maine sorprende a Charito con su amiga **María Luisa Mendive**[614] en el momento de subir al ferry, en el muelle de Regla. Regresaban a La Habana luego de recibir un reparto de latas de leche de la Cruz Roja Americana para auxiliar a los reconcentrados, y que luego ellas hacían llegar a los soldados.

La estación del muelle de Luz desde donde las lanchas salen para Regla, y que diariamente usaban las hermanas Bolaños.

Entre sus muchos conocidos y compañeros de lucha estaba el Dr. Carlos J. Finlay. Reproducimos un fragmento de una carta del Dr. Finlay a Rosario Bolaños.

«Ingenio Santa Gertrudis, Banaguises, Cárdenas, Santa Gertrudis, Junio 12 1898: *Distinguida amiga: En estos momentos me es del todo imposible moverme de aquí, el enfermo con quien vivo esta gravísimo, no puede durar mucho más tiempo. En cuanto el pobre fallezca pienso volver a la Habana de donde me llaman con urgencia varios enfermos – yo al venir aquí nunca pensé quedarme tanto tiempo.*

Me será un poco difícil llegarme a Averoff sin embargo, haré un esfuerzo –solo podré en todo caso quedarme allí poquísimo tiempo. Si fuese posible que su hermana y la enferma de quien Ud. me habla montasen en el tren una o dos estaciones antes para que yo pupudiese darles consulta en el camino, me sería mucho más fácil, pues me urge llegar a La Habana lo más pronto posible. [...] Recuerdos a su familia. De su amigo que la aprecia, C.J. Finlay». [615]

Dr. Carlos Juan Finlay[616]

---

[614] Ver pp. 330, 333, 366-368 de este volumen para más datos.

[615] La carta original se encuentra en la Cuban Heritage Collection, Biblioteca de la Universidad de Miami, Florida.

[616] Dr. Carlos J. Finlay (Camagüey 1833-Habana, 1915), fue un epidemiólogo cubano reconocido como el pionero en la investigación de la fiebre amarilla, determinada por la transmisión de los mosquitos.

«**Isabel Fundora**, madre de Charo, Chema, Javier, e Isabel, murió durante la Reconcentración de Weyler»,[617] dice **Cecilia Crusat Bolaños de Sheffield**, bisnieta de Isabel Fundora. Del campo de Cuba Libre les llegaron palabras de consuelo en cariñosas esquelas del mayor General Pedro Betancourt: «Los lazos de amistad y cariño que con ustedes nos unen hoy a los cubanos que aquí luchamos por nuestra libertad, me eximen de esforzarme para hacerles saber mi más íntima adhesión a su profundo dolor».

Al fin se hizo la paz, y entonces Charito vistió un traje blanco, su traje de novia. Charito y Gerardo Núñez de Villavicencio se habían encontrado de nuevo, y ya los dos habían cumplido con la patria, el como comandante y ella como soldado.

En la década del 1940, la periodista Herminia del Portal[618] la entrevista en su casa de La Habana y la describe: «Es alta, y remata su silueta una mota de suaves y vaporosos cabellos blancos. Se la encuentra en su jardín, inclinada sobre sus flores; es toda ella un largo tallo armonioso con su rosa blanca».

Rosario perdió al esposo en 1942, luego a tres hijos y también a su hermana Isabel. «Los días de la guerra cuando ella tenía cabellos dorados y andaba como repicando con su ancha saya de vuelos se había desvaneciendo», dice Herminia del Portal, «pero su nombre y sus obras nos han quedado para la posteridad como ejemplo de patriotismo y entrega».[619]

Rosario Bolaños murió en La Habana, pero su gran aporte a la independencia de Cuba, como el de sus hermanas Isabel y María Luisa, es inolvidable, y Cuba siempre le agradecerá su labor por la libertad.

Prisciliana Bombú Ramírez nació en 1867 en la zona de Palmar de Yateras, en Guantánamo. Era hija de la india Ana Ramírez y del francés Aristil Bombú, dueño de cafetales y de dotaciones de esclavos. Prisciliana y su hermana **Anacleta** (Yateras 1858-1962) laboraron en la guerra.

---

[617] Genealogía *Ancestry*, Cecilia Crusat Bolaños de Sheffield, julio 2003.
[618] Herminia del Portal: «Charito Bolaños», Las Mambisas, *Bohemia* 34 (48) 20-21, noviembre 29, 1942.
[619] Ibídem.

En 1895, con apenas 18 años, Prisciliana enviaba mensajes comprometedores desde el poblado de Jamaica a los campos insurrectos hasta que fue detenida por el comandante Pedro Garrido Romero y conducida al fuerte El Diamante en el Palmar de Yateras. Más tarde la enviaron a Isla de Pinos donde sus compañeros de presidio la llaman «Prico». Estando allí Prico fue rescatada por su novio, el Capitán Cristóbal Rodríguez Pérez, oficial del Regimiento Hatuey.

Durante la guerra permaneció en la prefectura de Lagunita de Malpare donde dio a luz a su hijo Claudio. Al partir Cristóbal su esposo como miembro del cuerpo invasor y ayudante de Antonio Maceo, Anacleta permaneció en las serranías laborando junto a la capitana **Cristina Pérez**.

Luego de una larga vida, fallece en Arroyo Salado de Palmar de Yateras, el 12 de diciembre de 1962, a la edad de 104 años.

Elena Borrero era natural de La Habana, (1883-1945), hija de Esteban Borrero, y se educó desde niña en las letras. Unió su vida a la del patriota mambí Fidel Miró en 1881, y se vinculó a las actividades políticas en Villa Clara.

En 1895 se traslada a Key West con su familia debido al comienzo de la guerra. Allí publicaría sus primeros versos en la *Revista de Cayo Hueso*. Luego pasó a Costa Rica con su padre y regresó a Cuba en 1899.

Elena Borrero colaboró en La Habana con *El Recreo de las Damas, Recreo Español, El País y La Habana Literaria*. También en las provincias escribió para *Las Villas, La Verdad y Mignon*, de Cienfuegos.

Miembro de número de la Academia Nacional de Artes y Letras desde su fundación en 1910. Ocupó en 1935 la Dirección de Cultura del Ministerio de Educación, y fundó la Asociación Bibliográfica de Cuba (1937). Participó activamente en pro de los derechos femeninos. Poetisa y crítica distinguida, y hermana de Manuel, Dulce María, Juana y Esteban Borrero.

El historiador, Emilio Roig de Leuchsenring, apunta que «[Elena] pertenece a una familia en la que se observa el fenómeno maravilloso y admirable –tal vez no igualado– de una continuada y no interrumpida herencia intelectual, que se viene transmitiendo de padres a hijos y de hijos a nietos, en ambos sexos y en todos los miembros de la familia».[620]

Manuela Boza[621] conoció al Apóstol José Martí en el exilio, en uno de los tantos viajes que realizó a Nueva York como dama de compañía de Lucila Poveda, esposa de Guillermo Shumann[622]. En Nueva York, Manuela, o «Lica» como la llamaban, se incorporó al grupo de mujeres que recolectaban dinero a favor de la causa de Cuba. También trató a Martí por el vínculo que Manuela tenía con Carmen Millares[623], y con ella participó en mítines y tertulias donde Martí hablaba y arengaba a los cubanos a actuar.

Cuando termina la guerra, Manuela Boza junto a otras mujeres, funda la sociedad patriótica Admiradoras de José Martí integrada por las señoras **Brígida Portuondo, Emiliana Bravo, Simona Carrión, Edelmira Boza** y otras más. Entre los fines de esta asociación, Admiradoras de Martí, estaba mantener la tumba del Apóstol y siempre mantener en ella una rosa blanca y una bandera, hasta que las maestras del Colegio Spencer continuaran esa misión.

Del colegio Spencer salieron graduadas las primeras maestras santiagueras en la República. Cuenta Manuela Boza que en el primer acto-homenaje realizado en memoria de Martí al terminar la guerra y al que asistieron el gobernador Sánchez Echavarría y el alcalde Emilio Bacardí, ella le entregó a Bacardí en su calidad de historiador, todos los documentos que poseía relacionados con la figura del prócer.

---

[620] Revista *Social,* vol. V, No.3, marzo 1920, pág. 54.
[621] Ivette Soñora Soto: «La Mujer a José Martí, Un Homenaje desde Santiago de Cuba», *Frentes Avanzados de la Historia,* Camagüey.
[622] Cónsul de Alemania en Santiago de Cuba a fines del siglo XIX.
[623] Carmen Millares de Mantilla, amiga de Martí. Casa de huéspedes donde se hospedó el Apóstol cuando vivió en Nueva York.

Portada de una antigua revista *Bohemia* que muestra a una mujer con la bandera cubana.

Inauguración del primer monumento a José Martí en Santiago de Cuba, el 19 de mayo de 1913. Patrocinado por las maestras del colegio Spencer de esa ciudad. Tal vez sean las que aparecen en el pie de la foto.

Sabina Bravo, de Guantánamo, realizó labores de cocinera y lavandera en la unidad del coronel Enrique Tudela. En fiestas y bailes era muy solicitada por su hermosa voz. En su cafetal se reunieron unos mil quinientos hombres, que juraron la bandera de Cuba Libre bordado por la joven **Inés Morillo.**[624]

Primera tarja dedicada a Martí en Santiago de Cuba, con la inscripción: *Martí, los cubanos te bendicen, 1895-1898.*

Nieves Catá Urquiola Oriunda de Pinar del Río.[625] El 22 de enero de 1896 concluía en Mantua la Invasión a Occidente liderada por

---

[624] Enrique Ubieta: «La Mujer en la Revolución de Cuba», *Bohemia*, La Habana, 1910. Para más datos sobre Inés Morillo, ver Teresa Fernández Soneira: *Mujeres de la Patria*, t I, pp. 347-349 y p. 425.

[625] Yolanda Molina Pérez: «Entretelones de un baile», *El Guerrillero*, diciembre 2012.

Antonio Maceo, quien se hospeda en la casa de **Idelfonsa Izquierdo** en esa ciudad. El día 23 firman el acta capitular y ofrecen los mantuanos un baile en honor a Maceo en el Casino Español, ofrecido por don Simón Docal López y doña Juana Urquiola Piñero.

Durante el ágape esa noche, el General Maceo se fija de manera especial en **Nieves Catá Urquiola** con la que baila toda la noche Nieves, de clase media, blanca y bella que consiente ser su pareja de baile, aunque no se acostumbraba ni era bien visto entonces, máxime en edad intermedia de unos 40 años. Además, Nieves estaba comprometida con Maximiliano Quintana, un independentista identificado en la lucha libertaria.

Ante el cuestionamiento moral de sus coterráneos, abandonó el pueblo y nunca regresó. No había cometido falta moral; eran la absurdos prejuicios de la época, ella en su condición de blanca, danzar con un mulato. Aun así, se fue al exilio. El novio de Nieves abandonó también el pueblo antes que ella, en la madrugada del 24 de enero, para integrarse a los mambises.

Concepción Capdevila Piña nació en Sancti Spíritus en 1884. Hija del Capitán español Federico Capdevila, defensor de los estudiantes cubanos de medicina, en los tristes sucesos del 27 de noviembre de 1871, y de **Isabel Piña Estrada**, pertenecientes a una distinguida familia de Sancti Spíritus.

Concepción tuvo cuatro hermanos: Federico, Luis, Isabel y Eva. Ella y su hermana **Isabel,** se comprometieron con la Revolución, siguiendo el ejemplo de su padre. Concepción falleció en La Habana el 19 de marzo de 1956.

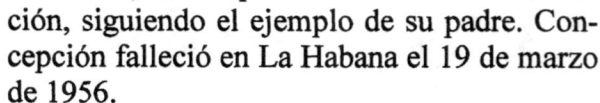

Luz Cardona y Cardona, cortesía de su bisnieto, Sergio López-Cardona. Todos los derechos reservados ©.

Luz Cardona y Cardona esposa del General José Miró Argenter, periodista catalán quien se había mudado a Cuba en 1874. En 1891 cuando Luz cuenta 17 años, contrae matrimonio con José en Holguín. Miró está involucrado de lleno en la Revolución independentista.

En 1894 nace su primera hija: Remedios Miró Cardona. Por entonces, Miró Argenter es General de la División del Ejército Libertador y Jefe de Estado del Mayor General Antonio Maceo. El mismo Miró Argenter relata: «Ya mi esposa y mi hija estaban en el monte en Mala Noche, Holguín, desde donde partió la columna invasora al mando de Maceo a la conquista de occidente».[626]

A Luz la menciona Martí una sola vez pero sin nombrarla: «Dejó (Miró Argenter) hija y mujer, y ha paseado sin mucha pelea su cabellera, que es buena gente, por la comarca».[627] Durante la República les nacen 2 hijos más en Santiago de Cuba.

Poco más se sabe de Luz Cardona quien fallece en 1920. Su esposo, José Miró Argenter, en mayo de 1925.

Caridad Carmenatti, madre del periodista y patriota Luis Carbó Carmenatti, era oriunda de Puerto Príncipe. Cuando Carbó es encarcelado por sus escritos anti-españoles y perseguido por las autoridades, Caridad huye junto a su familia a Cayo Hueso donde se une a los grupos de emigrados cubanos. Soporta las durezas del exilio, y mantiene a su hijo Sergio nacido en 1892 en La Habana. Sería activo como periodista y político durante la República.[628]

Rosa Caro Fernández de Vidal nació en 1872 en Coralillo, la zona de Cascajal, hoy municipio de Santo Domingo, en Las Villas.

Maestra, y todavía muy joven contrae matrimonio con el patriota Leoncio Vidal en la iglesia de Álvarez (Cascajal), el 18 de mayo de 1891, Allí nace su única hija que nombran Zoila Rosa (1893-1962).

Rosa Caro se va al campo de la lucha y llega a ser una gran auxiliar en Camajuaní.[629] Se consagra a la libertad, pero víctima de persecuciones y constante espionaje se traslada a Santa Clara. Junto a las mujeres valientes de la región, ayuda a la Revolución y funda un club revolucionario que lleva el nombre de su esposo, *club Leoncio Vidal* del que fue Rosa presidenta junto a **Virginia**

---

[626] José Miró Argenter, revista *Bohemia*.

[627] José Martí: *De Cabo Haitiano a Dos Ríos*, Imprenta Escuela del Instituto Cívico Militar, Ceiba del Agua, Cuba, 1941.

[628] Revista *Bohemia* ,1957, pág. 143

[629] Luis Lagomasino, *Episodios Nacionales: retazos de historia Patria*, Tip. del Boletín Nacional de Historia y Geografía, La Habana, 1924.

Machado Mesa de Rodríguez, Isabel Serrano, Laudelina Nodal y **Mercedes Machado Morales**.

Teatro La Caridad en Santa Clara, erigido por la patriota Marta Abreu Arencibia en 1885.

Leoncio Vidal falleció de un balazo mortal frente al Teatro La Caridad de Santa Clara. Después de la guerra, Rosa Caro fue maestra de escuela primaria pública en Camajuaní, Santa Clara.[630] Falleció en Santa Clara en 1963.[631]

Rosa Caro Fernández

Leoncio Vidal

Luisa Castillo y su madre Ángela Guerra fueron presas y encausadas al ser sorprendidas mientras bordaban banderas para el día de la rebelión, 24 de febrero de 1895. Lo pagaron con terribles días de clausura en las cárceles españolas.

Lola Castillo Pérez, de Cienfuegos, tomó parte en acciones militares. Al terminar la guerra, fue guardia de honor de Máximo Gómez, cuando este visitó la ciudad.

Aurelia Castillo de González, (Puerto Príncipe 27 enero 1842- La Habana, 6 agosto 1920), patriota, poetisa, periodista y escritora camagüeyana que alcanzó renombre

---

[630] «La Instrucción Primaria», revista no. 7 de la Secretaria de Instrucción Pública y Bellas Artes, La Habana, 1907, pág. 270.
[631] Periódico *El Camajuanense*, no. 52, Miami, 2007.

en las letras cubanas. Hija de Ana Castillo de Castillo y Pedro Castillo Betancourt.

Aurelia nació y vivió en la casona ubicada en la calle Cristo número 3, en Camagüey (foto). En la actualidad la casa no conserva los elementos originales, pero allí se inspiraba a escribir poesía patriótica, escribirle al amor, o fabular para los niños. Tal vez Julián del Casal[632] la visitó para luego escribir estas líneas sensibles:

«Tenía uno de esos dones que salva
al llegar a la tierra, el de la admiración,
ese que conduce al espíritu
náufrago a la playa de la salvación.»[633]

Casal la describe así: *«una estatua de jaspe rosado, coronada de nieve. Los ojos verdes, de un verde marino, lanzan miradas severas, atenuadas por cierta dulzura femenina y cierta melancolía secreta. [...] hay en el conjunto de su figura la majestad de una patricia romana y la gracia de una duquesa del siglo diez y ocho».* [634]

En lo espiritual, Emilio Roig de Leuchsenring[635] dice sobre ella: *«lo más próximo a la perfección, predominando en ella tres grandes amores: su patria, su hogar y la poesía. Y ante esta gloriosa trinidad –añade– ofician sus dos cualidades distintivas: la bondad y la sinceridad».*[636]

El 6 de Mayo de 1870 Aurelia Castillo se une en matrimonio al comandante del Ejército Español, José Francisco González. Este enlace causa sorpresa en la sociedad camagüeyana, pues la gente

---

[632] Julián del Casal (1863-1893) escritor, poeta y periodista cubano.

[633] Oficina del Historiador de la Ciudad de Camagüey.

[634] Julián del Casal: *Bustos y Rimas*, prólogo, cronología y bibliografía de Julio E. Hernández-Miyares, Editorial Cubana, Miami, 1993.

[635] Emilio Roig de Leuchsenring, (1889-1964), historiador cubano, fue el primer historiador de la ciudad de La Habana.

[636] Emilio Roig de Leuchsenring: «Aurelia Castillo de González», *Social* no. 2, La Habana, febrero 1920, pág. 55.

conoce su opinión, pero no las virtudes liberales del militar. Aurelia aclara: *«Se ha pensado por no pocas personas que yo, casada en plena guerra separatista y en pleno fervor revolucionario, con un militar español en activo servicio en Cuba, había influido poderosamente en él, transformándolo en un cubano más. Jamás traté yo de influir en ese sentido en el ánimo de mi marido. Respeté su patriotismo como el respetaba el mío. Ni yo me hubiera permitido nunca tamaña osadía, ni era hombre González para tolerar despóticas imposiciones ni mañosas influencias. Él estaba perfectamente preparado por idiosincrasia para reconocer la justicia que asistía a los cubanos y reconocida esta, decirlo bien alto cuando le fue posible hacerlo, al ser fusilado en Puerto Príncipe el patriota Antonio L. Luaces».*[637]

El matrimonio no deja de reclamar la independencia de Cuba, y cuando Antonio Luaces Iraola es apresado y fusilado el 21 de abril de 1865, González se manifiesta públicamente en contra del suceso, quedando así más señalado ante las autoridades.

En momentos muy difíciles sale el matrimonio del país a vivir a Santa Cruz de Tenerife. En España en 1879, cuando Aurelia tenía 37 años de edad, publica su libro *Fábulas*. Tres décadas más tarde el libro es reeditado. Comienza el tomo con la dedicatoria «A los niños de Cuba», en el que muestra «interés por su perfeccionamiento moral e intelectual, como importantísimo factor de felicidad» e incluye versos de temas políticos, escritos para otro público.

Perseguido el matrimonio constantemente por sus actividades políticas, pasan de Tenerife a Barcelona, Aurelia prosigue su labor revolucionaria. Luego regresan a Cuba donde el 24 de marzo de 1895, con la guerra acabada de empezar, muere repentinamente el esposo.

Aún con el corazón destrozado por la muerte de González, el 4 de octubre de 1896 Valeriano Weyler la expulsa del país por sus

---

[637] Antonio Luaces (1842, Puerto Príncipe). Se alistó en la expedición del vapor *Perrit*. Poco después del desembarco pasó a territorio camagüeyano, donde se incorporó a las fuerzas de Ignacio Agramonte. El 19 de abril de 1875, cuando se encontraban acampados en La Crimea, fueron sorprendidos por la guerrilla española produciéndose el combate en donde Antonio Luaces fue apresado. Hubo promesas de respetarle la vida si se pasaba a las filas del enemigo, pero él se negó. Conducido a Puerto Príncipe un consejo de guerra lo condenó a muerte.

actividades como conspiradora y auxiliar de la Revolución del 95.⁶³⁸ Marcha nuevamente a Santa Cruz de Tenerife y después a Barcelona, y regresa a La Habana en 1898, al terminar la guerra. Comienza así un nuevo capítulo en la vida de la escritora, que reanuda su labor literaria en La Habana.

Aurelia colabora en varias publicaciones: *La Luz, La familia, El País, El Camagüey, El Pueblo, El Progreso, El Fígaro, Revista de Cuba, Revista Cubana, La Habana Literaria y L Habana Elegante.* Publica artículos en *Bohemia, Social* y en *Cuba Contemporánea.* Tuvo relevancia su participación en el primer número de la revista *Bohemia*, en 1908 en La Habana, que llegó a tener entre sus colaboradores a personas de la talla de Fernando Ortiz, Agustín Acosta, Mirta Aguirre, Alfonso Hernández Catá, Luis Felipe Rodríguez, Raúl Roa, Gustavo Robreño, Manuel Navarro Luna, Emilio Roig de Leuchsenring, Samuel Feijoo, Jorge Mañach y otras personalidades. Sin duda Aurelia Castillo era una autora de peso en las altas esferas de la intelectualidad cubana de su época.

Portada de la primera revista *Bohemia* editada en La Habana en 1908

También con el tema de la mujer y sus derechos, escribía Aurelia: «*La mujer siempre está entre las muchedumbres, nunca entre las altas dignidades, a lo que más ha podido llegar ha sido a abadesa, es decir, a superiora de encerradas, encerrada también*».⁶³⁹

Al final de su libro *Fábulas*, hay una sección que titula "Máximas", en la que protesta públicamente, cito: «*las escritoras de nuestro país vivimos en lamentable aislamiento literario. No tene-*

---

⁶³⁸ Mercedes Valdés Estrella: *Aurelia Castillo: ética y feminismo*, Publicaciones Acuario, Centro Félix Varela, 2008, pág. 19. Esta orden de expulsión contra Aurelia se originó por encontrarse en el domicilio de Alfredo Zayas Alfonso una tarjeta enviada por la patriota dándole el pésame por la muerte de su hermano, el patriota Juan Bruno Zayas, mostrando admiración por haber defendido la independencia de Cuba.

⁶³⁹ Ibídem, pág.174.

mos a quien consultar, no cambiamos impresiones con nadie. Tememos molestar a los hombres literatos y científicos, parecerle, en fin, impertinentes».[640] Este sentir no solo es de Aurelia del Castillo, sino de las mujeres de aquellos tiempos que deseaban instruirse y vivir al nivel intelectual de los hombres.

La escritora cubana Mirtha Yáñez[641] afirma que luego de regresar a Cuba de su exilio, Aurelia «ya tenía un bien ganado prestigio y también cierta fama de carácter 'viril'. Tal vez el apodo de 'viril' surgiera su actitud rebelde ante las disposiciones machistas. Su feminismo es claro y rotundo», dice Yáñez. «Reflexionó mucho sobre el tema de la mujer, y llenó un vacío al escribir sobre otras poetisas de la época».[642]

Aurelia Castillo fue una de los fundadores de la Academia Nacional de Artes y Letras de Cuba en 1910, de la que fue vicedirectora de la sección de literatura. Asiste por entonces a tertulias literarias en la casa de José María de Céspedes, hermano de la poetisa **Úrsula Céspedes de Escanaverino.**[643] Y en 1914, ya con 72 años, preside la comisión encargada de los festejos por el centenario de la poetisa camagüeyana, Gertrudis Gómez de Avellaneda.

En su artículo de 1915, *La mujer camagüeyana*, propone al Congreso levantar un monumento que glorifique a la heroica y patriótica mujer cubana, (proyecto que nunca se llegó a erigir), ya que Aurelia decía que «en Cuba se estaban levantando monumentos a sus grandes hombres, en especial a grandes patriotas», pero no a sus mujeres.[644]

En otro escrito[645] destacó la valentía de muchas criollas que abandonaron sus hogares al comenzar la guerra para enfrentar gra-

---

[640] Aurelia Castillo de González: Escritos de Aurelia Castillo de González, vols. VI-VII, Imprenta El Siglo XX, 1913, pág. 82

[641] Mirta Yáñez, (La Habana 1947), escritora cubana, guionista para el cine y la televisión. Miembro de la Academia Cubana de la Lengua.

[642] Luis Marcelino Gómez: *La mujer en defensa de la mujer: voces femeninas del romanticismo cubano* (Poesía y cuento) Tesis, Florida International University, 21 septiembre, 2001.

[643] Para más datos de esta poetisa, ver Teresa Fernández Soneira: *Mujeres de la Patria*, t I, pp. 252; 409-410.

[644] Valdés Estrella, Ob.Cit., pág. 23.

[645] Aurelia Castillo de González, Ibídem, t. 3.

ves peligros. A su vez refiere como existieron hogares que se convirtieron en verdaderos «hervideros revolucionarios» o «campamentos femeninos» pues las mujeres pusieron el amor a la patria por encima de todo.

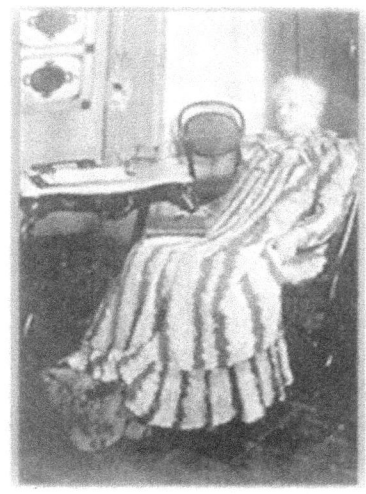

Aurelia en su hogar en Camagüey

Exitosa en géneros diversos: fábulas, sonetos, odas, elegías, ensayos y desde el punto de vista de su labor patriótica, prefirió perder posición económica y social, tranquilidad y hasta salud antes que vivir en una patria oprimida.

Uno de sus poemas más sentidos *La Canción de las Madres*,[646] escrito al terminar la guerra, y en expresa el dolor, el sacrificio y el sufrimiento de la mujer cubana por alcanzar la libertad.

No somos espartanas;
No corre en nuestras venas
Líquido acero.
Somos madres cubanas,
Somos dulces y buenas,
Temblamos a la vista de un guerrero.

Mas, llena de cuidados
Cuba pidió los hijos,
Y con los ojos,
Por no verlos, cerrados,
O ante la Virgen fija,
Tristes los dimos; si, más sin enojos.

---

[646] Aurelia Castillo de González: «Canción de las Madres», *Trozos guerreros y apoteosis*, Imprenta Mercantil, La Habana, 1903, pp. 33-34.

Fuimos las Dolorosas.
Llevábamos al pecho
Siete puñales,
Tímidas, congojosas,
Si ellos iban al lecho,
Heroicas allí fuimos y aún marciales!

Si heridos, ¡que agonía!
Si muertos ¡que amargura!
Cuántos dolores
Si el mar nos dividía!
Fusilados! Locura!
Pero antes todo eso que traidores!

Hoy los vemos triunfando,
Las palabras son pocas...
¡Estamos fieras!
Vamos riendo y llorando
Como unas pobres locas
Por las calles cuajadas de banderas...

Aurelia Castillo de González falleció en La Habana el 7 de agosto de 1920, pero su nombre inmortal perdura por sus méritos literarios que hemos enumerado. Esta excelsa camagüeyana dio a su patria amor y su devoción. Está pendiente erigirle un monumento a esta excelsa patriota.

Carmela del Casal y de la Lastra de Peláez fue hija de Julián del Casal y Ugareda, vizcaíno de Santurce, España y de María del Carmen de la Lastra y Owens, natural de Artemisa, Pinar del Río.

El matrimonio de María del Carmen y Julián residía en La Habana, y tuvo cuatro hijos, tres hembras y un varón. Julián[647], el famoso poeta y Carmela, llegaron a la adultez, no así los otros dos, relata su hija Sofía. «Cuando éramos niños, en conversaciones de familia, oíamos decir que Julián, nuestro abuelo materno, había logrado reunir una fortuna considerable. Era un hombre de alguna cultura y de gustos refinados».

---

[647] Julián del Casal y de la Lastra (La Habana, 7 de noviembre de 1863, La Habana, 21 de octubre de 1893), poeta y escritor cubano; uno de los máximos exponentes del modernismo.

«[Carmela]...había recibido una sólida instrucción. A los diez años de edad su padre la envió a estudiar a los Estados Unidos debido a que había quedado viudo», dice Sofía. [...]. Y continúa: «ella, además conocía la lengua francesa desde antes de partir hacia los Estados Unidos. Su estancia allá duró siete años. Cuando volvió hablaba tres idiomas, lo cual no era entonces frecuente en Cuba. Al regresar a Cuba, mi madre fue a residir con una lejana parienta de su madre, **Magdalena Peñarredonda**[648], que estaba casada con un comerciante español. Del hogar de este matrimonio salió mi madre ya casada con mi padre, que estaba recién graduado».

Carmela del Casal y de la Lastra de Peláez, madre de la gran pintora cubana, Amelia Peláez, cortesía de la Sra. Carmen Peláez ©. Prohibida la reproducción. Derechos reservados.

El matrimonio se celebró en 1888, y a fines del mismo año partieron Manuel Peláez y Laredo y Carmela del Casal de viaje hacia España, en compañía del hermano de Carmela, Julián del Casal. «En España, papá hacía gestiones para revalidar su título y abrir su consulta de médico. Ciertas dificultades propias de la época y las circunstancias se lo impidieron, por lo que el joven matrimonio decidió regresar a Cuba» añade Sofía.

Al regreso de Europa, los esposos se asentaron en Yaguajay, en Santa Clara. La casa que alquilaron estaba situada frente al parque único del pueblo. Con el tiempo allí nacerían diez hijos, entre ellos, la ilustre pintora cubana, **Amelia Peláez**, en plena guerra de independencia, en 1896.[649] Y narra Carmela: «en la época en que vivíamos en Yaguajay, **Magdalena [Peñarredonda]** iba siempre a pasar el verano con nuestra familia y cuando mi padre se estableció en La Habana en 1915, Magdalena, separada desde hacía tiempo

---

[648] Para amplios datos de la patriota Magdalena Peñarredonda, ver las pp. 24, 64, 133, 145, 213, 305-306; 378, 380, 383-89 y 436 de este volumen.

[649] José Seoane: *Palmas Reales en el Sena*, Editorial de Letras Cubanas, La Habana, 1987.

de su marido[650], vino a residir con nosotros, hasta que poco después de 1930 se trasladó a Artemisa para asistir a un acto político que se iba a dar allí en contra de Gerardo Machado [...]». Finalmente Sofía comenta, «más adelante su familia decidió que [Magdalena] permaneciera definitivamente en su pueblo natal, pues era ya una mujer muy mayor».

En el patio de la casa de la familia Peláez. De izquierda a derecha: Cintio Vitier, un personaje desconocido, Carmita del Casal, Carmen Peláez, Amelia Peláez, el padre Ángel Gaztelu, Julián Orbón y José Lezama Lima.[651]

«Tío Julito [Julián del Casal] y mamá estaban muy compenetrados. [...] En La Habana, Julito iba casi todos los días a casa de Magdalena Peñarredonda [...], pues allí se reunían muchos jóvenes que mostraban preocupaciones políticas e intelectuales. Fallecido tío Julito, Magdalena se encargó de recoger los únicos objetos personales que de él se conservan en nuestro poder todavía».

En Yaguajay Carmela del Casal fue la maestra de sus propias hijas, Julia, Amelia y Sofía, pues en el pueblo había maestro para varones, pero no para hembras [...]. Después vino la primera intervención norteamericana y algo más tarde hubo ya maestro para las niñas[652]. De las hermanas, sería Amelia Peláez la que se distinguiría más tarde por ser una de las más importantes pintoras y escultoras vanguardistas de Cuba.

La pintora Amelia Peláez en Cuba.

---

[650] El matrimonio se había separado por no congeniar su esposo con las ideas independentistas de Magdalena.
[651] Tomado de Cubaliteraria, circa 1940.
[652] Seoane, Ibídem, pág. 22

«En la etapa final de la Guerra de Independencia, Máximo Gómez se movía por la zona del central Narcisa, donde se estableció con su Estado Mayor, para más tarde atacar Mayajigua, que estaba todavía en poder de los españoles. Algunos miembros del Estado Mayor eran jóvenes de los que en La Habana concurrían a la Acera del Louvre[653], y conocidos de nuestra madre, Carmen del Casal. Algo después, cuando entraron en Yaguajay [los mambises], mamá decía que traían olor de caña de azúcar...», apunta Sofía Peláez.

La Acera del Louvre. Postal a fines del siglo XIX. Colección de la autora.

«En Yaguajay, añade Sofía, mi madre era la única persona que conocía el idioma inglés, y fue quien tradujo a Máximo Gómez los mensajes militares que los norteamericanos le enviaban desde Oriente, cuando se produjo la intervención de los Estados Unidos en la guerra». Por aquellos días, en la finca La Lolita tuvo lugar una entrevista secreta entre Máximo Gómez y los primeros norteamericanos que hicieron contactos personales con él. Mamá fue la intérprete del gran jefe cubano en esta entrevista. Años después ella nos contaba que el Generalísimo estaba furioso porque los interventores habían entrado en Santiago de Cuba haciendo caso omiso a los soldados cubanos, que llevaban años combatiendo al ejército español. También contaba ella que el único alimento que los norteamericanos enviaban a Yaguajay eran galletas con gorgojos, lo cual tenía muy disgustada a la población».[654]

---

[653] Lugar histórico donde se hablaba de conspiraciones, preparativos para la guerra, integrado el grupo por hombres de alta cultura.
[654] Seoane, Ob.Cit.

Ayuntamiento de Yaguajay en 1901

«En casa de los Peláez y del Casal se sirvió el banquete que el pueblo de Yaguajay le ofreció a Máximo Gómez y a su Estado Mayor, sencillo acto para el cual mamá dibujó las banderas y otros emblemas patrióticos que bordaron en tela las jóvenes del pueblo, quienes también atendieron a los invitados en el mencionado banquete», [655] termina diciendo Sofía.

Por sus actividades políticas, Manuel Peláez, el esposo de Carmen, recibía muchas visitas como fundador del Partido Liberal. Por esta razón visitaban la casa personalidades como Machado[656], Ferrara[657], José Miguel Gómez[658], Mendieta[659]. Y dato curioso, como dice Sofía: «Como los mítines se daban en el parque del pueblo y nuestra casa estaba situada frente al mismo, las tribunas se levantaban en nuestro portal para que los oradores pronunciaran sus discursos».[660]

En 1915 el doctor Peláez y Laredo enfermó y decidió mudarse con su familia a La Habana. Allí vivieron en el vecindario de La Víbora, en la casa número 261 de la calle Estrada Palma. Aunque

---

[655] José Seoane: *Palmas Reales en el Sena*, Editorial Letras Cubanas, La Habana, 1987.

[656] Gerardo Machado, militar y político cubano, que sirvió como General en la Guerra de Independencia, y fue el quinto presidente de la República de Cuba (1925-1933).

[657] Orestes Ferrara, militar, político, diplomático, escritor y periodista italianocubano. Emigro a Cuba en 1897 con el objetivo de luchar en la Guerra de Independencia. Fue coronel mambí, y luego embajador de Cuba en Estados Unidos.

[658] José Miguel Gómez, militar y político cubano, Coronel de Brigada del Ejército Libertador durante la Guerra de Independencia. Segundo presidente de la República de Cuba.

[659] Carlos Mendieta, político y militar cubano que participó en la Guerra del 95 con el grado de Coronel. Diputado del Partido Liberal (1901-1923). Fue presidente provisional de la República de Cuba desde 1934 a 1935. Durante su Gobierno se obtiene la abolición de la Emmienda Platt.

[660] Ibídem, pág. 20.

el Dr. Peláez falleció poco tiempo después de mudarse para ese chalet, la familia vivió allí por largo tiempo.

La casa llamada, La Villa Carmela, (por la madre, Carmen Peláez), fue construida en 1912. Incorporaba aspectos neoclásicos y diseños tradicionales de la arquitectura criolla cubana. En esta casa Amelia Peláez tuvo su taller principal, rodeado de plantas y pájaros y este ambiente natural la inspiró en muchas de sus obras en las que utilizó elementos de su casa como columnas y balaustradas, llenando el chalet con sus obras de arte[661].

Amada del Castillo era natural de Sancti Spíritus. Allí contrajo matrimonio durante la Guerra del 68 con el coronel mambí Antonio Pérez. Durante la contienda, Pérez fue sorprendido y macheteado por los españoles en Arroyo Blanco. A pesar de lo sufrido y su viudez, Amada llevó a sus hijos y a su yerno a la Guerra de Independencia.

Elvira del Monte y Lamar[662] conocida cariñosamente como «Chacha», se distinguió por su labor patriótica en Sagua la Grande. Había nacido el 30 de marzo de 1857 en Matanzas, y luego se trasladó con su familia a Sagua.

Sus padres Ignacio del Monte y Rosa Lamar, la educaron en el amor a la libertad, y desde su adolescencia había abrazado la causa de Cuba. Ya durante la Guerra Chiquita, «Chacha» del Monte es la más eficaz auxiliar de los patriotas y actúa junto con Lucas Rangel y Florencio Someillán. Adopta entonces el seudónimo de «la dama del paraguas». Adquiere cartuchos de municiones, medicinas, ropas y todos los efectos que le piden.

---

[661] Smith College, Global Modern Women Artists, https://sophia.smith.edu/global-modern-women-artists/amelia-palaez/timeline/

[662] Benito Alonso Artigas: «La Dama del Paraguas», periódico *Información*. Reproducido en *Undoso*, Miami, octubre-diciembre, 2001, pp. 4; 29-30.

Inicialmente no existía en Sagua ningún club revolucionario, solo un pequeño grupo de personas que laboraban con Elvira: su cuñado Agustín Carvajal, telegrafista de los ferrocarriles; su hermano Gualterio Delmonte; el Sr. Pedro Núñez y la morena holguinera **Narcisa Rodríguez**. Luego se les unieron: **Manuela Castrizana Betharte, Águeda Paredes de Landa, Rita Delmonte Lamar, Clara Robau de Santa Cruz, Belén Quirós, Inés Acosta, Luisa Ruiz Cepero, Clotilde Ruiz, Elvira y Angelina Soto, Avelina Francisca Díaz, Manuelita Quijano, Elena González de Salas, Juana y Blanca Elvira Mesa, Isabel Leal, María y Tula González, Josefa Leal, Josefina Núñez de Núñez, Juana Durán de Núñez, María Bernarda Basail, Rosa Martínez Acosta, Teresa Gutiérrez de Machado, Manuela López Oña, Emilia Loret de Mola, Eloísa Núñez de Vega, Luisa Díaz de Morales, María Machado de Moreno, Luz Domínguez de Cueto, Dolores Landa, Rosa Delmonte de Carvajal, Concepción y Eloísa Muñoz Durán**, y algunas otras.[663]

Elvira también trabajo con un grupo de mujeres atendiendo y curando a los soldados de forma encubierta en el que se encontraban las enfermeras **Enriqueta López de Robau**, su hija **María Robau López**, y **María Cartaya Nieto**.

Al crearse el Comité Revolucionario en Sagua la Grande, se pensó que se debería fundar un comité femenino, y nombrar una mujer del barrio para recolectar útiles de guerra con el fin de que fueran enviados a la manigua. Chacha estaba entre aquellas mujeres que integraban el comité. Muchas trabajaban las madrugadas clandestinamente confeccionando y recolectando ropa, tanto nueva como usada. También enviaban al campo insurrecto armas, escarapelas, explosivos y periódicos, como *La bandera cubana y Cacarajícara*, así como proclamas que se hacían en Las Villas.

Cuando en 1897 muere su primo, Salvador Herrera y es ocupada su cartera con toda la documentación, Chacha cambia su seudónimo para el de «Zoila», pero se entera que hay otra mujer que ya usa ese nombre y entonces se llama «la Núm. 10» hasta el fin de la guerra.

---

[663] América Mazón Robau: *Por eso he votado...no!*, Ediciones Capiro, Las Villas, 2016.

Mucho la estimaba el General Emilio Núñez[664], y del que era constante informante mientras éste se mantenía en la manigua. Sostenía también diariamente un eficiente servicio de correos con las fuerzas que mandaban su primo Salvador Herrera y el General José Luis Robau, del que fue poderosa auxiliar.

General José Luis Robau

En 1898 el General Robau se pone en contacto con Elvira,[665] y le escribe el 2 de agosto desde el Cuartel de Guatá: «Mi distinguida amiga: al fin hemos alcanzado la paz, basada en nuestras justas aspiraciones. Esta brigada a mi mando, inmensamente agradecida a usted por sus incontables y útiles servicios prestados, no dispone de otros medios en el momento, que los de dirigirle la presente comunicación encaminada a demostrar su más decidida gratitud, y que conste para siempre en el Registro de la misma que hubo una heroína que ni las persecuciones de Weyler, ni la prolongación de la lucha, le hicieron aminorar siquiera su desinteresado patriotismo de aliviar con cuanto y como pudo, las fuerzas a mi mando. Este cuartel general, y especialmente el que escribe, espera tan solamente la oportunidad de personalmente conocerla y demostrarle su inmensa gratitud: y mientras tanto, queda con la mayor consideración y respeto a sus pies, José Luis Robau».[666]

Cuando la guerra llegó a su fin, quisieron distinguir a Elvira por su labor, y ella valoró la participación de otras mujeres: «En mis trabajos a favor de la última guerra tienen tanta participación como yo las mujeres que me ayudaron. El temor les hacía pedirme

---

[664] Dr. Emilio Núñez y Rodríguez (Las Villas, diciembre, 1855-La Habana, 5 de mayo 1922) fue General del Ejército Libertador, dentista y político cubano.

[665] General Jefe de la Brigada Sagua la Grande. Se incorpora al Ejército Libertador el 5 de Junio de 1895.

[666] Tomado de *Sagua Viva*, http://saguaviva.blogspot.com/2010/08/z-la-dama-del-paraguas-o-la-numero-10.html, «Por eso he votado…no!», carta del General Robau a Elvira Delmonte fechada, cuartel de Guatá, 27 de agosto, 1898, pág. 68

que no figuraran sus nombres, pero en ningún momento nada las hizo retroceder ni desmayar».[667]

En la República, esta extraordinaria mujer rehusó cualquier recompensa económica que los libertadores querían otorgarle como agradecimiento. Pese a su modesta situación económica en aquellos difíciles momentos en que Cuba se encontraba totalmente agotada por la guerra, Elvira no aceptó nada. Trabajó en el archivo del Municipio de Sagua desde enero de 1900 hasta junio de 1920, fecha en que se jubiló. En ese mismo año se trasladó a La Habana donde fallece a los 74 años, el 28 de febrero de 1928.

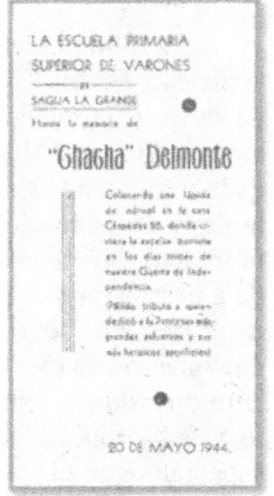

El 20 de mayo de 1944, la Escuela Superior de Varones le rindió un merecido homenaje colocando una tarja de mármol al frente de su casa.

Rosa Delmonte, auxiliar y hermana de Elvira Delmonte, de Matanzas, fundó un club femenino durante la guerra del que fue presidenta, al igual que su hermana y mantuvo relaciones estrechas con Salvador Herrera y con el brigadier José Luis Robau López y la brigada de Sagua la Grande.

Su colaboración con la guerra consistió en envíos de noticias y correos, localizar armas, explosivos y confeccionar banderas, una de las cuales fue transportada por Chacha del Monte, escondida bajo la falda de su vestido. Su casa de la calle de Céspedes era en muchas ocasiones el punto de reuniones secretas del comité, en cuya puerta hacía guardia una fiel sirvienta doméstica para evitar ser sorprendidas por el ejército español.

---

[667] Elvira Delmonte Lamar: *La Lucha*, Santa Clara, 1926, en *La estirpe de Mariana*, Ob. Cit. pp. 35 y 418.

De familia humilde, **Lina Díaz Aguilar** supo desde muy joven de acciones heroicas de los cubanos en la Guerra de los Diez Años. Aquella semilla sembrada por su familia contribuyó a que se dedicara a trabajar por la patria cuando estalla la Guerra del 95.

Al realizarse la invasión a Occidente encabezada por Máximo Gómez y Antonio Maceo, se crea el regimiento de caballería Santiago de las Vegas bajo el mando de los coroneles Juan Delgado y Dionisio Arencibia. Lina ve la oportunidad de colaborar con los mambises y contacta a Juan Delgado, quien le asigna la misión de tenerlo al tanto de los movimientos del ejército español en la zona, sobre todo de la comandancia de aquel lugar. Pero no se limita a eso, y desde ese momento se convierte Lina en una de las fuentes de abas-

tecimiento de armas, medicamentos y avituallamiento para las fuerzas insurrectas. Nunca fue descubierta mientras hacía ese trabajo. Tuvo una larga vida, y falleció en Calabazar, el 7 de junio de 1973.

Antigua iglesia parroquial de Calabazar de La Habana.

Irene Duany natural de Guantánamo, prestó servicios militares en la casa de postas de las prefecturas de Filipinas y Casimbas, en Villa Clara. En varias ocasiones asistió al General José Maceo como cocinera y lavandera en las visitas que este realizaba a los campamentos de la Primera División.

María Escobar Laredo (Caibarién, 8 de mayo de 1866-Remedios, Las Villas, 3 de julio de 1919).

En el parque principal del municipio de Caibarién se halla un monumento elaborado en bronce que representa a la valerosa combatiente, María Escobar Laredo, a quien los mambises conocieron por diversos sobrenombres, entre ellos 'Esmeralda' y 'Vencedor', aunque el más popular fue el de «La Coronela». Este monumento es obra de su compatriota, el escultor Florencio Gelabert Pérez, quien dedicó más de medio siglo al arte, y a rendir homenaje en sus obras a las figuras de patriotas cubanos[668].

El monumento a La Coronela, María Escobar Laredo, en el Parque Maceo de Caibarién.

María era delgada, esbelta, de buen trato, carácter firme y temperamento apasionado. Se sentía revolucionaria y desde muy joven se incorporó a las luchas libertarias. Se casó con el comerciante español Francisco Jolís en 1889, pero por discrepancias matrimonio se separó, yéndose a vivir Jolís a España y María se mantuvo en la lucha, manteniendo su cubanía y admiración que le inspiraban los héroes de la guerra.

Decidida a cooperar en la causa comenzó a enviar a la manigua medicinas, ropas, cigarros, información y noticias precisas que los jefes recibían agradecidos. Luego fue la presidenta del club mixto Vencedor integrado por 48 personas, hombres y mujeres, que trabajaban en el clandestinaje. Por mediación de María salían emisarios para Nueva York que luego traían expediciones y que los miembros de su club infiltraban por lugares seguros de las costas de la provincia de Las Villas.

Su casa en Remedios era un verdadero taller donde se confeccionaban banderas, ropa y calzado para enviar a la manigua. Se consiguieron materiales para hacer uniformes surtidos por Indalecio Pertierra que le vendió crecidas cantidades de género. María lo inscribió como miembro contribuyente del club.[669] Como otras grandes patriotas de esta época, una buena parte de la

---

[668] Gelabert creó, entre otros, el monumento a Mariana Grajales en La Habana. Ver Fernández Soneira, *Mujeres de la Patria*, t I, pp. 216-228.

[669] Victoria Caturla Bru: *La mujer en la independencia de América*, Jesús Montero, La Habana, 1945.

fortuna personal ayudó a llenar las necesidades de la Revolución[670].

Entre sus principales quehaceres estaba el ser confidente de los Generales Máximo Gómez y Francisco Carrillo, lo que le ocasionó grandes riesgos y peligros, como el de un tiro que atravesó su casa e hirió a una joven que pasaba frente a ella. María supo que este atentado era dirigido a ella, aunque declaró a la comandancia española que pensaba que el tiro se le había disparado a alguien limpiando sus armas. Cada vez que ella o sus hombres eran citados a la Capitanía española, planteaban argumentos de defensa muy convincentes y de igual manera cuando era entrevistada en su hogar por el comandante Lamadrid, sabía negar con habilidad cualquier acusación o sospecha. En uno de sus viajes a La Habana fue vigilada y luego acusada. En el periódico *La Lucha*[671] de aquellos días salió publicado su arresto acusada de «infidente».

El historiador Leonardo Griñán Peralta[672] dedica unos párrafos a La Coronela: «A finales de la Guerra de Independencia, vivía en Remedios una señora de 32 años de edad a quien sus coterráneos recuerdan como una mujer alta, bien proporcionada, elegante y distinguida; de color moreno y pelo negro; aficionada a la música y a las flores; culta, paciente, bondadosa y serena. Tan bellas prendas personales y la circunstancia de pertenecer a una de las familias más apreciadas de aquel lugar hicieron que María se viese siempre rodeada de toda clase de consideraciones. Hija de una cubana de nobilísimos sentimientos y rico comerciante español, debía llevar en sí las condiciones necesarias para contar con la benevolencia de ambos ejércitos contendientes».

La historia recoge que al ser trasladado el campamento del central Narcisa hacia el ingenio Jimaguayabo, en las cercanías del poblado de Remedios, el General Máximo Gómez reunió en el lugar a María Escobar Laredo y a la no menos destacada patriota Antonia Romero Loyola, quien vivía allí. A modo de reconoci-

---

[670] Enrique Ubieta: *Bohemia* 1, No. 30, 26 de Noviembre, 2010.
[671] Luis Lagomasino: *Episodios Nacionales, retazos de historia patria*, Tip. del «Boletín Nacional de Historia, Geografía», La Habana, 1924.
[672] Fermín Peraza: *Boletín del Anuario Bibliográfico Cubano*, tomos I-XXV, University of Florida Libraries, Gainesville, 1963.

miento por todo su trabajo durante la guerra, las invitó a un almuerzo criollo y los músicos del lugar recogieron el hecho en forma de décima. Una de ellas decía así:

¡Viva María! Y ¡vivan todas
«La Coronela» las remedianas!
¡Viva Antoñica!, ¡y las cubanas
que lo es también. De Caibarién!

Al terminar la guerra, Francisco Jolís, esposo de María, regresó a Caibarién y reinició su vida al lado de su esposa. María murió en 1919. Los veteranos rindieron guardia de honor ante su cadáver, y el día de su entierro las fuerzas del ejército hicieron las descargas de reglamento de acuerdo con su jerarquía militar de Coronela.

Portada de la revista *Carteles* ilustrada por Andrés, La Habana, 1940.

En las rancherías y fincas del oriente cubano, se coreaban canciones acompañadas de bandurria o guitarra, como esta:

«¡Viva Cuba, viva mi Patria!
¡Vivan los hombres de gran valor!
¡Que viva Gómez, viva Maceo!
¡Viva el Ejército Libertador!»

O sino se oía cantar:

«Allá en las lomas de Manzanillo,
una bandera yo vi flotar,
y era Gómez, que con su gente,
venía dispuesto para pelear».

«¡Que viva Cuba! ¡Viva el machete!
Viva el cubano que lo empuñó.
¡Vivan los libres hijos de Cuba!
¡Viva Maceo! ¡Viva Masó!»

María Escobar Laredo, (a la izquierda con blusa blanca y pañuelo oscuro cruzado al cuello), junto a otras mambisas vestidas de color oscuro, durante una reunión junto al Mayor General Francisco Carrillo, que aparece sentado.

El 28 de enero de 1981 se fundó el Museo María Escobar Laredo en Caibarién[673]. Este se encuentra en el edificio que había sido sede de la Sociedad Liceo de Caibarién. El museo conserva importantes colecciones de historia, arqueología, arte y documentos. En

---

[673] Situado en la Avenida 9 y la calle 10.

una de sus salas está expuesto el juego de cuarto original que perteneció a la Coronela, María Escobar Laredo.

Las dos incansables luchadoras separatistas, María Escobar y Antonia Romero en Remedios, con el Generalísimo Máximo Gómez. Foto de la revista *Bohemia*.

Sobre la patriota, decía en una carta un corresponsal del General Carrillo: «Es valiente y constante. Su entereza y decisión por nuestra libertad raya en locura». Y el periódico *El Fígaro* escribió en febrero de 1899: «fue una verdadera heroína en Remedios».

Caridad Estrada ya había brindado sus servicios durante la Guerra Grande, luchando junto a su esposo. Ahora en el 95, José Martí relata en su Diario de Guerra: «En Camagüey...a Caridad la hirieron por la espalda; el marido se rodó muerto; la guerrilla huyó. Caridad recogió a su hijo por el brazo y chorreando sangre, se les va detrás: 'si hubiera tenido un rifle (¡!)' Y siguió viviendo y predicando, entusiasmando al campamento».[674]

La poetisa Martina Pierra de Poo,[675] citada en el volumen I de esta obra, le había dedicado un hermoso poema a Camagüey. Reza el poema:

En un lugar muy bello de nuestra Cuba hermosa,
Rodeado de palmares, se encuentra el Camagüey;
Allí donde se hallaba en otra edad dichosa
Un pueblo que era todo de raza siboney.
[...]
Mi madre y mis hermanos a ella pertenecen,
Allá nacieron ellos, también naciera yo;
Que en medio de las palmas y ceibas que allí crecen
Su brisa mugidora mi cuna remeció.

Martina Pierra de Poo[676]

---

[674] José Martí, *De Cabo Haitiano a Dos Ríos, Diario de Campaña*, Imprenta Escuela del Instituto Cívico Militar, Ceiba del Agua, 1941. pp. 17-18.

[675] Para más información de Martina Pierra, ver Fernández Soneira, *Mujeres de la Patria*, t I, pp. 86-89.

Anita Fernández Velasco nació en Santa Clara, el 8 de marzo de 1848. Sus padres, Marcelino Vicente Fernández y Margarita Velasco, secundaron el Grito de Yara, terminando así la paz de aquella familia singular. Los trabajos de conspiración de la junta de Villa Clara, que se reunía en su casa, y el hecho de que algunos en su familia habían marchado a la guerra, fueron causa de que las  autoridades españolas tuvieran a la familia constantemente en la mirilla.

Su tía fue hecha prisionera por lo que decidieron marcharse de la ciudad para Cienfuegos, en febrero de 1871. Tuvo Anita que subsistir con el producto de la costura. Un vecino quiso que educara a sus hijas, y así tuvo algunos alumnos. Pero uno de los padres la denunció por ejercer la profesión de maestra ilegalmente, acumulándosele también a los cargos el de conspiradora. Salió airosa de aquella situación y con sus clases ayudaba económicamente a su familia, y les infundía a sus alumnos el amor a Cuba.

Se presentó a examen en La Habana para obtener el título de educadora que le concedieron el 11 de enero de 1875 y luego fundó el colegio Santa Teresa de Jesús.

Al comienzo de la guerra del 95 Anita se incorpora a los quehaceres conspirativos sin abandonar su labor de docencia en el colegio. Ofrece ayuda al Club Revolucionario Cubano de Cienfuegos constituido la noche del 19 de mayo de 1895, enviándoles a los patriotas dinero, ropa y medicina, además de alentarlos. Por su casa desfilaron las grandes figuras de la guerra: Tomás Estrada Palma, Calixto García y otros más. Anita también formó parte del *club Esperanza del Valle* que dirigía la patriota Edelmira Guerra, llevando el seudónimo de «Estrella», representada en la pequeña miniatura de plata que solía llevar siempre sobre su blusa.[677]

---

[676] Domitila García de Coronado: *Álbum Poético-Fotográfico de las escritoras cubanas*, Imprenta Militar de la Vda. de Soler, La Habana, 1872, pág. 64.

[677] Eloy Manuel Viera Moreno: «Instructores de Arte, Huérfanos y caridad cristiana», *Palabra Nueva* 47, La Habana.

Calle Arguelles en Cienfuegos[678]

Anita redactó las primeras comunicaciones de la Junta Revolucionaria de Villa Clara entregándoselas a Carlos Roloff para que las llevara a su destino. Cuando la Reconcentración, Weyler había convertido un almacén de los muelles del puerto en lugar para hacinar a más de un centenar de personas. Hacia allí se dirigió Anita con las alumnas del colegio que dirigía y les llevó comestibles, ropa y calzado. Luego despojó de sus respectivos colchones las 18 camas de su casa, donde sostenía a miembros de familias que se encontraban en la manigua. Transformó el hangar del muelle de La Sierra en dormitorio con las camas de su casa que llevó para que los niños no tuvieran que vivir en el áspero suelo de aquel lugar. Por último, con la ayuda de sus alumnas y de personas caritativas, sostuvo una cocina gratuita en los portales del colegio Santa Teresa, a un costado del Teatro Terry.

Teatro Terry de Cienfuegos.

Lino Hernández, presidente del *club revolucionario de Cienfuegos* contaba de la patriota: «Anita, con sus prédicas constantes nos animaba y daba alientos en la Guerra de Independencia, como

---

[678] J.C. Prince: *Cuba Illustrated*, Napoleon, Thompson and Co., New York, 1893-94.

ella misma señalaba: 'para poder enviar auxilios, tuve que vender mis prendas y cristales pues yo solo tenía trabajo'».[679]

El 14 de febrero de 1899 al terminar la guerra, Anita participa en la manifestación de bienvenida a las fuerzas revolucionarias acampadas en Santa Rosa. Los soldados marchaban con la bandera confeccionada por ella en su hogar durante los días peligrosos de la guerra cuando la visitaban Tomás Estrada Palma, Calixto García, Agustín Cebreco y otros.

Al finalizar la guerra Anita siguió trabajando y junto a otros cienfuegueros retomó su sueño de ayudar a niños desamparados productos de la guerra. En enero de 1899 fundan el Asilo Huérfanos de la Patria en las calles Santa Elena y Hourruitiner. Asiló a más de 200 niños y les brindo una esmerada educación. ¡Cuántos pobres niños había dejado la guerra sin padres, sin amor y sin cuidados! El asilo de Anita Fernández los recibió y encaminó en aquellos días tristes de fines de 1899. El asilo cerró sus puertas en 1901.

Una vieja afección del corazón la hacía vivir sometida a una rigurosa dieta y a esta dolencia se le unió otra grave enfermedad:

un cáncer en la garganta. Falleció el 22 de enero de 1922. El mismo día del entierro un grupo de antiguas alumnas, con el permiso y apoyo del Alcalde, fundó la Asociación Benéfica Anita Fernández, cuyo trabajo propiciaría cuatro años más tarde hacer realidad su sueño: la inauguración del asilo para niñas huérfanas. Este asilo, que llevó su nombre, se inauguró en 1926 en lo que se llamaba Villa Teresa, una casa de veraneo frente al mar y propiedad de la Sra. Teresa Rabasa, antigua alumna de Anita Fernández, quien la cedió temporalmente para comenzar las labores del

---

[679] Lourdes Valdés Héctor: «Ana Fernández: una pedagoga que educó desde la vida», *Revista Vitral,* no. 48, año VIII, marzo-abril 2002.

asilo,[680] el cual fue atendido durante 36 años por las Hermanas de la Caridad de San Vicente de Paúl.[681]

La labor de Anita Fernández Velasco fue inmensa. Estaría muy satisfecha hoy al saber que todavía su nombre se menciona y que su labor se recuerda en Cienfuegos, como sucedió en el 2014 durante los cursos de la escuela de verano «Anita Fernández Velasco», cuando los asistentes fueron en peregrinación desde la escuela hasta la tumba de Anita en el antiguo cementerio de Reina, para depositar una ofrenda floral como gesto simbólico de los educadores cienfuegueros a su memoria.[682]

A la entrada de Cienfuegos se levanta la amplia Escuela de Instructores de Arte y delante de esta se aprecia un busto de Anita Fernández esculpido en mármol. Amando a Cuba como Anita lo hizo, quizás sintió en lo más profundo de su ser las palabras de esta escritora su poema a la patria:

> Yo te bendigo, amada patria mía
> Perfumado pensil de mis amores
> Dame otra vez de tus fragantes flores
> El amoroso aliento a percibir.
> Manuela Agramonte de Agramonte
> Noviembre, 1866[683]

Clotilde Fernández, villaclareña y miembro del club Esperanza del Valle en Cienfuegos. Tomó parte activa en este grupo de mujeres que luchaban codo a codo junto a Edelmira Guerra a favor de la causa de la independencia.[684] Era prima hermana de **Anita Fernández Velasco.**

---

[680] Revista Decenal del Avisador Comercial: *Ecos de Cuba, 1895-1898*, La Habana, Xunta de Galicia, Edición Facsimilar, 1997.

[681] Para datos de las Hijas de la Caridad ver capítulo 4 de esta obra, pág. 169.

[682] Miguel Albuerne Mesa: «3era. Escuela de Verano Anita Fernández Velasco en Cienfuegos», en *Conferencia de Obispos Católicos de Cuba*, www.iglesiacubana.org/cocc2013.

[683] Manuela Agramonte de Agramonte: «Saludo a Cuba», en Domitila García Coronado: *Álbum poético-fotográfico de las escritoras y poetisas cubanas*, Imprenta Militar de la Vda. de Soler, La Habana, 1872, pág. 198.

[684] Ibídem, pág. 55

Josefa L. Fernández de León[685] (1848-1922) nació en La Habana en agosto de 1850 de antigua familia criolla. Por sus venas corría sangre bayamesa, y sus ilustres progenitores habían sido patriotas de la Guerra Grande en la que Josefa, pese a su corta edad, también se había distinguido en la oratoria y declamación patrióticas en el exilio.

Casi un cuarto de siglo después, ya casada con Antonio de León, y madre de varios hijos en los que supo inculcar la idea de la independencia, se convierte en activa militante. Lleva al campo insurrecto correspondencia, medicinas, ropas y pertrechos de guerra. Es encarcelada y condenada a muerte, pero salva la vida. Acompaña luego a sus hijos a la guerra siendo ella agente del regimiento Domingo Goicuría en La Habana. Falleció en La Habana en 1922.

Rosalía Foyo del Portal (1868-1957) era natural de Las Villas. Le gustaba contar anécdotas de la guerra del 95 en la que trabajó tanto en Placetas como en Camajuaní, al lado de José Núñez Morales, los Monteagudo, los Rojas y Virginia Machado de Rodríguez. Patriota de carácter fuerte y recto, confrontó a un cubano capitán de guerrilla de Placetas por haber dicho en su presencia que había mandado a dar machete a tres prisioneros mambises en el campo. Rosalía figuró en la lista de deportaciones de lo que se pudo librar.

Después de la guerra se fue para La Habana. Más tarde se dedicó a la enseñanza en Remedios y en Camajuaní. Cuentan que poseía una buena colección de libros, insignias, retratos de los jefes y otros recuerdos de la guerra. Murió en la casa de la calle 6, no. 506 en el Vedado, La Habana.

Mujeres de la familia Feria y Garayalde[686]

María Vicenta Garayalde Fernández, nacida en 1806, falleció en Gibara, el 19 de abril de 1897. Hija de Diego Manuel Garayalde

---

[685] Para más información, ver Teresa Fernández Soneira: *Mujeres de la Patria*, t I, pág. 435.

[686] William Navarrete y María Dolores Espino: *Genealogía Cubana, San Isidro de Holguín*, Editorial Aduana Vieja, Valencia, 2015.

Márquez y de Rosa Fernández Parra, residía en Tacajó, término de Banes, con su esposo Francisco Salvador Feria Pupo. Sus hijos mambises fueron: Ladislao, coronel de la Guerra de los Diez Años, fallecido en Tacajó en 1876; Florentino, Capitán de la Guerra de los Diez Años, también fallecido en la guerra; Luis, General de la Guerra del 95, y Diego, Comandante de la Guerra del 95.[687] No tenemos más noticias sobre María Vicent, pero es de suponer que con tantos hijos en el campo de batalla, también ayudaría dentro de sus posibilidades y sufriría las consecuencias de la lejanía, la muerte de unos, y la suerte que correrían los otros en la manigua.

Leonor de Feria Garayalde era hija de María Vicenta, nació en Holguín. Esposa del Coronel César Castellanos de Fuentes, quien fallece en 1871 por heridas recibidas en el combate de La Cabrera.[688] Leonor presenció el asesinato de su suegro a machetazos. Junto a sus nietos y nuera, estaba en el mayor de los desamparos, pero llegó la ayuda generosa del Mayor General Calixto García, quien le proporcionó algunos de los escasos recursos con que pudieron contar para subsistir en aquellas condiciones tan adversas. Al término de la guerra rechazó la pensión que como viuda y madre le correspondía, por los méritos en la guerra.

El General Calixto García Íñiguez

Miembro de esta familia era **Clementina Rodríguez Pichardo,** esposa del General de División de la guerra del 95, Luis de Feria Garayalde. Tuvieron once hijos de los cuáles diez murieron en la guerra y solo sobrevivió una hija.[689] Inmensa fue la tragedia que sufrieron Clementina y su familia.

Lo mismo sucedió con la patriota **Dolores Rodríguez Pichardo**, casada con el Comandante Ladislao de Feria Garayalde.

---

[687] Ibídem.
[688] Ibíd.
[689] Correspondencia de la autora con William Navarrete, octubre, 2014.

De los diez hijos que tenía en 1868, en 1878 solo sobrevivieron cuatro. Murieron víctimas del cólera, de la miseria y del hambre.

El coronel mambí, Rafael Manduley del Río, casado con Teresa Guadalupe Castellanos de Feria.

Francisca Emelina de Feria de la Torre, se unió en matrimonio a Atanasio García quien era combatiente. Francisca ofreció los recursos de su finca al que llegara herido, enfermo, o de tránsito de otras zonas de combate. El General Maceo la visitó varias veces.

Otras integrantes de la familia, quienes debieron también sufrir los embates de la guerra fueron: **Dolores Carmela de Feria y Garayalde; Mercedes Guerrero Ávila** casada con el comandante Diego de Feria y Garayalde. **Teresa Guadalupe Castellanos de Feria,** casada con el coronel Rafael Manduley del Río.

Candita Santiesteban Tamayo, estaba casada con el comandante Armando de Feria Guerrero. El novelista y crítico de arte, William Navarrete, quien ha desarrollado una amplia labor de genealogía sobre Holguín, relata: «Candita estuvo en la manigua durante tres años cocinando para los mambises cuando llegaban al rancho, lavándoles la ropa y atendiendo a los heridos en los combates que se libraban próximos al lugar».[690] La situación en la retaguardia podía ser tan peligrosa como en el frente de batalla. Los ataques se sucedían en cualquier momento, y estas dedicadas mambisas arriesgaban hasta sus vidas para ayudar y apoyar a las tropas.

Estereograma de 1898 donde se ve a dos jóvenes en la calle Fortuni, en Remedios. Colección de la autora. ©

---

[690] Rittaly Agüero Feria: *Leonela de Feria y Garayalde, patriota, madre ejemplar, educadora.* Tomado de la tesis proporcionada por William Navarrete, octubre, 2016.

Sobre **Urbana Fernández,**[691] José Morán escribe en el periódico *El Porvenir*[692] de Nueva York: «Una columna española, en operaciones asaltó hace poco un rancho de gente pacífica en las inmediaciones de Songo (Santiago de Cuba). Todos sus moradores fueron horriblemente asesinados: la madre, que era una morena llamada **Urbana Fernández,** y sus hijos Albertina, Nabertino y Marino, de 10, 9 y 8 años de edad, respectivamente. A una hermana de Urbana Fernández que estaba encinta, le dieron muerte a machetazos. Mandaba la «heroica» columna un tal Canosa, antiguo bodeguero, improvisado hoy en oficial de guerrillas».[693]

Adriana García Alomá[694], colaboró con Rita Suárez del Villar en Las Villas y con otras patriotas cienfuegueras, entre ellas: **Caruca García, Lolita Suárez del Villar, Natividad Hernández Castiñeira, Ñica Clark, Elvira Reyes, Isabel Díaz de Villegas, Martha Torralbas, Amalia González, las hermanas Josefina y Lola Trujillo** y otras más. Enviaban diariamente medicinas, cigarros, provisiones, ropas, y pertrechos de guerra a los insurgentes.

Las grandes labores de **Domitila García de Coronado**[695] con relación al mejoramiento de la mujer cubana y también de la educación, la hacen merecedora de especial reconocimiento.

Había nacido en Puerto Príncipe, el 7 de mayo de 1847. En 1859 se mudó con su familia a Manzanillo, Oriente, donde se inició en el periodismo como ayudante en la imprenta que su padre tenía. Se le considera como la primera periodista cubana y fundadora de varios periódicos.

Con Sofía Estévez fundó *El Céfiro* en Camagüey en 1866; *El Eco de Cuba* en 1869; *El Correo de las Damas*

---

[691] Enrique Ubieta: *Efemérides de la Revolución Cubana,* La Moderna Poesía, La Habana, 1911.

[692] *El Porvenir,* periódico político, literario, de noticias y anuncios semanales, publicado en el exilio de Nueva York. Su director fue Enrique Trujillo. 1890-1898.

[693] Periódico *El Porvenir,* Nueva York, 1896, pág. 130.

[694] Para más datos ver Fernández Soneira, *Mujeres de la Patria,* t I, pág. 369.

[695] Ibídem, pp. 35 y 411.

en 1875 y *Crónica Habanera* en 1895, los dos últimos en La Habana. Colaboró también con *La Patria, La Guirnalda, El Álbum, El Hogar, El Fígaro y La Discusión.*

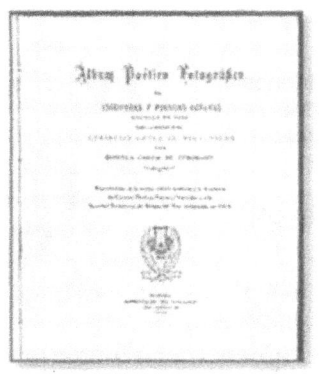

En 1868 publicó la hermosa antología titulada *Álbum poético fotográfico de escritoras y poetisas cubanas,*[696] con poemas y fotografías de escritoras y un prólogo de Gertrudis Gómez de Avellaneda. También publicó libros de texto para las escuelas cubanas.

En 1882 fundó el colegio Nuestra Señora de los Ángeles con su esposo, Nicolás Coronado y Pileña. Con la ayuda del padre Jerónimo Mariano Usera y Alarcón[697] puso en marcha en 1891 la Academia de Tipógrafas y Encuadernadoras de La Habana, que le abrió nuevos horizontes a la mujer cubana.[698] Más tarde, en 1898, logró que el gobierno reconociera a la Academia como Escuela de Artes y Oficios y Normal en la Isla de Cuba.

El Venerable Jerónimo Usera y Alarcón

Domitila trabajó hasta el final de su vida en favor de la educación y la superación de la mujer cubana. Falleció en La Habana en 1938, a la edad de 91 años. Dejó inédito su libro *Cubanas beneméritas*, que sería intere-

---

[696] Domitila García de Coronado: *Álbum poético- fotográfico de escritoras y poetisas cubanas.* Imprenta Militar de la Vda. de Soler, La Habana, 1872.

[697] El P. Mariano Usera y Alarcón (Madrid 1810 - La Habana 1891) fue un sacerdote y pedagogo social. Fundador de la congregación de Hermanas del Amor de Dios. Fundó la Sociedad Protectora de los Niños de la Isla de Cuba.

[698] De acuerdo con la escritora Raquel Vina Mata, en 1866 la española Dolores Barona inauguró en La Habana la primera Escuela de Tipógrafas para niñas y huérfanas, tan solo para niñas blancas. *El Siglo*, año III, no. 134, La Habana, 7 de junio de 1866, pág. 2.

sante estudiar y editar en un futuro, así como su novela *Los enemigos íntimos*.[699]

Mujeres de la familia García Menocal

Ana María García Menocal
Foto Rijckaertdeboer.
Todos los derechos reservados.©

Ana María García Menocal (9 de agosto, 1859-19 septiembre, 1900). Hija de Rafael García Menocal y Rivas y de Rosario García Menocal y Martín de Medina. Prima de Mario García Menocal, General del Ejército Libertador, quien luego llegaría a ser Presidente de la República de Cuba. También era hermana del gran pintor cubano, Armando García Menocal.

Mientras residía en Nueva York, Ana María conoce al afamado músico holandés Hubert de Blanck y luego de adoptar Ana la ciudadanía holandesa, se casan el 24 de diciembre de 1881 en Nueva York. Tuvieron 5 hijos cubano-holandeses: Guillermo (Willy), Armando, Rosario, Florencio y Narciso De Blanck y Menocal.

A la izquierda se ve a Ana María y su esposo el afamado músico Hubert de Blanck. Foto Rijckartdeboer. © Todos los derechos reservados.

En 1882 visitan Cuba, y en 1883 se mudan a La Habana yendo a residir a la Calzada Real de Puentes Grandes no. 130, en la barriada de La Ceiba. Hubert de Blanck está involucrado por entonces en la causa de la Revolución. En 1886 es encarcelado por servir de tesorero en la

---

[699] Teresa Bernardete Vaz: «Domitila García de Coronado», *La Habana es nombre de mujer; presencia femenina en el patrimonio histórico-artístico cubano*, Ediciones Boloña, Colección Opus Habana, La Habana 2007, pp. 329-339.

Junta Revolucionaria de La Habana. Es deportado de Cuba y marcha a Nueva York.

Desde los primeros meses de su llegada a Nueva York, Hubert de Blanck se vincula con el grupo de artistas cubanos que recaudan fondos para la causa independentista de Cuba entre los que se encuentran las sopranos **Chalía Herrera**[700] y **Ana Aguado,** el pianista y profesor Emilio Agramonte y el tenor Emilio Gogorza. Más datos de estos dos artistas aparecen en el volumen 3 de esta obra.

Tiempo después, el 19 de septiembre de 1896, de Blanck regresa a Cuba, pero Valeriano Weyler nuevamente lo deporta y sale en el vapor *Mascotte* con su amigo Samuel Tolón.[701] Poco después, su esposa Ana María y sus seis hijos: Guillermo, Huberto, Armando, Florencio, Narciso y Rosario se exilian también.

Al finalizar la guerra, la familia de Blanck-García Menocal regresa a Cuba. Hubert de Blanck organiza nuevamente en La Habana su institución musical con el nombre de Conservatorio Nacional de Música, pero la dicha duraría poco ya que en septiembre de 1900 muere su esposa Ana María.

La Sociedad de Cuartetos Clásicos a finales de la década de 1880 en La Habana. Estaba compuesta por Tomás de la Rosa, Anselmo López, Ángel Tempesti, otro músico no identificado y Hubert De Blanck al piano.[702]

En 1881 Hubert De Blanck le había dedicado una pieza a su esposa, la *Danse Espagnole* para piano.

---

[700] Para más datos de Chalía Herrera, consultar el volumen III de esta obra.

[701] Samuel Tolón, comerciante matancero.

[702] Tomado de Biografía de Hubert De Blanck, el patriarca de la música en Cuba, http://rijckaertdeboer.nl/HdB/HdBbioEN.htm. Todos los derechos reservados©.

María del Rosario García Menocal (1835-1915).[703]

María del Rosario García Menocal, hija de Gabriel García Menocal y López de Ramos y de María del Carmen Martín de Medina y Monterrey, fue esposa de Rafael García Menocal y Rivas. Durante la guerra, trabajó con las hermanas Mendive, con **Rosario Bolaños,**[704] así como con **Lalá Laté de la Torre, Amelia Martínez,** y con su hija, **Ana María García Menocal.**

Narcisa Deop y García Menocal nació el 17 de diciembre de 1866 en Jagüey Grande, Matanzas. Era hija de Magdalena Menocal y de Narciso Deop. Narcisa contrajo matrimonio con Gabriel García Menocal Martin y el matrimonio tuvo cuatro hijos.

Narcisa fue una mujer de temple extraordinario. Les cosió los uniformes de guerra a sus cuatro hijos en su máquina de coser y los urgió a que fueran a pelear a la Guerra de Independencia.

En las imágenes aparecen Narcisa Deop y García Menocal.

A la izquierda la fotografía de Narcisa Deop que está expuesta en el club San Carlos de Cayo Hueso.[705] La otra imagen de Narcisa es una pintura realizada por el pintor cubano Armando García Menocal.

---

[703] Consultar http://rijckaertdeboer.nl/HdB/MenocalEN.htm para datos adicionales de la familia Menocal.

[704] Ver pp. 64, 214, 284, 290-91; 333, 366, 445, 454 de esta obra para más información.

[705] Foto cortesía de Maricely Consuegra Castroverde©.

Muerte de Antonio Maceo por el pintor cubano, Armando García Menocal, 1906. Se encuentra expuesto en el Museo Nacional de Bellas Artes en La Habana.

Mariana Seva y Rodríguez de García Menocal con sus hijos Mario, Raúl, y Georgina García-Menocal y Seva.

Mariana Seva y Rodríguez de García Menocal nació el 24 de julio de 1875 en La Habana. Los padres de Mariana fueron Ana Tomasa Rodríguez y Mariano Seva y Álvarez.

En 1888 Mariana contrajo matrimonio con el General del Ejército Libertador, Mario García Menocal, quien luego llegaría a ocupar la presidencia de la República de Cuba (1913-1921).

El General Mario García Menocal aparece con chaqueta oscura, durante la guerra del 95.

A la izquierda Mariana Seva de Menocal. Biblioteca del Congreso de los Estados Unidos. Todos los derechos reservados. ©

No tenemos más datos de la Sra. Mariana Seva de Menocal durante la Guerra de Independencia de Cuba, pero se sabe que encabezó la sección femenina de la Cruz Roja Cubana, y pudo recolectar $1,000,000 para el equipo y mantenimiento de un hospital en Francia que sería dirigido exclusivamente por médicos y enfermeras cubanos[706]. Fue una noble labor humanitaria que desempeñó la Sra. Menocal.

Mariana Seva junto al Presidente Menocal, en el centro, con un grupo de enfermeras de la Cruz Roja Cubana en 1917. Biblioteca del Congreso. Prohibida la reproducción ©.

Mariana Seva de García Menocal falleció en La Habana en 1942, a los 66 años.

Sepulturas de algunos miembros de la familia García Menocal en el Cementerio de Colón en La Habana.

---

[706] Biblioteca del Congreso de los Estados Unidos, catálogo de grabados y fotografías en línea.

Rosalía García Osuna nació en 1823 en la provincia de La Habana. Se casó joven con Antonio Lamas y se dedicó a la tarea del magisterio.

Chalía, como cariñosamente la llamaban, pudo burlar la estrecha vigilancia española y trabajó durante dos años como laborante. También participó en las reuniones que celebraban las Mendive en su casa y a las que asistían **Rosario Bolaños** (la agente Viola), **Ana y Charo Menocal, Lala Laté de la Torre y Amelia Martínez,** que eran las más activas. Estas reuniones también se llevaron a cabo en su vivienda en Guanabacoa, hasta el 4 de marzo de 1897, cuando la casa fue allanada, y Rosalía se enfrentó a los españoles con coraje a pesar de su invalidez. Luego de un minucioso registro fue llevada a la cárcel de Guanabacoa donde la mantuvieron incomunicada y más tarde fue remitida a la Casa de Recogidas donde permaneció hasta el 3 de abril del 1897, fecha en que el gobierno decidió deportarla a Cayo Hueso.

Como era una mujer de gran perseverancia, continuó colaborando por la independencia en el Cayo. Pronto se unió a la labor que desarrollaban los clubes patrióticos locales continuando su útil labor. Mientras tanto en Cuba luchaban sus cinco hijos, dos de los cuales murieron en la contienda. Un periodista español del periódico *La Lucha*[707] escribió: «[las mujeres cubanas] han visto los cuerpos de sus esposos y de sus hijos con ojos secos, siempre firmes y determinantes pero en silencio, suplicando al cielo por el triunfo de sus hombres».

«Chalía» García Osuna con sus hijos José Francisco, Enrique, Ignacio, Rafael y Jorge.[708]

---

[707] Periódico *La Lucha,* 10 de septiembre de 1910, pág. 2, en Louis A. Pérez: *To die in Cuba, Suicide and Society,* The University of North Carolina Press, 2005.

[708] Foto publicada en la *Revista de Cayo Hueso*, «Una familia de héroes», vol. 1, núm. 1, mayo 19, 1897, pág. 15.

A edad bastante avanzada logró ver la independencia. Falleció con honores y sus restos mortales fueron cubiertos por la bandera cubana por la que ella tanto había luchado.

En la *Revista de Cayo Hueso* escribieron de ella: «su cosecha de persecuciones, de atropellos, de dolores intensos, ha sido grande, muy grande. Pero muy grande es también la gloria perdurable que esplende quien, en la hora del deber, lo cumplió sin vacilar, como madre y como cubana».[709]

Clemencia Gómez Toro[710] hija del Generalísimo Máximo Gómez y de su esposa, Bernarda Toro Pelegrin,[711] nació en los campos de Cuba Libre, el 1ro. de mayo de 1873. Honrada se debió sentir de haber nacido en esas circunstancias, además de ser hija de una mujer valerosa y del gran caudillo del Ejército Libertador.

Clemencia Gómez Toro aún muy joven.

Cuando termina la Guerra de los Diez Años con el Pacto del Zanjón, la familia Gómez Toro sale rumbo a Jamaica a fines de febrero de 1878. Con Bernarda y Máximo van sus tres hijos: Clemencia de cinco años, Panchito que no había cumplido aún dos años, y Máximo de meses, nacido en 1877. El peregrinar los llevará a Jamaica, Honduras, Estados Unidos, de vuelta a Jamaica y finalmente pasa a establecerse en República Dominicana. Son años duros de carencias y dolores; sin trabajo, extranjeros en todas partes y con el dolor de Cuba muy dentro de sí.

Es ya una anécdota lo que pasaron Bernarda y Clemencia en la manigua cubana durante la Guerra del 68, cuando huyendo de

---

[709] Ibídem, 1897.

[710] Para más datos de esta familia ver *Mujeres de la Patria*, t I, pp. 169; 174; 263-266 y 268.

[711] Sus otros hijos fueron: Margarita (+); Andrés (+) Clemencia ; Francisco (+) Máximo; Urbano; Andrés (+); Margarita (+); Bernardo; Andrés #2; Margarita #2

los españoles en brazos de su madre iba Clemencia. Corrieron, vagaron, pasaron hambre en la manigua hasta sobrevivir aquella terrible fuga.[712] Años más tarde, sus padres se lo contarían y Máximo Gómez le recordaría el coraje de Bernarda al salvarla de la muerte.

José Martí quería mucho al General Gómez y a su familia, y Clemencia Gómez Toro le correspondió también con gran estimación. Prueba de ello es la narración de Benigno Souza:[713] «Esa noche (la del embarco en Playitas, el 1 de abril 1895) Clemencia, la hija del General, espíritu pleno de romántica poesía, arrancó de su negra cabellera la cinta azul que la ceñía y la puso en manos de Martí, con este arrebatado envío: 'Martí, no tengo más recuerdo que darte; así quito esta cinta de mi cabello, que tiene el fuego de tantos pensamientos y uno de los colores de nuestra bandera. Esto te llevarás de tu hermana Clemencia'».[714]

Luego están los pensamientos que Martí dejó en el álbum de Clemencia Gómez: «[...] El que piensa en pueblos y les conoce la raíz sabe, Clemencia, que no puede ser esclavo el hombre que vea centellear en tus ojos el alma heroica de la patria, ni el pueblo que tiene de raíz una casa como la tuya».[715] Bella imagen de la mujer y de su hogar, que ardía en patriotismo.

Clemencia, que también escribía poesías, le dedica una a su amigo, el General Bernabé Boza[716]

[...] Y si así, nuestro hermoso pabellón
Se confunde con el cielo en sus alturas,
Y ya Cuba se engalana con las flores
Que salpican sus arroyos y llanuras.

---

[712] Ver Fernández Soneira, *Mujeres de la Patria*, t I, pp. 257-261.

[713] Benigno Souza: *Máximo Gómez el Generalísimo*, Editorial de Ciencias Sociales, La Habana, 1972.

[714] Rafael Marquina: *La mujer alma del mundo*, censo femenino en la obra de Martí, Editorial Librería Martí, La Habana, 1959.

[715] José Martí: «En La Reforma», *Epistolario*, República Dominicana, 12 de Septiembre 1892.

[716] Transcripción del poema de Clemencia Gómez Toro a Bernabé Boza, jefe de escolta de Máximo Gómez. Inédito.

> Y otra vez la tojosa entre su nido
> Se oye arrullando a los hijos de su amor,
> Y la honra cubana, en su heroísmo,
> A la Patria salvó del opresor

La familia Gómez Toro en Montecristi pasó momentos de necesidad y abandono; pobreza y soledad. En aquella pobre casucha de madera y techo de zinc de Montecristi; en aquel templo de la Patria, donde se pasaba hambre, nadie se quejaba porque el sacrificio era todo por Cuba. Allí donde ya Bernarda Toro se había opuesto a cualquier ayuda que el gobierno de la República en Armas le quería ofrecer para ayudarla a sobrellevar las estrecheces que pasaban todos,[717] allí sí que se veneraba a la patria; aquella sí era una familia que, por encima de todo amaba a la patria y se sacrificaba hasta el infinito por ella.

José Martí, en su periódico *Patria*, se refiere con cariño sobre esa imagen tan real de la familia Gómez Toro en Montecristi: «En servicio de la Patria, en el alazán que le prestó un general del país, llegó hace meses un viajero a la puerta de una casa que nunca podrá olvidar, en el rincón, amasado con sangre de independientes de Montecristi. [...] el viajero...llegó a la casa modesta, alrededor de la madre bondadosa, a quien la prueba sublime de la guerra dio la augusta sencillez que señala a los que han vivido largo tiempo en el heroísmo, se agrupaban como recién nacidos de ella, los hijos amorosos; las manos eran calor, las miradas bienvenida, la conversación una de las pocas que dan valor y fe para encarar la vileza de este mundo»[718].

¿Cómo agradecer a familias como la de Clemencia Gómez Toro su entrega total y profunda a la causa de la libertad de Cuba? Por qué no hay un monumento en Cuba dedicado a esta ilustre familia que lo dio todo por la Patria?

---

[717] Para más detalles de Bernarda Toro, ver Teresa Fernández Soneira: *Mujeres de la Patria*, t I, pp. 257-275.
[718] José Martí: «El Álbum de Clemencia Gómez», *Patria*, 29 de abril 1893.

Ángela González Tort, (1879-1946) había nacido en el barrio de Fray Benito, en Gibara. Con solo 16 años se alzó junto a su esposo, Primitivo Aguilera, el 24 de febrero de 1895. Poco tiempo después de haber contraído matrimonio en la manigua, su esposo es hecho prisionero y a partir de ese momento Ángela no descansa procurando salvarlo de una muerte segura. La esposa del General March, Jefe Militar del Distrito de Holguín, la ayuda en sus gestiones humanitarias. Tras muchas penalidades consigue que el General Blanco indulte al prisionero sin compromiso alguno, y los dos marchan de nuevo a combatir por la independencia de la Patria en el mismo lugar donde el esposo había sido capturado.

Ángela González Tort dio a luz a algunos de sus hijos en la manigua y se mantuvo activa aun cuando sus amistades y familiares le ofrecieron mayor confort y descanso. Vio morir de fiebres malignas a varios de sus hijos criados en los mismos campos de batalla; en sus brazos exhaló el último suspiro el esposo, herido por el plomo del combate. Pero nada aminoró en Angelita sus deseos de libertad.

Luego fue abanderada y nombrada personalmente por el Coronel Remigio Marrero como portadora del estandarte tricolor, y mantuvo una conducta digna de mambisa.

Al término de la guerra, la heroína de tantos episodios de honor y de dolor, fue a vivir a Gibara donde permaneció el resto de su vida, tranquila, sin premios ni honores. Allí falleció en la fecha patria del 24 de Febrero de 1946,[719] justamente a los 51 años de haberse alzado, aquel glorioso 24 de febrero de 1895.

¿Qué dirá la tumba de esta patriota? Quizás un poema como el que aparece a continuación hubiera sido el apropiado:

---

[719] Tomás Savignón: *En torno a los Maceo*: «Cultura material en el Ejército Libertador de Cuba 1868-1898». Tesis doctoral mimeografiada, Universidad de Oviedo, 2004, pág. 229

Que siempre la cubana honrada,
Cumple con su deber, nunca se humilla,
No se presenta en lágrimas bañada
Ni ante infames verdugos se arrodilla.[720]
                                    Eduardo Facciolo

Un historiador holguinero escribió de Ángela: «valerosa mujer que expuso muchas veces su vida y sirvió de enfermera a muchos heridos».[721]

Cecilia González y Vargas Machuca, cuando solo tiene 8 años de edad, y acompañada de un sirviente, lleva víveres y medicinas a las fuerzas del General Adolfo del Castillo.

Edelmira Guerra Valladares de Dauval nació en Colón, Matanzas, el 3 de septiembre de 1867. Sus padres, José Elías Guerra y Borges, camagüeyano, y Ana Valladares y Sosa, guanera.[722]

La familia de Edelmira era de patriotas. El padre había peleado en la Guerra del 68, donde cayó prisionero y fue fusilado cuando ostentaba el grado de coronel del Ejército Libertador. Su hermano Pompilio perteneció al regimiento de los Macheteros de Maceo, y Edelmira ya joven se sentía mambisa y era conocida por el seudónimo de 'Esperanza del Valle". En 1882, a los 14 años, contrae matrimonio con Mariano Dauval y Suñé.

Edelmira Guerra en tiempos de juventud[723]

La muerte de su padre había avivado en Edelmira el espíritu patriótico, y cuando estalla la Guerra de Independencia desde Cienfuegos, donde reside con su esposo, está

---

[720] Eduardo Facciolo y Alba, fue un periodista y mártir durante las conspiraciones del 1850. En Francisco Ponte Domínguez: *La mujer en la revolución de Cuba*, Imprenta Molina, La Habana, 1933. pág. 291.

[721] Constantino Pupo Aguilera: *Patriotas Holguineros*, Holguín, 1956, pág. 119.

[722] Fermín Peraza Sarauza: *Boletín del Anuario Bibliográfico Cubano*, University of Florida Libraries, Gainesville, 1963.

[723] Foto de Edelmira Guerra en *Bohemia*, María Collado: «La evolución femenina en Cuba», diciembre 1917, pág. 13.

al servicio activo de la Revolución. Allí funda un club de mujeres para auxiliar a los cubanos con el envío de toda clase de recursos. Por conducto de estas damas cienfuegueras capitaneadas por Edelmira, o «Esperanza del Valle», su nombre de guerra, fue enviada al Delegado Estrada Palma una gruesa suma de dinero, anota su historiador, Roberto Pérez de Acevedo.[724] Fueron muchos también los convoyes de ropas, calzado, sombreros, polainas, víveres, armas y medicinas que constantemente llegaban a los cubanos a través del club.[725]

La guerra de Cuba no solo se hizo con balas, fusiles y machetes, sino también con quinina, forros de catres, hamacas y frazadas, y con mujeres patriotas de la talla de Edelmira que sabían cómo enviar estos recursos a los campamentos. La labor del *club Esperanza del Valle* era imprescindible.[726]

Algunas damas distinguidas fueron miembros activos de este club, entre ellas: las hermanas de Edelmira, **Carmen y María Guerra.** También **Clemencia Mena, Carola Hernández Carbó de Romero** (tesorera), **Anita Fernández Velasco,**[727] la agente 'Estrella', y **Clotilde Fernández,** prima hermana de Anita Fernández Velasco.[728] También pertenecía **Alejandrina Mena y Mena,** hermana de Clemencia Mena.

«Quizás hasta el club Esperanza del Valle llegaron noticias acerca del comportamiento de otras compañeras en la manigua,

---

[724] Roberto Pérez Acevedo: «Edelmira Guerra 'Esperanza del Valle'», Academia de la Historia de Cuba, La Habana, 24 de abril de 1953, p. 16.

[725] Ibídem.

[726] Ibíd., pág. 19.

[727] Ver pp. 319-322 en esta obra.

[728] Luis Lagomasino: *Episodios Nacionales, retazos de historia Patria*, Tip. del Boletín Nacional de Historia y Geografía, La Habana, 1924, pág. 55

dice el historiador Luis Lagomasino; quizá escucharon relatos de mujeres cubanas con el machete al cinto, convertidas en esforzadas amazonas mambisas; quizás Edelmira Guerra, [...] allá en lo hondo de su entusiasmo o emociones cívicas, pensó alguna vez en lo hermoso que sería morir como su padre y hermano, montada en algún brioso caballo y gritando frente al enemigo: ¡Viva Cuba Libre!»[729]

Entre los cientos de cartas y comunicaciones de Edelmira, a veces firmadas con pseudónimos, tomamos un párrafo de la nota del coronel Esquerra dirigida a Esperanza del Valle. En la nota este detalla un combate en el que los cubanos vencen gracias a los materiales de guerra que el Club les había provisto: «Usted se habrá enterado, en todos sus detalles, del combate de Santa Oliva, cerca de Cartagena, en que usamos el arma blanca con éxito; el combate se sostuvo el 27 de febrero de este año. El enemigo dejó en el campo 17 muertos, 14 armas blancas y dos de tiro. Nosotros tuvimos un muerto y cinco heridos. Recogimos 15 tercerolas y 27 monturas, varias cananas y otros útiles de guerra. [...] Este triunfo ha llenado de gloria y alegría a la Brigada de Cienfuegos».[730] Las cartas de Esperanza del Valle eran leídas a los enfermos en los hospitales y a las tropas, contribuyendo con ello a consolidar el ánimo de los mambises.

De los méritos alcanzados por la incansable agente nos da una idea el siguiente incidente. En cierta ocasión el Capitán español, General Blanco visitó Cienfuegos. Del exterior se apremiaba para que se colectase dinero. Edelmira Guerra se presentó ante Blanco y con la mayor naturalidad le dijo que necesitaba cincuenta centenes para una obra benéfica. El militar sonrió y amablemente entregó la suma necesitada, escuchando la explicación de «Esperanza del Valle» de que el dinero sería dedicado a los hospitales de la jurisdicción. Era verdad, pero lo que no dijo la patriota es que se trataba de ¡hospitales mambises![731]

---

[729] Ibídem pág. 21
[730] Ibíd., pág. 23
[731] Enrique Ubieta: «La mujer en la revolución», *Bohemia*, febrero 26, 1910.

Edelmira Guerra Valladares

Trabajaba sin descanso para servir a Cuba, pero también se ocupaba de sus hijos y de su familia. Los preparó y los dio a la Patria: Mariana, casada casó con el coronel del Ejército Libertador, Rafael Pérez Morales; Luis, arquitecto quien ocupó importante cargos en el Ministerio de Obras Públicas en la República. Silvia, inspectora escolar; Ana Celia que prestó servicios en el Ministerio de Hacienda, y Enrique, contratista y conocido dibujante.

Pero no solo luchó Edelmira por la libertad de su país. También trabajó como pocas por los derechos de la mujer. El manifiesto revolucionario que ella y su club editaron, fechado el 19 de marzo de 1897, rezaba así en el artículo 4: «Queremos que las mujeres puedan ejercer sus derechos naturales a través del voto a la mujer soltera o viuda mayor de veinticinco años, divorciada por causa justa».[732] Pidió también el divorcio por causa justificada, la oportunidad para las mujeres de trabajar, y como empleadas de estado, etc., según sus causas fisiológicas y sociales.

Al finalizar la guerra, Edelmira no aceptó disolver el *club Esperanza del Valle* porque no vio el camino claro, «puesto que Cuba no es libre aún»,[733] decía.

Edelmira Guerra se consagró a Cuba y a la lucha de la mujer cubana, por lo que ocupa un lugar especial en la historia de nuestro país. Falleció en Cienfuegos, el 28 de septiembre de 1908.

Después de su muerte, la familia de Edelmira instauró un pequeño pero valioso museo histórico con los objetos que, como

---

[732] Dimas Castellanos: «Acerca del sufragio femenino en Cuba», *Diario de Cuba*, 11 de noviembre 2012.

[733] Perla Cartaya Cotta: «Edelmira Guerra», *Palabra Nueva* 43, año XII, no. 120, La Habana, junio 2003, año XII. Para más datos ver también Fernández Soneira: *Mujeres de la Patria*, t I, pág. 367.

recuerdo y testimonio de gratitud, le enviaban los jefes de la Revolución: pedazos de banderas, jícaras con símbolos patrióticos, fotografías y demás artículos de la guerra. Salvador Cisneros Betancourt, como un obsequio especial, envió a Esperanza del Valle, una piedra que fue encontrada junto a los restos de Antonio Maceo. Resultan curiosos los objetos tallados con símbolos cívicos de la Revolución, sobre todo las jícaras usadas por los jefes libertadores para beber agua o tomar medicinas.

Más datos de esta singular patriota y su labor durante la República se encuentran en el volumen III de esta obra.

Carmen y María Guerra Valladares eran hermanas de Edelmira, y trabajaron junto a ella en el *club Esperanza del Valle*. **María Guerra**, su tía, fue una valiente heroína villareña durante la Guerra del 68 en Güinía de Miranda, zona tabacalera en las estribaciones de El Escambray.

Carmen Gutiérrez Morillo (1854-1914) de Villaclara, nació el 8 de agosto de 1854. Cuando la Guerra del 68 ya destaca en su actividad confeccionando bordados para los patriotas villaclareños, como se reseña en el volumen I de esta obra.[734] Sin embargo, su labor más importante la realizó durante la Guerra de Independencia.[735]

En Villaclara participa como agente en la guerra, donde a la vez funcionaba el club revolucionario *Hermanas de Juan Bruno Zayas* en el que ella, con otras mujeres animosas trabajaban a favor de la Revolución, prestando a las fuerzas de la jurisdicción cuantos auxilios de guerra y noticias podían suministrarles.

Carmen trabajó para obtener recursos con que aliviar la situación de los combatientes y convirtió su casa en un lugar de auxilio a los conspiradores. Del colegio de Santa Clara salió la bandera que llevó Juan Bruno Zayas[736] en su hazaña, y que luego

---

[734] Revista *Bohemia*, diciembre, 1968.

[735] Para más detalles ver Fernández Soneira: *Mujeres de la Patria*, t I, pp. 347 y 359.

[736] Juan Bruno Zayas fue el general más joven del Ejército Libertador. Luego de muchas batallas, fue sorprendido en una emboscada enemiga en el lugar donde acampaba y cayó en su puesto de combate, el 30 de julio de 1896.

fue obsequiada a Máximo Gómez a su regreso de la campaña de La Habana.

Comisionada por el General José de Jesús Monteagudo[737], organizó el *Club Hermanas de Juan Bruno Zayas* del que fue presidenta con el seudónimo de Yara,[738] hasta el fin de la guerra. Constituido el Club el 8 de enero de 1897, formaban parte de el: como secretaria, **Mercedes Estrada de Anido**, y **Florencia de Sed** como tesorera. Las vocales fueron: **Luisa Moré de Lubián, Rosa Blanco de Silva, Mercedes Nodal de Espinosa, Elvira Morales de Alfonso y Lutgarda de León** auxiliada de sus hermanas **Lola, Trina, Tunga y Nicolasa**. Lutgarda estuvo presa con Carmen durante todo el periodo de su proceso, así como **Conchita y Consuelo Ávalos** que con ellas ocupaban el mismo departamento. Los miembros de este club debían recolectar o donar mensualmente siete pesos además de víveres, ropas y medicinas.

Durante la Reconcentración llevada a cabo por Weyler, Carmita dio muestras de caridad y patriotismo. Recolectó alimentos y ropas para los desposeídos y encerrados, que se morían de hambre. Secundó al Padre Alberto Chao Olaortua, quien desde la iglesia de Nuestra Señora del Buen Viaje, en Santa Clara, tenía la misma misión. El padre Chao convirtió la iglesia parroquial en hospital y sus dependencias particulares en asilo. Junto a Carmen Gutiérrez Morillo prestó asistencia y consuelo a los enfermos, recogió a los niños y a las mujeres bajo su cuidado y dio protección a los ancianos y a todos amparó bajo su techo, evitando que murieran en la vía pública.

En el período de la Reconcentración es cuando más se destaca la acción del padre Chao. Todos los ingresos de la parroquia los gastaba en su obra, y agotados éstos, apelaba a la caridad y a la limosna que pedía, yendo de puerta en puerta. Todos en Santa Clara, en especial las patriotas del *club Juan Bruno Zayas*, escenario

---

[737] José de Jesús Monteagudo Consuegra, (Santa Clara, 27 de diciembre de 1861-14 de diciembre de 1914) General del Ejército Libertador. Por su iniciativa se creó el club revolucionario Hermanas de Juan B. Zayas de mujeres, dentro del cual conspiró su madre.

[738] Ver pp. 343, 355 y 456-58 de este volumen para más datos de este club.

de su vida y de sus obras, lo ayudaban en medio de una situación económica sumamente difícil.

Monumento al padre Alberto Chao en Santa Clara[739]

El gobierno español, por órdenes de Trujillo Monagas,[740] quien se había percatado de la labor que las mujeres y el padre Chao realizaban, apresó a Carmen, el 20 de agosto de 1897, junto a sus hermanas y a **Nicolasa y Consuelo Ávalos.**

Luego de finalizar la guerra, fue agasajada por su labor en 1903. Y la Sociedad Económica del territorio central la dotó del premio Luz y Caballero entregado al mejor maestro de Santa Clara.

El 7 de diciembre de 1914 sufrió una hemiplejia que le causó parálisis total del brazo derecho; no obstante siguió laborando. La tarde del 27 del mismo mes le repitió el ataque y falleció en la madrugada del siguiente día, a las 5 de la mañana. Sus ex discípulas crearon el Comité Pro-Carmita Gutiérrez presidido por **María Luisa Hernández de Torrens** con la idea de erigirle un monumento. Un pequeño busto fue develado el 16 de junio de 1925 en el parque El Carmen. En este parque hay otros monumentos y tarjas que dignifican a figuras y acontecimientos históricos.[741] También una calle de la ciudad lleva su nombre.

Carlota Hernández Carbó de Romero, patriota de Cienfuegos, formó parte del *club Esperanza del Valle* como tesorera hasta julio de 1897.

---

[739] Diócesis de Santa Clara, en www.diocesisdesantaclara.org.
[740] José Juan de Dios Trujillo Monagas, sargento español, que prestó servicios en República Dominicana y también en la Guerra de Cuba.
[741] Nydia Sarabia: «La Mujer Villareña en la Lucha Patria», *Bohemia*, 19 de julio, 1968.

Heroísmos Ignorados[742]

Está la villa sitiada.
A lidiar fueron los bravos,
En los hogares apenas
Los inútiles quedaron.
Animosas dos mujeres
Cuidan a un ciego extenuado
Con ese afán que denuncia
De la sangre el tierno lazo.
Si el anciano está contento,
Si hay sonrisas en sus labios,
Qué importa que el hambre en ellas
Vaya haciendo horrible estrago?
Apoyo prestan ansiosas
A aquel cuerpo demacrado,
Y son luz de aquellos ojos
Que en tinieblas giran vagos.
Obscuridad venturosa,
Que en momentos tan infaustos
Petrifica allá en su mente
El fantasma del pasado!
No ve desnuda su estancia,
Ni a sus hijas en harapos,
Ni el ansia con que le escudan
De la muerte a los amagos.
Porque si oír le parece
Confuso rumor de llanto,
Se lanza al punto a su oído
De alegre risa el engaño!
Más ay! La penuria aumenta
Y van las fuerzas faltando,
Y como todos imploran,
En nadie se encuentra amparo,
De la muerte los desmayos
A prolongar no es posible
Del pobre ciego el encanto.
Tras largas horas de angustia,
Ponen un pan en sus manos,
Y el acento que le ofrece
Débil suena y apagado.
Es acento moribundo!
Y en la mente del anciano
Siniestro rayo ilumina
Del hambre espantosa el cuadro,
Con el oído en acecho
Y más que un espectro, pálido,
Sus muertas pupilas giran
En horrible sobresalto,
Sin que una lagrima sola
Se deslice entre los párpados.
Ni un sonido se produzca
Entre los convulsos labios!
Rígido endereza el cuerpo,
Avanzar intenta un paso,
Y rendido y vacilante,
Vuelve a caer desplomado.
Y tras la noche sombría,
En la estancia se encontraron
Tres cuerpos, casi esqueletos,
Y un pan en la mesa ¡intacto!

---

[742] Aurelia Castillo de González: «Heroísmos Ignorados», *Trozos Guerreros y Apoteosis*, pp.17-18.

Narcisa Hernández Castillo hija de Pedro y Panchita, nació en Sancti Spíritus, el 17 de junio de 1866. Perteneciente a esta familia son: Nicolás Castillo, su abuelo, perseguido implacablemente y luego llevado a presidio. Fue deportado y maltratado por servir a la causa de la independencia. También fue Honorato del Castillo que figuró en la Asamblea Constituyente de Guáimaro y en la Cámara de Representantes, y Adolfo del Castillo, que luchó y murió en la guerra de independencia en La Habana. Finalmente su padre, que siendo jefe de una escuadra de patriotas se contagió con el cólera que entonces se difundía entre las filas cubanas y falleció poco después. Narcisa creció al lado de su madre.

Su esposo, el licenciado Severo Pino Marín, fue a ocupar su puesto en las filas de la Revolución y representó a os espirituanos en la Constituyente de Jimaguayú en 1895. Narcisa junto con Trinidad Lagomasino (La Solitaria), Candita Valle y Panchita Valle y otras, sirvió hasta terminar la contienda.

Quizás Narcisa Hernández haya oído este poema que se recitaba en la guerra, y que corría de campamento en campamento entre los soldados mambises, escrito por Luis Victoriano Betancourt.[743] Según Betancourt *"una noche una luz errante se detuvo sobre el mismo sitio en que se había alzado la hoguera de Hatuey. Y en aquel momento, las palmas de Cuba, esos espectros silenciosos de los indios, sacudieron violentamente sus fantásticos plumeros. Y el éter se iluminó con una claridad pura y brillante.../ Era la luz de Yara que iba a cumplir su venganza. / Era la cuna de Hatuey que se convertía en cuna de la independencia. Era el Diez de octubre"*.[744] Se reproduce aquí el poema:

---

[743] Luis Victoriano Betancourt, (La Habana 1843-1885) periodista, poeta y abogado. Representó a Occidente en la Cámara de Representantes de la República en Armas, y estaba asociado al movimiento siboneyista.

[744] *La Luz de Yara* fue publicado por primera vez en el periódico independentista La Estrella Solitaria de Camagüey, el 10 de octubre de 1875, pp. 223-24.

La Luz de Yara[745]

¡Oh Villareños! La luz de Yara
Brilla anunciando la libertad,
En las llanuras de Villa Clara
Y en las colinas de Trinidad.
Hay unos valles, verdes, hermosos,
Donde las cañas de oro se dan,
Allí los déspotas codiciosos
Nuestra riqueza gozando están.

¿No veis el fausto de los tiranos
Que se sustentan con el sudor
De aquellos míseros africanos,
Grosero insulto de su dolor?

Aire corrupto de bacanales
Respira solo la juventud,
Placeres lúbricos e inmorales
Para privarles de la salud.

Salvar debemos a los cubanos
De tal sistema de corrupción,
Y es noble empresa llevar, hermanos,
A aquellos pueblos la redención.

Los generosos pueblos de Oriente
De sus guerreros mandan la flor,
Y con vosotros marcha el valiente
Camagüeyano batallador.

Alzar un himno que al éter suba,
Y que surcando rápido el mar,
Al mundo enseñe que sabe Cuba
A sus tiranos acuchillar.

Y que en el pecho de los cubanos
Ha puesto el cielo todo el vigor
De los torrentes americanos,
De los volcanes del Ecuador.

---

[745] El poema está inspirado en el indio Hatuey y los indígenas cubanos durante la conquista.

¡Hurrah! A Las Villas! Porque nos llama
La voz de un pueblo que gime allí,
En las riberas del Agabama
Y en las orillas del Damují

Oh villareños! La luz de Yara...

Mujeres de la familia Hernández Cazimajou

Andrea Hernández Castiñeira de Cazimajou nació en Cienfuegos en 1844, al calor de una familia de patriotas. En 1869, cuando comenzaba la Guerra de los Diez Años, se unió en matrimonio en la ciudad de Cienfuegos, a Gustavo Cazimajou y Puiseux, Barón de Cazimajou[746]. «El matrimonio se mudó para Cárdenas, en Matanzas, donde tuvieron nueve hijos: seis varones y tres hembras», me comenta  su bisnieta, Teresita Otazo de Díaz[747]. Y sigue apuntando, «cuatro de los seis varones lucharon en las guerras de independencia y Andrea los vio partir con dolor pero con orgullo».[748] Luego añade, «ella siempre usaba un broche con una estrella, la Estrella Solitaria, desafiando a los españoles», y así aparece en esta foto proporcionada por Otazo.[749]

Eran momentos muy difíciles para aquella familia tan sacrificada. «El Barón de Cazimajou murió en 1888, en Cárdenas», explica Otazo Díaz. «Su hija más pequeña, nuestra abuela Alicia, tenía entonces un año de nacida».[750] Pero como buena mambisa, Andrea, siguió criando a sus hijos y haciéndole frente a las muchas vicisitu-

---

[746] Título nobiliario que fue concedido por el rey de Francia, Enrique IV, a un antepasado Cazimajou en el campo de batalla en el siglo XVI.

[747] Conversación con la autora, Miami, 2014.

[748] Teresita Otazo de Díaz, correspondencia con la autora, Miami, septiembre 16, 2014.

[749] Prohibida la reproducción. Todos los derechos reservados. ©

[750] Conversación con Teresita Otazo de Díaz y María Regina Garriga Cazimajou de Culver, septiembre 13, 2014.

Mujeres de la Patria

des que presentaban las guerras. La situación se llegó a tornar muy difícil, y la familia tuvo que abandonar Cárdenas, yéndose a vivir a una casa que tenían en Varadero. «Aquello era una especie de arresto domiciliario ya que todos estaban custodiados por los soldados españoles día y noche», apunta Otazo. «Andrea y sus tres hijas, María Regina, María Mercedes y Alicia, se arriesgaban cosiendo banderas y vendas para los mambises en el campo de batalla».[751]

Alicia Cazimajou Hernández. Cortesía de Teresita Otazo Díaz. Todos los derechos reservados. Prohibida la reproducción.©

Alicia Cazimajou Hernández, la hija más pequeña de Andrea Hernández y Gustavo Cazimajou, nació en Cárdenas el 23 de noviembre de 1887, y falleció en Miami, Florida en 1985. Había contraído matrimonio con Julio Otazo Pascual, también de Cárdenas. Otazo era hijo de un médico de esa localidad, Joaquín Otazo Díaz, quien había prestado servicios médicos a los insurrectos durante la guerra del 95.

Foto tomada en Cienfuegos en 1953 donde aparecen las hermanas de Alicia: María Regina, y María Mercedes con su hermano, el Comandante del Ejército Libertador, Andrés Cazimajou.[752] El Comandante Cazimajou, mutilado en la Guerra de Independencia, fue distinguido como Gran Oficial de la Orden Nacional de Mérito Carlos Manuel de Céspedes.

---

[751] Correspondencia con Teresita Otazo, enero 2018.
[752] Foto cortesía de María Regina Garriga Cazimajou de Culver. Prohibida la reproducción. Todos los derechos reservados ©.

Caridad Hernández Torres, (Sagua, Las Villas, 1871), organizó y participó en varios clubes revolucionarios en Sagua la Grande. Después de la independencia, entregó su gran actividad y entusiasmo a las misiones bautistas de Cuba. Murió en El Cotorro, La Habana, el 5 de marzo de 1957.[753]

Rosalía Hernández Celestrin nació el 4 de septiembre de 1866, en San Antonio de Cabezas, Matanzas. Sus padres, Marcos Hernández y Lorenza Celestrin la bautizaron en la parroquia de Cabezas. Luego estudia en Sabanilla del Encomendador (hoy Juan Gualberto Gómez).

Antes de cumplir los 17 años, Rosalía contrajo matrimonio, el 14 de junio de 1883, con Marcos Curbelo, con quien va a residir a Matanzas donde tienen cuatro hijos.

Tras una temporada de viaje por los Estados Unidos, regresan a Matanzas. Cuando comienza la guerra en 1895 se decide laborar intensamente por la independencia de Cuba. Adopta entonces el seudónimo de Luz, y colabora con ella su sobrina. Micaela Hernández, cuyo nombre de guerra era Estrella. Pronto establecen contacto con la junta revolucionaria de Matanzas y comienzan a trabajar.

En diciembre de 1895 el Coronel del Ejército Libertador, José María Bolaños, las designó auxiliares de la Administración de Hacienda, y en septiembre de 1896, el Mayor General Pedro Betancourt las nombró auxiliares del Ejército Libertador bajo su mando. Allí trabajaron hasta el final de la guerra. Durante aquellos años los trabajos conspirativos se hacían desde su domicilio de la calle Tello Lamar, no. 61 que fue objeto de constantes registros.

Cuando Rosalía vivía en el municipio de Alacranes, las autoridades le notificaron que no podía permanecer por más tiempo en ese lugar porque su prima, **Clara Vasconcelos Celestrin**, residente en ese pueblo, se encontraba presa en la ciudad de Matanzas bajo la acusación de ser espía de los insurrectos, y también porque su marido se había sumado a las fuerzas cubanas. Con una idea fija, Rosalía decidió presentarse al capitán jefe del puesto militar de

---

[753] Fermín Peraza: *Boletín del Anuario Bibliográfico* Cubano, University of Florida Libraries, Gainesville, 1963.

aquel lugar como si fuera miembro de la Cruz Roja, con una credencial que había obtenido por mediación del General Pedro Betancourt. Lo más grave fue cuando le pidió dinero a dicho jefe para la Cruz Roja, y las tropas bajo su mando contribuyeron a la colecta. Estos no sabían que más tarde Rosalía hacía llegar ese dinero a manos de los cubanos alzados.

Portada de la revista *Carteles*, La Habana, agosto 1933.

En Corral Falso (actualmente Pedro Betancourt) Luz y Estrella fueron advertidas por un telegrafista cubano, Benigno Morales, quien escuchaba el contenido de un telegrama dirigido al General español Molina, en que le decían que en el pueblo había dos señoras que recogían dinero para la insurrección cubana. La denuncia no tuvo consecuencias graves para Luz y Estrella gracias a la rápida intervención de un conductor de trenes de viajeros, el patriota Oscar López de Villavicencio, que tenía por seudónimo el de «Jimaguayú». Con rapidez, de Villavicencio llevó a estas luchadoras una carta donde se les autorizaba a colectar fondos.

Obdulia Herrera Garbosa, fue la compañera de Eleusipo Bertot Almenares. Tuvieron tres hijos: Eleusipo, Obdulia y Carmen. La vivienda de la familia Bertot Herrera, situada frente a la cárcel municipal, fue convertida en punto de observación e información sobre el movimiento de las tropas españolas, labor que Obdulia desempeñó para mantener informado al grupo clandestino que se desenvolvía en Yateras.

En 1896, al ser encarcelado su esposo, Obdulia marchó al campamento de La Piedra, en la serranía yaterana, para incorporarse al regimiento de infantería Hatuey[754]. Allí enseñó a leer y escribir a niños campesinos y soldados mambises.

Falleció en San Antonio de Redor en 1918, y fue sepultada en el cementerio de Santa Isabel de esa localidad.

María Hidalgo Santana nació en Santa Isabel de Lajas, el 10 de septiembre de 1876. A los 19 años, se incorporó a las tropas mambisas. Luego se une al escuadrón del Capitán Ignacio Pérez Fundora, en la colonia Guanal Grande. Cuando el 18 de diciembre de 1895 se entera de que las tropas de la columna invasora habían entrado en su provincia y va a buscarlos encontrándolos en Guamacaro, Matanzas. El brigadier

---

[754] El regimiento Hatuey estaba compuesto mayormente por descendientes de indígenas en la zona de Yateras en el oriente de la isla, que combatieron contra las tropas españolas en el 95.

José Lacret Morlot, la aceptó en su tropa, aunque este estaba indeciso en si aceptar o no a la mujer como soldado, pero la actitud de María lo convenció.

Al día siguiente de su incorporación a las tropas la hieren en un pie en la acción de Cayo Espino, recibiendo su bautizo de sangre. Más tarde en Murga, adonde fue con la encomienda de escoltar a jóvenes que emprendían la lucha, se encuentra con su marido y a partir de entonces pelea hombro con hombro.

Se le conocía por distintos sobrenombres: «la Sanguily» porque a su compañero, Matilde Ortega, le decían «Sanguily» en atención a que había sido criado de confianza del General. También la llamaban la «Heroína de Jicarita» porque en la batalla de Jicarita, cerca de Bolondrón, al caer herido el abanderado, María Hidalgo enarboló la bandera al frente de la infantería. Al terminar la batalla cayó sin sentido: la habían herido siete veces. Una vez que se restableció de las heridas, el General Antonio Maceo, que ya estaba con sus tropas en la provincia de Matanzas, le impuso los grados de Teniente del Ejército Libertador. Más tarde, su intensa actividad y valor, le valieron su ascenso a capitana.

María Hidalgo también participó en los combates de El Pan de Matanzas, El Ojito, Purgatorio y en La Yuca, ubicada cerca de Jagüey Grande donde fue también gravemente herida peleando contra la guerrilla de Cossío. Fuerte era, pues sobrevivió en combatir en ocho batallas más.

Parque de la Libertad en Colón, Matanzas.

Estaban en el Mogote con la tropa que comandaba el General Pedro Betancourt, cuando llegó la noticia del armisticio. Luego se fueron a Matanzas donde poco después María Hilda y su compañero se distanciaron.

En 1910 María se fue a vivir a Alacranes, donde residió hasta su muerte el 7 de febrero de 1956. Después de la guerra, la valiente mambisa presidió durante varios años el consejo local de Veteranos.[755]

Lucila Lacoste Laviolett, era la esposa de Perfecto Lacoste y Grave de Peralta[756]. Aunque eran primos, se habían casado al comienzo de la guerra del 95. El matrimonio de los Lacoste era ferviente admirador del General Maceo. «Su presencia en el ingenio de Lacoste les produjo tan sincero como francamente demostrado júbilo».[757] Perfecto Lacoste llegó a ocupar el puesto de alcalde de La Habana durante la ocupación norteamericana, al final de la guerra.[758]

Trinidad Lagomasino Álvarez nació en Sancti Spíritus, el 20 de noviembre de 1862. Era hija de un militar español y de una dama de la ciudad. Sus servicios a la Revolución comenzaron cuando su hermano Luis decide unirse a los mambises al estallar la Guerra de Independencia. En realidad, antes de que comenzara la guerra, ya Trinidad trabajaba con su hermana, **Lucía Lagomasino Álvarez**, asistidas por **Cándida Valle**, Domingo Hernández, Pepe Valdivia y Fernando Zamora.

Fue una valiosa auxiliar de su hermano Luis Lagomasino[759] antes de constituirse el Partido Revolucionario Cubano. Luego fue conocida con el nombre de 'La Solitaria'[760] porque casi siempre trabajaba sola. El Generalísimo Máximo Gómez la trataba de «hija».

Trinidad, casada con un diplomático norteamericano, pudo canalizar el trabajo pues celebraba como anfitriona veladas y

---

[755] «Tierra de mujeres guerreras» en *Cubanuestra* http://cubanuestrasemanario.wix.com/cubanuestra.

[756] Perfecto Lacoste y Grave de Peralta (Holguín 1861) delegado de la Junta Revolucionaria de La Habana, amigo de Antonio Maceo.

[757] Revista *Cuba y América*, La Habana, 1913, pág. 282.

[758] República de Cuba: «Boletín Oficial, Secretaria de Agricultura, Industria y Comercio», vol. IV, núm. 1, Imprenta El Avisador Comercial, La Habana, 1908, pág. 68.

[759] Luis Lagomasino y Álvarez, patriota, escritor, perteneció a la comunidad exiliada de Veracruz.

[760] Vicentina Elsa Rodríguez de Cuesta: *Patriotas cubanas,* Talleres Heraldo Pinareño, Pinar del Río, 1952.

reuniones. Aprovechaba para oír los comentarios y conversaciones de sus invitados que eran funcionarios del gobierno y miembros del ejército español. Aquellas informaciones las transmitía Trinidad a los líderes cubanos y a la dirección del Partido Revolucionario Cubano. Las enviaba en un sobre lacrado con el sello (un águila) que identificaba la valija personal y diplomática del esposo.

Sancti Spíritus era la llave de los núcleos de conspiración y comunicación con los clubes. Trinidad se comunicaba con **María Escobar** de Caibarién, con los miembros del *Club Juan Bruno Zayas* de Santa Clara, el *club Panchito Gómez Toro*, el *club Esperanza del Valle* y el *Cubanita* de Cienfuegos. También lo hacía con la agencia de La Habana y con la propia Delegación de Nueva York, respaldada por su esposo que era ciudadano americano que la nombró agente consular en Sancti Spíritus.

Al establecer contacto con los clubes patrióticos, les solía enviar dinero para la compra de armamentos y medicinas, y para ayudar a las viudas y huérfanos de los caídos; a familiares de presos y a emigrados a quienes el gobierno les había embargado los bienes. Con imaginación y a la vez prudencia, logró que a los hijos de algunos compatriotas se les conmutara la pena de muerte por la de deportación. Además, tenía la encomienda de recibir la correspondencia del extranjero.[761]

Lagomasino dio apoyo a las fuerzas que llegaban a la finca conocida como «Quemadito» propiedad de su esposo, Rafael Madrigal Cruz, quien se prestó a apoyarla en sus anhelos de servir a la causa de su patria. Los periodistas norteamericanos que traían misiones a Cuba llegaban hasta ella y la visitaban en el consulado. Trataba de conquistar a hombres y amigos que pudiesen empuñar un fusil, convenciéndolos del deber que tenían con la patria.

Pero no pasó mucho tiempo cuando por delaciones a las autoridades españolas, se dan cuenta de la importante actividad que Trinidad llevaba a cabo. No obstante, logró escapar a tiempo, y se incorporó al Ejército Libertador. Pasó el resto de la guerra en la manigua alternando los combates con la curación de heridos y la

---

[761] Enrique Ubieta: «La Mujer Cubana en la Revolución», *Bohemia*, No. 31, 3 de diciembre, 1910.

atención a enfermos. Sus servicios a la Revolución y al propio General Gómez fueron inestimables.

Al terminar la guerra se presentó en el campamento de Sancti Spíritus y entregó a los soldados todos los recursos que había adquirido entre sus coterráneos,[762] y que eran muy útiles para aliviar el hambre y las necesidades de los que todo lo habían perdido por la independencia de Cuba.

La capitana, Trinidad Lagomasino Álvarez, dejó de existir en su ciudad natal sin ser reconocida. La honramos por su labor y heroísmo durante los años que duró la contienda. Los espirituanos deben sentirse orgullosos de haber tenido en Trinidad una luchadora fiel.

María Josefa Lantigua vda. de Pérez había nacido en Cienfuegos. Fue una activa espía de Las Villas, y presidenta del *club Incógnito*. Los miembros del club estaban constantemente vigilados, y los españoles conocían todos sus movimientos. Sin embargo, eso no les impidió seguir laborando.

Ambrosina Lantigua Real era natural de Baracoa. Al concluir la guerra de los Diez Años, Ambrosina se casó con Natalio Dupotey Nicó, también baracoense, con el que tuvo 5 hijos. Cuando comienza la Guerra del 95, los hijos varones se incorporan a las filas del Ejército Libertador. Sin poder verificarlo, creemos que Ambrosina y sus dos hijas vivían exiliadas en Nueva York mientras que Natalio su esposo e hijos luchaban en Cuba.

Adelaida Latté de la Torre, madre del patriota Federico de la Torre era médico de Maceo. Adelaida recibió una carta del Generalísimo Máximo Gómez, y luego instituyó el club de damas *Hijas de la Libertad*, que quedó disuelto poco tiempo después por la persecución que sufrió. He aquí la carta:

---

[762] Ruslán Olivares: «Trinidad Lagomasino y Álvarez», *Historia de Cuba*, wwww.historiacuba.wordpress.com/2017.

«Señora mía: Siempre ha necesitado la Patria en sus instantes de angustia, el esfuerzo y el amor de todos sus hijos y no creo yo que la mujer, que en la cuna nos da el primer beso y desde allí empieza a prodigarnos su amor y sus caricias, no tenga la obligación de ayudarnos y alentarnos en la grandiosa obra que hemos emprendido de salvar y redimir a Cuba.

[...] Podéis organizar, señora, un club secreto –designarlo– "Las Hijas de la Libertad," y de ese modo y unidos los esfuerzos podéis ayudar a la empresa de la libertad a que nos hemos propuesto. Reunir fondos, y enviarlos a nuestro agente en el extranjero, Tomás Estrada Palma, para que nos compre armas y parque. [...] mientras el cubano en medio de América libre aparezca colono, será colono, pero no cubano, puesto al servicio del extranjero –y eso es triste y degradante– todo eso y mucho más se ha dicho hasta la saciedad, pero siempre es bueno repetirlo.

Reparta mi cariño entre todas mis hermanas en la Patria, y Ud. señora, permita que se ponga a los p.p. de Ud., el General M. Gómez, Campos de Cuba, noviembre del 95».[763]

Así confiaban los líderes de la Revolución las labores a las mujeres pues sabían que sin su apoyo no podrían llevar adelante los objetivos que se habían propuesto.

Aleyda Leyva Rodríguez, conocida como «La Niña», era hermana del alcalde de Cajobabo, en Guantánamo. Brindó alojamiento a José Martí y a Máximo Gómez la primera noche que pasaron en Cuba en 1895. En la mañana del 12 de abril, Aleyda le dijo a Martí: «Hágase de cuenta que soy su madre, y donde mueren los hijos muere la madre». En su *Diario de Guerra*, Martí deja estos apuntes curiosos en los que vemos la humanidad de la guerra: «abril (1895), día 13 –Viene Abraham Leyva, con Silvestre cargado de carne de puerco, de cañas, de buniatos, del pollo que manda la Niña...».[764]

(Madame) Leocadia Concepción Lombard tenía una finca, La Soledad en Ti Arriba. En las inmediaciones de esa finca, se

---

[763] Renée González Barrios: *En el mayor silencio*, Editora Política, La Habana, 1990, pp. 213-14.
[764] José Martí: *Diario de Guerra,* Fondo de Cultura Económica, México 1998, p. 10.

había producido la muerte de José Maceo entre las tres y las cuatro de la tarde del 5 de julio de 1896. Cuando Maceo muere, su cuerpo es trasladado a la finca de Madame Lombard, madre de **Elvira Cape**[765], esposa de Emilio Bacardí, citada posteriormente. Los soldados llevaron el cuerpo sin vida de José Maceo a esta finca para evitar su profanación.

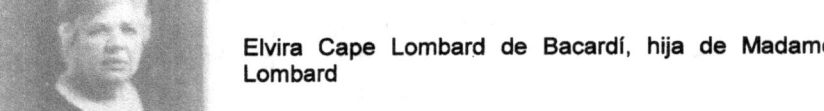

Elvira Cape Lombard de Bacardí, hija de Madame Lombard

Elvira Llerena, estaba casada con el comerciante José García, quien ignoraba que su esposa y su cuñado eran auxiliares del párroco, el P. Arocha, en difíciles y peligrosas tareas clandestinas. Elvira trabaja en la peligrosa tarea de traslado de correspondencia.

Aunque un poco anterior a la época de las guerras, la poetisa Francisca González Ruz, nos ha dejado este hermoso poema dedicado a Rita Sánchez,«"la más hermosa veguera de San Juan y Martínez»:[766]

Desde la ciudad alegre
Estos cantares te envío,
En las ondas de ese río
Que feliz nos vio nacer.
[…]
No anheles, veguera hermosa,
El ruido de la ciudad,
Gózate en tu libertad,
Y en tu existencia preciosa.
[…]
Pase tu vida inocente,
Cual las ondas del San Juan,
Que siempre tranquilas van
Murmurando dulcemente.

---

[765] Patriota y esposa de Emilio Bacardí quien buscó asilo en Jamaica durante la guerra.
[766] Francisca González Ruz: *Poesías*, Imprenta del Tiempo, La Habana, 1859, pp. 81-83.

María Machado había nacido en Holguín, provincia de Oriente, procedente de una familia de patriotas que tomaron parte en la Revolución de 1868. Aunque hija del General español Emilio March, no llevó nunca su apellido por cuestiones de índole familiar. La joven oriental pudo sentirse orgullosa de haber sido heroína valiente, al exponer su vida por la libertad.[767]

La histórica Periquera en Holguín. La foto es tomada de *Cuba y América*[768].

Mucho se ha escrito sobre el ataque y rendición de la plaza de Victoria de Las Tunas a las fuerzas cubanas mandadas por el General Calixto García, pero no todos saben que fue María Machado, a quien se debió este triunfo que dio lugar a tantos comentarios en las Cortes Españolas.

María Machado disfrutaba por aquellos días de un permiso especial otorgado por su padre, el General March del ejército español, con cuartel en la ciudad de Holguín. También poseía un pase o salvoconducto firmado por el General Calixto García.[769] Con ambos documentos podía entrar y salir fácilmente de las poblaciones y circular por el campo mambí. Gracias a estas facilidades pudo detallar para los cubanos que los españoles se proponían tomar la plaza así como el emplazamiento de los fortines, apuntar el número de los soldados que la guarnecían, los cañones de que disponían los españoles y otros datos valiosos. Todo este informe fue puesto a disposición del General Menocal para luego utilizar el plan de ataque que resultó un éxito para los cubanos en agosto de 1897.

Isabel Machado Mesa de Rodríguez nació en La Habana, el 16 de noviembre de 1866. Se casó con Manuel Arredondo y duran-

---

[767] Vicentina Rodríguez de Cuesta: *Patriotas cubanas,* Talleres Heraldo Pinareño, Pinar del Río, 1952.
[768] Revista *Cuba y América*, vol. 13, La Habana, 1903.
[769] Enrique Ubieta, *Bohemia*, 1910.

te la guerra comenzó a conspirar. Cuando su esposo y hermanos se van a la manigua, en unión con otras señoras, establece en Santa Clara el *Club Patriótico Leoncio Vidal*[770]. Trabajan junto a ella: Caridad Machado Riera, Patriota villaclareña que actuó durante la Guerra de Independencia en el *club Leoncio Vidal* de Santa Clara y también **Mercedes Machado Morales, Isabel Serrano, Eloísa Machado, Laudelina Nodal y Caridad Machado de Riera.**[771]

Tiene que exiliarse en Cayo Hueso donde continúa sus actividades revolucionarias. Luego se muda a Nueva York, donde colabora en distintos periódicos, tales como *Patria Libre, Cuba y América*, y en *Patria*, fundado por José Martí. También colabora en *La Moda Elegante* de Cádiz, en 1866. Utilizó el seudónimo de Flérida.

Regresa a Cuba al final de la guerra y fallece el 21 de febrero de 1919.

Elvira Machado Nodal nació en Santa Clara, el 24 de enero de 1868. Formó parte del *club Hermanas de Juan Bruno Zayas*[772] que dirigía Mercedes Nodal. Radicaba en Ranchuelo durante los últimos días de la Guerra de Independencia, donde continuaba su labor por Cuba.

Contrajo matrimonio con el General del Ejército Libertador, Gerardo Machado y Morales, quien desempeñó más tarde la presidencia del país. La madre de Gerardo Machado había sido **Lutgarda Morales Yanes**. El matrimonio tuvo tres hijas que nacieron durante el período de las guerras: Laudelina (Nena), Ángela Elvira y Berta. El General Machado también tuvo dos hijos fuera del matrimonio: Leonor y Heriberto.

Elvira falleció en Nueva York, el 6 de enero de 1968. Sus restos, junto con los de su esposo, reposan hoy en el cementerio Woodlawn Park North de Miami, Florida.

---

[770] Navia García Fabeiro: «Mujeres en el periodismo de Las Villas», www.diocesisdesantaclara.com/historia/item/644.

[771] Luis Lagomasino: *Episodios Nacionales: Retazos de historia Patria,* Tip. del Boletín Nacional de Historia y Geografía, La Habana, 1924, pág. 65.

[772] Ver en detalle la labor de este club revolucionario en el vol. III de esta obra.

Carmen Márquez de Entenza de Sancti Spíritus, fue la esposa de Juan Bautista Entenza, administrador del ferrocarril de Tunas a Sancti Spíritus. Trabajó con su esposo ayudando con las cargas de armas y demás artículos que llevaban y luego arrojaban a los mambises con el tren en marcha, haciéndole señales con el silbido de la locomotora. Carmen ayudó a la Revolución durante mucho tiempo en la Junta Revolucionaria de Sancti Spíritus. El ferrocarril era propiedad de la familia Valle Iznaga. Los secundaba un grupo de mujeres patriotas de aquella localidad.

Fidelina Marquetti oriunda de Güira de Melena, que pertenecía a la provincia de La Habana. Cuando ocurrió el Grito de Baire se unió a los mambises en la finca Sotolongo cerca de Ojo del Agua. Posiblemente conoce allí a Isabel Rubio, quien valerosamente trabaja en esa localidad con otras mujeres como: **Marcelina Amill Plasencia, María Sánchez Leal y Trinidad Falcón Castillo.**

Las hermanas Conchita, Consuelo, Edelmira y Amelia Ávalos.

Clara Marrero de Ávalos El escritor y patriota Luis Lagomasino[773], visita a la familia Marrero Ávalos luego de terminar la guerra y nos deja sus impresiones: «La conocí (posiblemente a Clara) en los campos de Villaclara. Su hogar era un santuario; allí estaba con sus seis hijas y su hijo Ismael, siete. Allí en aquel templo conocí también a **Conchita, Consuelo, Amelia y Edelmira**; ellas eran las vestales, ellas prodigaban el bien, facilitaban la medicina al necesitado, ropa al que raída la llevaba, el consuelo y el consejo al necesitado, y su mesa y sus recursos eran del que llegaba a sus puertas».[774]

---

[773] Luis Lagomasino, escritor y soldado durante la Guerra del 95.

[774] Luis Lagomasino, Ibídem.

María Luisa Rita Mas y Ximénez fue la esposa del poeta Juan Clemente Zenea. [775] Se habían casado en la iglesia de San Salvador del Cerro, el 10 de enero de 1857. Vivía junto a su hija, **Piedad Zenea de Bobadilla** (La Habana, enero 1858) en el exilio, tal como aparece en el volumen I de esta obra.[776]

Piedad Zenea de Bobadilla

A la derecha, María Luisa Mas con su hija pequeña, Piedad Zenea y Mas

En 1894 moría María Luisa en España. Martí la describía como una cubana que «vivió enamorada de su patria», cuando debió la noticia de su muerte en el periódico *Patria*[777]: «Ha muerto en Málaga, la tierra amiga del poeta que escribió *El Diario de un Mártir*, la madre de Piedad Zenea. La buena madre ha muerto. No estaba sola, sino rodeada del respeto de la buena hija. De la altivez del padre y su genio sobrio y fino, y de la cubana que vivió siempre enamorada de su patria y de su hija, siempre fiel al cadáver ensangrentado del esposo, nació como gracia y honra de su tierra, la que en tierra de España se queda en el mundo sin más compañía que la de su talento y su virtud [...]. La madre y la hija...las hallaba siempre con las manos unidas, sonriendo y fuertes contra todo. La buena madre ha muerto. No está sola, sino rodea-

---

[775] Juan Clemente Zenea y Fornaris, (Bayamo, 24 febrero 1831-La Habana, 25 agosto 1871), poeta y patriota cubano. Unido a la causa independentista en la guerra del 68, sufrió cárcel en la prisión de La Cabaña y fue fusilado en el Foso de los Laureles.

[776] Para más datos de Piedad Zenea, ver Teresa Fernández Soneira, *Mujeres de la Patria*, t I, pp. 394-395.

[777] José Martí, periódico *Patria*, Nueva York, 1894.

da de respeto, la buena hija». María Luisa Mas y su hija Piedad Zenea

Piedad Zenea escribía en los diarios cartas llenas de fervor y admiración. Durante la guerra del 95, exiliada en París, se casa con el matancero Emilio de Bobadilla[778]. En los primeros años del siglo XX viaja a La Habana y gestiona la instalación de un monumento a su padre.

Monumento a Juan Clemente Zenea en La Habana, situado al comienzo del Paseo del Prado. Fue levantado en la década de 1920 por gestiones de la hija del poeta, Piedad Zenea de Bobadilla, y realizado por el escultor español Ramón Mateu.[779]

María de la Caridad Martínez, era natural de Fomento, Las Villas. En una ocasión, al ver el atropello de los voluntarios españoles contra un grupo de niños en el pueblo de Fomento, arremetió contra ellos a machetazos no cesando hasta que a bayonetazos le destrozaron a ella el pecho[780].

Rosa María Magdalena Martínez Iradi (Rosa Robés) fue una patriota de San Antonio de los Baños. Nació el 22 de julio de 1876, y con apenas 17 años forma parte del grupo de conspiradores

---

[778] Emilio Bobadilla, (Matanzas, 1862 - Biarritz, Francia, 1921). Escritor, poeta, crítico literario y periodista cubano-español. Firmó artículos con el seudónimo de Fray Candil.

[779] Ramón Mateu Montesinos (Valencia, 1891-Madrid, 1981), residió en Cuba de 1918 a 1925.

[780] Rolando Espinosa Carballo: *Símbolos, fechas y biografías*, Editorial AIP, Miami 1969.

del Ariguanabo. Este grupo desempeñó un papel importante en la lucha por la independencia. En 1895 Rosa María se incorporó a la guerra. Durante la contienda, Rosa mantuvo contactos con el Partido Revolucionario Cubano como delegada del Club Revolucionario Ignacio Agramonte, estando ligada a los revolucionarios Jesús Planas, Francisco Porto, José M. Zubizarreta y otros.

La vida de esta patriota es una leyenda. Sobre ella se han tejido numerosas anécdotas que la han convertido en una heroína. Cuentan que cuando salía al campo, llevaba mensajes escritos ocultos en su abundante cabellera, y de cómo se llevaba telas de la tienda de su padre para confeccionar uniformes y estandartes para los insurrectos. Se dice que confeccionó la bandera que enarbolaban los mambises en la provincia de La Habana.

Durante la guerra, los comerciantes, y entre ellos el padre de Rosa, estaban obligados a dar albergue en sus casas a oficiales del ejército español que llegaban al cuartel del aclimatamiento, establecido en la parte norte de la villa. Rosa aprovechaba la ocasión para recopilar información sobre el cuartel militar, registraba las pertenencias de los oficiales y sustraía balas que luego hacía llegar a las tropas mambisas.

En 1913, el Ayuntamiento Municipal de San Antonio de los Baños acordó cambiar el nombre de la calle 64 por el de la patriota. Rosa María falleció el 10 de enero de 1937 a los 60 años de edad.

Clemencia Mena de Céspedes, fue secretaria del *Club Esperanza del Valle* que dirigía la patriota Edelmira Guerra Valladares, ya señalada en este capítulo. Clemencia mantuvo correspondencia con los Generales Máximo Gómez y Rogelio del Castillo.

Varias veces se fue a la manigua como ayudante de jefes insurrectos para cumplir importantes misiones. Después de la Guerra, escribió al Generalísimo Máximo Gómez, como también lo hicieron muchas viudas, hermanas y parientes de mambises fallecidos, pidiendo ayuda económica para subsistir.

Las Mendive – María Luisa, Elvira, Dolores, Luisa, Catalina, Concha, Susana y María Josefa Mendive[781] nacieron en Pinar del Río, cerca de San Luis, en La Llanada, hacienda de sus padres, Mariano de Mendive y María Josefa Alomá.

Las niñas se educaron en Manhattanville College que dirigían en Nueva York las Religiosas del Sagrado Corazón, y los hijos estudiaron en diferentes universidades, también de los Estados Unidos.

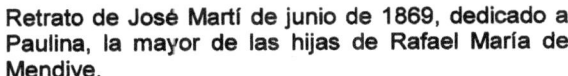

Retrato de José Martí de junio de 1869, dedicado a Paulina, la mayor de las hijas de Rafael María de Mendive.

Don Mariano Mendive pasaba largas temporadas en La Habana para estar cerca de su hermano, Rafael María de Mendive[782]. Las sobrinas aprendieron en las rodillas del tío Rafael los principios que habrían de dirigir sus vidas. De él también heredarían el amor a la libertad. «Con sus primas **Paulina, Leonor y Teresa** se reunían las hijas de Mariano de Mendive», dice la entrevista de *Bohemia*. «Con sus bastidores y almohadillas bordaban bajo las arcadas de los corredores […]. Y cuando por las tardes quedaba en silencio la casa, las niñas aprendían con la prima Paulina 'Música de las Palmas' o 'El día nebuloso'». Aquí reproducimos algunas estrofas de

La Música de las Palmas[783]

¡Que son! ¡Que voz! Que mágica armonía,
Del aire se desprende en leves giros,
Llorosa como el ¡ay! de la agonía
¡Que exhala el corazón entre suspiros!

---

[781] «Las hermanas Mendive», *Bohemia*, p. 285, segunda parte 1880-1894.
[782] Intelectual, poeta y revolucionario. Durante sus años de profesor, fue protector y maestro de José Martí. Su casa era centro de reuniones literarias y fervor patriótico.
[783] *Poesías de Rafael María Mendive*, Imprenta de M. Ribadeneyra, Madrid, 1860, pp. 10-15.

[…]
Es música de espíritus que moran
Entre las pencas de las verdes palmas,
Encadenados mártires que lloran
La historia acaso de olvidadas almas.
[…]
¿Quién en Cuba no oyó vibrar sonora
En cada palma el arpa de un poeta
Que alegre canta o en silencio llora
Herido el pecho por fatal saeta?
[…]
¡Oh Patria!, yo bendigo entusiasmado
La cuna en que nací bajo tu cielo
Y este raudal inmenso que me has dado
De evangélico amor y de consuelo.

Rafael María de Mendive

Desde 1879 ya se conoce la actividad revolucionaria de estas hermanas en La Habana. María Luisa y Elvira responden a las tareas encomendadas en su casa de la calle Cuba. **Rosalía García Osuna,** se une también a las Mendive. María Luisa junto a su esposo, Agustín García Osuna, hijo de Rosalía, logra reunir a un grupo de habaneros para dar apoyo a la guerra.

Durante las reuniones que se llevan a cabo en la casa de las Mendive también participan: la joven **Rosario Bolaños** (la agente Violeta), así como **Ana y Rosario García Menocal, Lalá Laté de la Torre y Amelia Martínez,** quienes eran las más activas.

María Luisa Mendive y Mendive vivió desde niña en un ambiente patriótico ya que todos sus familiares conspiraban en favor de la libertad cubana. Con el seudónimo de «Hilda», sirvió de confidente y corresponsal del Ejército Libertador. Su prima **Concepción Urzais y Mendive**[784], también se unió a los patriotas en La Habana y Pinar del Río, trabajando para los Generales José María Aguirre, Rafael de Cárdenas, Adolfo del Castillo, Néstor Aranguren, Pedro Díaz y Antonio Varona. Además, María Luisa mantuvo

---

[784] Para información sobre Concepción Urzais y Mendive, ver *Mujeres de la Patria*, vol. I, pág. 394.

intercambios con las patriotas pinareñas, **Isabel Rubio y Adela Azcuy**[785].

Cuando en el año 1897 fue herido Néstor Aranguren, María Luisa, entonces de 19 años, expuso su vida al llevar medicamentos hasta al lugar donde había caído el mambí. De nada sirvieron aquellos auxilios pues Aranguren falleció poco después.

Al enviudar Rafael María Mendive, este se casa por segunda vez con **Micaela Nin y Corball**[786] en 1865. José Martí era discípulo de Mendive y Micaela lo acogió. Se cree que Martí tuvo con ella confianza de hijo. Al ser encarcelado Rafael Mendive en el Castillo del Príncipe en La Habana, Martí acompañaba diariamente a Micaela a visitarlo, hasta que Mendive fue deportado a España, el 15 de mayo de 1869.

Procesión fúnebre por la calle Reina en La Habana, a finales del siglo XIX. Colección de la autora.

Paulina era la hija predilecta de Rafael Mendive y también la amiga favorita de Martí. «Martí la quiso como hermana» se señala en una entrevista de la revista *Bohemia* que se efectuó en la década de 1940 cuando esta residía en el reparto La Sierra, en Miramar.[787]

Digna Minares fue corresponsal de guerra distinguida distinguiéndose por sus tácticas en averiguar informaciones de los españoles de la villa del Guaso, en Guantánamo, y enviarlas a los jefes mambises. En una ocasión, al tener que trasladar un importante mensaje escrito, se dio cuenta de que las autoridades españolas vigilaban su vivienda en el barrio de Tiguabito, hoy Loma del Chivo. Introdujo el documento en una prenda interior, manchándola

---

[785] Más datos de Isabel Rubio en las pp 24, 64-65; 170, 201-205 y 361, y para Adela Azcuy pp 34, 179-181-187; 366, 381 y 436 de esta obra.

[786] Ver Fernández Soneira: *Mujeres de la Patria*, t I, pp. 392-393.

[787] Ibídem.

con sangre de hígado de res, y logró pasarlo a pesar del completo registro de los soldados, que la revisaron detenidamente. No obstante, al sospechar de sus maniobras los militares la sacaron a golpes de la población.

En 1897 **Digna Minares** y **María Cabrera** imparten clases a los niños campesinos en la prefectura de Palmar «lo que evidencia la preocupación del Ejército Libertador por la educación de los niños pobres y que ni en tales circunstancias este proceso se detuvo», comentan las doctoras Marisela Millet-Duperey y María Elena Sánchez-Toledo.[788]

Hija de mambises de la guerra del 68, **Cecilia Monier** había perdido en aquella guerra a dos hermanos. Pero en el escenario de la Guerra de Independencia, Cecilia fue a la manigua y se destacó por sus trabajos en el oriente de Cuba, prestando servicios de cocinera a Antonio Maceo. Falleció en Guantánamo el 28 de mayo de 1934.

A **Rosa Montero** la menciona Martí en su Diario de Guerra: «Y estos que vienen me cuentan de Rosa Montero, campesina, viuda que mandó a Rabí a su hijo único, Melesio, de 16 años: 'Allá murió tu padre; yo no puedo ir, ve tu' le dijo al hijo al salir para la guerra».[789]

Luz Morales y Machado, era de Villaclara donde su padre, Leandro Anchía, administraba el asilo San Pedro y Santa Rosalía propiedad de los Abreu Arencibia. Cuando el esposo de Luz va para la guerra, la patriota Marta Abreu pasa un cable a Paco Arencibia desde París nombrando Administrador a Tomás Velazco[790]. Pero Luz Morales y Machado le envía un cable a Marta Abreu diciéndole que por haberse ido su esposo a la guerra ella quedaba sola y sin recursos y que se encontraba capacitada para ocupar el puesto que había dejado su esposo. Entonces Marta pasó otro cable

---

[788] Dras. Marisela Millet -Duperey y María Elena Sánchez-Toledo: «La educación escolarizada en Guantánamo durante la colonia. Su contribución al desarrollo de la identidad cultural local», Universidad de Guantánamo, *EduSol*, Vol. 13, no. 43, abr.-jun., 2013, pp. 61-71.

[789] José Martí: *Diario de Guerra: de Cabo Haitiano a Dos Ríos*, Ob.Cit.

[790] Agustín Veitía Ferrer: *Marta G. Abreu La Cubana Excelsa*, Editorial Lex, La Habana, 1947.

a Paco Arencibia dictaminando: 'Deje sin efecto mi cable nombrando a Tomás Velazco y nombre a Luz Morales'.[791] Marta Abreu estaba consciente de la necesidad que tenía esta mujer y la quiso ayudar. Que una mujer administrara un asilo en aquella época, era algo insólito.

Rosario Morales y González de los Reyes[792] había nacido en la provincia de San Juan y Martínez en Pinar del Rio, el 25 de agosto de 1856 de familia criolla. Sus padres fueron Rafael Morales y Ponce de León y doña Rafaela González de la Cruz Camero. Al morir su padre en 1860, la familia se muda para La Habana. Rosario era hermana de Rafael Morales (Moralitos)[793], valiente mambí que participó en la guerra del 68.[794]

Se casó muy joven con Gustavo de los Reyes Melo, y cuando comienza la guerra ya tenía dos hijas: María de 17 años, y Raquel de 15. Convierte su vivienda de la calle Luz no. 30 en La Habana Vieja en una factoría militar, donde almacena armas, pertrechos y útiles de guerra. Sus hijas también ayudan en estas faenas y las tres realizan el peligroso trabajo de comunicar mensajes entre los conspiradores de La Habana y los del resto del país.[795] «La valiente Girondina» era el nombre de guerra de su hija Raquel, y el de ella era «Miss María».

Una vez Rosario envió al General Aranguren una misiva donde lo prevenía del inminente peligro que corría su vida. Por su labor, Rosario fue nombrada Capitana Jefe de Postas del Ejército Libertador. El General Nodarse afirmó que Rosario y sus hijas

---

[791] Testimonio de Sergio Anchia Morales, Los Pinos, La Habana, del 12 de noviembre de 1945.

[792] Para más información ver Teresa Fernández Soneira: *Mujeres de la Patria,* t I, pp. 387; 425,427.

[793] Rafael Morales (1845-1872), fue maestro y creador de la Ley de Instrucción Pública de la República en Armas durante la Guerra de 1868.

[794] *La mujer cubana en los 100 años de lucha 1868-1968, Comité Provincial del PRC,* La Habana, 1969, pág. 33.

[795] «Rosario Morales Martin de los Reyes», *Bohemia,* La Habana, 25 de octubre de 1942, pág. 6.

habían sido unas de las más destacadas auxiliares en la provincia de La Habana.

Trabajando estas mujeres en la zona de Guanabacoa, surgió un delator que dio a conocer al Capitán Fondesviela la labor que hacían. A las pocas horas de efectuarse la delación ya Fondesviela había logrado detener y encerrar en la Casa de Recogidas a las tres mujeres que no hicieron más que salir de la cárcel para lanzarse de nuevo a sus trabajos subversivos. Más tarde por influencias de amistades de la familia, escapan a Nueva York.

Terminada la Guerra regresan a Cuba. Rosario entonces dedica treinta años a la obra de fundar asilos.

Orden Nacional de Mérito Carlos Manuel de Céspedes.

Durante la República, a edad bastante avanzada, el gobierno concedió a Rosario Morales la Orden Nacional de Carlos Manuel de Céspedes[796], que llevó en su pecho con orgullo hasta su muerte, el 1 de junio de 1940.

Natividad Moreno y Alva nació el 25 de diciembre de 1843 y luchó en la guerra de 1868. Tuvo dos hijas: Rosa y Adelaida. En el 95 estuvo presa dos veces por denuncias. La primera vez la internaron con su hija Rosa.

Por una lesión en el pie, Natividad estaba incapacitada. Salía al campo casi diariamente con dos o tres bestias de carga en busca de maíz y otros efectos en las que escondidos entre los aparejos y dobleces del serón[797] llevaba los efectos y encargos de los mambises y las comunicaciones de los clubs locales. El día del registro

---

[796] La Orden Carlos Manuel de Céspedes fue una de las más altas condecoraciones durante la República. Creada por Decreto Presidencial no. 486 del Presidente Gerardo Machado, del 18 de abril de 1926. Se otorgaba como recompensa por los servicios prestados a la patria y a la humanidad.

[797] Sirve para llevar carga por los caminos.

había salido al campo para entregar a los mambises, cuando en ese momento llegaron los voluntarios[798] a la casa.

Al finalizar la guerra se retiró a vivir en su casa de guano en los Pocitos de Conyedo, en Santa Clara.[799]

De Santa Clara era **Mercedes Nodal y Quirós de Espinosa.** Había nacido el 19 de junio de 1868. Al iniciarse la guerra, pertenece al club Juan Bruno Zayas con el seudónimo de «Peralejo».[800] Tomó también parte en diferentes labores de conspiración, auxiliando a sus hermanos que luchaban en los campos de Cuba Libre.

Amparo Orbe,[801] matancera, había nacido en enero de 1878. Trigueña, menuda, de largos cabellos negros y grandes ojos castaños, decían que era una de las yumurinas más lindas de aquella región.

La vida de Amparo fue trágica, solo atemperada por el amor que le tuvo a Antonio López Coloma, (Sabanilla del Encomendador, 1859) [802], quien por entonces contaba 35 años. López Coloma era colono revolucionario, había compartido con el patriota Juan Gualberto Gómez, el liderazgo del alzamiento de Ibarra[803] al comienzo de la Guerra del 95.

Antonio López Coloma   Amparo Orbe

---

[798] Los voluntarios eran reclutas obligados a prestar servicio militar que no tenían otra opción que la de acudir al llamamiento o ser perseguidos.

[799] Luis Lagomasino: *Episodios Nac*ionales, Ob.Cit., pág. 71.

[800] Ibídem, pág. 73.

[801] Graziella Méndez, Revista *Mujeres*.

[802] Antonio López Coloma, Sabanilla del Encomendador, 17 de enero de 1858 – fusilado 26 de noviembre de 1896 en Cuabal de Santa Elena, Matanzas.

[803] Levantamiento ocurrido el 24 de febrero de 1895 en el poblado de Ibarra, actual municipio de Unión de Reyes, provincia de Matanzas. Allí se inicia la Guerra del 95 en esa provincia.

Amparo y Antonio se conocieron en los campos de batalla, y desde entonces se juraron unión eterna. Ella cumplió fielmente su compromiso cuando él, perseguido e impedido de conspirar en las ciudades, decidió internarse en la manigua. Se lo dijo a su novia quien sin vacilar abandono familia, hogar y comodidades, para seguirlo ya que los dos se querían y anhelaban la libertad para Cuba.

Antonio López Coloma arrendatario de la finca Ignacia y ex telegrafista de la estación de Ibarra del ferrocarril de Matanzas, se encontraba con Juan Gualberto Gómez, Juan Tranquilino Latapier, y otros patriotas, en la manigua. Pronto se les unieron Amparo Orbe y Federico Núñez. Debido a un tiroteo con la guardia civil, el grupo tuvo que dispersarse. López Coloma y Amparo lograron ocultarse en una casa de las inmediaciones, en Cuabal de Santa Ana, pero acogiéndose al indulto que el General Calleja había promulgado ese día, se presentaron ante los españoles. En vez de acogerlos según las leyes de la guerra, fueron conducidos al Castillo de San Severino en Matanzas. Amparo tenía 17 años y fue encarcelada, así como su novio López Coloma mientras que Juan Gualberto Gómez fue expatriado a Ceuta.

Posteriormente trasladaron a López Coloma y a Amparo Orbe a La Cabaña, en La Habana donde estuvieron encerrados veintiún meses. Vivieron un romance trágico que haría época en la historia del país. El 26 de Noviembre de 1896, les fue permitido abrazarse por última vez y unirse en matrimonio católico momentos antes de partir López Coloma al Foso de los Laureles para ser fusilado. ¡Cuánto sufrimiento tuvo que haberle traído esto a su madre, **Carmen Coloma,** de la que nada se ha dicho! Y ¡qué decir de su novia, ya esposa, Amparo Orbe!

Como numerosas mujeres de la guerra, Amparo Orbe perdió la razón ante el duro golpe que recibía con la muerte de Antonio. La trasladaron a la cárcel de la Casa de Recogidas en ese estado de profunda depresión, donde permaneció hasta el final de la guerra.[804]

---

[804] Enrique Ubieta: «La mujer en la Revolución de Cuba», *Bohemia*, 1910.

Calabozo no. 1 del fuerte San Severino de Matanzas. En la placa se lee: «En este calabozo fue encerrado el 1 de marzo de 1895, Antonio López Coloma, uno de los mártires de la Revolución redentora». Aunque la placa no lo exhibe, en la celda contigua estuvo su novia, Amparo Orbe. Foto cortesía del Dr. Miguel de la Torre. © Todos los derechos reservados.

Rosa Ortega fue colaboradora en la prefectura de Palma Mocha del Vínculo, sitio donde fallece por enfermedad, a la edad de 32 años, el 15 de agosto de 1897.

Manuela Olivera Chávez, de El Escambray, Las Villas. De humilde extracción, alta y esbelta. Nació el 30 de mayo de 1877 en Cumanayagua y falleció en Cienfuegos en 1965.

La patriota Manuela Olivera Chávez en los años 40 en Cuba. Foto cortesía de su bisnieto, Rodolfo Boucugnani. Todos los derechos reservados©.

Debido a las actividades revolucionarias que ella y su esposo realizaban, acosados por los voluntarios que vigilaban sus actividades y reportaban sus simpatías, tuvieron que abandonar la casa en la que residían y buscar abrigo en las montañas del Escambray, en Hoyo de Padilla, para irse a vivir luego a la manigua alojándose en diferentes cuevas cercanas. En una ocasión, estando en la casa, los españoles, delatados por los voluntarios, abrieron fuego contra los que estaban dentro hiriendo en el glúteo a un hermano adolescente de su esposo Sixto, al que seguían. La humilde vivienda era de tablas de palma y las balas la atravesaban con facilidad, aunque los restantes moradores se salvaron milagrosamente al huir e internarse en los montes.

Su esposo Sixto Rodríguez Urquiza obtuvo el grado de sargento en el Ejército Libertador, recibiendo siempre el apoyo de Manuela. Ella cosía y zurcía la ropa de las tropas insurgentes, preparaba comidas, llevaba y traía informes, alternando estas labores con el cuidado de su familia.

La carencia de alimentos los hizo utilizar los cueros de los taburetes para hacer algún caldo cuando no podían cazar jutías u obtener frutos de los árboles. De los cinco hijos engendrados por el matrimonio, fueron los 3 primeros los que vivieron en las condiciones antes mencionadas, además de su pequeño cuñado el que luego de recuperarse de su herida también se incorporó al Ejercito Libertador.

Etiopía, una hermana de Manuela, tenía un hijo de la misma edad de Manuela y la ayudaba a amamantar a su pequeña sobrina, así como a otra lactante, sirviéndole de gran apoyo y ayuda. Finalizada la guerra volvieron a establecerse en Cumanayagua.[805]

«En mi familia tuve una mambisa –comenta Rodolfo Boucugnani Alomá[806]– mi bisabuela materna: Doña Manuela Olivera Chávez, que dio a luz a mi abuela en el monte –dicen que en una cueva– como me contaron cuando pequeño, a donde se fue a refugiar con su esposo por ser ellos mambises. Pero esa historia está muy desdibujada en el tiempo y circunscrita a la zona del Escambray, donde creo tenían una finca. Manuela se casó con Sixto Rodríguez Urquiza. Los padres fueron Álvaro Chávez y Aurora Olivera Cruz. **Esperanza Rodríguez Olivera** fue mi abuela materna quien nació entre los ruidos de la metralla en la campiña redentora».

Anacleta María Pacheco Echavarría era natural de Santiago de Cuba y sus padres fueron Emilia Sánchez Collé y Rosalío Pacheco. Anacleta recordaba algunos relatos que le habían hecho: «Mi padre, cuando le hablaban de las guerras de independencia, enseguida se ponía a contar sobre los patriotas que fueron sus compañeros de armas, y sus jefes, como Maceo, Máximo Gómez,

---

[805] Fuente: partida bautismal, narraciones orales de sus descendientes y testimonio de su bisnieto, Rodolfo Boucugnani Alomá.

[806] Rodolfo Boucugnani Alomá en conversación con la autora, Miami, Florida, 2013 y 2017.

Calixto García y otros, y hablaba de los combates en los que él participó».

En cuanto a la madre de Anacleta, hay un párrafo muy hermoso en el Diario de Campaña de Martí[807] que habla de ella: «Aquí tienen a mi señora, –dice el marido fiel–, sin medias, en la pantufla de flores, la linda andaluza, subida a un poyo, pilando el café. En casco tiene alzado el cabello por detrás y de allí le cuelga en caudal. Se le ve sonrisa y pena. Ella no quiere ir a Guantánamo con las hermanas de Rosalío[808]; ella quiere estar "donde esté Rosalío"».

Y sigue más adelante Martí narrando: «[...] Rosalío levantó la finca, tiene vacas, prensa quesos; a lonjas de a libra nos comemos su queso, remojado en café: con la tetera en su taburete, da leche Rosalío a un angelón de hijo [...]. **Emilia Sánchez Collé** [esposa de Rosalío], de puntillas, saca una taza de la alacena que ha hecho de cajones, contra la pared del rancho. O nos oye sentada, con su sonrisa dolorosa y alrededor se le cuelgan los hijos». Con Emilia tuvo cuatro hijos. En la epidemia del cólera muere Emilia y tres de sus hijos quedando con vida solamente Antonio, quien contaba siete años de edad en aquel momento.

América Palenque Sosa hija de Clemente Palenque Madrazo, español, y de la criolla, Cruz Sosa Díaz, se solidarizó desde pequeña con los mambises, al oír de su madre la historia acerca de la indignación que su padre había sentido contra el proceder de los voluntarios españoles cuando el fusilamiento de los estudiantes de medicina en 1871.

La familia residía en la calle de San Pedro, en La Habana. Luego se mudaron para Cárdenas donde su padre falleció y sus dos hermanos. La madre se vio sola junto a América y Alfredo, otro hermano pequeño. Después se van a residir a Cruces, donde América conoce a Andrés Soto Pulgarón. Soto había quedado marcado desde muy

---

[807] José Martí: *Diario de Campaña*, Ob. Cit., pág. 60-61.
[808] Rosalio Pacheco Citra llegó a Capitán del Ejército Libertador. Luchó en las dos guerras.

pequeño cuando sufrió la muerte de su tía abuela, **Adela Pulgarón**, enloquecida por el fusilamiento de su esposo, Cirilo Arbona y Machado, el 13 de junio de 1869 y la de sus siete hijos como consecuencia del desamparo y la miseria.

Pulgarón vendía clandestinamente los periódicos revolucionarios *Patria* y *El Porvenir*, y pronto el matrimonio se identifica con la causa y marchan ya casados a la manigua. Ella que solo tiene 18 años de edad va con un hijo de seis meses de nacido; está separada del esposo durante un año por pertenecer al servicio de las Brigadas de Cienfuegos y Colón. En este tiempo su hijo fallece de paludismo en 1897, en los montes de Poza Redonda.

Más tarde América enferma y tiene que regresar a Cárdenas. Mientras se recupera se dedica a recolectar medicinas, ropa y zapatos que unas veces envía a la manigua y otras lleva personalmente acompañada por otras mujeres que también prestan servicios. Cuando termina la guerra van a residir a Placetas.

Manuela Pascual Heredia nació en Guantánamo. Según su nieta, la escritora cubana Belkis Cuza Malé, «el día del bautizo de mi abuela, ya tenían los dulces preparados cuando comenzaron a sonar los disparos en la ciudad de Guantánamo».[809] «Ese día, continua diciendo Cuza Malé, era el 24 de febrero de 1895; guardaron los dulces en un baúl y salieron a buscar refugio, pero se les olvidaron los dulces que habían guardado hasta pasados algunos días».

Sigue narrando Cuza: «Mi bisabuela, Luisa Heredia Pérez, era prima hermana del patriota Pedro A. Pérez (Periquito Pérez) quien fue el jefe del levantamiento en Guantánamo. Periquito y su esposa **Juana Bautista Pérez Gutiérrez**, de Tiguabos, lucharon junto a la patriota yaterana, Cristina Pérez del regimiento Hatuey. Juana utilizaba el nombre de "Madame Sousan" como seudónimo de guerra. Luisa Heredia Pérez, a su vez, era hija de Idelfonso Heredia, primo del poeta José María Heredia», termina diciendo Cuza.

---

[809] Belkis Cuza Malé, escritora periodista y pintora cubana. Entrevista realizada en octubre, 2016.

Aparecen de derecha a izquierda, en la fila superior: Luisa Heredia Pérez, Abraham Pascual su esposo, María Pascual Heredia, hija de Luisa y Abraham, y Emilio Sánchez esposo de María Pascual Heredia. En la segunda fila: Cristina Pascual Heredia, Manuela Pascual Heredia, la del bautizo, Francisca Pascual Heredia y Antonio Pascual Heredia. Luego sentados, Diego Pascual Heredia, el bebito de María Pascual Heredia, Luisita Heredia Pascual, y a su lado otro bebé de María Pascual Heredia. La foto posiblemente fue tomada entre 1914 y 1915. Foto cortesía de Belkis Cuza Malé. Todos los derechos reservados ©.

La casa de Manuela estaba situada en Guantánamo y fue demolida en los años 50 del siglo XX para ampliar lo que se conoce como La Carretera.[810]

Calle Pérez en Guantánamo, 1908.

Josefa Peña Lago era de Guantánamo y al estallar la Guerra en 1895 su esposo, José Caridad Martínez Toro, junto a sus hijos, Antonio y Rafael, se dirige a los campos de la Revolución, mientras en Guantánamo permanece Josefa con sus otros cinco hijos. Como las autoridades coloniales están continuamente presionando a los familiares de los patriotas. Josefa sufre interrogatorios y ofensas en La Coronela (hoy escuela Enrique José Varona), donde radicaba el Estado Mayor de la guarnición española. Ante el antago-

---

[810] Correspondencia con la autora, mayo 2017 y junio 2018.

nismo de los españoles, Josefa Peña Lago abandona la población junto a sus hijos y se incorpora a la prefectura mambisa en El Vínculo, en las proximidades del río Guantánamo[811].

Cuentan que en el campamento, Josefa cantaba tonadas, en una de las cuales reconoce su admiración hacia Antonio Maceo:

> Yo estoy como fiera brava
> Por los montes canaleó
> Yo con la muerte peleo
> Y la hago volver atrás.

En junio de 1898 en el combate de El Cuzco cae su hijo Antonio, peleando junto al regimiento de infantería Guantánamo.

Magdalena Peñarredonda y Doley[812]

«Que sea Cuba libre y habré obtenido el bien supremo de la tierra».[813]

La patriota Magdalena Peñarredonda Doley, cortesía de la historiadora Perla Cartaya Cota. Todos los derechos reservados. ©

Conocida durante la guerra como La Delegada, Magdalena Peñarredonda Doley había nacido el 22 de julio de 1846 en Quiebra Hacha, Pinar del Río. De madre francesa, Amelaide Doley[814] y padre español, Hilario Peñarredonda, la llamaban cariñosamente *Lle-*

---

[811] Sánchez Guerra: *Mambisas Guantanameras,* Ob.Cit.

[812] Para información adicional ver Fernández Soneira: *Mujeres de la Patria,* t I, pp157; 169; 172.

[813] Magdalena Peñarredonda en carta a Tomas Estrada Palma del 7 de abril de 1896.

[814] Los esposos franceses Pierre Doley y Eulalia Brest, se establecieron en Cuba con sus dos hijas, Amelaide y Aglaé. Laboriosos y tenaces, aquellos esposos llegaron a ser dueños de tierras y rehicieron su fortuna. Una de las hijas, Aglaé, contrajo matrimonio con Carlos Kirck, ex Capitán de la vieja guardia de Napoleón Bonaparte. Amelaide se casó con Higinio Peñarredonda, los padres de Magdalena.

llena, y tuvo desde pequeña ideas libertarias. Cuando estalló la Guerra de los Diez Años pasó información a los independentistas. Era solo una niña cuando las noticias sobre el corte de pelo de las mujeres de Camagüey[815] llegaron a «El Pontón», la finca de sus padres en Pinar del Río. Tan pronto como oyeron estas noticias, Magdalena y sus hermanas decidieron imitar a las mujeres de Oriente y se cortaron las trenzas. Su padre, aterrorizado y a pesar de sus ideas nacionalistas, encerró a sus hijas en casa hasta que les creciera el pelo sin dejarlas salir ni siquiera para ir a misa. Pero el castigo no apagó el espíritu independentista de Magdalena, quien mantuvo su posición a lo largo de su vida, como se verá más adelante[816].

A los 15 años Llellena contrajo matrimonio con el asturiano José Covielles, propietario de un comercio en La Habana. En su casa de la calle San Ignacio, comenzó Magdalena a celebrar tertulias literarias a las que asistían escritores y poetas de la talla de Manuel Sanguily, Enrique José Varona, Julián del Casal y Alfredo Zayas. En estas veladas, y en su exaltación de trabajar contra los españoles, llegó a hablar de la necesidad de dinamitar el palacio del Capitán General. Estaba tan obsesionada con la idea, que en una de las reuniones declaró: «si para lograr la independencia de Cuba fuera necesario volar a alguien, llegaría a volar a mi familia».

Alrededor del 1888, Peñarredonda redactó y dio a conocer un folleto titulado, «A organizarnos» en el que convocaba a sus compatriotas a coordinar acciones. El texto era tan revolucionario, que hizo que fuera sometida a causa judicial.[817]

Ante el estallido del 24 de febrero de 1895, Magdalena, quien había intensificado sus actividades revolucionarias y no aceptaba obstáculos, se separa de su esposo. La independencia de la patria era su deber y su ideal. Se relaciona por entonces con el patriota

---

[815] Se refiere a la conspiración de Joaquín de Agüero y su fusilamiento en Camagüey, cuando las criollas, con civismo y en señal de duelo, se cortaron el cabello. Ver Fernández Soneira: *Mujeres de la Patria*, t I, pp. 83-85.
[816] Francisco Ponte Domínguez: *La Mujer en la Revolución Cubana*, Imprenta Molina, La Habana, 1933, pp. 276-300.
[817] Raquel Vinat: «El tema femenino en el discurso social del siglo XIX en Cuba», *Contrastes*, núm. 7-8, 1993. En el Archivo Nacional de Cuba, fondo Asuntos Políticos, Leg. 152, no. 7.

Juan Gualberto Gómez, delegado de Martí, que lleva en Occidente los hilos de la insurrección.

En 1893 Magdalena comienza a escribir en el periódico *El Criollo*. Al ser asesinado uno de sus hermanos por actividades revolucionarias, se identifica aún más con la causa de la libertad y escribe un artículo en ese periódico criticando al gobierno español, lo que la obliga a huir precipitadamente a Nueva York. Allí traba amistad con José Martí quien le dedica un tomo de sus *Versos Sencillos* y en la dedicatoria le escribe: «*a la Sra. Magdalena Peñarredonda, modelo de paciencia y de patriotismo. Su amigo respetuoso, José Martí*».[818]

Su exilio en los Estados Unidos dura solo algunos meses y regresa a Cuba con más entusiasmo que nunca para seguir trabajando. El 26 de agosto de 1895, Magdalena es nombrada delegada del Partido Revolucionario Cubano en Vuelta Abajo. En Pinar del Río cumple misiones difíciles atravesando la trocha del Mariel para llevarle al General Antonio Maceo correspondencia y materiales necesarios para completar la marcha invasora. El material viaja escondido bajo su falda y en maletines de doble fondo.[819] Imaginemos el peligro que corría cada vez que atravesaba la trocha y era revisada y cuestionada por los españoles. Pero a ella nada la detenía, y su valentía hacía que sobrepasara los obstáculos.

«*Lellena*» se gana el aprecio de Maceo quien le escribe: «*no ignoro lo mucho que usted trabaja y ha hecho por nuestra causa, [...] y que son valiosísimos sus servicios, por lo que no me cansaré de repetirle que no desmaye y siga ayudándonos. [...] Celebraré que se conserve siempre sin novedad y que disponga como guste de su atento S. y afectísimo q b.s.p. A. Maceo*». Maceo la llama «laboriosa conspiradora», señalándola como amiga y compañera del sacerdote, el padre González Arocha, «por haber estado ambos en contacto con Perfecto Lacoste, otra de las figuras más valiosas

---

[818] Gabriel García Galán: *Magdalena Peñarredonda, La Delegada*, Imprenta el Siglo XX, La Habana, 1951, pág. 16.

[819] Francisco J. Ponte Domínguez: *La mujer en la revolución de Cuba*, Ob.Cit, pág. 19.

de aquella contienda, que encendió la palabra admonitora de José Martí».[820]

Sabiendo que ha despertado sospechas entre sus enemigos, Magdalena tiene que cambiar frecuentemente de domicilio, y en el mobiliario de su casa, en banquetas, sofás, macetas y hasta en colchones y almohadas, esconde pertrechos de guerra y medicinas que luego va distribuyendo entre las fuerzas del Ejército Libertador[821]. A su labor se le unirían algunas patriotas pinareñas como **Rosario Collazo, Encarnación Bernal y Adela Azcuy.**

Magdalena, quien era de carácter fuerte, la llamaban cariñosamente «el General Llellena». De acuerdo con María del Carmen Muzio, era:[822] «transgresora, capaz de abandonar por la causa independentista al esposo, quien –extrañamente– jamás la recriminó, era a la vez cariñosa con los suyos»; quizás si le pidiéramos a Dulce María Loynaz que la definiera, podría considerarla: «mujer de garra y ala».

Durante la guerra trabajó con los pseudónimos de «Benito Gómez» o «Máximo Juárez». Fue la principal informante que tuvo el Lugarteniente General Antonio Maceo durante su campaña de Pinar del Río, y a la muerte de este continuó siéndolo del Mayor General puertorriqueño Juan Rius Rivera y del Mayor General Pedro Pérez, ambos del 6to. Cuerpo del Ejército Libertador.[823]

Estando en curso la infame Reconcentración de Valeriano Weyler, y verdaderamente conmovida ante las atrocidades que ve, escribe el 27 de julio de 1897 a la delegación del PRC:[824] «Al fin logré que el Secretario de Mr. Lee[825] fuese a Vuelta Abajo, para que viese la Reconcentración con todos sus espantosos horrores. Lo hice acompañar con un joven familiar mío que conoce aquello

---

[820] Manuel I. Mesa Rodríguez: «Monseñor Guillermo González Arocha», trabajo leído ante la Academia de la Historia de Cuba, La Habana, 1945.

[821] Gabriel García Galán, Ibídem., pág. 27.

[822] María del Carmen Muzio: «Apuntes sobre Magdalena Peñarredonda Doley», *Palabra Nueva*, 11 marzo, 2018.

[823] Renée González Barrios, Ob.Cit., pág. 180.

[824] Partido Revolucionario Cubano.

[825] Se refiere a Fitzhugh Lee, Mayor General del ejército norteamericano, y por entonces cónsul de los Estados Unidos en Cuba.

al dedillo. Ha venido atontado, como el que sale de una pesadilla; la misma tarde que vino a verme, se encontraba tan conmovido y triste que su visita fue como una visita de pésame. Aunque en varias oportunidades, yo le había pintado el cuadro, él dice que ni lo que ha leído ni lo que le han dicho, llega con mucho a la realidad. Ha tomado vistas fotográficas de algunas de las escenas que se ofrecieron a sus ojos, entre ellas la de tres niños muertos de hambre en un portal y otra de una mujer muerta en la plaza. El Cónsul le ha dicho que de todo haga una relación para mandarla al Departamento de Estado. El Mayor General del ejército norteamericano Fizhugh Lee, por entonces fungía como cónsul general de los Estados Unidos en Cuba».[826]

Y sigue informando Magdalena: «He ido varias veces a Vuelta Abajo, desde la muerte del General Maceo, y crea usted, que he presenciado escenas que es imposible las haya más horribles y conmovedoras en toda la serie de los sufrimientos humanos. Esas pobres guajiras son unas heroínas; pero ya el exceso de sufrimientos va matando en ellas todo el ser moral; la corrupción que de ese estado se origina, es para volverlo loco a uno. En el fondo de ese mandato de concentración, lo que se ve es horripilante.

Piense usted en tanta pobre mujer hambrienta y en esa soldadesca desenfrenada y brutal; todos aglomerados en los pueblos, como manadas de bestias. Aquí, aunque esto parezca una blasfemia, nos vemos obligados a dudar del poder de Dios y a creer en el Demonio, porque solamente un ser infernal puede como Weyler, llevar a cabo estos horrores».

Magdalena también se ocupa de los enfermos y heridos de la guerra. En una carta dirigida a Tomás Estrada Palma en octubre de 1897, le pide e informa: «*deseo vea usted si el club Primelles puede mandarme algunas medicinas, principalmente quinina, yodoformo y bicloruro de mercurio. [...] Al fin he logrado abrir camino por Pinar del Río y otro por Consolación, poniendo en comunicación los pueblos con el General Díaz*».

---

[826] García Galán, Ob.Cit., pp. 21-22.

Con la ayuda del párroco de Artemisa, el padre Guillermo González Arocha,[827] la Delegada dirige en secreto una red para dar apoyo a los mambises. El sacerdote almacena en su iglesia medicinas, alimentos y todo tipo de avituallamiento que le traen Magdalena y otros conspiradores, para en altas horas de la noche transportarlos al cementerio local y entregárselas al Teniente Coronel Emilio Laurent García, enlace personal con el Mayor General Pedro Díaz. El ilustre historiador pinareño, Emeterio Santovenia[828] señala que «*el virtuoso sacerdote y la valiente matrona no hubiesen podido dar a la Revolución todo lo que dieron de no haber contado con modestos auxiliares*[829]. *[...] En silencio, como las circunstancias lo exigían, estos operarios secundaron con eficacia los planes de Guillermo González Arocha y de Magdalena Peñarredonda [...] en los campos de Vuelta Abajo*».[830]

Padre Guillermo González Arocha

Durante la guerra del 95, el P. González Arocha había permanecido con sus feligreses a pesar de que su iglesia había sido convertida en barraca, cuartel, prisión y establo. González era contacto clave con las brigadas de Maceo, pero al ser delatado, el General Arolas y el Capitán Weyler decidieron condenarlo a ser fusilado por espionaje o de lo contrario embarcarlo en el primer buque que saliera del puerto. Arocha fue enviado por el obispo Santander a trabajar al palacio episcopal a La Habana hasta que terminara la contienda, quedando la deportación sin realizarse.

---

[827] El P. Guillermo González Arocha (Regla 25 julio de 1868- La Habana, 1 de abril 1939) fue un sacerdote católico de ideas independentistas que luchó en Artemisa con los revolucionarios.

[828] Emeterio Santovenia (Mantua, Pinar del Río, 1889- Miami, 1968) historiador, periodista, político y escritor cubano.

[829] Se refiere a los habitantes de aquella región pinareña.

[830] Emeterio S. Santovenia: *Magdalena Peñarredonda y Guillermo González Arocha - Artemisa en la Revolución Cubana*, Editorial Trópico, 1946, pp. 9-10

No obstante, en septiembre de 1896, González Arocha había regresado a Artemisa con sus fieles.

Al morir Maceo, el P. González fue de los poquísimos cubanos que recibieron como recuerdo una porción de aquella tierra bañada con la sangre del Titán. Al terminar la guerra le fue conferido el título de Veterano como alto oficial del Ejército Libertador. Luego fue elegido en 1901 a la Cámara de Representantes,[831] y años más tarde, un poco antes de su fallecimiento, fue condecorado con la gran Cruz de Carlos Manuel de Céspedes.

Con respecto a Magdalena, José Miró Argenter, General de la División del Ejército Libertador y jefe del estado mayor del Mayor General Antonio Maceo, emitió un certificado a Magdalena Peñarredonda, en el certificó: «[...] que durante la permanencia del Mayor General Antonio Maceo en Pinar del Río [...] la señora Magdalena Peñarredonda conocida en el cuartel general por el sobrenombre de "La Delegada," prestó servicios inapreciables de confidencia y supo llevar a cima empresas de gran valor que comprobaban su entereza de alma, su abnegación sin límites y una inteligencia poco común [...] La Habana, el 28 de enero de 1905». José Miró Argenter también dijo: «Magdalena Peñarredonda, [...] era valiente y perspicaz; se jugó muchas veces la vida, o por lo menos la libertad y el rango, con el paquete delictuoso metido en el seno o cosido en las ropas interiores. No faltó una sola carta de Maceo dirigida a Estrada Palma y a Perfecto Lacoste, ni de estos al caudillo».[832]

El Mayor General Rius Rivera salvó la vida del fusilamiento al ser capturado gravemente herido en marzo de 1897 en el combate de Río Hondo, gracias a la extraordinaria campaña que efectuó la patriota.[833] Rius Rivera le escribió a Magdalena: «estimo cada día más la valiosa cooperación de Ud. a nuestra causa común. Si hubieran abundado patriotas de las condiciones de Ud., de seguro

---

[831] Manuel I. Mesa: *Mons. Guillermo Arocha patriota y ciudadano,* Academia de la Historia de Cuba, Imprenta Siglo XX, La Habana ,1945.
[832] José Miró Argenter: *Crónicas de la Guerra,* El Cubano Libre, Santiago de Cuba, vol. 3,1899.
[833] Ibídem, pág. 181.

que ya sería nuestra Cuba independiente».[834] En cierta ocasión un antiguo amigo que se había convertido en confidente de los españoles tuvo la osadía de registrarla, al bajarse de un tren en Artemisa, pero ese día Magdalena no llevaba nada comprometedor encima, frustrándose así su detención. No obstante, una vez más apareció el traidor[835] que la denunció: un cubano que se presentó a las fuerzas españolas y conocía con algunos detalles sus movimientos revolucionarios.

Pronto la detuvieron, y por traidora fue enviada a la Casa de Recogidas de La Habana el 2 de abril de 1898.[836] El mismo día en que la encierran pronuncia un discurso contra el trato y las condiciones en que se encuentran las reclusas. El jefe del penal la interrumpe y le dice, «*dese cuenta que usted es una acusada y no puede venir a hablar como acusadora*», a lo que Magdalena responde: «*Está bien, pero ya dije lo que tenía que decirles*».[837]

Desde el primer instante mostró su carácter y sus convicciones revolucionarias, convirtiéndose en una enérgica defensora de las presas. Por sus muestras de rebeldía en más de una ocasión fue incomunicada. En uno de esos días difíciles le escribe a su hermana: «No ha sido poca suerte la mía, pues en el mismo calabozo ha estado incomunicada otra presa política, natural de Pinar del Río, llamada **Crescencia Noroña**, más de cuatro meses».

Luego de terminada la guerra, Magdalena reanuda su trabajo periodístico y escribe en la *Revista Cuba Libre*, fundada y dirigida por la patriota **Rosario Sigarroa**[838], y también en los periódicos *La Lucha, La Nación, La Discusión, Pluma Libre*, y otras publicaciones. Entre 1912 y 1913 Magdalena escribe en el periódico *La Noche*, en el que hace campaña a favor del sufragio femenino. A partir

---

[834] Argenter, Ibíd., pág. 182. Se encuentra en la Biblioteca Nacional José Martí, Sala Cubana, CM Peñarredonda, no. 10.
[835] Informaciones aportadas por el delator Miguel Valdés González, en el Archivo Nacional de Cuba, Fondo Donativos y Remisiones, caja 239, no. 7
[836] Cárcel para mujeres situada en la Habana Vieja, entre las calles Compostela, Velazco, O'Farrill y Desamparados.
[837] Gabriel García Galán, *Magdalena Peñarredonda*, Ob.Cit., pág. 27.
[838] Ver pp. 83, 385, 435-439 de esta obra para abundantes datos de la patriota.

de 1932 ocupa diferentes cargos en los distintos gobiernos, siempre criticando y denunciando los atropellos cometidos por cada uno.

Magdalena escribe lo que piensa con valentía y sin tapujos, postura que siempre la caracterizó. Ejemplo de ello es su artículo publicado en el periódico *El Triunfo*, del 5 de agosto de 1922, titulado «Ráfagas de Verdad», en el que critica al gobierno del Dr. Alfredo Zayas: «*Si los valientes que soñaron con una patria libre con todos y para todos, despertaran de su sueño eterno bajo el cielo que los vio nacer y morir, no aceptarían la vida y volverían al seno de la muerte en busca del reposo y descanso, que nunca disfrutaron. ¿Qué encontrarían sus miradas en el ambiente moral y político de la patria que tanto amaron? Una independencia a medias, un pueblo hambriento y decepcionado; el lujo insolente de los que se han enriquecido a costa de la ruina del país que mendiga un empréstito del extranjero. [...]. Sobre este cuadro planea sus proyectos una política sectaria, personal y egoísta, mientras los millones del procomún por este o el otro concepto, desaparecen*».

Magdalena Peñarredonda al terminar la guerra.

La valiente mujer prosiguió investigando los errores e inconsecuencias públicas de la nueva República. Se la escuchó opinar en los diarios de la época, como estos comentarios: «Yo sé que 400 años no se pueden borrar fácilmente de las costumbres o del alma de un pueblo, en un cuarto de siglo, pero no puedo concebir que derrotada España, perduren en la República todas las maldades y concupiscencias de aquella insoportable tiranía».

Enrique José Varona, refiriéndose a ella, dijo también: «todo lo que de usted proviene en relación con nuestros aspectos políticos, merece seria atención; su labor patriótica nos la impone». En sus artículos Magdalena hacía señalamientos de importancia, y que estimó eran de imperiosa necesidad llevar a la constitución de la República. Sus batallas políticas continuaron hasta el agotamiento físico, lo cual la obligó a regresar a Vuelta Abajo.

La afamada pintora cubana, Amelia Peláez. Tomada de Wikipedia (c)

Magdalena Peñarredonda era parienta lejana, aunque muy cercana en el trato, con la familia Peláez-del Casal, a quien visitaba con frecuencia. «Durante las temporadas veraniegas que pasó junto a nosotros en Yaguajay, dice Carmen Peláez, hermana de Amelia Peláez, [Magdalena] hacía excursiones a las afueras del pueblo, donde ella pintaba pequeños paisajes». Entre 1910 y 1915, *Llellena* pasa temporadas en esa casa. «[A Magdalena] le interesaba mucho la botánica y era pintora aficionada", vuelve a añadir Peláez. Durante las temporadas veraniegas que pasó junto a nosotros en Yaguajay, fue ella quien puso en nuestra hermana Amelia [Peláez], muy niña entonces, por primera vez, pinceles en las manos».[839]

Con una gran visión, esta luchadora escribía una carta al director del periódico *La Discusión*, y expresaba al final: «Sigo pensando que los archivos de los generales de la Revolución debiera reclamarlos la República y depositarlos en el Archivo Nacional, después de ordenarlos y numerar los documentos. La indiferencia con que se mira este asunto y otras cosas sobre esto mismo, hacen que por el momento, mi decoro de cubana me prohíbe decir: que como los árabes, no hemos tenido más que un momento de heroísmo, para después caer en los embrutecimientos del bajalato. Dispénseme esta larga disgresión, amigo Coronado, y disponga de s.s. y amiga, Magdalena Peñarredonda, Yaguajay, junio 26, 1907».[840]

---

[839] José Seoane Gallol: *Palmas Reales en el Sena*, Editorial de Letras Cubanas, La Habana, 1987.
[840] Gabriel García Galán: Ob.Cit., pág. 37

En el Archivo Nacional de Cuba se conserva una amplia correspondencia entre Magdalena Peñarredonda con Antonio Maceo y el General Pedro Díaz. Así mismo, existe constancia de correspondencia clandestina con los Generales José María (Mayía) Rodríguez, Juan Ducasse y otros importantes dirigentes de la insurrección en occidente, lo que confirma la intensa actividad revolucionaria y clandestina de La Delegada.

Llellena vivió sus últimos días en Artemisa recordando los tiempos pasados y evocando a Antonio Maceo y sus proezas en Vuelta Abajo. Cuentan que a veces pasaba su mano sobre un pedazo de la camiseta con la que habían dado sepultura al Titán de Bronce, y que ella conservaba con veneración. En esa villa, en la casa de su sobrino Félix, dejó de existir Magdalena Peñarredonda Doley, el 6 de septiembre de 1937, a los 91 años de edad. Su sepelio se celebró con honores miliares y los artemiseños siempre la recordaron por su labor y por sus nobles y sublimes ideales.

Parroquia de Artemisa donde se llevaron a cabo muchas labores conspirativas durante la guerra.

En 1900 se concluyó la reconstrucción del parque de Artemisa con nuevos jardines y paseos alrededor de la iglesia. En 1908 Monseñor González Arocha, con la ayuda económica de los vecinos, reformó la plaza en forma de parque, cementando gran parte del área. Allí colocó a ambos lados de la iglesia un monolito costeado por los niños de las escuelas públicas y sus profesores. Cinco años más tarde, en octubre de 1910, Pinar del Rio sufrió los embates de un ciclón que provocó derrumbes y daños, entre ellos al parque y la iglesia, de la cual se cayó la torre y parte del techo. Durante la presidencia de Carlos Mendieta, en 1935, se arregló el parque y en ese mismo año se comenzaron a erigir bustos a patriotas.

En la foto de finales del 1899, aparece Magdalena Peñarredonda a la derecha portando un abanico en la mano. Se encuentra junto al General Pedro Díaz y otras mambisas y mambises de Pinar del Río.

El monumento a la patriota Magdalena Peñarredonda se erigió en el parque de Artemisa el 22 de julio de 1954 para celebrar su nacimiento había ocurrido en 1846. Fue realizado por iniciativa del gobernador, Cirilo M. Bugalló y el consejo de alcaldes. Foto cortesía de la historiadora Perla Cartaya Cotta. Todos los derechos reservados. ©

Petra Josefa Pereira patriota del Mariel, fue ahorcada por los españoles en 1896, por no renunciar a sus sentimientos separatistas y además ser sorprendida llevando comida y medicinas a los alzados.

Juana Bautista de Jesús Pérez González fue la esposa del valiente patriota Belisario Grave de Peralta y Zayas Bazán. Juana era natural de Holguín. Sus padres Faustino Pérez y Bárbara González le habían inculcado el amor a la patria. Se había casado con

Belisario Grave de Peralta el 19 de marzo de 1866[841], poco tiempo antes de que comenzara la Guerra de los Diez Años.

María Pérez Matos era natural de Sabana de Maisí, donde conoce al combatiente Bartolo Legrá, con quien contrae matrimonio. A partir de entonces labora en los campamentos del regimiento de infantería Maisí durante la guerra de 1895.

Corina Pérez de Báster, cortesía de Uva de Aragón. Todos los derechos reservados ©

Corina Pérez y Rodríguez de Báster[842] fue a la guerra con toda la familia, dando a luz a su hijo Adriano en uno de los campamentos. Formó parte activa del Ejército Libertador.[843]

Vio como asesinaban a su sobrino, de muy pocos años de edad, sin poder hacer nada por él. También vio morir en la cárcel a su primera hija, que había caído prisionera junto a su hermana **Elvira Pérez,** esposa del comandante Marcelino Sierra y su cuñada **Sabina Montes de Oca.** También cayeron presos otras mujeres y algunos niños de su familia.

Respetada y admirada por todos los que la trataron, pudo ver a Cuba libre. Falleció en La Habana, el 5 de noviembre de 1953.

Bárbara Pérez vivía y trabajaba como lavandera al pie de las montañas del pueblo de Arimao, en Las Villas, que estaba protegido por los voluntarios españoles. Contaba su hijo, Tomás Pérez y Pérez,[844] que su madre lavaba la ropa de los soldados españoles y a veces encontraba municiones sueltas en los bolsillos. Cuando las tenía reunidas les decía a los guardias que iba por leña para el fue-

---

[841] En la Iglesia de San Isidoro de Holguín, libro 6 de Matrimonios, folio 69, no. 274.

[842] «Mujeres del 95», revista *Bohemia*, 27 marzo 1970.

[843] Fermín Peraza Sarausa: *Diccionario Bibliográfico*, Ob.Cit., Vol. II.

[844] Tomas Pérez y Pérez fue entrevistado en 1998 y 1999. Ver Rebecca Scott: *Degrees of Freedom, Louisiana and Cuba after Slavery*, The Belknap Press of Harvard University Press, Cambridge, Massachusetts, 2005, pág. 311.

go para hervir las ropas y en vez de esto se dirigía al monte donde pasaba las municiones a los mambises.[845]

Cristina Pérez nació el 27 de junio de 1848 en la ciudad de Holguín. Era una comadrona de ascendencia catalana que se había casado con un indio, el cacique Ramón Ramírez Suárez, quien simpatizaba con la independencia. Sobre su hermosa cabellera Cristina lucía un sombrero adornado con la escarapela tricolor, y en la banderola cruzada al pecho llevaba las tres estrellas que representaban su grado.

Los indios de Yateras eran hombres que poseían magníficas cualidades para la guerra: eran fuertes y resistentes en las marchas, expertos tiradores y estaban acostumbrados a alimentarse de los recursos que ofrecían los bosques y montes del área. Rastreaban huellas y conocían perfectamente la intricada y escabrosa serranía yaterana. Por su amistad con Silverio Guerra Téllez, descendiente de indios de Yateras, Cristina se une a la contienda. Dicen que era toda una experta en el manejo de las armas.

A Cristina la consideraban una médium[846] famosa que venía practicando la profesión desde hacía tiempo en el valle de Guantánamo. Con este conocimiento, el Mayor General Pedro Agustín Pérez, conocido como «Periquito Pérez», ordenó al Comandante Juan de León Serrano que contactara a los hermanos Araújo en la región yaterana de Jamaica, y a Silverio Guerra Téllez, en San Antonio de Redor, para comenzar a atraer a los indios a la guerra. También avisaron a Cristina Pérez para que los ayudara utilizando sus dones de espiritista.

Como parte del plan, Cristina se trasladó desde Pozo Azul de Romelié en Guantánamo, donde residía, a la finca La Cristalina, propiedad de los hermanos Guerra Téllez. Con el fin de cumplir

---

[845] Según la historiadora Rebecca Scott, Caridad Quesada fue entrevistada varias veces, comenzando en 1998. Ver Scott, Ob.Cit., pág. 150.

[846] Persona a la que se considera dotada de facultades paranormales que le permiten actuar de mediadora en fenómenos parapsicológicos o comunicaciones con los espíritus.

con su tarea, recorrió entre marzo y abril de 1895 la ranchería y San Andrés así como otros lugares. Conversaba con los nativos tratando de resolver algunas desavenencias que tenían con los cubanos, y les explicaba los propósitos de los mambises. Cristina era comadre de muchos de ellos y por ser comadrona había atendido a sus mujeres durante el parto y había bautizado a sus hijos. Pero comenzó a percibir la hostilidad de los indios. Muchos de sus compadres, además de los parientes y familiares de su esposo, evitaban hablar con ella. En una ocasión, en medio de la oscuridad de la noche llegó a ser amenazada de muerte si no abandonaba definitivamente la zona. Así que a Cristina solo le faltaba, decía ella, usar el espiritismo que practicaba y que era una creencia muy temida por los indios.

Soldados españoles junto a una torre de control de la trocha

Convence al cacique Rojas para que reúna la mayor cantidad de indios de los contornos para conversar con ellos. Es de noche y Cristina, iluminada por la luz de una fogata, celebra una sesión espiritista. Los indios siguen todos los movimientos que ella hace. Por medio de ella les habla un ente del más allá quien les indica a los indios la necesidad de defender su suelo. Un silencio absoluto reinaba en el lugar. Apareciendo como poseída por el espíritu de los caciques desaparecidos, la médium transformada, empezó a hablar en medio todos los congregados.

Un teniente narró como Cristina, con voz tranquila y sonora y en estado de éxtasis, les dijo: «Escuchad: en el gran reloj de los tiempos está señalada ya la hora de la independencia nacional cubana. A pocas leguas de aquí tenéis a uno de los famosos generales de la contienda libertadora, el gran Antonio Maceo. Yo estoy con él y vosotros conmigo, y por consiguiente os mando que alentados por el recuerdo de las persecuciones de que fue víctima nuestra raza, en vez de continuar la sangrienta campaña que contra él habéis emprendido, os unáis a sus fuerzas, valientes y decididos, a pelear por la redención de Cuba, vuestra patria, que ya es hora, que ya es necesario que sea libre».

Cristina despierta del trance y mira a su asombrado auditorio. Los hombres se retiran en silencio y se dirigen al bosque de la Sierra de San Andrés, donde permanecen conversando un buen rato con el cacique mayor. Cristina espera mientras tanto en su bohío. Quizás luego vendría lo peor, o sea, ser atacada por los indios. Pero unos fuertes golpes en la puerta la alarman, y al abrir ve que es el cacique Rojas que le muestra un contingente de indios armados y dispuestos a luchar por Cuba. En la madrugada del 14 de mayo de 1895, cuando por indicaciones de Cristina los indios aceptaron unirse a los mambises, comenzó a cambiar el escenario en el Alto de Yateras.

La noticia de la llegada de Maceo al área donde estaban se conoció rápidamente y estimuló aún más a los indios a incorporarse al ejército independentista. Coincidiendo con la llegada de Maceo y con la victoria mambisa en El Jobito, se alzaron varios indios en diferentes lugares del área. En el campamento de La Piedra, los mambises Guerra, Bejerano, Cristina Pérez y José Francisco Rojas recibieron la comunicación de Juan de León de dirigirse a Alto de Boquerón. La columna marchó al punto indicado donde descansaron un rato para luego arribar a El Cedrito, donde encontraron organizado el campamento mambí y donde se hallaba Antonio Maceo acompañado de su hermano José y de Periquito Pérez.

En presencia de Pedro A. Pérez, Cristina le explicó a Maceo los resultados de su misión: «aquí están, general, los indios de Yateras. Le garantizo que son bravos, dignos de figurar en la vanguardia de vuestras fuerzas invencibles». Maceo pasa revista al contingente y les otorga a José Francisco Rojas y a Cristina Pérez los grados de Capitán.[847] La capacidad y la pasión de Cristina así como el apoyo de otros luchadores, entre ellos **Inocencia Araújo**, hicieron posible que los indios comprendieran la causa de la independencia y se incorporaran oficialmente a lo que se conoció como el regimiento Hatuey.

---

[847] Manuel Rivero de la Calle: «Los Indios Cubanos de Yateras», *Cuba Arqueológica*, Santiago de Cuba, 1978

Pocas mujeres como Cristina Pérez se vieron tan perseguidas por las autoridades españolas por sus actividades revolucionarias. Fue sometida a dos procesos criminales, instruidos por comisiones militares sumarias, en las que se le acusaba de diversas acciones, entre ellas, la participación en hechos de armas. Una noche, al encontrarse en la casa de vivienda del cafetal Joven María, trataron de asesinarla. Tocaron a la puerta y una sirvienta de la propiedad abrió el portal e inmediatamente recibió un machetazo que le causó la muerte. La agresión estaba dirigida a Cristina, que al percatarse de la situación y escuchar voces, saltó por una ventana y alcanzó el cafetal, seguida de cerca por sus perseguidores. Huyendo, casi desnuda, llegó exhausta y herida a un bohío de amigos que la ocultaron.

En su vida de combatiente recibió tres heridas de bala y dos de machete y se destacó en importantes acciones entre las que se destacan las de La Piedra, Monte Verde y Los Plátanos. También trabajó al frente de los servicios médicos del regimiento Hatuey y en los hospitales de campaña, preparando pequeños abastecimientos de medicinas naturales empleando la amplia variedad de plantas de la campiña cubana. Junto a **Obdulia Herrera**, enseñaba a leer y escribir a los combatientes y a algunos niños campesinos en La Piedra.

Después de la guerra, abandonó definitivamente Guantánamo en 1920, y se estableció con su hija en la ciudad de Holguín. El 5 de junio de 1947, a los 99 años de edad, falleció en su casa de la calle Cuba, entre Narciso López y Forment.

En febrero de 1995, en la casa natal del general Calixto García, se rindió homenaje a los restos de Cristina. Luego estos fueron conducidos a la ciudad del Guaso, y colocados al lado de los de sus compañeros de armas del regimiento Hatuey, en el Mausoleo del Mambisado Guantanamero, hoy Monumento Nacional.[848]

Elvira Pérez Rodríguez, (La Habana 1855-La Habana, 1953) era hermana de Corina Pérez.[849] Se lanza a la Revolución cuando comienza la guerra, siguiendo el ejemplo de su hermana Corina. La familia la sigue. Su hermano Leopoldo muere en la lucha, mientras que su otro hermano Luis, médico y agricultor,

---

[848] Ver foto del monumento en la p. 116 de este volumen.
[849] Fermín Peraza Sarausa: Ob.Cit., vol. II

sobrevive y llega a ocupar el cargo de gobernador de Pinar del Río al finalizar la contienda.

Mercedes y Rosalía Pérez eran dos hermanas mambisas que confeccionaban sombreros para los soldados. De ellas hace referencia el periodista norteamericano, Grover Flint en su obra.[850] Aparecen las dos hermanas en el dibujo de la izquierda, como las interpretó Flint cuando se encontró con ellas durante un recorrido que realizó por muchos campamentos de guerra.

Mujeres de la familia de José Martí y Pérez

Leonor Pérez Cabrera en sus años de juventud.

Leonor Pérez Cabrera nació en Santa Cruz de Tenerife, Islas Canarias, el 17 de diciembre de 1828. Hija de Antonio Pérez Monzón y de Rita Cabrera Carrillo, ambos naturales de Canarias.

Antonio Pérez era militar. Había solicitado ir a La Habana a prestar servicios en la Brigada de Artillería en esa ciudad. El 8 de septiembre de 1842 las autoridades accedieron a la petición. Tenía Antonio 26 años de servicio y poseía propiedades en Canarias, algunas de las cuales vendió para poder hacer el viaje a Cuba. El 16 de noviembre de 1843, Antonio viaja a La Habana. Se desconoce si fue con su familia, aunque se cree lo acompañó su esposa Rita y sus hijos: Leonor, entonces de 14 años de edad, Valentín y José.

En La Habana, Pérez compra una casa en la calle Neptuno. Sus hijos son educados en principios y valores militares y religio-

---

[850] Grover Flint: *Marching with Gómez,* Lamson, Wolffe and Co., New York, 1898.

sos con una total fidelidad a la metrópolis española. En 1866, Leonor se casa con Mariano Martí. Leonor tenía por entonces 24 años de edad, y Mariano 37.[851] El casamiento se realizó en la iglesia parroquial de Ntra. Señora de Monserrate de La Habana. El matrimonio tuvo ocho hijos. El primero, al que nombraron José Julián, nació el 28 de enero de 1853 en la calle de Paula número 102.[852] Luego veremos a cada hija individualmente.

Grabado antiguo de la Alameda de Paula en La Habana del libro. Viaje pintoresco alrededor de la Isla de Cuba, de Federico Miahle, 1846.

En 1857 la familia viaja a España y va a residir a Valencia con la familia de allá. Permanecen en Valencia hasta 1859, y se cree que tal vez visitaran las Islas Canarias, ya que demoraron 74 días en llegar a Valencia. Pero Mariano recibe una gran decepción por el frío recibimiento de la familia, aparte de que la situación económica en Valencia es muy precaria y Marianao no encuentra trabajo por lo que tienen que regresar a Cuba. Esta vez a la calle de Ángeles número 56, a la vivienda que le correspondía a Mariano por sus obligaciones como celador.

Tras caer José Martí en presidio por sus actividades independentistas, don Mariano renuncia al cargo que ocupa como celador del barrio Cruz Verde, en Guanabacoa y comienza a hacer gestiones a favor de José, quien finalmente es deportado a España. Después de que Martí sale de Cuba en 1871, solo ocasionalmente estuvieron juntos Leonor y Martí y la correspondencia entre ambos no fue frecuente.

Pese a la persecución que cae sobre la familia debido a las actividades del hijo, don Mariano logra mantenerse en La Habana hasta que las perspectivas de juntarse nuevamente con Martí lo

---

[851] Había nacido en octubre de 1815.
[852] Fermín Peraza Sarausa, Ob.Cit., vol. III

hacen emprender un viaje a México en junio de 1874, en unión de la familia. Allí se encuentran en enero del 1875, aunque con la pena por el deceso de Ana, una de las hijas del matrimonio, ocurrida pocos días antes de la llegada de Martí.

Don Mariano había llegado a México sin dinero; todo lo había gastado en los trámites de la cárcel de su hijo. En México don Mariano conoce a Manuel Mercado,[853] quien lo ayuda y obtiene un contrato de suministros de arreos y mochilas para el ejército mexicano. Él y toda su familia confeccionan estos artículos lo cual les ayuda para salir de la penuria y poner casa propia. Así pueden abandonar los altos de la casa de Mercado, donde vivían.

Carmen Zayas Bazán e Hidalgo (1853-1928) había nacido en Puerto Príncipe, Camagüey, el 29 de mayo de 1853. Era la tercera hija de Francisco de Zayas-Bazán y Varona y de Isabel María Hidalgo y Cabanillas, natural de Cienfuegos.

Francisco, el padre de Carmen, era abogado y propietario del Ingenio Monte Grande en Puerto Príncipe. Habiendo comenzado la Guerra del 68, en octubre de 1869 se empezaron a quemar plantaciones de azúcar con el propósito de destruir la economía. En esta situación que reinaba en la Isla se arruinaron muchísimas familias cubanas quienes se vieron forzadas a abandonar el país. El padre de Carmen, ya viudo, optó por emigrar también con sus tres hijas: Carmen, Isabel y Rosa a México en 1871.

En febrero de 1875 Carmen conoce a José Martí, quien va a México a reunirse con su familia. La residencia donde vive está situada en el número 12 de la calle Primera de San Francisco, contigua a la redacción de la revista *Universal*, donde se celebran reuniones fraternas de los exiliados cubanos. La asistencia del padre de

---

[853] Manuel Mercado, abogado mexicano amigo de José Martí y su más fiel e íntimo confidente por más de 20 años. Mantuvieron una correspondencia amplia, luego donada por el hijo de Mercado a la muerte de este.

Carmen a estas reuniones, por su afición al ajedrez, propicia que Martí frecuente su trato y surja también el noviazgo con Carmen.

El 20 de diciembre de 1877, en la parroquia del Sagrario Metropolitano de México, contraen matrimonio José Martí y Carmen Zayas Bazán.

Capilla del Sagrario en la Catedral Metropolitana, México Distrito Federal, donde contrajeron matrimonio Carmen Zayas Bazán y José Martí. Fotografía de la autora. Todos los derechos reservados©.

Los recién casados viajan a La Habana el 31 de agosto de 1878, y el 22 de noviembre nace José Francisco, su único hijo. Comienza Martí sus labores conspirativas. En 1879 el Comité Revolucionario Cubano, radicado en Nueva York bajo la presidencia del Mayor General Calixto García, lo nombra subdelegado en la isla.

Entre el 24 y el 26 de agosto de 1879 se produce un nuevo levantamiento en las cercanías de Santiago de Cuba. El 17 de septiembre Martí es detenido y deportado nuevamente a España, el 25 de septiembre de 1879, por sus vínculos los organizadores de la llamada Guerra Chiquita. Al llegar a Nueva York en 1881, se establece en la casa de huéspedes de Manuel Mantilla y su esposa, Carmen Miyares.

José Martí en la época en que residía en México, alrededor de 1875.

Al enviudar doña Leonor el 2 de febrero de 1887[854], esta va a Nueva York a reunirse con su hijo, adonde llega el 17 de

---

[854] Don Mariano Martí Navarro falleció en La Habana, el 2 de febrero de 1887.

noviembre de ese mismo año. Por entonces Martí reside entonces en la casa de huéspedes de Carmita Miyares. Allí también residirá Leonor hasta fines de enero de 1888. «Cuando fue doña Leonor a Nueva York –señala Blanche Z. de Baralt[855] – [...] la vi en casa de Mantilla[856] varias veces». Baralt la describe: «era una mujer más bien alta y gruesa, con una mirada luminosa en cara enérgica –digo luminosa en cuanto a la expresión porque la vista de aquellos pobres ojos andaba bastante mal, y se fue empeorando paulatinamente hasta apagarse, casi por completo, en los últimos años».[857]

Los exiliados de Nueva York le preparan a Doña Leonor una velada para agasajarla. Parece que fue muy emotiva aquella reunión pues Martí luego escribió: «se recitaron versos y composiciones que evocaban la lejanía de la patria. Las cubanas se distinguieron por su creatividad y gusto preparando la misma. El ambiente fue patriótico y animado».[858]

En aquellos días Martí escribe a su amigo Manuel Mercado, y le dice: «¿Sabe que mamá está aquí? Esa es sin duda la salud repentina que todos me notan. Con la vida de trabajo que llevo, apenas tengo horas libres de noche para verla; pero esto me basta para sentir menos frío en las manos y volver cada mañana con más estímulo a la faena».[859] Pero doña Leonor no estaba de acuerdo con aquella vida que llevaba Martí. Cuba, la Revolución, los viajes para unificar a los cubanos, nada de eso era de su agrado, y sufrió mucho por no tener a su hijo a su lado.

Luego de años de preparación, de reuniones y de viajes, ya está el clima en su punto para que se inicie la Guerra de Independencia. Cuando José Martí va a partir para Cuba para la guerra, le escribe a doña Leonor desde Montecristi, el 25 marzo 1895: «Madre mía: Hoy, 25 de marzo, en vísperas de un largo viaje, estoy pensando en Ud. Yo sin cesar pienso en Ud. Ud. se duele, en la

---

[855] Blanche Z. Baralt, era amiga de Martí y residía en Nueva York. Participaba en las actividades de la comunidad cubana exiliada en esa ciudad.

[856] Se refiere a Manuel Mantilla, el esposo de Carmen Miyares.

[857] Blanche Z de Baralt: *El Martí que Yo conocí*, La Habana, Editorial Trópico, 1945

[858] José Martí: «Las Mujeres de Ocala», periódico *Patria,* 14 enero 1893.

[859] Marilys Suárez Moreno: «Doña Leonor, la madre de Martí», *Mujeres on line,* 22 junio de 2017.

cólera de su amor, del sacrificio de mi vida; y por qué nací de Ud. con una vida que ama el sacrificio? Palabras, no puedo. El deber de un hombre está allí donde es más útil. Pero conmigo va siempre, en mi creciente y necesaria agonía, el recuerdo de mi madre.

Abrace a mis hermanas y a sus compañeros. Ojalá pueda algún día verlos a todos a mí alrededor, ¡contentos de mí! Y entonces sí que cuidaré yo de Ud. con mimo y con orgullo. Ahora, bendígame, y crea que jamás saldrá de mi corazón obra sin piedad y sin limpieza. La bendición. Su J. Martí.[860]

PD Tengo razón para ir más contento y seguro de lo que Ud. pudiera imaginarse. No son inútiles la verdad y la ternura. No padezca».

Habría que ponerse en el lugar de Leonor Pérez para comprender la pena que debió llevar en su corazón casi toda su vida. Era la zozobra y la preocupación por la vida de su hijo José. Y luego, cuánto no sufriría al recibir la noticia de su fallecimiento en Dos Ríos, el 19 de mayo de 1895, a poco de llegar a tierras cubanas. Pero también habrá que ponerse en el lugar de Martí, quien era un verdadero patriota. Sin patriotas entregados como él no hubiera habido libertad, ni derechos, ni país para los cubanos. Sin el trabajo de Martí y de su empeño en unificar los esfuerzos de los cubanos, Cuba no hubiera llegado a ser libre.

Las cartas que se conservan de Leonor a su hijo son todas una queja, un grito, un ruego de que no se sacrificara más por el ideal, por noble que este fuera: «Te acordarás de lo que desde niño te estoy diciendo, que todo el que se mete a redentor sale crucificado, y que los peores enemigos son los de su misma raza», le decía la madre; «Y te lo vuelvo a decir, mientras tu no puedas alejarte de todo lo que sea política y periodismo, no tendrás un día de tranquilidad.[861] [...] yo creo, hijo, que mientras tu no sueltes los papeles de los periódicos, tu suerte no variará y siempre le pido a Dios te de otro elemento de vida, en que se aprovechen mejor los años»[862]

---

[860] *Obras completas de José Martí,* Epistolario, No. 20, Editorial Nacional de Cuba, La Habana, 1965.
[861] Carta del 19 de Agosto de 1881.
[862] Carta del 25 de enero de 1882.

Se conservan diecinueve cartas[863] de Leonor en las que le pide al hijo que regrese a Cuba. El dolor más grande que llevaba Martí en sus años de exilio fue la angustia que le causó a su madre.

Carmen Zayas Bazán e Hidalgo en sus años de juventud.

En 1899, al terminar la guerra, cuando ya contaba setenta y un años de edad, Leonor Pérez tuvo que buscar trabajo en la secretaría de Agricultura, Industria, Comercio y Obras Públicas, el cual le fue concedido (¡) por el gobierno de ocupación norteamericano, con un sueldo de $83.33 mensuales. El puesto había quedado vacante debido a que Doña Lucía Íñiguez viuda de García, madre del Mayor General Calixto García, quien lo ocupaba, lo había dejado vacante pues no podía desempeñarlo por ser ya muy anciana. ¿Cómo fue posible que los cubanos y el gobierno no intervinieran en la situación y les hubieran ofrecido a estas dos ancianas madres de dos grandes patriotas de la independencia, una pensión vitalicia?

Al morir Martí, desde Nueva York, Gonzalo de Quesada, su esposa Angelina y el padre de esta, el Dr. Ramón Luis Miranda y médico personal de Martí, trabajaban en aglutinar el papeleo que Martí había dejado en esa ciudad. Miranda le escribe a doña Leonor informándole de todo eso, y Leonor le contesta[864] en carta fechada el 1 de febrero, 1906:[865] «Sr. Ramón L. Miranda. De mucho consuelo me ha venido el recibir su atenta carta, que me demuestra que todavía hay almas buenas que conserven la verdadera amistad, en medio de tantos que olvidan pronto. Yo sabía algo de su noble proyecto por los periódicos, y me alegra saber que ya va en vías de hecho; mucho tengo yo que agradecer a su hijo político y a su bue-

---

[863] Ezequiel Martínez Estrada: «Familia de Martí – La Madre», revista *Bohemia*, La Habana, 1963, p. 4.
[864] El Dr. Ramón Luis Miranda fue el médico personal de Martí en Nueva York, y padre de la patriota Angelina Miranda de Quesada.
[865] Hugo García y Pedro A. Rizo: *Mujeres con historia*, No. 580

na compañera[866], por los sacrificios que han hecho, para que no se pierdan todos los trabajos de mi inolvidable hijo, y ahora tendré otro motivo más de agradecimiento hacia Uds.

Yo también tengo una idea fija, y es, la de que, no quisiera morir antes de que sepa que los restos de mi Pepe, descansen, en el cementerio de esta ciudad, pues me dicen que el de Santiago es muy húmedo, y está en muy malas condiciones, pero a pesar de que pronto hará once años que están allí, todavía no ha surgido una voz que se ocupe de esto, y como a mí me es imposible hacerlo, creo que será el deber de los buenos cubanos, pero en las circunstancias presentes, no me atrevo a indicárselo a nadie, pues aunque puedo dirigirme al mismo presidente, sé que él solo no podrá hacer nada, y espero una oportunidad para tratar de esto, que no sé si me alcanzará la vida, pues a más de casi enteramente ciega, me encuentro con los achaques de mis setenta y seis años.

Dispénseme Vd. estas digresiones dimanadas del buen afecto que profesa Vd. a esta su atenta y S.S. que le desea mucha salud.[867] Leonor Pérez, vda. de Martí».

La madre de Martí no vio el traslado de los restos de su hijo a La Habana, pues eso nunca llegó a ocurrir, ya que permaneció enterrado en Oriente. Sin embargo, unos meses antes de morir Leonor, el 24 de febrero de 1907, se procedió al reconocimiento y exhumación de los restos en el cementerio Santa Ifigenia en Santiago de Cuba. Una vez revisados, se colocaron en una urna de plomo que fue cerrada herméticamente y esta a su vez se introdujo en otra de caoba cuya tapa identificaba al Apóstol.

Foto de la lápida

Luego se volvió a ubicar en el interior del mismo nicho, que fue cerrado con una lápida de mármol, que aparece a la izquierda, traída por los miembros del Par-

---

[866] Se refiere a Gonzalo de Quesada y a Angelina Miranda, su esposa.
[867] *Juventud Rebelde*, 3 de enero, 2012, en http: www.josemarti.info/IconografiaMartiana/ thumbnails.php?album=27

tido Revolucionario Cubano de Jamaica, cuyo texto decía: «1895-1898. Martí. Los cubanos te bendicen».

Amelia Martí de García

Leonor Pérez pasó en La Habana sus últimos años en compañía de su hija **Amelia** y murió en la capital, posiblemente en la casa de su yerno José García Hernández, esposo de Amelia,[868] el 19 de junio de 1907 a las 5:30 de la tarde, en la calle Consulado número 30. Los periódicos del 20 de junio publicaron la noticia y la nota necrológica informaba que sería enterrada a las cuatro de la tarde.

A petición de Enrique Loynaz del Castillo, el cadáver fue tendido en la sala capitular del Ayuntamiento de La Habana. A las cuatro y media de la tarde fue bajado el cadáver en hombros de los Generales José Miguel Gómez, de Carlos García Vélez, Faustino Guerra, Loynaz del Castillo y sus nietos José Francisco Martí, Mario Oscar y Alfredo García Martí. Fue conducido en un lujoso carro tirado por cuatro parejas de caballos. Le seguía un carro colmado de cestas de flores y coronas.

Al entierro asistió la única hija que quedaba viva, Amelia, quien había perdido a todos sus hermanos y a su hijo José Joaquín. Ahora despedía a su madre. Sus restos fueron colocados junto a los de su esposo Mariano en el Cementerio de Colón. Los emigrados revolucionarios de La Habana erigieron un panteón en este cementerio, frente a las tumbas de Máximo Gómez y de la familia de Gonzalo de Quesada en donde hubieran querido que reposaran también los restos de Martí. Al no poder conseguirlo, dispusieron que al menos

---

[868] Gonzalo de Quesada y Miranda: *Mujeres de Martí*, Editorial de la Revista Índice, La Habana, 1943.

los restos de los padres de Martí descansaran junto a los veteranos que acompañaron a su hijo Pepe en su lucha lejos de Cuba.

Como dato interesante, en el museo de Cárdenas, en Matanzas, se conserva la cama donde falleció doña Leonor. Allí también se guardan objetos personales de Martí, como la mesa donde se firmaron las bases del Partido Revolucionario Cubano (PRC), y la tribuna desde donde se dieron a conocer dichas bases en 1892 en Cayo Hueso; la mesa escritorio del periódico *Patria* de Nueva York, adquirida por el doctor Domingo Méndez Capote, y el sillón de la oficina del Partido Revolucionario Cubano, traído a Cuba por don Tomás Estrada Palma.

Hay un asilo-clínica materno-infantil en La Habana que lleva el nombre de Leonor Pérez Cabrera, en la calle Mercaderes, en La Habana Vieja.[869]

Foto de *El Fígaro*, en la que aparecen Leonor Pérez (en el centro sentada con un velo en la cabeza), junto al padre Mustelier y la directiva de la Asociación «Por Martí».

El capellán de la necrópolis de Colón recibió el cadáver de doña Leonor y fue sepultada en el tramo número 27 de la bóveda de su propiedad, despidiendo el duelo el Sr. Magoon,[870] y los nietos de la finada. El periódico *El Mundo* terminó la crónica del entierro con esta frase: «¡paz a los restos de la que fue digna madre del mártir inmortal de Dos Ríos!»[871]

---

[869] Felipe Arocena y William Noland: *Entrevistas Cubanas, Historias de una Nación Dividida*, McFarland & Co. Inc. Publishers, North Carolina, 2003, pág. 22.

[870] Charles Magoon, Gobernador del gobierno de ocupación de Estados Unidos.

[871] Adys Cupull y Froilán González: *Creciente Agonía, los padres de José Martí*, Editorial Gorki, Madrid, 2003, pp. 264-266.

A la izquierda, el Monumento a los Mártires de la Guerra de Independencia en el Cementerio de Colón de La Habana donde yacen los restos de Leonor Pérez Cabrera y su esposo Mariano Martí, padres de José Martí.

Lápida al lado del monumento a los Mártires de la Guerra de Independencia en el Cementerio de Colón en La Habana. Foto Manuel Soneira Rodríguez.© Todos los derechos reservados.

Carmen Zayas Bazán vda. de Martí

Carmen Zayas Bazán, esposa de Martí, fallece en una casa de la calle 8, entre 21 y 19 en El Vedado, el 15 de enero de 1928 en la que se colocó una lápida en recuerdo a la que fue esposa del Apóstol, puesta por iniciativa de la Institución Nacional de Patriotas, el 25 de marzo de 1928, siendo presidente Néstor Nodarse de Armas[872].

---

[872] Tomado de www.ecured.cu.Carmen_Zayas_Bazan

En esta foto histórica se aprecia la casa situada en la calle Paula no. 102 donde Leonor dio a luz a su hijo, José Martí. La foto es del 28 de enero de 1899, cuando los emigrados cubanos rindieron el primer homenaje a José Martí en Cuba libre. En el balcón de la derecha se aprecia a Leonor Pérez y su hermana Amelia; y en el de la izquierda, a la esposa de Martí, Carmen Zayas Bazán junto a su hijo José Martí Zayas Bazán. Debajo de pie se pueden ver, entre otros a Fermín Valdés Domínguez y a su izquierda, a Juan Gualberto Gómez.

Monumentos a Leonor Pérez Cabrera

Foto de un medallón de dicho documento, por Manuel Soneira Rodríguez. Todos los derechos reservados. ©

En el sector del Vedado en La Habana, se levanta un monumento a Leonor Pérez en el parque Víctor Hugo. Allí los masones de La Habana erigieron el monumento. Se encontraba en las calles Egido y Desamparados en La Habana Vieja pero en 1953 fue trasladado al parque de H y 21 a petición de la Gran Logia de Cuba. El medallón en bronce representa a Leonor

Pérez y debajo una inscripción que recuerda que en mayo de 1956 se erigió ese monumento.

Monumento a Leonor Pérez en San Miguel del Padrón (1957)

Este monumento fue inaugurado el 18 de febrero de 1958 y está ubicado en la barriada de los Ángeles, municipio de San Miguel del Padrón en La Habana. Monumento muestra a Leonor Pérez sentada, leyendo una de las cartas que le escribiera su hijo José desde Montecristi en 1895.

A la derecha, monumento a doña Leonor en Santa Cruz de Tenerife, Islas Canarias, España, en el parque García Sanabria, paseo Borges Salas. Es un busto en bronce colocado sobre un pedestal erigido el 28 de enero de 1980. Es obra de la escultora Thelvia Marin.

La placa de la izquierda dedicada a Leonor Pérez, se encuentra en la calle Puerta Canseco en Santa Cruz de Tenerife. Fue colocada en 1978 por la Asociación de la Amistad Canario-Cubana.

Las Hermanas de José Martí

Aunque ninguna de las hermanas de José Martí participó en el conflicto de la guerra, ni tampoco sabemos cómo pensaban sobre la libertad de la patria y la posición política de Martí, aparecen aquí las mini-biografías de cada una para ilustrar el entorno en el que se desenvolvieron.

Leonor «Chata» Petrona Martí y Pérez, (La Habana, el 29 de julio de 1854-Mexico 1900).

La llamaban cariñosamente Chata y fue bautizada en la capilla del Castillo del Morro. El 16 de septiembre de 1869 contrajo matrimonio con Manuel García y Álvarez, y tuvo con él cuatro hijos: María M. Andrea, fallecida a los tres años de edad; Alfredo, Oscar y Mario, este último nacido en México en 1875 o 1876. Leonor falleció en 1900.

Mariana Salustiana «Ana» Matilde Martí y Pérez (1856-1875) segunda hija del matrimonio, nació el 8 de junio del 1856. Murió en México, D.F., el 5 de enero de 1875, a los 19 años. Llevó relaciones amorosas con el pintor mexicano Manuel Ocaranza e Hinojosa (1841-1882).[873]

María del Carmen (La Valenciana) Martí y Pérez, (Valencia 1857-La Habana 1900) nació en Valencia, España, el 2 de diciembre de 1857, de ahí que la apodaran «La Valenciana». En 1882 se casó con Juan Radillo y Riera. De esa unión nacieron: Juan Paulino, María del Carmen Eleuteria, Pilar, Agustín Enrique

---

[873] Manuel Ocaranza e Hinojosa (1841-1882), fue un pintor mexicano modernista, amigo de José Martí.

y Angélica Mauricia. Murió en La Habana el 14 de junio de 1900, cuatro meses después que su hermana Antonia Bruna.

María del Pilar Martí y Pérez, nació el 13 de noviembre de 1859 y falleció en La Habana, el 12 de noviembre de 1865, cuando contaba 6 años.

Rita Amelia Martí y Pérez (1862-1944), quinta hija del matrimonio, nació en La Habana, el 10 de enero de 1862. En 1883 contrajo matrimonio con José García y Hernández, con el que tuvo varios hijos: José Joaquín, Amelina, Aquiles, Alicia, Gloria, que murió a los diecisiete años, Raúl y José Emilio.

Rita Amelia vivió los últimos años de su vida en una casita que le había donado el gobierno de Fulgencio Batista[874]. Murió en La Habana el 16 de noviembre de 1944.

Reproducimos unas líneas de una carta de Martí a su hermana Amelia[875] –«Nueva York, Febrero 28, 1883, Mi muy querida Amelia: Tú no me lo querrás creer, por estos odios míos, siempre crecientes, a poner en el papel las cosas íntimas del alma; pero el día en que supe tus bodas como te creí dichosa, me sentí de fiesta. Hice visitas, canté un poco y hablé algo más (que) de ordinario–.

Porque me estoy volviendo silencioso. Tu marido me parece noble persona, y me inspira confianza. Y tú tienes tantas y tan sólidas virtudes, y has salido de tal escuela de abnegación y recibiste de la naturaleza tales prendas de calor de corazón y de bondad que, de seguro, cualesquiera que sean tus dolores naturales, serás dichosa».

Antonia Bruna Martí y Pérez (1864-1900), sexta hija del matrimonio Martí-Pérez, nació en La Habana, el 6 de octubre

---

[874] Fulgencio Batista y Zaldívar, (Banes, 1901-Marbella, España, 1973), fue el presidente electo de Cuba de 1940 a 1944, y gobernante de facto entre 1952 y 1959.

[875] José Martí: «Epistolario», *Obras Completas*, Editorial Lex, La Habana, 1953.

de 1864. En 1885 contrajo matrimonio con Joaquín Fortún y André, de cuya unión nacieron: Joaquín, Ernesto, María y Carlos. Estos dos últimos se establecieron definitivamente en México donde quedan algunos descendientes.[876] Falleció en La Habana, el 9 de febrero de 1900.

Dolores Eustaquia «Lolita» Martí y Pérez nace diez días antes del fallecimiento de Pilar, el 2 de noviembre de 1865, y muere el 23 de diciembre de 1873, también en la infancia.

Además de no encontrarse en Cuba la mayor parte de su vida, y debido a las labores conspirativas en las que José Martí se había involucrado, dicen fue difícil la convivencia familiar. Su relación con Carmen, su esposa, fue también muy dificultosa desde el comienzo. Según un relato del patriota Juan Gualberto Gómez, Carmen Zayas Bazán «vivía (casada con Martí) en una casita modesta, pero alegre y limpia, que aún existe, en la calle Amistad número 42, entre Neptuno y Concordia, en La Habana. Una mañana en que habíamos trabajado mucho en su bufete, –sigue diciendo Juan Gualberto– y debíamos seguir trabajando en el arreglo de asuntos de interés para Las Villas, me llevó a almorzar a su casa. Estábamos aún en la mesa, el, su distinguida esposa y yo, cuando sonó la aldaba de la puerta de la calle. Su esposa se levantó y abrió. La saleta de comer estaba separada por una mampara de la sala de recibo, así es que yo no vi al visitante...».[877] A Martí se lo llevaron preso y luego lo deportaron a España. Carmen quedó sola con su hijo en La Habana.

El 3 de marzo de 1880 se reunieron de nuevo Martí, Carmen y su hijo Pepe en Nueva York, pero Carmen y el niño regresaron a La Habana el 21 de octubre de ese mismo año. Volverían a reunirse todos en Nueva York, desde diciembre de 1882 hasta marzo de 1885, y en junio de 1891. De esta última visita, según refería Clara

---

[876] Olivia América Cano Castro: *Leonor y Mariano, padres de Martí*, Colección Crónicas de la Emigración, Grupo de comunicación Galicia en el Mundo, Vigo, 2009, pág. 62.

[877] «Martí y yo», testimonio de Juan Gualberto Gómez en *Opus Habana*, vol. VII, no. 1, enero 28, 2005, pp. 12-13. El testimonio salió publicado por primera vez en la *Revista Bimestre Cubana*, enero-febrero 1933.

Pujals[878] ese mismo año, Martí se mudó para el hotel Phoenix, situado en dos casas de los números 211 y 213 de la calle 14 oeste, en Nueva York, y vivían en una habitación ubicada debajo de la que Clara Pujals y su esposo ocupaban. Carmen Zayas Bazán había venido de Cuba con su hijo Pepito después de varios años sin verse.

Carmen Zayas Bazán y su hijo
Pepe Martí y Zayas Bazán

Pero el 27 de agosto de 1891 Carmen Zayas Bazán abandona Nueva York súbitamente con su hijo sin avisarle a Martí. Se había valido de Enrique Trujillo, amigo de Martí, para que gestionara su salida con el cónsul de España sin el consentimiento del padre. Cuando Clara le comunicó a Martí lo que había hecho Carmen, este palideció y subiendo las escaleras se viró para decirle: «hubo un hombre que crucificaron una vez pero a mí me crucifican todos los días». Recordaba Clara Pujals que esa noche Martí no durmió, pues ella y su esposo lo sintieron caminar de un lado a otro de la habitación y no se atrevieron a molestarlo pues sabían el impacto que había causado en aquel hombre la absurda actitud de la esposa. Desde aquel día Martí rompió su amistad con Trujillo.[879] Al poco tiempo Martí se mudó otra vez para la casa de huéspedes de Carmen Miyares.

Cuando se supo de la caída de Martí en Dos Ríos, el 19 de mayo de 1895, Carmen intentó reclamar el cadáver según una carta publicada en el periódico habanero *La Lucha*, del 23 de mayo de 1895. Pero las autoridades españolas se lo negaron. Carmen Zayas Bazán murió en La Habana el 15 de enero de 1928.

Al terminar la Guerra se quería levantar un monumento a Martí. Este se lleva a cabo a solicitud de las maestras del Colegio Spencer, que sabiendo que el artista europeo Ugo Luisi estaba en Santiago de Cuba, vieron la posibilidad de realizar sus deseos. Este se llevó para Italia una fotografía de Martí y allá ejecutó la escultu-

---

[878] Vecina de Martí en el Hotel Phoenix de Nueva York.

[879] Gonzalo de Quesada y Miranda, Ob.Cit.

ra en mármol de Carrara. Fue colocada el 19 de mayo de 1913 en el templete que guardaba los restos de Martí donde se mantuvo hasta el 8 de septiembre de 1947, momento en que fue retirado para construir el nuevo mausoleo.

Foto del primer busto a Martí, obra de Ugo Luisi detrás del templete en el Cementerio de Santa Ifigenia, Santiago de Cuba. Postal de la colección de la autora.

El 21 de febrero de 1916 José Martí y Zayas Bazán, el hijo de Martí, (1878-1945) contrae matrimonio con **María Teresa Bancés y Fernández-Criado** (1890-1980). El matrimonio no tuvo descendencia. El 22 de octubre de 1945 muere Pepe Martí con el grado de Mayor General en La Habana. Había nacido en La Habana el 22 de noviembre de 1878.

De izquierda a derecha, José Martí y Zayas Bazán, hijo de Martí, y su esposa María Teresa Bancés, junto a Carlos Manuel de Céspedes, hijo del Padre de la Patria, en Washington, Estados Unidos, 1917. Biblioteca del Congreso de los Estados Unidos. Prohibida la reproducción. Todos los derechos reservados.©

Mercedes Nodal y Quirós de Espinosa era natural de Santa Clara. Había nacido el 19 de junio de 1868. Durante la Guerra de Independencia laboró junto a Carmita Gutiérrez y formó parte del *club Hermanas de Juan Bruno Zayas* que Carmita presidía, y Mercedes participaba como Vocal. Su seudónimo de guerra fue «Peralejo».[880]

---

[880] Luis Lagomasino: *Episodios Nacionales,* Ob.Cit.

María Candelaria Palma Tamayo fue la madre de don Tomás Estrada Palma.[881] María Candelaria se casó con Andrés Duque de Estrada y Palma. Renunciando a comodidades, se entregó a la lucha por la independencia, perteneciendo su hijo Tomás a una de las columnas del Ejercito Libertador. Llevada al monte por la guerra, en penoso ambular de campamento en campamento, cae en poder del enemigo junto con un grupo de personas. Los soldados se ensañan con las mujeres y se las llevan a la fuerza a Bayamo, incluida Candelaria, haciéndolas caminar varios kilómetros. Candelaria era ya una anciana, pero eso no le importaba a la tropa, que la abandona en medio del bosque. Extenuada, con hambre y frío, y desorientada y nerviosa, se encuentra completamente sola. Tiempo después es encontrada en estado de consunción, muriendo en brazos de su hijo Tomás cuando este la estrechaba contra sí al encontrarla viva.[882]

Un tiempo después de este crimen los culpables fueron encontrados y hechos prisioneros y al ser juzgados, los presentaron ante Tomás Estrada Palma para que fuera el quien dictara el castigo. Este contestó: «la memoria de mi madre es demasiado sagrada para que yo la manche con un sentimiento de venganza».[883]

Campanario del templo de San Juan en Bayamo, hoy entrada al cementerio, en el parque Retablo de los Héroes.

Entre los sepulcros del cementerio de San Juan de Bayamo estuvo la sepultura de María Candelaria Palma Tamayo. Este ce-

---

[881] Tomás Estrada Palma, abogado, maestro y primer Presidente de la República de Cuba en 1902

[882] Manuel Deulofeu y Lleonart: *Héroes del destierro*, Impr. de M. Mestre, Cienfuegos, 1904, pág. 123.

[883] Enrique Orlando Lacalle Zauquest: *Cuatro siglos de historia de Bayamo como ofrenda a las más sufridas y heroicas de las mujeres cubanas*. Las sublimes madres bayamesas del 68, Bayamo, Monumento Nacional, 1947.

menterio tenía un pórtico de entrada a campo abierto y fue el primer cementerio de este tipo inaugurado en América Latina, el 5 de enero de 1798. Se encuentra ubicado en el parque Retablo de los Héroes, en la ciudad de Bayamo. «Esta edificación [o lo que queda del pórtico] fue en sus inicios el campanario de la antigua iglesia San Juan Evangelista, erigida durante la fundación de la Villa San Salvador de Bayamo en el siglo XVI», explica Ludín Fonseca Cedeño, historiador de la ciudad.[884]

El conocido Retablo de los Héroes en el parque del mismo nombre en Bayamo. Aparecen varios patriotas, entre las mambisas están: Luz Noriega, Candelaria Figueredo, María Candelaria Palma y Adriana del Castillo.

María Pérez Matos era natural de Sabana de Maisí, donde conoce al combatiente mambí Bartolo Legrá, con quien contrae matrimonio. Desde entonces labora en los campamentos del regimiento de infantería en esa localidad durante toda la guerra.

Caridad Pérez Piñó curó heridos, resistió los rigores de la guerra, y siempre se mantuvo en la retaguardia. Vio morir a su esposo y tuvo que huir con sus tres hijos, logrando sobrevivir gracias a los insurrectos que los protegían y continuando la lucha.

Caridad residía en las cercanías de Loma Pavano, en Guantánamo. En su humilde vivienda de Los Calderos en Imías, Caridad recibió y atendió a José Martí el 19 de abril de 1895. En su Diario de Guerra, Martí escribió: « [...] de adentro se oye la voz de la mambisa. 'Pasen sin penas, aquí no tienen que tener pena [...]. El café enseguida, con su miel por dulce [...]'». Y sigue diciendo Martí: «ella seria, en sus chancletas, cuenta, una mano a la cintura, y por el aire la otra, su historia de la guerra grande; murió el marido, que de noche pelaba sus puercos para los insurrectos, cuando

---

[884] Rocío Isell Feria, «Pórtico del antiguo cementerio de San Juan», http://islalsur.blogia.com/2016/092601-portico-del-antiguo-cementerio-de-san-juan.php

se lo venían a prender, y ella rodaba por el monte, con sus tres hijos a rastro, 'hasta que este buen cristiano me recogió, que aunque le sirva de rodillas nunca le podré pagar».

A la derecha la iglesia de El Caney en Oriente, antes de quedar destruida por la guerra.

«[...] Su hija Modesta, de 16 años, se puso zapatos y túnico nuevo para recibirnos, y se sienta con nosotros, conversando sin zozobra, en los bancos de palma de la salita. [...]»[885] Hermosa imagen de aquella gente humilde y sencilla que vivía en los montes cubanos, y de su forma de acoger con sencillez y afabilidad a Martí, y también la manera de Martí de relatar aquel encuentro.

María Luisa Puig y Lara, oriunda de Lares, Trinidad.[886] Su familia era descendiente de los Canteros y los Iznagas, quienes habían fundado y ofrendado todo a su Patria en aquella antigua ciudad. El padre de María Luisa había luchado en la Guerra del 68 y había muerto en los campos de la guerra.

María Luisa Puig y Lara

Puig era esposa de un empleado de correos y telégrafos, el patriota Luis Lagomasino. Siguiendo la tradición familiar, ella trabajó en la Revolución, extrayendo del correo todo cuanto llegaba para los conspiradores y agentes. Vivía casi siempre en la misma casa de correos, y como las correspondencias llegaban a seudónimos que ella conocía, esas cartas y de acuerdo con su esposo y otros empleados, no se entregaban al agente de correos pues este esperaba la correspondencia sospechosa.

---

[885] José Sánchez Guerra: *Mambisas Guantanameras,* Editorial El Mar y la Montaña, Guantánamo, 2000.

[886] Luis Lagomasino: *Episodios Nacionales*, Ob.Cit., pág. 75

Las cartas se colocaban en otro casillero de donde eran extraídas por María Luisa para hacerlas llegar a su destino. Luis Lagomasino, su esposo, afirma que en su larga labor de conspiradora, siempre fue una colaboradora audaz.

Muchas veces recogía María Luisa la correspondencia que a última hora ponía su esposo en los paquetes para otras localidades de la isla y para el extranjero, así como para Matanzas, Cienfuegos y Caibarién, lugares a donde debían viajar. Así trabajaron la ruta indicada sin que ni un solo día dejara la mambisa de servir la a causa de la Revolución.

Por medio de buques noruegos que salían de Caibarién rumbo a Veracruz, remitían paquetes de correspondencia procedentes de los campos de la Revolución para ser entregados a la delegación de Cuba en New York a otros destinos.

Luisa Quijano, (Marianao 1861-La Habana 27 febrero 1940). Hija de don Jerónimo D. Quijano, uno de los ricos propietarios del antiguo Hotel Bilbao que en los veranos «se veía colmado por los temporadistas elegantes que nos visitaban».[887]

Luisa sacrificó su comodidad y sus bienes para servir a sus semejantes y a su patria. «Dedicó su existencia a consolar al triste, y aquellos días horribles de la guerra del 95, fue un ángel de bondad para tantas familias hambrientas que arrastrando su miseria llegaron a Marianao».[888] Organizó colectas y consiguió albergue para los enfermos de la terrible e inhumana Reconcentración.

Al terminar la Guerra de Independencia, el Ayuntamiento dejó constancia en reconocimiento público a su labor patriótica y humanitaria. El 24 de febrero de 1900 fue escogida como madrina en la inauguración del Mercado Leyte Vidal y una de las calles de la ciudad de Marianao llevaba su nombre (hoy calle 130).

Fredesvinda Ramos de La Torre conocida como «La Puritana», radicaba en Ranchuelo desde su niñez, poblado donde tra-

---

[887] Fermín Peraza, Ob.Cit., vol. III
[888] Ibídem.

bajó con todo su patriotismo en favor de la lucha. Desde muy niña se trasladó a Ranchuelo donde residió y laboró durante toda la guerra del 95. Murió el 19 de octubre 1898. Era hermana de **Vitalia Ramos de la Torre** natural de La Esperanza.

La sagüera **Carmen Ribalta vda. de Oña** ayudó a su ciudad de Sagua la Grande durante la guerra. Sus padres fueron José Ribalta Serra, y Ángela de León y Costa, quienes contrajeron matrimonio en Sagua la Grande, donde tuvieron a Marina y Carmen. Al morir José Ribalta en los comienzos de la década de 1840, su viuda e hijas quedaron en difícil situación financiera.

Ribalta se casa en 1857 con Juan Bautista de Oña y Pérez de Urría, con quien tiene ocho hijos, seis mujeres y dos varones. Carmen saca de Cuba a uno de sus hijos, Juan de Dios por estar comprometido en la guerra. En los registros de Ellis Island, en el Puerto de Nueva York, aparece Juan de Dios a su llegada en 1894, rumbo a Barcelona.

Carmen ofreció ayuda económica a los insurgentes mambises. Gran benefactora sagüera y mujer dotada de humildad, se dedicó a su memoria una calle de la ciudad, la Calle Carmen Ribalta (antes calle Amistad), que comienza en Calle Brito (Este) y termina en Calle Pinto (Oeste).

Carmen Ribalta murió en Sagua, el 2 de abril de 1900.

Alejandrina Ribots fue visitada por los soldados españoles, quienes le incautaron $1,000 en oro. El General Garrido informó que había tomado el dinero porque eso lo guardaba Ribots para los insurgentes para la compra de armamentos y municiones.[889] Luego del robo la mataron a bayonetazos porque se atrevió a contestarles.

---

[889] «Dire Deeds of Blood», *The Chicago Daily Tribune*, 6 septiembre, 1895.

Concepción Ribas y Agramonte, oriunda de Santiago de Cuba, descendía de una familia de estirpe mambisa. Hija de Cayetano Ribas Rocafull y de Luisa Agramonte y Piña, quien inculcaba en sus hijas el ardor patriótico. Concepción contrajo matrimonio en 1899 con el Dr. Marion B. Macmillan.

En 1896 Concepción Ribas Agramonte había escrito la letra de un himno patriótico, musicalizado por Gabriel de la Torre y Álvarez. He aquí una estrofa:

> Levanten la frente los buenos patriotas
> Que Cuba ya grita morir o triunfar.
> La estrella radiante de nuestra bandera
> Tan pura y esbelta cual bella deidad
> Nos dice sonriente, mis buenos soldados
> Corred a la lucha, ¡corred y pelead!

El himno fue estrenado por la autora en el Teatro Principal de Santiago de Cuba, el primero de enero de 1899 en una función a beneficio de las viudas y huérfanos de la guerra.

Su hermana, **Gloria Ribas Agramonte**, fue la madre del político Eduardo Chibás.[890]

Clementina Rodríguez Pichardo, esposa del General de División de la Guerra del 95, Luis de Feria Garayalde, tuvo con él 11 hijos de los cuales 10 murieron en la guerra sobreviviendo solo una hija.[891] Es posible imaginar el dolor de esta madre al perder a sus hijos y los sacrificios que debió realizar durante toda la guerra.

Corina Rodríguez natural de Cruces, sirvió con valor a la Revolución. Dado lo difícil del terreno en que se movía, pues la tenían constantemente vigilada, trataba de utilizar su astucia para llevar a cabo los trabajos que le encomendaban.

---

[890] Eduardo René Chibás y Ribas (Santiago de Cuba, 1907 - La Habana, 1951), político cubano fundador en 1947, del Partido del Pueblo Cubano o Partido Ortodoxo.
[891] Ibídem.

Dominga Rodríguez Camejos fue encarcelada en la Casa de Recogidas de La Habana con solo doce años de edad, cumpliendo condena junto a una hermana menor, después de haber sido detenida en Pinar del Río y juzgada como prisionera de guerra. No sabemos cuáles cargos le impusieron.

María del Rosario Romagosa y Rosabal estaba casada con Enrique de Céspedes y del Castillo, el más joven de los cuñados de Carlos Manuel de Céspedes. Tuvieron un hijo, Enrique, que ocupó el puesto de Coronel en la Guerra del 95.

Antonia Romero viuda de Ruiz (1851-1930) fue una distinguida patriota de Remedios. Su padre había estado involucrado en la conspiración de los Soles y Rayos de Bolívar[892], lo que influía en su ideal libertador. Durante la Guerra Chiquita Antonia había prestado sus servicios al General Francisco Carrillo.

Se casó con el médico Adolfo Ruiz Rojas y ambos se entregaron a la lucha. Fue confidente de la mayor confianza del Generalísimo Máximo Gómez y ayudó al General Carrillo y al Brigadier González Planas. El Generalísimo la estimaba y profesaba por ella gran afecto. Se ha conservado un abundante epistolario entre ellos, prueba de esta amistad.

Se ha asegurado que buena parte de la fortuna personal de Antonia engrosó los cofres de la Revolución.

Aparecen de derecha a izquierda: Antonia Romero Loyola vda. de Ruiz, María Escobar y el Generalísimo Máximo Gómez en su visita a Remedios al acabar la guerra. Foto de la revista *Bohemia*.

Junto a María Escobar, Antonia fundó el club Patriótico Vencedor, que más tarde se llamó Esmeralda.[893] Con gran ex-

---

[892] Nydia Sarabia: «La Mujer Villareña en la Lucha Patria», *Bohemia*, 19 de julio, 1968.

[893] Caturla Bru: *La mujer en la independencia de América*, Jesús Montero, La Habana, 1945.

periencia en esta clase de trabajo, Antonia usaba varios seudónimos como medida de seguridad personal, como el de «Águila», «la Coronela», «la Solitaria», «la Torcaza» y otros, método que seguían todas las laborantes que operaban a sus órdenes. Solían intercambiarse los seudónimos para confundir más al enemigo.

Cuando se encontraba en casa de Leopoldo Luna, en la calle Neptuno No. 108 en La Habana, fue hecha prisionera nuevamente, el 13 de enero de 1897, y llevada a la Jefatura. Estuvo recluida 2 meses y 12 días en la Casa de Recogidas. De allí la envían a Remedios donde es puesta en libertad provisional el 9 de marzo de 1897 y absuelta más tarde, en agosto del mismo año.

Vuelve a caer prisionera de los españoles junto con sus hijas **Lola y Adela Ruiz** y permanecen en la cárcel durante 42 días, para finalmente salir por falta de pruebas. Ya libres, Antonia y sus hijas reanudan sus actividades, ella como presidenta del club Remedios. Luego fundó un hospital de sangre en Las Villas. Máximo Gómez le otorgó el grado de Capitana del Ejército Libertador. De ella decía el Generalísimo, «que sus méritos eran tantos que de estar en su mano, le daría el grado de General».[894]

Ni la viudez ni las segundas nupcias; ni la cárcel, ni los problemas impidieron la labor revolucionaria de Antonia. Le dedicaron este poema:

A Antonia Romero y Loyola[895]

El bien ansiaste de tu patria hermosa,
Por ella padeciste desvelada,
Y alentando su causa entusiasmada
Le tendiste tu mano generosa.
Del tirano la férula rabiosa
En vano sobre ti fue descargada
Y ostentas en tu frente inmaculada
De los héroes la estrella prestigiosa.

Hoy que logró su libertad el suelo,
Y tu pecho de gozo se estremece
Porque la dicha coronó tu anhelo

---

[894] Enrique Ubieta: *Bohemia* 1, no. 30, La Habana, 26 de noviembre de 1910.
[895] Juan Jorge: *Recuerdos de la Guerra*, Imprenta La Popular, La Habana 1898, pág. 109.

Con los buenos la patria se engrandece
Y al levantarse con tu nombre al cielo
El sacro mirto y el laurel te ofrece.

Micaela Ruiz y Ramos de Santa Clara. Luchaba día tras día por la independencia, hasta que fue denunciada por Blas de León Pérez, quien la acusó de haber enviado efectos y una carta para los revolucionarios. Es apresada y permanece detenida hasta el 2 de octubre de 1897.

Paulina Ruiz, conocida como «La Abanderada», nació en Corral Falso de Macuriges, hoy Pedro Betancourt en Matanzas. Se casó con Rafael González, quien estuvo entre los primeros hombres en marchar a la manigua, recién iniciada la gesta de 1895/ Se incorporó a la tropa de Manolo Menéndez.

La patriota Paulina Ruiz dibujada por el periodista norteamericano Grover Flint.[896] El dibujo muestra la firma original de Paulina.

Paulina, de 21 años de edad, cierra su casa una noche y se va con ellos. Sin dificultades, llega al campamento de la División y pide incorporarse a él, pero la asignan a acompañar a la impedimenta, lo que la indigna. De inmediato habla con los jefes y les dice: «yo no he venido a mirarle las espaldas a los soldados». Les comunica que no acepta esa designación pero logra que le den el cargo de abanderada y despliega con valentía la bandera. Va al frente del regimiento y no detrás en la retaguardia con la impedimenta.[897]

---

[896] Grover Flint: *Marching with Gomez*, Lamson, Wolffe and Company, New York, 1898, pág. 86.
[897] Armando Caballero: *La mujer en el 95*. La Habana, Editorial Gente Nueva, 1989.

Su intuición era combatir con las tropas, no solo llevar la insignia nacional, y poco a poco advirtieron esta conducta en la manigua lo que le valió el ascenso a teniente en el 1895. Posteriormente, en la acción de Mango Largo es promovida a Capitana por su gran valor.

Según la descripción del periodista norteamericano Grover Flint, Paulina vestía una chaqueta de lino y una falda corta que mostraba rayas debajo. Según el reportero, «era muy bonita, con ojos oscuros, pelo negro brillante y ondeado, y una voz suave y persuasiva. Era delgada y muy agraciada».[898] Y sigue diciendo Flint: «Me dijeron, que estuvo en la comisión de Pancho Pérez como capitana abanderada o capitana de bandera. Cuando conocí a la Sra. González había perdido su sombrero y le pedí que aceptara el mío, un sombrero americano tipo "cowboy", y le mostré como darle la forma adecuada». Este encuentro dio paso a una entrevista. «¿Tuvo alguna vez miedo?», le pregunté. «Que va, no señor», contestó con una pequeña risa. Pensar que uno fuera a sentir miedo parecía entretenerla mucho. «¿no se sintió algo extraña cuando sintió el primer cañonazo y vio caer a los hombres alrededor suyo?» «No señor, nunca tuve miedo en mi vida, pero en la primera acción en que participé me sentía impaciente. Mi caballo esperaba impacientemente encontrarse con el enemigo. Cabalgué durante la primera carga sin dejar caer el machete sobre nadie. Estábamos todos juntos; vi los machetes elevarse alrededor mío, y escuché a los soldados batirse, pero no había nadie delante de mí. Luego todo fue polvo y el enemigo se había ido».

Y continua Paulina el relato: «Nuestros hombres se reunieron alrededor de la bandera y gritaban, pero imagínese, no había visto al enemigo y pensé que había venido a la batalla para nada, aunque me dijeron que en el centro donde yo estaba se encontraba la línea de soldados que dividían a los bandos. Yo sentí tiros y polvo que me ahogaba, pero no pude ir contra nadie y tuve que guardar el machete pensando que no había luchado por Cuba».

«¿Quisiera matar a un español?» le preguntó Flint. «No señor, no quisiera matar a nadie, pero imagínese, cuando usted va en contra del enemigo, eso es otra cosa. *Ud. ataca por Cuba y piensa solo*

---

[898] Grover Flint, Ob.Cit., p. 85.

*en Cuba*⁸⁹⁹. He herido con el machete pero no es como si hubiera hecho daño a nadie. Ellos cayeron pero sabes que es por Cuba, pero no por hacer daño a nadie».⁹⁰⁰ Paulina participó en diez batallas y emboscadas, todas bajo un gran tiroteo, pero nunca fue herida.

El cinco de febrero, estando en Mango Largo, participó en dos cargas de machete en la línea delantera junto a Pancho Pérez. Arremetió con su machete en Corral Falso contra dos guerrilleros hiriendo a uno de ellos dos veces, y al otro tres veces, mientras gritaba: ¡Viva Cuba Libre!, tirando a uno de su montura. Cuando la guerrilla se retiró, vieron que los dos hombres habían muerto.

Terminada la contienda, Paulina y su esposo pudieron regresar a su hogar en Matanzas con la satisfacción de haber cumplido cabalmente su sagrado deber patriótico.

Petronila Salazar Rojas, nació en Dos Brazos, al norte del valle de Caujerí, en Guantánamo. Era la madre del Teniente mambí Eusebio Leyva Salazar, quien se incorporó al Ejército Libertador a los 16 años. Cuando estalla la guerra, Petronila apoya a su esposo, el indio Mateo Leyva, cuando llegan pequeñas expediciones a la zona.

En una ocasión su hijo Eusebio dejó que su madre lo acompañara en una de sus incursiones. Petronila logra con un disparo herir a un soldado enemigo. Después del incidente, en medio del caos de la guerra, Eusebio y Petronila tienen aún humor para componer esta tonada que se hace popular entre los indios de Yateras y Caujerí:

> En el alto de Yateveo
> Donde estaba Lateral
> Haciéndole la puntería
> Al General Sandoval.⁹⁰¹

Asunción Salinas de Ibarra era una patriota espirituana de humilde cuna, educada desde muy niña por las Hermanas de la Caridad de San Vicente de Paúl que radicaban en Sancti Spíritus. Al dejar la institución de esta localidad, Asunción queda al abrigo de la familia de un militar español que la lleva a España. Al regre-

---

⁸⁹⁹ El énfasis es de la autora.
⁹⁰⁰ J.A. Sierra: «The Timetable History of Cuba», www.historyofcuba.com
⁹⁰¹ *Mambisas Guantanameras*, Ob.Cit., pág. 107-108. Testimonio de José Ramírez Rojas, en La Caridad de los Indios, 2006.

sar a Cuba, terminada la Guerra de 1868, va a Sancti Spíritus su pueblo natal, quedando al abrigo de la familia Valdés. Más tarde contrae matrimonio con Emilio Ibarra.

El 24 de febrero de 1895 sorprende al esposo en el campo, dedicado a las faenas agrícolas. Desde entonces el matrimonio residente en Sancti Spíritus sirvió a la Revolución esmerándose ella en los servicios a los enfermos, heridos y necesitados en las cercanías de su casa. Asunción murió en el campo de la Revolución sin que pudiera determinarse donde fue enterrada.[902]

Luisa Salgado (1848-1905), había nacido en Puerto Príncipe, Camagüey, en febrero de 1848. Fue una mambisa de patriótico abolengo. Al comenzar la Guerra en 1868 Luisa, con 20 años, se encontraba unida a José Victoriano Betancourt. Las comodidades del hogar y la dicha de los recién casados quedaron a un lado al lanzarse los dos a la manigua.

Al perderlo todo en la guerra tuvieron que emigrar a Yucatán, México. En tierras mejicanas continuaron la labor de la libertad. La miseria, las enfermedades y los pesares agotaron al esposo que sucumbió sin poder ver el futuro de Cuba. Viuda desde 1885 y desolada, con sus pequeños hijos Luisa continuó su propósito. Al comenzar la contienda bélica de 1895 renueva su labor, no sabemos si desde Cuba o en México. En la Guerra de Independencia pierde a sus dos hijos menores. Luisa fallece el 3 de septiembre de 1905.

Mambises de Holguín

Isabel Salinas de Toledo era de Sancti Spíritus, donde trabajó por la Revolución con su esposo Manuel Toledo Cabrera, radicados con sus hijas, en la finca Las Canas. Aunque tenían una posición muy modesta, dieron cuanto tenían a la patria. Isabel, proveía ropas hechas por ella, transportaba

---

[902] Luis Lagomasino: *Episodios Nacionales,* Ob.Cit.

correspondencia y conducía a su destino a todo aquel que deseaba incorporarse a la Revolución. El historiador Luis Lagomasino afirma: «los servicios de esta familia los conocí personalmente y que habían corrido mucho peligro».[903]

Himno Invasor[904]

A Las Villas valientes cubanos
a Occidente nos manda el deber
de la Patria arrojar los tiranos
a la carga a morir o vencer.

De Martí la memoria adorada
nuestras vidas ofrenda al honor
y nos guía la fúlgida espada
de Maceo el caudillo invasor.

Alzó Gómez su acero de gloria
señalando la ruta triunfal,
cada marcha será una victoria,
la victoria del bien sobre el mal.

Orientales heroicos al frente,
Camagüey, Villareños, marchad
a galope triunfal a Occidente
por la Patria, por la libertad.

De la guerra la antorcha sublime
cubra el cielo de intenso fulgor,
porque Cuba se acaba o redime,
Incendiada de un mar a otro mar.

A la carga escuadrones volemos
que al degüello el clarín ordenó,
los machetes furiosos alcemos,
muera el vil que la Patria ultrajó.

Liboria Sánchez de Pineda, de Guantánamo, había nacido en La Caridad de los Indios de Yateras. Desde muy joven se unió

---

[903] Ibídem, pág. 80.
[904] Letra del Himno Invasor, compuesto por el General Enrique Loynaz y del Castillo, el 15 de noviembre de 1895.

en matrimonio con José Policarpo Pineda Rustán,[905] el gran patriota guantanamero de la Guerra del 68. Liboria lo siguió por las escabrosas sierras de Imías, donde tuvieron tres hijos en el transcurso de la guerra.

Muerto el esposo en 1872, Liboria educa a los hijos en el amor a la independencia. Estos se incorporarían posteriormente a la Guerra del 95.

Cirila Santamaría (1847-1937)[906] ofrendó a sus hijos a la causa del 95: siete varones y dos hembras: los cinco varones mayores al Ejército Libertador y los restantes a los grupos civiles de enlace con los mambises, labor en la que se distinguió.

En la revista *Antorcha* de Madruga aparece una entrevista hecha a Isabel Pedroso Santamaría, nieta de la patriota Cirila Santamaría y que refiere: «Mi abuela Cirila tuvo nueve hijos, siete varones y dos hembras, y a todos entregó a la Insurrección: los varones Emiliano, Víctor, Adolfo y Rafael fueron a la manigua a pelear bajo las órdenes de Eliseo Figueroa. Mi abuela Cirila y sus dos hijas **Valeriana y Marta** pertenecieron a un grupo auxiliar civil. Muchas cosas me contaba mi madre sobre la actividad revolucionaria de mi abuela y de ella. Mi madre Marta, todavía muy joven, sirvió de correo entre la manigua y el pueblo. Simulaba ir a forrajear viandas y frutas, como hacían los niños de los alrededores. En distintas ocasiones llevó bajo su amplia saya ropa de abrigo, tabaco y cartas para sus hermanos y compañeros. Cuando mi madre se disponía a ir a forrajear en compañía de otros chiquillos, la guardia civil les daba el alto al salir y entrar en el pueblo, pero les parecían tan inofensivos que los dejaban ir».

«Al alejarse un poco en busca de árboles frutales, me contaba mi madre que ella iba derecho a la Loma del Grillo en cuya cima se hallaba el "llano de García," lugar oculto entre las montañas de Madruga y donde solían acampar los mambises. Había entonces en aquellos parajes dividiendo una finca, una cerca de piedra de una vara de alto más o menos y estaba prohibido acercarse. Mi madre

---

[905] Poseía Rustán una pequeña parcela de tierra que dedicaba al cultivo de frutos menores. Su madre era la india artesana Carlota Rustán. Según Enrique Collazo, poseía gran fortaleza y agilidad, una mirada viva y una gran sonrisa.
[906] *Bohemia*, agosto 1974, pp. 90-91.

lograba sigilosamente pasar la cerca y seguía andando a gatas para no ser vista por los guardias que continuamente observaban los alrededores. En un lugar determinado la esperaba uno de sus hermanos. Él le entregaba el correo y ella a su vez los objetos y la correspondencia que llevaba bajo sus ropas».

Y sigue el relato: «Una vez llevaba un gran saco lleno de correo importante y no teniendo donde ocultarlo se le ocurrió, para despistar a la guardia civil, meter en un saco un gran majá de más de tres varas de largo. Bien amarrado con ariques[907] lo metió en un saco en cuyo fondo iba la correspondencia. Abrió algunos agujeros al saco para que se pudiera ver lo que contenía, se lo colocó en la cabeza y entró en el pueblo que estaba fuertemente fortificado. Al llegar mi madre a la entrada de la calle de Industria, hoy General Bolaños, fue sometida al interrogatorio de rigor y conminada a declarar lo que llevaba en el saco. Mi madre, con la mayor sangre fría, mostró a los guardias por los agujeros del saco que lo que llevaba era un majá enorme. Los guardias llenos de asombro la acompañaron hasta el bohío en que vivía. En el camino se le agregaron muchos habitantes del pueblo entre quienes se había difundido que Marta traía un majá de tres varas de largo. La vieron llegar presa, pero ella tranquilizó a los suyos.

Allí estaba el niño Pablo Oliva Reyes, a quien cariñosamente llamaban Pavito, y ella le dijo al niño que aguardara en el cuarto contiguo a la sala para que recibiera el saco ya vacío. Desatando el arique que cerraba la boca del saco, extrajo de este el enorme majá el cual ató a una cabilla de hierro, mientras los curiosos guardias y paisanos lo examinaban de cerca; mi madre arrojó el saco con las cartas en el cuarto donde lo recogió Pavito quien personalmente entregó la correspondencia».[908] A todo se prestaban nuestras mambisas, y Cirila lo hizo con valentía y perspicacia.

Ana María Sotolongo de familia noble, nació en La Habana en 1845. Su apellido figura entre los primeros que vinieron

---

[907] En Cuba, tira de yagua que se emplea para atar.
[908] Entrevista en *Bohemia*, La Habana, 1974, pág. 90.

a Cuba poco después de los conquistadores. Se casó muy joven con Antonio Fernández de Lara, también de familia distinguida.

Ana María formó el parte de la Junta Revolucionaria de la Habana junto con Oscar de los Reyes, el Dr. Alfredo Zayas, Miguel Viondi y otros destacados patriotas. Trabajaba clandestinamente, pero un día es encarcelada. Mientras está en prisión revisan su casa y encuentran dinamita, municiones, fusiles, rifles, proclamas, material médico y todo un completo arsenal de guerra que ella había sabido acopiar. Burlando la vigilancia, en diferentes ocasiones enviaba estos materiales a la manigua para la insurrección. En 1893 la dejan libre y sale de la cárcel. Dos años después fallece sin poder ver a Cuba libre.

«Esa joven representa a la bandera».
Máximo Gómez

Rita Suárez del Villar conocida por «La Cubanita», nació en Cienfuegos, el 22 de mayo de 1862. Sus padres, el Dr. José Rafael Suárez del Villar y del Rey, y su prima hermana, Luisa Suárez del Villar educaron a Rita en los sentimientos patrióticos[909]. El abuelo materno, Don Gabriel Suárez del Villar y Armenteros, estaba emparentado con el General Isidoro Armenteros[910], mártir trinitario, casado con **Micaela del Rey.**[911]

Con solo siete años Rita está presente cuando los hermanos de su padre y amigos se reúnen en su casa para conspirar contra el gobierno español. Años después recordaba: «escuchaba sus conversaciones sobre las injusticias cometidas contra los pobres patriotas...y la experiencia me afectó en lo más profundo de mi ser.

---

[909] Vicente Cubillas, Jr.: «Rita Suarez del Villar», *Bohemia*, 18 de mayo, 1952, pp. 76-81; 114-115.

[910] Isidoro Armenteros se unió al patriota venezolano Narciso López en la Conspiración de la Mina de la Rosa Cubana (1848).

[911] Para más datos de esta patriota, consultar Fernández Soneira: *Mujeres de la Patria*, t I, pág. 90.

Saber de la opresión en la que mi querida Cuba vivía me produjo una angustia tremenda. Esta experiencia me hizo jurar que en cuanto tuviera edad para ello, yo también lucharía sin descanso hasta que mi querida patria fuera libre y soberana».[912]

Su padre era conspirador y estaba envuelto en el trasiego de armas y mensajes. Ella seguiría el mismo camino. Lo ilustra el episodio de la columna enemiga del comandante Vázquez que había sorprendido el campamento mambí de Antonio González Abreu en Las Breñas. Entre el botín de guerra quedó la correspondencia comprometedora firmada por «Guarina», seudónimo de guerra que utilizaba Rita, quien dirigía un grupo de mujeres que conspiraban en la comarca cienfueguera contra el régimen español. También transmitían al campo insurrecto los mensajes que venían desde la Junta Revolucionaria de Nueva York.

El Generalísimo Máximo Gómez la llamaba «mi amada hermana», aunque el sobrenombre de Guarina era conocido ya tanto por los revolucionarios cubanos como por los jefes españoles lo que era un peligro permanente.

Entre el brillo del oro de las medallas y los colores de la bandera en las cintas que llevaba sobre el pecho, se paseaba Rita por su casa, recordando los tiempos de la guerra. Un periodista de la revista Bohemia la entrevistó en la década de 1950: «[…] bajo la cascada de plata de sus cabellos, las cejas que clarean, y más abajo, los ojos vivaces, que llamean aún con fuego juvenil. El encaje que bordea el cuello y las mangas de la bata es acariciado frecuentemente por las manos regordetas de la anciana patriota». Y continua diciendo: «La cara ancha, de franca y simpática expresión, la piel estirada que ha podido soportar a pie firme el avance inclemente de las arrugas. Y, tachonando a espacios ese rostro venerable, una constelación de lunares que se alargan hasta el cuello grueso, que se sostiene firmemente entre los hombros amplios».[913]

Contaba entonces el reportero que del bolsillo de su bata blanca de tafetán extraía Rita un sobre arrugado y le mostraba los

---

[912] Louis A. Pérez: *To Die in Cuba,* University of North Carolina Press, Chapel Hill, 2005.
[913] Cubillas, Ibídem, pp. 12-21 y 114-115.

papeles amarillos por el tiempo transcurrido que recogían mensajes de Máximo Gómez, «el queredor hermano», Enrique Loynaz del Castillo y don Tomás Estrada Palma.

Es maravilloso poder hoy apreciar algunas historias y experiencias de la patriota gracias a la entrevista que Rita ofreció al periodista de *Bohemia*. «Una vez fraguaron un complot para darle muerte al coronel Ramos Izquierdo, jefe militar de Cienfuegos, dice el periodista. 'Era un día de diciembre de 1895, cuenta Rita. La guerra iba cobrando fuerza y los españoles perseguían con saña a los que ayudaban a los insurrectos. Yo me había hecho sospechosa. Ramos Izquierdo sabía que "Guarina" y yo éramos la misma persona. Ese día Luis Levy, uno de los conspiradores, vino desolado a mi casa, en la calle de San Fernando, para avisarme que sacara todos los documentos que tenía en mi poder, pues iban a registrar la casa. No me sentí ni un pelo de nerviosa. Puse mis "papeles" a buen recaudo y esperé tranquila la visita de Ramos Izquierdo y sus soldados. Lo único que me alarmó un poco fue que habían apagado las luces del gasómetro que alumbraba esa zona de Cienfuegos».

Continúa Rita: «Por fin llegó el coronel Ramos Izquierdo. En la noche oscura, la voz del estirado oficial español resonó amenazadora, y señalaba hacia una bandera mambisa que asomaba en mi costurero: '*¡En esa bandera te voy a envolver para arrastrarte por las calles de Cienfuegos, traidora!*', le dijo Ramos Izquierdo».

Rita Suárez del Villar, orgullosa con sus medallas de mambisa: la Cruz de Carlos Manuel de Céspedes, las medallas de la Cruz Roja, del Ateneo de Cienfuegos y la del Comité Pro Homenaje a Bayamo. Foto de la revista *Bohemia*, 1952.

Prosigue Rita la narración: «Revolvieron toda la casa, nada más hallaron, pero durante semanas me tuvieron estrechamente vigilada, inmovilizándome casi en mis gestiones para envío de ropas y medicinas a nuestras tropas».

Recuerda también Rita una carta dirigida por el Generalísimo en septiembre de 1901 al General Higinio Ezquerra, carta que conservaban las hijas de Esquerra[914]. Y la anciana le recita al periodista de Bohemia el texto, con exactitud: «Estimado amigo: entre soldados, pocas palabras y estas huelgan. Le recomiendo muy mucho a "La Cubanita". Usted, como yo, sabe que esa joven representa la bandera. *En la época de la matanza, cuando se necesitaban la virtud, la nobleza y la honradez, ella supo serlo más y mejor que muchos hombres de hoy.* En el puesto en que usted se encuentra hoy, proceda con confianza y decisión y no le tenga miedo a nadie. Suyo afmo., Máximo Gómez».

A la derecha, dos muchachas junto al Fuerte de Jagua, en Cienfuegos. Estereograma de Underwood and Underwood 1898, de la colección de la autora.

En mayo de 1896[915], Rita organizó en Cienfuegos el club La Cubanita. Tenemos datos de él gracias a un certificado firmado por don Tomás Estrada Palma, como delegado plenipotenciario de la República de Cuba en New York, y que lleva la fecha del siete de marzo de 1899, que reza: «Certifico: que el club Cubanita de Cienfuegos, compuesto de **Rita Suárez del Villar**, Presidenta, **Antonia Clark**, vicepresidenta, **Dolores Suárez del Villar**, tesorera, **Martina Torralbas**, secretaria, **Flora Dorticós Boufartigue**, subsecretaria, **Caridad García, Ariana García, Amalia González, Elvira Reyes de Cárdenas, Natividad Hernández, Lola Trujillo;** como vocales, doctor Carlos Trujillo y Tomás Estrada Palma, presidentes honorarios, prestó muchas y muy importantes servicios a la causa

---

[914] General del Ejército Libertador en la Guerra de 1895, y jefe de la Brigada de Cienfuegos.

[915] Amed Morales Díaz, compilador: *Cartas a mi hermana, correspondencia de Carlos T. Trujillo y Rita Suarez del Villar*, Reina del Mar editores, Cienfuegos 2011, pág. 11.

de Cuba durante la última guerra de independencia. Por medio del expresado club, se transmitía con frecuencia del exterior correspondencia oficial y particular al campo de la contienda y se recibía muchas veces la procedente de allí».

«También se tiene constancia del trabajo de Rita. En los archivos de la delegación se conservan numerosos documentos que acreditan los envíos hechos por el club Cubanita a distintos jefes, de medicinas, ropa, etc., destinados al Ejército Libertador. Y para los fines que se estime conveniente, se expide este certificado que firmo y sello en New York, a siete días de marzo de 1899. T. Estrada Palma».[916]

Entre esos documentos está la copiosa correspondencia que tuvo Rita con el Dr. Carlos T. Trujillo, Comandante de Sanidad Militar que incluye esta reproducción: «*Al Club Cubanita: Habiendo en este hospital bastante número de enfermos y heridos, y conociendo los nobilísimos sentimientos que surgen en vuestros amantes corazones en favor de los desdichados que sufren, ocurrimos a la nunca desmentida generosidad y patriotismo de Uds., para que cooperen a su sostenimiento. Cada enfermo y herido acusará recibo de lo que perciba, el cual será remitido a esa. Al final de esta se detallará lo que hace falta. Reciban, pues, con anticipación, las gracias en nombre de la patria, que espera de sus humanitarias hijas el óbolo de caridad a sus compatriotas. Soy de Uds. Con la mayor consideración su atto. Y ss q (ilegible] Dr. Carlos T. Trujillo, P y L Abril 23/898. Postdata. Encárguenle al Jefe de Comunicaciones no abran los bultos. Vale*».

Al terminar la guerra, Rita Suárez del Villar sirvió a su patria al igual que lo había hecho en la guerra. Fue directora de una escuela pública, la número ocho, de 1901-1902, que estaba situada en Cristina y San Carlos, en Cienfuegos.

Cuando en 1957 en que Rita tenía ya 95 años, fueron publicadas sus memorias gracias a una amiga que tomó su dictado, y una institución local que asumió el financiamiento.[917]

---

[916] América Mazón Robau: *Por eso he votado...no!*, Ediciones Capiro, Las Villas, 2016, p. 69. La carta a Rita Suárez del Villar se encuentra en el Archivo Nacional de Cuba, Fondo Donaciones y remisiones, Sección Momentos Patrióticos, legajo no. 290, no. 40.

[917] Ibídem, pág. 11

Rita Suárez del Villar murió el 24 de octubre de 1961 en Cienfuegos. Sus restos reposan en el Cementerio Tomás Acea de esa ciudad. Sobre la tumba hay una lápida con las palabras que escribiera Máximo Gómez en su álbum: 'Encima de tu tumba gloriosa habrá siempre profusión de siemprevivas, colocadas allí por manos cariñosas'.

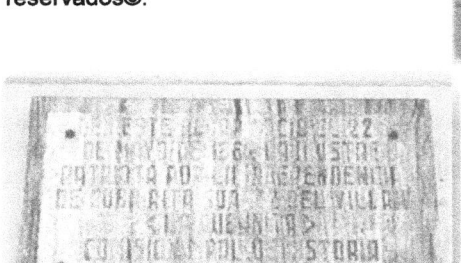

Fachada de la casa, o chalet «La Cubanita» de Rita Suárez del Villar en la calle Santa Elena, entre Lealtad y Delicias, reparto Pérez Morales en «La Juanita», Cienfuegos. Foto cortesía de Domingo Noriega. Todos los derechos reservados©.

Tarja colocada en la fachada de la casa de la patriota, donde se lee: «En este lugar nació, el 22 de mayo de 1862, la ilustre patriota por la independencia de Cuba, Rita Suárez del Villar, 'La Cubanita'. Comisión Nacional de Historia, 9 de junio del 2001». Foto cortesía Domingo Noriega. Todos los derechos reservados.©

El Archivo Histórico de la provincia de Cienfuegos lleva el nombre de Rita Suárez del Villar. La familia de la patriota legó importantes documentos de La Cubanita a este Archivo.[918]

Una calle en Cienfuegos en el siglo XIX.

---

[918] Morales Díaz, Ob.Cit., pp. 12-13.

En Cienfuegos el Generalísimo Máximo Gómez fue recibido por el General Higinio Ezquerra, quien puso a su disposición una guardia de honor constituida por jóvenes cienfuegueras que habían contribuido con su esfuerzo y dedicación al buen éxito de las operaciones militares insurrectas en el sur de Las Villas, la guardia integrada por las señoritas que aparecen en la foto de izquierda a derecha: **Lola Romagosa, Adolfina Nethol, Lola Castillo Pérez, Emma Lombart, Marta Alcázar, Matilde Romagosa, Nina Lombart y Polin Mestre**.[919]

Dolores Serrano era la madre del Comandante Pedro Julio Parrilla. Con mucha dificultad obtuvo Dolores el permiso de quince días para pasar a la manigua y asistir a su hijo herido del que se negó a separarse aunque hubiera pasado el tiempo permitido. A fuerza de súplicas, Dolores se retiró a Camajuaní y luego a La Habana.[920] El hijo murió poco después a cuya memoria le fue escrito este poema:

> A la Memoria del Lcdo. Pedro Julio Parrilla
> *De una maga a la voz electrizante*
> *Que resonó de Cuba por la esfera,*
> *Te lanzaste a luchar por su bandera*
> *Con la fe y el valor del hijo amante.*
> *Tal vez pensando en el supremo instante*
> *En que el labio de Dios la bendijera,*
> *Su golpe te asestó la muerte fiera,*
> *Y la sorpresa respiró triunfante!*

---

[919] Nydia Sarabia: «Rita Suárez Del Villar, La mujer villareña en la lucha patria», *Bohemia,* La Habana, 19 julio 1968.

[920] José A. Rodríguez García: *De la Revolución y de las cubanas en la época revolucionaria,* Discurso, Imprenta El Siglo XX, La Habana, 1930, pág. 103.

Adiós, joven, adiós, duerme tranquilo,
Ya el astro de la ciencia no te encanta,
Ni un rayo de su luz llega a tu asilo,
Donde el ángel del bueno un himno canta,
Y del machete maldiciendo el filo
¡El Dios de la conciencia se levanta!
                    Juan Jorge, 1898[921]

Rosario Sigarroa en 1876, a los 16 años.

Rosario Sigarroa. Fue «Charito» Sigarroa una de las cubanas que se entregaron y apoyaron la guerra con abnegación. Su padre, el Dr. Miguel Sigarroa, se lanzó a los campos de Cuba cuando la Guerra de los Diez Años, dejó a la hija su legado de mambí. Ella creció con la idea fija en su mente de luchar por Cuba. Su padre le había transmitido su obsesión por la Patria, y ya no habría vuelta atrás.

Familia Sigarroa Jorge en La Habana, en 1863. Foto propiedad de Olivia Ashcraft. Todos los derechos reservados©. Prohibida la reproducción.

Cuando comienza la Guerra del 95, ya Rosario ha estado laborando con el Dr. Chenard recolectando dinero y cuanta clase de recursos fueran útiles para la Revolución. En contacto con Ricardo Gastón y Eduardo F. Pla llegó a establecer en su residencia

---

[921] Juan Jorge: *Recuerdos de la Guerra,* Imprenta la Popular, La Habana, 1898, pág. 105.

un centro de conspiración. El 14 de julio de 1896 participa en el campo revolucionario con **Emilia de Córdoba** y después es expulsada de Cuba por Valeriano Weyler.[922] Marcha a Nueva York y posteriormente fija su residencia en Cayo Hueso donde continúa laborando.

Al fin de la guerra, Rosario regresa a Cuba y trabaja sirviendo en la Cruz Roja Americana con Clara Barton y Emilia de Córdoba. Este nuevo aspecto de su labor por Cuba hizo posible la fundación del hospital La Ofelia y otros más en distintos lugares de la Isla para atender a los soldados del Ejército Libertador.

También labora con **Magdalena Peñarredonda, Adela Azcuy** y otras patriotas pinareñas. Es de interés esta carta dirigida por Rosario al Padre González Arocha[923], párroco de Artemisa. «Pinar del Río, octubre 26, 1898. Ciudadano Presbítero González Arocha, Artemisa. Distinguido compatriota y amigo: De vuelta de nuestra excursión por los pueblos de Luis Lazo, San Juan, San Luis y demás intermedios, después de haber realizado toda clase de esfuerzos en bien de nuestros sufridos patriotas, los valientes y sufridos guerreros, y recordando el plazo del delegado en Candelaria, le molesto por si Ud. cree que sea oportuno y conveniente nuestra visita allí o a otra localidad cualquiera de su zona, para levantar el espíritu o realizar cualquier trabajo o comisión en beneficio de los libertadores, me lo comunique por conducto del Cdo. Cuní y a nuestra vuelta de Viñales, las Palmas y Consolación del Sur, para donde salimos mañana; podremos ponernos en camino para el lugar que Ud. crea necesario y nos ordene. Rosario Sigarroa».[924]

A partir de 1897 algunas publicaciones procedentes de Cuba, como el semanario ilustrado *Cuba Libre*[925] dirigido por Rosario Sigarroa, fueron conocidas en México. El Semanario causó verdadero

---

[922] Leticia Bobadilla González: *De La Revolución Cubana en la Diplomacia, Prensa y Clubes de México 1895-1898*, Secretaría de Relaciones Exteriores, México, 2001, pág. 147.

[923] Para más datos sobre el P. Arocha, ver pp. 213, 358, 380, 383-84 y 436 en esta obra.

[924] Fuente Archivo Nacional de Cuba, Fondo Donativos y Remisiones, Caja 418, No. 19.

[925] «Cuna de todas las reputaciones de la actual generación literaria» dice Antonio González Curquejo en Florilegio de escritoras cubanas, El Siglo XX, La Habana, 1919, p. 419.

impacto al reproducir en gran tamaño las fotografías de personalidades cubanas como Antonio Maceo, Calixto García y demás jefes revolucionarios. La publicación fue muy leída por miembros de la colonia cubana y por los redactores de los periódicos *El Continente Americano y Diario del Hogar,* quienes a su vez alentaban la causa insurrecta. Referente a esta revista que Rosario fundó en 1899 y de la que se conservan ejemplares hasta el 1910, dice Lillian Llanes,[926] «es probable que la portada fuera impresa en Nueva York pues en esa fecha la tecnología en Cuba no permitía el uso de esa variedad de color y adornos».

Otra Revista de Cuba Libre, que era un periódico quincenal, órgano del *club Justo Carrillo*, se editó en Tampa entre 1897 y 1898. Tuvo entre sus colaboradores a Rosario Sigarroa junto a Dolores de Tió, Enrique José Varona, Gonzalo de Quesada, Manuel Sanguily y Mercedes Matamoros entre otros.

Portada de la revista *Cuba Libre* de Rosario Sigarroa del 30 de agosto, 1903. Cortesía de la Dra. Rosa Leonor Whitmarsh.©

Para la gran ocasión del nacimiento de la República de Cuba, Rosario Sigarroa pide al dibujante asturiano Miguel Hevia[927] que diseñe la portada de su revista literaria.[928] La celebración del 20 de mayo fue un evento de matices nacionales por varias décadas en la Cuba Republicana y Rosario Sigarroa le dedica un ejemplar de su revista a la conmemoración.

La revista utilizó imágenes innovadoras a las que por entonces el público no estaba habituado. «En este contexto», vuelve a decir Lillian Llanes[929], «la portada de la revista literaria *Cuba Li-*

---

[926] Lillian Llanes, historiadora y educadora cubana.
[927] Hevia trabajaría años más tarde para la revista *El Fígaro* de La Habana.
[928] Javier de Castromori: *Memorandum Vitae*, 1 de octubre, 2010.
[929] Lillian Llanes: *Regarding the Cuban flag*, en http://artoncuba.com/article/regarding-the-cuban-flag/

bre, destinada a celebrar el advenimiento de la República, fue un diseño concebido por un español que había llegado recientemente a Cuba, Miguel Hevia, y que está basada en iconos que se utilizaban colectivamente para representar la nación: el escudo, la bandera y la fecha del 20 de mayo, día en que se proclama un evento trascendental, es indudablemente extraordinario».

«Hevia, en su composición alegórica de eminente estilo *artnouveau,* no descuidó ningún símbolo representativo de la nueva nación. Enmarcado de cintas azules y de laureles –símbolo de gloria y de triunfo– sobre un fondo en el que se ve la entrada de la bahía de La Habana, bajo los matices del alba y el ojo vigilante del faro del Morro que, ostenta por primera vez el estandarte cubano, la joven República de larga cabellera negra coronada de laureles y vestido blanco enarbola la bandera con la cual el Ejército Libertador emprendió sus batallas contra en yugo colonial».

El número 21 de la revista semanal *Cuba y América*[930] resalta la labor de Rosario Sigarroa en un editorial: «Primoroso y notable es el número de *Cuba Libre* dedicado a la fecha gloriosa del 20 de mayo que marca el nacimiento de nuestra República. [...] contiene un gran número de páginas ilustradas con retratos de distinguidas personalidades, facsímiles de documentos importantes, y vistas de las fiestas de la República [...] felicitamos a la ilustrada directora de la revista, Rosario Sigarroa por el notable esfuerzo que ha realizado con la publicación del citado número extraordinario».

En sus primeros números esta revista semanal dedicó un breve espacio a la literatura, pero poco a poco lo fue ampliando hasta llegar a ser casi por completo una revista literaria. En ella aparecieron trabajos literarios de Miguel de Carrión, Diego Vicente Tejera, Dulce María Borrero, Bonifacio Byrne y Mercedes Matamoros. Un aspecto característico de esta revista fue la publicación de poemas y fragmen-

---

[930] *Revista Cuba y Amé*rica, núm. 21, La Habana, 8 de junio 1902, pág.174.

tos de obras de las principales figuras del modernismo en América Latina. El cese de su publicación ocurre en febrero de 1910.[931]

Cuando la guerra había terminado, Rosario continuaba trabajando por Cuba desde su revista. Colabora también en el libro *Florilegio de Escritoras Cubanas* publicado por Antonio González Curquejo.[932] En esta obra Sigarroa publica un artículo, del que se lee este párrafo: «¡Céspedes y Martí! Almas que albergaban la fe más pura, el patriotismo más excelso, la abnegación más sublime! Ambos empaparon esta tierra, orgullosa de que en ella nacieran, con su sangre redentora; y ambos entraron en el reino de la eterna sombra con la aureola de la inmortalidad en las augustas frentes».[933] También en 1923 se asocia al Comité Ejecutivo del Primer Congreso Nacional de Mujeres, y tiene a su cargo el tema oficial de la Sociedad Humanitaria por la Cruz Roja Americana.[934]

Luego de muchos años de entrega a su país y de procurar los derechos de la mujer, Rosario Sigarroa falleció en La Habana el 22 de julio de 1925.

Portada de la revista Cuba Libre dirigida por la patriota Rosario Sigarroa, conmemorativa del 20 de mayo de 1902.[935]

---

[931] Javier de Castromori: «La Prensa Republicana», *Memorándum Vitae*, 1 de octubre, 2010.

[932] Antonio González Curquejo: «Florilegio de Escritoras Cubanas», Imprenta El Siglo XX, La Habana, 1919, tomo 3.

[933] Rosario Sigarroa: El Mártir de San Lorenzo y el de Dos Ríos, en *Florilegio de Escritoras Cubanas*, Ob.Cit., tomo 3, pág. 423.

[934] De este tema hablaremos en el t. IV de esta obra sobre la mujer cubana en la República.

[935] Publicada en *Memorandum Vitae*. Cortesía de Javier C. de Castromori ©. Todos los derechos reservados.

Juana Sandrino oriunda de Camagüey, trabajó allí por la independencia. En el Archivo Nacional de Cuba se conservan cartas de ella junto a las de Fernando Figueredo, Enrique Barnet, Eugenio María de Hostos, Samuel Sherman y otros muchos, de sus colaboradores.

María Clotilde Tamayo y Cisneros, natural de Bayamo, contrae matrimonio con el Capitán José Raimundo del Mármol y Valdés de Yarza a comienzos del siglo XIX. Fueron padres de ocho hijos. Uno de ellos, el General Donato Mármol y Tamayo (1843-1870), quien se casaría con **María Guadalupe Milanés y Bazán**. María Clotilde fue un gran ejemplo del firme amor a la independencia. Después de la quema de Bayamo, el General Donato Mármol, su hijo, le envió un papel en el que había escrito una sencilla frase «he tenido la gloria de pegarle fuego a tu casa».

Antoñica Torrens nació en la finca «Falero» en Mariel, el 2 de abril de 1879. Vivía en la antigua calle de Torreón, hoy Avenida 71. Estaba casada con Eufemio Pérez Rubio del Ejército Libertador, combatiente en la Cordillera del Rosario. Desde que su esposo se incorpora a las filas del ejército, ella se mantiene en contacto con los batallones que trabajan en las zonas Guajaibón, Sabana del Cristo, Mosquito y La Merced. Antoñica les suministraba víveres y medicamentos.

El periodista Justo Luis Rodríguez añade: «Es de destacar en los finales del siglo XIX a algunos marieleños como Ramón Orta y Maciá, a la patriota **Antoñica Torrens**, a Pedro Delgado Carcaché [...], al Capitán José Güimil [...], y otros ilustres luchadores de este pueblo de Mariel».[936]

Antoñica fue detenida en octubre de 1897 por una delación por sus actividades. Los españoles querían que declarara el lugar donde se encontraban las fuerzas mambisas, y fue conducida, pensamos que a pie, por La Loma de la Vigía, Macagual, Jutiera, Martín Mesa, Calderón, La Francesa, Mosquito y los Pilotos. Durante

---

[936] Justo Luis Rodríguez: «Teresa de Ávila, doctora de la Iglesia y patrona del Mariel», *revista Vitral*, año IXX. no.107, julio-septiembre de 2012.

la caminata recibió vejámenes, y finalmente fue llevada a la finca La Miranda. Al ver que no hablaba ni delataba la posición de las fuerzas insurrectas, la maltrataron y le desgarraron sus ropas. La ahorcaron en un árbol situado en la finca Mojica, el 15 de octubre de 1897. Un primo de ella conocido como «Pácelo», conjuntamente con otros familiares, la enterraron en el mismo lugar del ahorcamiento.

En el año 1916 se decidió trasladar sus restos al cementerio local, donde se realizó un acto y el secretario del Ayuntamiento, Juan Aceña, pronunció un discurso destacando las virtudes de la patriota ante las fuerzas españolas, y la resistencia en no denunciar a sus compañeros de armas.

En 1956 se levantó un monumento, obra del arquitecto Avelino Pérez Urriola, en el parque de la calle 132 y la avenida 73, en el poblado Mariel, en Artemisa. El monumento está construido de hormigón en la base o pedestal y en la parte superior de la estructura se encuentra una tarja que pone algunos datos de esta patriota y está su busto en bronce.

Isabel María de Valdivia[937] fue una criolla culta y de familia noble de Sancti Spíritus. Había nacido el 16 de noviembre de 1827. Luego contrajo matrimonio con José Joaquín Sánchez, de cuya unión nacieron 22 hijos, 11 de los cuales llegaron a la edad adulta. Isabel María siempre les inculcó los grandes valores como la libertad y la independencia, y los instó a luchar en la manigua. Tres fueron generales, dos capitanes, uno alférez y tres, tenientes. Entre ellos sobresale el Mayor General Serafín Sánchez y Valdivia, figura importante en la Guerra de los Diez Años.

---

[937] Regis Zulueta: «Isabel María de Valdivia: una Heroína de su tiempo», *Mujeres on Line*, no. 272, Marzo 2007, http://www.mujeres.co.cu/heroes.

Junto al poblado de Las Guásimas, un convoy español atraviesa el río Jatibonico.[938]

Al producirse la Revolución del 10 de octubre de 1868, Serafín, que entonces contaba con 22 años de edad, parte para la guerra, y a partir de ese momento sus padres son perseguidos por las autoridades, les incautan los bienes, y los fuerzan a abandonar Sancti Spíritus.

El General Serafín Sánchez Valdivia

Los diez años de aquella guerra fueron difíciles para Isabel María, quien siempre se mantuvo firme al lado de su esposo e hijos. Al comenzar la Guerra Chiquita tuvo que trasladarse a Isla de Pinos, después a Matanzas y años más tarde la familia emigró a la República Dominicana. En 1886 regresaron a Cuba y se instalaron en Santiago de Cuba para luego regresar a Arroyo Blanco, provincia de Sancti Spíritus. Allí residieron hasta 1895, año en el que fallecieron su esposo José Joaquín y su hijo Benito.

Isabel María, valerosa madre y mujer, siempre unió a la familia, amó mucho también a su nuera, Josefa María Pina, la esposa de Serafín, su hijo a quien trataba de «mi querida Isabelita».

Serafín se ha ido a la guerra. Es julio de 1895 cuando a la casa de Arroyo Blanco llega la noticia de que Serafín ha desembarcado por Punta Caney. Viene a Cuba en la expedición de Jarabacoa. Mientras, Isabel despide a los otros hijos varones que se marchan a la guerra: el General José Joaquín *Tello*, el coronel Raimundo, el Capitán Plácido, el Teniente Elías y el subteniente

---

[938] *La Ilustración Cubana y Americana*, Madrid, 15 de febrero, 1896.

Esteban. Además, participan en la guerra de independencia sus hijas **Julia América, Domitila y Josefa**.[939]

A los 68 años Isabel va también a la manigua y se acomoda en el pobre rancho de la familia de su hijo Plácido, en la finca Las Olivas donde cose ropas de campaña y hace hilas y vendas para los heridos. Va a los campamentos a ver a sus hijos y saludarlos con cariño.

El 18 de octubre, desde La Campana, cuenta Serafín en su diario de guerra *«fui a ver a mi vieja que me esperaba con ansias; fui a comer con ella los días 15, 16 y 17»*, dice. Tal vez es la última vez que ve Serafín a su madre, porque después marcha a Cienfuegos a proteger la expedición de Betancourt. Al regreso, antes de llegar, encuentra la muerte en el Paso de Las Damas, a corta distancia del río Zaza.

Serafín le escribe a su madre una de sus últimas cartas, el 12 de agosto de 1896 desde Ciego de Najasa aparentemente está confiado en el triunfo pues le dice: 'preparen viandas para cuando vaya para allá...' Pero Serafín muere. Isabel soportó con aplomo la noticia de la muerte en combate de su hijo Serafín. Y luego dijo: «Solamente ha cumplido con su deber; morir por la Patria».

Isabel continuó en la manigua hasta que finalizó la guerra en 1898 y decidió regresar a Arroyo Blanco donde falleció el 27 de julio de 1904. Los restos de Isabel María de Valdivia estuvieron en Arroyo Blanco hasta agosto de 1949 en que fueron trasladados, en ceremonia solemne hasta la necrópolis de la ciudad de Sancti Spíritus. Allí descansan junto a los de su hijo Serafín.

La poetisa espirituana Josefina Jacobs[940] le escribió un poema:

Era hermosa, gentil como ninguna
En sus noches ardientes, solitarias,
Brillaban sus noches libertarias
Al conjuro de la luna.

---

[939] Pedro Larralde: «Tronco materno de estirpe patriótica», http://www.centro vision.icrt.cu/2017/07/27/isabel-maria-valdivia-tronco-materno-estrella-patriotica, julio, 2013.
[940] Josefina Jacobs Cañizares nació en Sancti Spíritus, el 6 de Julio de 1916.

Su amor se abrió feliz con la oportuna
llegada del guerrero y legendarias
Fueron sus epopeyas, sus plegarias;
¡El sacrificio su mayor fortuna![941]

La poetisa Dulce María Borrero también le dedicó unos versos:[942]

Hablar de ella perfuma los labios.
Pensar en ella alumbra la conciencia.
Recordarla sostiene el corazón.
Quien la vio, la comprendió y la amó,
Sintió la influencia de las cosas puras,
Creyó en la existencia de las cosas internas,
Entró en el reino de la serenidad. Porque
Su alma era un paraíso calmado de bienandanzas.

Josefa Sánchez Valdivia, hija de Isabel y hermana del General Serafín Sánchez Valdivia.

Museo Casa Natal de Serafín Sánchez Valdivia, edificio de importancia histórica en la ciudad de Sancti Spíritus, fundado el 2 de noviembre de 1990.[943] Cuenta con ocho salas de exposición permanente y una temporal. Su colección guarda valiosos objetos de la familia Sánchez Valdivia y de otros patriotas de las guerras de independencia.

Carolina Valladares[944] cono-

---

[941] Pepa Piña era la esposa del General Serafín Sánchez Valdivia. Ver «Serafín, de vuelta entre los buenos», Radio Sancti Spíritus, http://www.radiosanctispiritus.cu/serafin/vida-quehaceres-pepa.html.

[942] Dulce María Borrero Pierra, (La Habana, 10 septiembre 1883-15 enero 1945), poetisa, escritora y defensora de los derechos de la mujer. Hermana de la poetisa Juana Borrero.

[943] El 2 de julio de 1846, en una de las habitaciones de la casona de Céspedes No. 112 Norte, nació Serafín Gualberto Sánchez Valdivia, patriota que gozó de la amistad de José Martí y ganó el reconocimiento de Máximo Gómez y de Antonio Maceo.

[944] Ver Fernández Soneira: *Mujeres de la Patria*, t I, pág. 367.

cida como «la viuda de Sarduy», brindó todo su apoyo a los mambises en la manigua, con ranchos de abastecimientos y en los hospitales de campaña. Cuentan que protagonizó dramáticos episodios con sus cinco hijos. Fue presidenta del *club Guinea de Miranda* establecido en Las Villas. En el acta de constitución proclaman las socias: «Si nuestros hijos, hermanos y esposos, cumpliendo con el supremo deber del ciudadano han consagrado sus vidas a la patria, así también tenemos nosotras, las mujeres, deberes sagrados que cumplir».

Conchita Vargas Machuca hizo Revolución con Rosario Bolaños[945]. En una ocasión en la calle Peña Pobre en La Habana hace entrega de sus cartas y envíos. Logró de Claudio Mendoza la colaboración de 20 centenes para el General Fernando Freyre de Andrade por medio de Charito Bolaños.[946] Conchita recibía y cumplía los pedidos de listas interminables que le enviaba el General Freyre de Andrade.

Juana Varona de Quesada era hermana del patriota Bernabé Varona. El periódico Patria[947] de Nueva York, anunciaba: «Honor es para Patria, el que le hace la señora Juana Varona de Quesada, la hermana fidelísima del glorioso Bernabé, al encargarle que, en esta casa donde se admira su virtud, digamos adiós en su nombre a las muchas personas de su amistad. Va al Cayo, a ver un poco de cielo azul, la ferviente amiga, la hermana ejemplar, la madre constante, la entusiasta patriota. De ella fue la pluma de oro que le premió a Benjamín Guerra un estudio criollo de la Avellaneda. De ella las flores que traía en sus manos para la mesa de la Sociedad Literaria, en noches de tempestad. De ella los claveles, bordados en seda, para un poeta que sangra de amor por Cuba, y de dolores bárbaros y callados. Su álbum, es el de los mártires; su conversación, de nuestras esperanzas; su sueño, Cuba. Jamás está sin rosas,

---

[945] Ver pp. 64, 214, 284-291; 330, 333, 366, 445, 454 de esta obra para más datos sobre Rosario Bolaños.

[946] Fernando Freyre de Andrade, militar, abogado, magistrado y político cubano. Se unió a la Guerra del 95 y tuvo que exiliarse para Nueva York. En la República fue el séptimo alcalde de La Habana.

[947] Ver *Mujeres de la Patria*, t I, pp. 340-34. También ver «La Sra. Juana Varona De Quesada» *Patria*, 28 de enero de 1893.

en su sala leal, el retrato de Bernabé, el hermano adorado. El Cayo escogerá de sus jardines su ramo más fino, y saldrá a recibir a la amiga de los muertos, de la patria, de la virtud, y de las flores». Hermosa semblanza hecha por Martí de esta honorable cubana.

Mambises de la Guerra de Independencia

Isabel Velasco Cisneros nació en Puerto Príncipe pocos años antes de empezar la Guerra de 1868. Junto a su familia y sus padres, Agustín Velasco y Ciriaca de Cisneros Betancourt, se fue Isabel al campo de la guerra. Entre aquellos valientes soldados que luchaban por la causa de libertad, también estaba el tío de Isabel, el patriota Salvador Cisneros Betancourt.

Trágicos momentos le tocó vivir a la familia de Isabel Velasco cuando aún era una adolescente. En un asalto de las tropas enemigas a la finca de la familia, el padre fue hecho prisionero y fusilado junto con su hermano Pompeyo, a la vista de Isabel. Ciriaca y su padre, con la más pequeña de las hijas corrieron desolados al monte hasta llegar al campamento del General Vicente García. Por otra parte, Isabel y sus hermanas fueron conducidas ante el jefe superior de la columna española que, al verlas deprimidas les dijo: «no se aflijan, están ustedes bajo mi custodia como si fueran mis hijas».

Con el tiempo volvió a reunirse toda la familia, pero su estado económico era pobre pues las autoridades españolas le habían confiscado todos sus bienes. Sin embargo, no se desaniman: Isabel y su familia se crecen ante las dificultades y trabajan día y noche. Las más distinguidas familias de los poblados acudían a encargarles la confección de trajes.

Después de la Guerra, Isabel se preparó para ejercer el magisterio. Fue nombrada directora de un colegio municipal. Muy pocos la conocen como poetisa, aunque en 1916 publicó sus versos en una obra titulada «Expansiones». Entre sus poemas están los que exalta hechos patrióticos como los del río Clavellinas. También escribió sobre los mártires fusilados: Joaquín de Agüero, Fernando Zayas, Miguel Benavides y Tomás Betancourt, y su

Himno a la Bandera Cubana[948]

Gloria eterna a los héroes cubanos
Que han alzado con gozo profundo
En la patria, tocando hasta el cielo,
¡La bandera más linda del mundo!
La bandera del triángulo rojo
Donde luce la estrella divina,
Que evocando los tiempos pasados,
Nuestra suerte futura ilumina.

La bandera de listas azules
Que se ha visto cubierta de gloria;
La bandera rayada de blanco,
Que tan alta aparece en la historia.

La bandera de perlas y zafiros,
Con su estrella de brillo profundo!;
La bandera del triángulo rojo
¡La bandera más bella del mundo!

---

[948] Periódico *La Crónica*, Camagüey, 9 de abril 1899.

Jesusa (Susa) Velasco, tomó grandes riesgos atravesando las trochas para alertar a su esposo de los movimientos sorpresivos de las tropas españolas. Para hacerlo, Jesusa tuvo que atravesar la línea de la guardia de la ciudad, cruzar ríos y penetrar montañas en las lomas de Maguayras, donde su esposo comandaba una compañía en un campamento mambí.[949]  Fue secuestrada por los españoles en Manzanillo junto con 200 sospechosos.

Ana Velasco y Gómez era de Villaclara donde nació el 21 de mayo de 1844. Participó en la Guerra del 68 cuando se fundó en su pueblo natal el Club José Martí. Desde el club trabajó en las labores revolucionarias. Ya en la República se acuerda donar al General Máximo Gómez y a su familia una casa[950], para lo que fue designada para esa comisión por la provincia de Santa Clara. Trabaja como incansable propagandista.

Fortín español en Punta de la Sierra, carretera de Guane, Pinar del Río.

Al combate de Atallava[951]

Toca 'fuego en retirada'
ya la corneta española
Cobardes que tanto temen
Al filo de nuestras hojas.
[…]
Las insurrectas cubanas
Con la nueva se alborozan

Y cantan de esta manera
En sus recónditas chozas:

¡Tejamos todas, amigas,
A los cubanos coronas,
Que acaban de hacerse dignos
Del amor de las criollas!

Sancti Spíritus, 1870

---

[949] Thomas Herbert Russell: *America's War for Humanity: Pictorial history of the world war for liberty*, H. Miller & Co., Chicago, 1919, pág. 348.

[950] Ver Fernández Soneira: *Mujeres de la Patria*, t I, pp. 272-273.

[951] Antonio Hurtado del Valle: *Los poetas de la guerra*, Edición de Patria, Imprenta América, S. Figueroa editor, Nueva York, 1893, pp. 39-40.

Mujeres a la carga, lámina del libro *The Story of Cuba*, de Murat Halstead, The Werner Company, Akron, Ohio, sexta edición, 1898.

Numerosas mujeres aparecen mencionadas en libros y publicaciones como participantes en la Guerra de 1895. No las he querido dejar de incluir porque ellas también tienen sus historias, aunque esas historias no hayan llegado a nosotros. Entre ellas están: **Tomasa y Amalia Hernández, Virginia Castellanos, Francisca Castellanos Armiñán, Fara, Conchita y Flora de la Peña**; las hermanas **Conchita y Beatriz Balmaseda Carrillo** junto a **Soledad y Consuelo Vigil,** que confeccionaban uniformes. **María Caraballo,** negra liberta de quien se cuenta que mató a un soldado español en 1897; **Caridad Casanova,** hija del patriota Pedro Casanova. **Sarita Castillo Velázquez, Carmen Coloma,** madre del patriota Antonio López Coloma; **Rosario Duguet, Carolina de Vera y Arredonda, Juana Disotuar Botey,** de Guantánamo; **Esther Castillo, Altagracia Cañizares Cepeda, Nicolasa, Trinidad y Tunga de León,** de Las Villas; **Úrsula Díaz Báez, Catalina Fernández de Cossío** de Cárdenas. **Rosa Fonseca y Meireles,** quien permaneció en la manigua durante toda la Guerra. **María García** quien contrajo matrimonio con Mariano Corona, Lugarteniente de Antonio Maceo.[952]

María Gutiérrez Balmaseda, Raquel Andux Teurbe Tolón, Higinia Guillot. Luisa Barrios de Pinar del Río, campesina que auxilió a Maceo en junio de 1896 cuando fue herido en una pierna en el combate de Rubí. **María Cabrera Santiesteban**, de Santiago de Cuba. **Adela Leyva Rodríguez,** «La Niña» de Cajobabo, **Tomasa y Amalia Hernández, Soledad Lezcano de Vega, María Machado Briscas**, de Sagua la Grande, quien laboró con otras damas de aquella región. **Tomasa Medina y Medina,** de Palma Soriano, hija del coronel del 68, Pepillo Medina.

---

[952] Antonio J. Molina: *Mujeres en la historia de Cuba*, Ediciones Universal, Miami, 2004.

Concepción Peña fue a la manigua con el esposo; **Concha, Paulina y Rosa Pérez**, eran hermanas y cortaban telas y confeccionaban uniformes para el ejército;[953] las **Hermanas Meriño**, fusiladas las 5 después de vejaciones; **Mercedes Mijares, Clara Montejo de Verde, María Morales,** (agente Miss Mary) **Natividad Moreno Alva, Aurelia Navarro Nápoles, Laudelina Nodal** de Villa Clara, **Florinda Pérez. Rosa Prieto,** de Sagua la Grande, **Margarita Spotorno, Bernardina Suárez de Curete, Clara Robau de Santa Cruz,** de Las Villas; **Juana Simona Ramírez**, de Guantánamo, **Carmen Rosa del Río vda de Wolter** de San Juan de Remedios.

Dolores Rivero Pérez, Luisa Rivero, colgada de un árbol, y su hijo recién nacido asesinado de un bayonetazo; **Candita Rodríguez,** fusilada como represalia por la derrota de Santa Rita, **Gregoria Rodríguez Velázquez,** de Jojo Arriba, Guantánamo; **Concepción Setién Vda. de Rivero, Isabel Saavedra, Luisa Sagrera de Arias. Lorenza Suárez,** fusilada en El Dorado junto a su hermana **Juana Suárez; Dominga Socías Pérez** y **María Pérez Matos** y **María Olalla de Pérez** de Guantánamo. María Olalla confeccionó una bandera. **Bernardina Suárez de Curete, Camila Sobrado** de Las Villas.

Candita Valle y González Vda. de Gil, hermana de Panchita Valle de Santa Clara; **Inés Velasco,** de Santa Clara; **Catalina de Vera y Arredonda,** ofreció conspirar junto a Antonio Maceo. **Magdalena Zayas Bazán, Dolores Montero, Águeda Paredes de Landa,** trabajó con Elvira Delmonte Lamar. También **Marcelina Amill Plasencia, María Sánchez Leal y Trinidad Falcón Castillo** figuran en la lista de mujeres que dieron un paso al frente en defensa de la patria.

Adriana García Alomá[954], colaboró con Rita Suárez del Villar en Las Villas junto a otras patriotas cienfuegueras: **Caruca García, Martha Torralbas, Amalia González, Ariana García Alomá, las hermanas Josefina y Lola Trujillo** y otras.

---

[953] Victoria Caturla Bru: *La mujer en la independencia de América,* Jesús Montero, La Habana, 1945.

[954] Para más datos ver Fernández Soneira, Mujeres de la Patria, t I, pág. 369.

Teresa Gutiérrez de Machado de Sagua la Grande; **Concepción M. y Eloísa Muñoz Durán**, de las Villas. A **Paulina Ramos**, patriota natural de Tapaste, el General Weyler la toma prisionera el 7 de mayo de 1897 en La Habana y la lleva a Sta. María del Rosario.[955] **Luisa Torres** fue prisionera en Los Mangos y llevada a la horca.[956] **Natividad Torres**, y también **Petra Pereira** quien fue ahorcada por los españoles en 1896 por ser sorprendida llevando comida y medicinas a los alzados. Tenía 19 años.[957]

De acuerdo a las investigaciones del historiador José Sánchez Guerra[958], hubo varias mujeres que tuvieron contacto con José Martí, luego de llegar a Cuba de República Dominicana junto al Generalísimo Máximo Gómez. A continuación están los nombres de algunas de ellas y los lugares donde ocurrió el encuentro: **Nina Tavera**, cerca de Arroyo Carlos; **Desideria Cabrera** y su sobrina **Paulina Rodríguez Laffita** en Vega de la Batea. En Vega del Jobo con la india **Gregoria Rodríguez Velázquez**; **Caridad Pérez Piñó** en Palmarito, y a **Mariana Pérez Moreira**, sobrina de Caridad.

En las paradas que hizo José Martí y que algunos historiadores llaman Ruta Martiana, estas mujeres le sirvieron café, o le hicieron la cena, le prepararon infusión de miel y limón, o simplemente le dieron hospedaje cordial. La niña **Paulina Rodríguez**, quien tenía 11 años cuando conoció a Martí a su paso por su casa, dice: «A Martí nadie lo conocía. Él era, de todos, el más extraño porque hasta hablaba distinto de voz. Pero el cundió en la gente; fue un desborde. Tan pronto llegaba, ya le estaban adelantando taburete para que se sentara, como si fuera de la familia».[959]

---

[955] Valeriano Weyler Nicolau: *Mi mando en Cuba*, 4to tomo, F. González Rojas, Madrid, 1910-11, pág. 369.
[956] *La mujer cubana en los 100 años de lucha 1868-1968*, Comité Provincial del PRC en La Habana, 1969, pág. 33.
[957] Vicentina Rodríguez de Cuesta: *Patriotas cubanas,* Talleres Heraldo Pinareño, Pinar del Río, 1952.
[958] *Mambisas guantanameras*, Editorial El Mar y la Montaña, Guantánamo, 2000, pp. 95-102.
[959] Ibídem, pág. 98.

A Lola Garí Ayala Betancourt, nunca pudieron encarcelarla por sus actividades patrióticas en Las Villas Trabaja con **Eufemia Chaviano, Teresa Mendoza de Domenech, Teresa Domenech de Lorda y Javiera Consuegra de Machado.**

En 1896 en el campamento mambí de La Piedra, en Palmar de Yateras, funcionaba la pequeña escuela atendida por la mambisa **Obdulia Herrera.** [960]

Florencia Palma peleó en la manigua según el escritor Nathan C. Green[961], con ímpetu. **Luisa Torres** estuvo prisionera en Los Mangos y luego llevada a la horca. **Natividad Torres** de 19 años, junto con Petra Pereira fueron ahorcadas por los españoles en 1896 al ser sorprendidas llevando comida y medicinas a los alzados.[962] **Concha, Paulina y Rosa Pérez,** tres hermanas que cortaban y cosían telas para los uniformes de los soldados.[963]

Y luego, **América Peñaranda Machado,** natural de Morón, bordaba la bandera y fue apresada y deportada a un Cayo frente a Cabaiguán.[964] **Florinda Pérez**[965] se fue a la manigua junto a Jacinto Hernández Vargas, uno de los generales de brigada de la Guerra de Independencia. A las **Hermanas Pérez** de San Juan y Martínez, Pinar del Rio, las encarcelaron por sus ideas independentistas. Cuando en 1896 la ciudad fue incendiada por los patriotas, el cura párroco Rafael Bentín se les unió y marchó a la manigua.[966]

Caridad Sousa recibió el grado de capitana de manos de Máximo Gómez. Su nombre se repite en las crónicas de las guerras de independencia.[967] A la muerte del General José Maceo, **Ernestina Valdés de Leyte-Vidal** colocó sobre sus restos la bandera

---

[960] Ver pp. 352, 394 de esta obra para más datos sobre Obdulia Herrera.

[961] Nathan C. Green: «La Mujer Mambisa», *The Story of Spain and Cuba*, 1898.

[962] Vicentina Rodríguez de Cuesta: *Patriotas cubanas,* Talleres Heraldo Pinareño, Pinar del Río, 1952.

[963] Victoria Caturla Bru: *La mujer en la independencia de América,* Jesús Montero, La Habana, 1945.

[964] Testimonio de Manuel Fernández Santalices, Madrid, España.

[965] «Los Generales que aún viven», Revista *Bohemia*, 1949.

[966] Molina, Ob.Cit.

[967] Carlos M. Estefanía, «Una isla de las mujeres de armas tomar», *Cuba Nuestra.*

cubana y el machete de su propiedad que guardaba como reliquia, y que había conservado su esposo como recuerdo. **Juana María Sánchez** esposa de Francisco Sánchez Hechavarría, trabajó con él durante la Guerra del 95.

Rosa Ortega era colaboradora en la prefectura de Palma Mocha del Vínculo. Allí fallece por enfermedad a la edad de 32 años, el 15 de agosto de 1897. **Encarnita Lastra**, natural de La Habana, trabajó en la Brigada del Ejército Libertador de José María Aguirre junto a la patriota Rosario Bolaños[968]. **Ana Pando**[969] conspiradora. Se dice que fue enviada al exilio de Isla de Pinos al detectar las autoridades su correspondencia con Antonio Maceo.

Calle Sagarra, Santiago de Cuba. Tarjeta postal de la colección de la autora.

Mariana Quirós de Molinet[970] natural de Sancti Spíritus, resuelta e intrépida transportaba cartuchos y pertrechos de guerra con Panchita Castillo a los talleres de armas de la Revolución. **María de la Caridad Ramírez Rojas** era una india de Yateras y esposa del sargento del Ejército Libertador Manuel Mengana. **Paquita Rodríguez** de Pinar del Río, se destacó junto a las hermanas Pérez Rodríguez y Pérez Montes de Oca y otras valientes mujeres.[971]

---

[968] Ver pp. 284-291 de este volumen para más datos de Rosario Bolaños.

[969] Raquel Vinat: *La Turbulencia Del Reposo*, «Accionar Político de las Cubanas durante la etapa de entreguerras» pp. 281-282. Para más información, ver también *Mujeres de la Patria*, t I, pág. 431.

[970] Ver Fernández Soneira, Ob.Cit., t I, pp. 358 y 367.

[971] Molina, Ob.Cit.

Plaza de la Caridad, Camagüey[972]

Muchacha cubana de comienzos del siglo XX.
Colección de la autora

Los clubes revolucionarios en Cuba

Como ya vimos en el volumen I de esta obra[973], durante la Guerra de los Diez Años (1868-1878) existieron en Cuba y en el extranjero varios clubes revolucionarios, que laboraban en secreto para auxiliar a los soldados mambises en sus necesidades en la manigua. Fueron, los del extranjero:

Junta Patriótica de Cubanas de Nueva York (1869)
Club Hijas del Pueblo de Nueva Orleans (1874)
Liga de las Hijas de Cuba de Nueva York (1869)
Club mixto Fe Patriótica de Missouri, Estados Unidos (1880)

En Cuba radicaban:

Club Secreto de la Habana localizado en Regla (1879);
Comité Central de Señoras (1876);
Club Secreto de La Habana (1879);
Club Hijas de la Libertad (1879);
Cédula Clandestina de Guanabacoa (1879)
Club de Señoras número 45 (1879)

---

[972] Una fiesta de la Caridad de Betancourt
[973] Ver Fernández Soneira: Ob.Cit., t I, pp. 430-431.

Cédula de Acción Clandestina Primero de noviembre (1879)
Club Fe, Esperanza y Caridad de La Habana.
y el C*lub José Martí.*

Probablemente existieron más organizaciones que no fueron oficialmente registradas o que no funcionaban organizadas como las anteriores. Fue un empeño de gran valor considerando que estaban establecidas en las ciudades y ciertamente vigiladas por las autoridades, por lo que estas mujeres se arriesgaron enormemente, poniendo también en peligro a su familia.

Al comenzar los trabajos de la Guerra de Independencia, las mujeres volvieron a organizarse en clubes revolucionarios secretos.

Aquí vemos algunos de ellos:

Club Juan Bruno Zayas
Club Rosa Delmonte
Club Mixto Vencedor
Club Esperanza del Valle
Club Revolucionario Cubano de Cienfuegos
Club Cubanita de Cienfuegos
Club Incógnito de Cienfuegos
Club Remedios
Club Fe Patriótica
Comité Revolucionario de Sagua la Grande
Club Hijas del Tínima
Club Juan Alberto González
Club Leoncio Vidal
Club Patria

Socias del *Club Juan Bruno Zayas*[974], fundado en Santa Clara. Fueron miembros ilustres: **Marina Anido y Estrada, Luisa Moré de Lubián, Elvira Morales Machado de Alfonso, María Luisa Morrell, y Mercedes Estrada Hernández de Mendoza** (esta última natural de Baire).[975]

Mercedes Estrada luchó por auxiliar a los mambises en los campos, y en la guerra del 68 había prestado sus servicios hasta el final.[976] También estaba **Florencia Peláez de Sed**, (natural de Guisa), que actuó como tesorera del club. Florencia había luchado en el 68 junto a **Carmen Gutiérrez Morillo**.[977]

Y así, estas heroicas mujeres del 95 que permanecieron en Cuba durante la contienda y se ganaron el respeto de sus compatriotas aunque pocas recibieron los laureles y las palmas que se merecían por su labor desinteresada y arriesgada. La Patria tiene una deuda con ellas, las que están y las que no están reseñadas en esta obra por falta de datos. Fueron contribuyentes, con sus esfuerzos, cruentos o incruentos, en darnos la libertad.

---

[974] El General Juan Bruno Zayas Alfonso, el más joven general de la Guerra de Independencia, era médico pero prefirió luchar a ejercer su profesión. Nació en La Habana en 1867 y falleció en combate en Quivicán, en 1896. Era hermano de Alfredo Zayas Alfonso, quien luego llegaría a Presidente de la República.

[975] Para más datos de Carmen Gutiérrez Morillo, ver Fernández Soneira: Ob.Cit., t I, pp. 347, 359.

[976] Lagomasino, Ob.Cit.

[977] Luis Lagomasino: *Episodios Nacionales*, Ob.Cit.

En 1936 habían sobrevivido varias integrantes del *Club Juan Bruno Zayas*, que aparecen en esta foto histórica[978]. De izquierda a derecha, de pie: Mercedes Nodal, Concepción Ávalos, Esther Lubián y Morell. Sentadas de izquierda a derecha: Marina Anido, Rosa Blanco de Silva y Dolores Gutiérrez Morillo.

Aurelia Castillo[979] pidió que esto nunca se olvidara y que se pensara que: «*hubo madre que llevó a cuestas por tres días el cadáver de su hijito porque los encuentros con tropas españolas hacían huir a ella y a la hermana que la acompañaba cada vez que intentaban cavar la pequeña fosa para darle sepultura, y aquel cuerpecillo estaba ya descompuesto y las inmundas aves que se nutren de cadáveres empezaban ya a seguirles*[980]¡ *[...] Pensad que otra de aquellas infelices, presa de horrible pánico al pasar una trocha, porque su hijo lloraba, habiéndose recomendado el más absoluto silencio bajo pena de muerte, como que de ese silencio dependía la vida de muchos, le fue estrechando tanto la boca, que,*

---

[978] Silvia Lubián: *El Club Juan Bruno Zayas*, Dirección de Publicaciones, Universidad Central de Santa Clara, 1961.

[979] Para más datos de Aurelia Castillo de González, ver pp. 29, 164, 298-304 y 458 de este volumen.

[980] Se refiere a la patriota camagüeyana Rosa Borrero de Campo.

pasada la trocha, se halló con el hijo muerto en los brazos, ¡por ella asfixiado! Pensad que se bebían sus lágrimas para no mostrar flaqueza cuando les mataban a sus hijos, a sus padres, a sus hermanos, a sus maridos, a sus amantes; y decid si no debemos venerar todos y por siempre la memoria de aquellas mujeres [...]!»[981]

> El sacrificio hermoso de su vida
> En bronce o mármol se verá mañana;
> Y para siempre quedará cumplida
> Esta verdad: que la mujer cubana
> Tiene la fe fanática del drúida,
> Y el supremo valor de la espartana.
> F. Gonzalo Marín[982]

Detalle del monumento a Máximo Gómez en La Habana, frente al Malecón, inaugurado el 18 de junio de 1935. Obra del artista italiano Aldo Gamba. Consta de bajorrelieves laterales alegóricos a las guerras de independencia. Aquí aparecen estilizadas las mujeres de la guerra.

---

[981] Ciriaca Cisneros Betancourt, fue hermana de Salvador Cisneros. Su esposo Agustín de Velasco, había sido fusilado por los soldados españoles en su presencia. Su hijo Pompilio murió en combate. Ver Elda Cento Gómez: «Apuntes para la historia de la familia de Salvador Cisneros Betancourt», *revista de la Universidad de La Habana* 256, Segundo Semestre, 2002.

[982] Enrique Ubieta: «A Mercedes Varona», La mujer cubana en la revolución revista *Bohemia*, 26 febrero, 1911, pág. 146.

Finaliza este capítulo con una interesante historia escrita por el patriota Fermín Valdés Domínguez, y que representa la vida de aquellos cubanos alzados, que luchaban en lo más remoto del campo cubano, y que con sus dolores y alegrías, esperaban y pasaban la Navidad.

A continuación una historia novelada de la Navidad en la manigua, escrita por Fermín Valdés Domínguez,[983] el gran amigo de José Martí. La historia es en gran parte verídica, e ilustra la vida de los mambises durante la Guerra de Independencia.

La Noche Buena

Vengo a Cuba libre a cenar con ustedes tasajo y plátanos y a pedir al cielo que sea esta la última Noche Buena de Cuba esclava –dijo el viajero remontándose de su ya cansada, pero briosa jaca. Una anciana de hermoso semblante cuyo busto se irguió con altivez, a pesar de sus setenta años y en cuyos ojos había la luz y el fuego de las grandes almas, estrechó conmovida y pálida la mano de su huésped.

–Ahora sí que estoy contenta– dijo la noble matrona oriental. ¡Ya tenemos padrino! Y habrá cena y brindaremos por la libertad de nuestra patria.

En la casa de los pobres se siente el amor a la grandeza y en aquella casa en donde el trabajo y la virtud vivían se hubieran hallado encogidos y fuera de lugar los que están acostumbrados a cambiar la honra por un escudo de oropel los que venden la dignidad como mueble inútil y que solo sirve para adornar los lujosos salones en donde la madre olvida sus deberes y el hijo mancha con la furia de sus vicios, el nombre quizás ilustre de sus antepasados.

No se oía en aquel rincón de tierra esclava la carcajada que aturde ni se perdían los acordes de la melodiosa danza entre vapores de champagne y copas de manzanilla. Allá a lo lejos se oía el triste quejido del tiple cubano y por el camino que lleva al pueblo, algunos jóvenes alegres venían a festejar a la buena madre de todos los hombres de aquella comarca con la música de güiro: la orquesta típica de Oriente.

---

[983] Fermín Valdés Domínguez, 7 de enero de 1895.

La noche era una de esas hermosas noches en que las sombras parecen respetar la alegría de los que dicen adiós a un año de penas y saludan con fe al año de las esperanzas.

Las once serían cuando el colgadizo interior de la casita, iluminado con velas de cera amarilla pegadas o atadas a los horcones, se veía invadido por los que habían de cenar juntos lechón y plátanos y miel de abejas. No faltaba la cazuela de congrio y la verde lechuga, aderezada por manos de ángel, hacían olvidar que allí no había manteles ni lujosa vajilla sino pobres platos de lata, uno o dos de pedernal, alguna taza bola y jícaras o jigüeras para el agua y el café aromático.

'A la mesa' dijo la anciana, 'usted, Padre Rosendo, y Patria a la izquierda y Cuba entre el Doctor y el Padre'. 'Antes de sentarnos, dijo aquel digno ministro católico, pidamos al cielo ventura para nuestra patria; recordemos a los padres de estas niñas, las que bauticé en el campamento del General Gómez en tierra camagüeyana; al esposo de usted, señora, que murió como bravo al lado del inmortal Agramonte, y a sus hijitos asesinados por el sanguinario Boet. Rosendo, acuérdate de ellos para vengarlos a todos, tú que naciste en medio de las balas y has tenido en tu madre, en esta cubana ejemplar, un modelo de patriotismo que imitar con orgullo. Y tú, Patria, se su compañera en esta paz deshonrosa y su hermana en el campo de la gloria. Y tú, mi Cuba, a quien tanto quiero, lleva con orgullo en tus ojos el fuego de nuestras almas ansiosas de redención. A la cena, pues, que pronto ha de sonar la hora del combate y Dios estará a nuestro lado porque Dios es libertad y Dios es justicia y el cubano solo pelea por dominar la tiranía ¡que infama y esclaviza y niega a hombres libres el derecho de tener patria!'

La historia verdadera de los pueblos es la que escriben con sus heroísmos en el libro de la inmortalidad las almas que saben ser dignas de la tierra que las recibió amorosa y dio a sus corazones el fuego de la vida y el aliento de la grandeza que solo vive en donde están la virtud y el sacrificio honrado; única manera de hallar redención posible en este mundo de miserias y dolores.

Llena toda una página de nuestra historia la relación tristísima de los dolores que supo sufrir la ilustre matrona, que en días que no pueden olvidarse nunca, abandonó sus riquezas para seguir a su esposo y acompañarlo en las fatigas de la campaña. Como ejemplo la recuerdo ahora, y si oculto su nombre por deber, pronto llegará el día en que pueda Cuba honrarla o dejar sobre su tumba la corona de laurel que ciñe ya su frente augusta.

Esa que ofrecía en aquella casa, cena y afectuosa hospitalidad había sufrido, con resignación heroica, todas las angustias de la guerra; pero no dejaron estas, a pesar de ser muchas, huellas dolorosas en su alma. Recordaba con altivez los días de fatigas y los combates y el hambre y la desnudez y el frío y las enfermedades; las arrugas de su frente, la contracción dolorosa de sus labios, la lágrima siempre caliente en sus ojos; eran los signos visibles de un dolor tan grande como su alma, de un angustioso recuerdo que estaba siempre en su memoria.

Hay infamias cuya relación es enojosa; pero en este caso recordarlas es jurar venganza en el altar de la patria; y es oportuno hoy el juramento.

Al norte de Santiago de Cuba, allá por donde corre el Moa, operaba González Boet. Fuerzas cubanas atacaban a los presidiarios españoles que acompañaban al hombre inhumano. Se empeñaba este en descubrir el lugar en donde se ocultaba el jefe independiente, marido de aquella digna señora, al que habían herido en el último combate.

En un rancho en lo más espeso del monte, vivía la esposa, [de González Boet] también enferma, y tenía a su lado a sus tres hijos, de diez años el uno, de seis otro y el que llevaría en sus brazos apenas él contaba dos meses. La fuerza española descubrió el indefenso escondite y allá fue Boet con su gente.

¿Dónde está tu marido?...Vamos... ¡Pronto!

No sé, contesto la madre, estrechando contra su helado pecho al hijo de sus entrañas.

Pues este mambí lo dirá. Y con cobarde brutalidad cogió por el brazo al mayor de los niños.

No sé, dijo.

¡Despachemos! ¡O me dicen a donde está tu marido o le pego un tiro a tu hijo aquí mismo!

¡Máteme antes! ¡...pero mi hijo! El niño estaba mudo. Se dejó arrastrar hasta el monte y el verdugo le disparó un tiro con el revólver que llevaba en la mano.

Pero aún no había terminado el martirio. Este otro caerá también si no me dices donde se oculta el canalla de tu marido. La mártir no pudo responder, y apenas si vio cuando aquel malvado dejó muerto en el monte al hijo de seis años que acaso no podía comprender porque aquel hombre era tan miserable.

Luego mandó que ataran a la víctima y con su puñal dejó sin vida al ángel....que no había podido detener, con su sonrisa!, la mano bárbara del asesino! Harto de carne y de sangre, arrastró a la madre, y entre aquella chusma se la condujo como prisionera al campamento más inmediato.

Con la noche llegó la noticia fatal al soldado herido. Se irguió este con rabia, dejó el lecho y acompañado de un puñado de bravos atacó el campamento enemigo; los asesinos huyeron a ocultar en el monte sus cobardías, y dejaron atada a un árbol y ¡casi sin vida, a la pobre madre!

¡Oh! ¡Cuando ella me contaba la escena dolorosa, quería pintarme a su compañero, a aquel soldado cubano tipo de bravura y de entereza, noble y generoso en la pelea, pero digno y decidido ante las huestes bien armadas de los soldados españoles y ante los viles defensores de la tiranía, que iban por los campos sembrando el luto y levantando como estandarte, la bandera del pillaje y siendo los iniculos violadores de todas las leyes y de todos los fueros santos de la humanidad!

¡Vamos a buscar a nuestros hijos! El lugar en que los dimos sepultura indicará al asesino que allí debe morir y allí morirá! La claridad de la luna indicó a los padres el monte que guardaba los restos de las inocentes criaturitas; los más pequeñitos estaban casi juntos en un charco de sangre. La madre creyó oír un quejido: dio un grito de dolorosa alegría y corrió entre el monte como una loca; la luna se ocultó por un momento; fue aquel para ella momento de dolor horrible. Casi desfallecida caía en los brazos del esposo que le seguía llorando y tinto en sangre española. Otro lamento se oyó y la luz blanca del astro piadoso de la noche fue la antorcha que alumbró el cuerpo del niño que se quejaba con amargura. Estaba vivo: la bala le había atravesado el pulmón derecho, pero aunque la herida era mortal, su naturaleza se rebelaba y su cuerpo demostraba todas las energías de que era capaz.

Más que los cuidados del médico y de los soldados que acompañaban a aquel valiente fueron entonces eficaces, los consuelos y los brazos de aquella madre y esposa ejemplar. El niño creció para honra suya y peleó después al lado de su padre el día triste para el en que lo vio caer para siempre en el combate, este niño era el joven Rosendo que cenaba al lado de su madre en la casita de Tauco. Patria y Cuba eran hermanas; quedaron huérfanas en la guerra y aquella santa fue madre también para ellas. En aquella noche se casaron Patria y Rosendo y la suerte quiso que bendijera aquella unión el mismo varón justo que acompañó a sus padres en la campaña significadora.

Es Rosendo un hombre hermoso de veintiocho a treinta años, fuerte de cuerpo y de alma. Nació en tierras de Oriente y allá en el Camagüey tuvo su bautismo de sangre. Supo pelear al lado de su padre y sabrá morir al pie de su bandera.

En aquella noche –inolvidable para mí, que era el huésped y el cubano sin títulos honrosos en la mesa santificada por el valor y los heroísmos y las virtudes– ofreció a su esposa ir con ella y con Cuba a visitar la tumba del valiente que murió cuando era niña...Allá en los montes del potrero Méjico –en donde tantos supieron morir– debía encontrarse la cruz de madera que Calixto García dejó al lado de su amigo...

Si antes no tengo que ir a la guerra, allá iré, dijo Rosendo, ¡allí sobre aquella tumba nos volveremos a casar!

Poco más de un mes había pasado cuando me encontré con Patria, Cuba y Rosendo allá por el camino central del Camagüey y casi a orillas del Saramaguacán[984].

La amorosa pareja me hizo olvidar mis dolores, en sus frases estaba toda la blancura de sus almas. Me hablaron de mi amiga la madre mártir, que había quedado en Oriente, sola con sus recuerdos y esperando a sus hijos, los que volverían, según ella, sanos y salvos porque habían ido a cumplir un deber.

Cuba estaba más hermosa y bella que nunca. Había más luz y más fuego en sus negros ojos; rosas eran sus labios y su cabello ondeado caía sobre su frente pálida como manto que rodeaba aquel cuadro encantado, copia o modelo de la belleza cubana.

---

[984] Cerca de Nuevitas, en Camagüey.

A su lado vi a un joven de mirada altiva y cuerpo hercúleo. Era Luis el pescador, el que en la estrecha canoa dominaba con su brazo las corrientes más rápidas del río, el que nunca tuvo miedo; ese era Luis, camagüeyano, nacido en los últimos años de la guerra, allá en el monte, y que no conoció sino de nombre, a su padre. Cuba y Luis se amaban. Aquel amor era para mí el abrazo de las dos regiones hermanas.

Algunos días después emprendimos nuestro viaje. Por el monte espeso, por aquella manigua ahora desierta andaban los novios como exploradores. Luis decía que era práctico y que muchas veces había llegado hasta aquellos lugares.
Patria, Rosendo y yo los seguíamos.

Llegamos al fin a un limpio y allí nos detuvimos ante una cruz.

'Aquí está', dijo Cuba y cayó de rodillas.

'Si, aquí descansa mi padre', agregó Luis con pena y espanto.
El nombre que se leía en el brazo de la cruz era el del valiente padre de aquellas niñas y padre del acongojado Luis.

Rosendo y Patria cumplieron su promesa y también –al pie de aquella vieja cruz de madera– Luis y Cuba se abrazaron como hermanos. Pobres huérfanos a quienes la muerte separó y la muerte unía ahora de nuevo, en amor santo y puro.

Como viva encarnación de los dolores de mí patria, estás ¡Oh Cuba! en mi alma; y como sacerdotisa del deber, son tus palabras consuelo y alivio y fuerza para los que esperan.

En tus negros ojos encuentro con orgullo el mandato honroso; hay en ellos una lágrima y esa la llevaré en mi corazón el día de la lucha.

Muerto o vencedor solo quiero para mí tus brazos amorosos, ¡oh! encarnación hermosa de mi patria!

Fermín Valdés Domínguez, 7 de enero de 1895

En el tomo III continua esta obra con la labor de la mujer en el exilio del siglo XIX; exilio muy fructífero que no solo sirvió para unir a los cubanos que habían huido de la guerra hacia diferentes países, sino que también ayudó a crear un sentido más profundo de Patria, al encontrarse lejos de ella. Desde fuera de Cuba, al igual que en Cuba, todos buscaban la libertad, y las mujeres seguirían apoyando la obra de la redención.

Cronología de la Guerra del 1895[985]

1879- Estalla en Oriente la Guerra Chiquita. En Santiago de Cuba y en Santa Clara cobra vida, pero pronto se debilita. En mayo de 1880, un año después de haber desembarcado el General Calixto García Iñiguez en Cuba, la lucha termina con el fracaso de los mambises.

Prisión y deportación de Martí por conspirar junto a Juan Gualberto Gómez.

1883- Ramón Leocadio Bonachea, General del Ejército Libertador, intenta invadir a Cuba pero es apresado y fusilado.

1886- Fracasa un plan revolucionario de Máximo Gómez y Antonio Maceo.

1890- Maceo visita Cuba. Intento fracasado de un nuevo alzamiento en Oriente. Maceo y Flor Crombet detenidos y deportados.

1892- En su empeño por unificar y organizar a los grupos de cubanos exiliados, José Martí logra fundar el Partido Revolucionario Cubano e instaurar clubes afiliados en diferentes ciudades de los Estados Unidos, el Caribe, Sur América y Europa. Martí es elegido su delegado.

Comienza a publicarse en Nueva York el periódico *Patria*, órgano del Partido Revolucionario Cubano, cuyo fundador y editor es José Martí.

1893- Martí logra que Antonio Maceo y Máximo Gómez se incorporen a la guerra revolucionaria.

Stephen Grover Cleveland es elegido por segunda vez Presidente de los Estados Unidos quien instaura una política de neutralidad hacia Cuba.

1894- Se organiza un plan para invadir Cuba con tres barcos en lo que se conoce como el Plan de Fernandina, por la localidad costera

---

[985] Parte de la información en esta cronología ha sido tomada de Emeterio Santovenia, *Huellas de Gloria*, Editorial Trópico, La Habana 1928, pp. 15-21.

de la Florida, desde donde iban a zarpar. Fracaso de la expedición por filtración de los detalles del plan.

1895- 24 de febrero, Grito de Baire. Comienzo de la Guerra de Independencia. Los principales focos están en las provincias orientales de la Isla: Ibarra y Jagüey Grande; en Baire, Jaguaní, Manzanillo, Guantánamo y Matanzas. Suspensión en Cuba de las garantías constitucionales.

José Martí y Máximo Gómez exponen en República Dominicana las razones y el contenido de la Revolución con el Manifiesto de Montecristi.

El 5 de mayo desembarcan en Cuba Maceo, Martí y Gómez.

En el ingenio La Mejorana se realiza una reunión ese mismo día para tratar la organización de la República en Armas y la invasión de las provincias occidentales.

El 19 de mayo, muere José Martí en Dos Ríos en acción de guerra.

El 23 de junio, el obispo de La Habana, Manuel Santander y Frutos, disponiendo que «para prevenir los conflictos en que pudieran encontrarse los señores curas párrocos, con motivo de la funesta insurrección que aflige al país, si por la autoridad correspondiente se les pidieran las iglesias, con el fin de convertirlas en fortalezas para defensa de los pueblos, como sucedió en otras ocasiones, venimos en autorizarles y les autorizamos para que, al tenerse temores de que eso pueda acontecer, consuman las sagradas Formas, trasladen a lugar seguro los santos óleos y el agua de la pila bautismal, y retiren del templo las imágenes sagradas o las cubran si retirarlas no fuere posible, evitando con el mayor cuidado todo género de irreverencias».[986]

1 de julio, el Generalísimo Máximo Gómez anuncia en un Bando la paralización de la próxima molienda de caña.

En septiembre se reúne la Asamblea Constituyente en Jimaguayú. Se elige el consejo de gobierno cuyo presidente y vice presidente serían: Salvador Cisneros Betancourt y Bartolomé Masó.

---

[986] Manuel Fernández Santalices: *Cronología histórica de Cuba* (1492-2000), Ediciones Universal, Miami, 2001.

Diciembre 31 España envía a fines de año, 90,412 soldados que con los 20,874 que ya existían en la Isla antes de estallar la guerra, hacen un total de 63,000 voluntarios y unos 5,000 movilizados llegando a un total de 179,286 hombres mandados por 42 generales.

1896- El 23 de enero, luego de 92 días, las columnas de Maceo y Gómez culminan la Invasión a occidente, con la ocupación de Mantua en Pinar del Río.

Sustitución de Martínez Campos por Sabás Marín en enero; y luego en febrero por Valeriano Weyler como Gobernador y Jefe militar de Cuba.

19 de mayo: en el Boletín Eclesiástico del Obispado de La Habana se publica una carta del Papa León XIII a la Reina Regente de España en la que el Pontífice manifiesta la complacencia con que la Reina ha acogido *«nuestra bendición a las tropas que marchaban a Cuba y los votos que hacíamos por la prosperidad de la empresa que les está encomendada».* Y reitera su deseo *«de que el Señor haga prosperar las armas españolas en favor del trono y de esa católica nación».*[987]

7 de diciembre, muere en Punta Brava, cerca de La Habana y en acción de guerra, el General Antonio Maceo junto al cadáver de su ayudante e hijo de Máximo Gómez y Bernarda Toro, Panchito Gómez Toro.

1897- Ocupa la presidencia de los Estados Unidos, William McKinley.

En septiembre Calixto García ataca y toma Victoria de Las Tunas.

Weyler emprende su campaña de exterminio con la reconcentración. Protestas internacionales.

Los revolucionarios se reúnen en Asamblea Constituyente en La Yaya, Oriente. Se adopta una nueva constitución. El consejo de gobierno está compuesto por: Bartolomé Masó como presidente, y Domingo Méndez Capote como vicepresidente.

---

[987]Ibíd., pág. 85.

El 31 de octubre Weyler es relevado por el General Ramón Blanco y Erenas. Nueva política española en Cuba para el logro de la paz y la conciliación con los Estados Unidos.

1898- Se utilizan tropas para reprimir los desórdenes y el cónsul norteamericano en la Habana, Fizhugh Lee, pide a su gobierno el envío de un barco de guerra.

El 15 de febrero ocurre la voladura del acorazado Maine en la bahía de La Habana, adonde había llegado el 25 de enero.

18 de abril- Resolución conjunta del Congreso de los E.U. «*El pueblo de Cuba es y de hecho debe ser libre e independiente. (...) El gobierno de los E.U. exige que el gobierno de España renuncie inmediatamente su autoridad y gobierno en la isla de Cuba y retire del territorio de esta y de sus aguas, sus fuerzas militares y navales...Los E.U. no tienen la intención ni el deseo de ejercitar en Cuba soberanía o dominio*».

21 de abril- Ultimátum norteamericano a España para la pacificación de Cuba. Declaración de guerra.

20 de junio- Desembarco de las tropas norteamericanas en la costa sur de Oriente.

1 de julio- Combate de El Caney y la Loma de San Juan, en Santiago de Cuba, entre tropas españolas, cubanas y norteamericanas. Derrota española.

3 de julio- Combate naval en la bahía de Santiago de Cuba. Destrucción por acorazados norteamericanos de la escuadra española al mando del almirante Pascual Cervera.

16 de julio- Capitulación de las fuerzas españolas en la plaza de Santiago de Cuba y su Territorio Militar. Concluye lo que se conoció como la guerra hispano-cubano-norteamericana.

12 de agosto- Se firma en la Casa Blanca, en Washington, y en presencia del Presidente McKinley, el protocolo de Paz por el Secretario de Estado de la Unión, William H. Day, y el Embajador de Francia en los E.U., Jules Cambón, por mandato del gobierno español que prescribe la suspensión de las hostilidades, la renuncia de España a la soberanía y derechos sobre Cuba, y la evacuación de los territorios.

España ha gastado $480,000,000.00 y mantenido fuerzas armadas en número de aproximadamente 300,000 hombres.

8 de septiembre- Se celebra en el santuario de la Virgen de la Caridad en el Cobre, «la primera fiesta religiosa en Cuba libre e independiente». Asisten oficiales del ejército cubano y norteamericano. El sermón lo pronuncia el sacerdote cubano Desiderio Mesnier con el tema: «el pueblo cristiano tiene en María una corredentora, los cubanos tienen en la Virgen de la Caridad una Madre que les enseñará a consolidar una República cristiana».

20 de septiembre- Manifiesto del clero cubano nativo en el que proponen que la Santa Sede designe «dos delegados para que a su nombre y representación rija y administren la Iglesia católica cubana» porque «a ningún Estado políticamente considerado le conviene establecimientos de iglesias que no sean nacionales».

7 de diciembre- Al cumplirse el 2do aniversario de la muerte de Antonio Maceo, se celebra en la Catedral de Santiago de Cuba un funeral solemne en el que pronuncia la oración fúnebre el sacerdote Francisco de Paula Barnada.

10 de diciembre- Se firma en París el Tratado entre España y los E.U., en el que se estipula que «España renuncia a todo derecho de soberanía y propiedad sobre Cuba», y que «cuando sea evacuada por España, va a ser ocupada por los E.U.»

11 de diciembre- Muere en Washington, inesperadamente, el General Calixto García Íñiguez, durante la visita de la comisión cubana que iba a tratar el licenciamiento del ejército mambí.

1899- 16 de enero El Presidente de los E.U., William McKinley, nombra Gobernador de Cuba al General John Brooke.

Marzo- Máximo Gómez es depuesto como General en Jefe del Ejército Libertador por la Asamblea de Representantes reunida en El Cerro.

Se organizan los primeros partidos políticos y se disuelven los antiguos entre ellos el Partido Revolucionario Cubano fundado por Martí.

29 de junio- El Papa León XIII nombra arzobispo de Santiago de Cuba al sacerdote cubano Francisco de Paula Barnada y Aguilar.

20 de diciembre- Se celebra en el Palacio de los Capitanes Generales de la Plaza de Armas en La Habana el cambio de banderas y la transmisión de poderes, en el que representa a España el último gobernador español, Adolfo Jiménez Castellanos y a los Estados Unidos John R. Brooke.

Al final del año, el censo arroja que en aquel momento la Isla de Cuba tenía una población de 1,572,797 habitantes.

1902- Mayo 20 se constituye definitivamente la República de Cuba con personalidad propia en la vida internacional.

En el anverso, una pareja de novios en Cuba, lugar desconocido, c. 1899. Fotografía de la colección de la autora.

Bibliografía

A Death in Cuba and a New York Family: Cuban New Yorker, 11 de mayo, 2013.

«A Yellow Fever Yarn: Spaniards Say the Disease is Raging Among our Men at Guantanamo», *The New York Times*, junio 1898.

Abad Muñoz, Diana: *El movimiento revolucionario cubano 1880-1895*, Editora Política, Habana, 2005.

Abreu Cardet, José Miguel: *El poeta y la guerra: El sitio de Holguín de Antonio José Nápoles Fajardo*, inédito.

_____: *La furia de los nietos: guerra y familia en Cuba*, Editorial El Mar y La Montaña, Guantánamo, 2003.

_____: *La guerra grande: dos puntos de vista*, Editorial Ciencias Sociales, La Habana, 2008.

_____: *Las fronteras de la guerra, mujeres, soldados y regionalismo en el 68*, Editorial Oriente, Santiago de Cuba 2007.

_____: «Las muchas visiones de la guerra», III Coloquio de Historia Canario-Americana; *VIII Congreso Internacional de Historia de América*, 1998.

_____: «Los niños de la guerra, Cuba 1868-1878», *Calibán*, revista cubana de pensamiento e historia, enero-febrero-marzo, 2010.

_____: «Los pequeños insurrectos: niños, familia y guerra en Cuba (1868-1878*)*», *Caribbean Studies*, vol. 40, No. 1 (Enero-Junio 2012).

_____: *Los resueltos a morir: relatos de la Guerra Grande (Cuba 1868-1878)*, Editorial Oriente, Colección Bronce, Santiago de Cuba, 2016.

_____: *Los senderos de la pasión, otra mirada al 68*, Ediciones Holguín, Holguín, 2010.

_____: «Patriotas Holguineros de Constantino Pupo: un libro para el alma de un pueblo», *Visiones de Historia Cubana*, Holguín, 20 de diciembre, 2016.

_____: «Alzamiento del 24 de febrero – Holguín», *Archivo Nacional de la Nación*, volumen CLXXXVI, Santo Domingo, R.D., 2013.

Abreu Ugarte, Jorge Eduardo: «Experiencias aportadas por los médicos militares cubanos en las guerras de independencia del siglo XIX», *Rev. Cub Med Mil* 2009, vol.38, n.1.

Academia de la Historia de Cuba: *Papeles de Maceo*, t. II, Editorial de Ciencias Sociales, La Habana, 1998.

Adán, Eva: *Hojas de Recuerdos*, Imprenta Molina y Cía, La Habana, 1935.

Afrocubanas, julio 21, 2005, en https:afrocubanas.wordpress.com.

Agramonte de Agramonte, Manuela: «Saludo a Cuba», en Domitila García de Coronado: *Álbum poético-fotográfico de las escritoras y poetisas cubanas*, Imprenta Militar de la Vda. de Soler, La Habana, 1872.

Agramonte y Loynaz, Ignacio: *Patria y mujer*, Imprenta Escuela del Instituto Cívico Militar, La Habana, 1942.

Agüero Feria, Rittaly: «Leonela de Feria y Garayalde, patriota, madre ejemplar, educadora». Tesis de William Navarrete, inédita, octubre, 2016.

Aguilera, Francisco Vicente: *Cartas familiares, diario y correspondencia de Francisco Vicente Aguilera en la emigración* (Estados Unidos), tomos I y II, Editorial Ciencias Sociales, La Habana, 2009.

Aguirre, Mirta: *Influencia de la mujer en Iberoamérica*, Habana, Servicio Femenino de la Defensa Civil, La Habana, 1948.

Albuerne Mesa, Miguel: «3era. Escuela de Verano Anita Fernández Velasco en Cienfuegos», en *Conferencia de Obispos Católicos de Cuba,*

www.iglesiacubana.org/cocc2013.

Alcover y Beltrán, Antonio Miguel: *Historia de la villa de Sagua la Grande y su jurisprudencia: documentos, apuntes, reseñas, monografías, consideraciones,* Impr. Unidas La Historia y El Correo Español, Sagua la Grande, 1905.

Alejandre Khuly, Margarita: «Suplemento del 10 de Octubre», Participación de la mujer en la bandera cubana, *The Miami Herald*, 10 octubre, 1977.

«Alejandro Ramírez, ciudadano y militar», Así se Forjó la Patria, *Bohemia*, 30 de noviembre de 1950, p. 152.

Allen Tupper, Jr., H.: *Columbia's War for Humanity*, The Success Company, New York, 1898.

Alonso y Artigas, Benito: «La Dama del Paraguas», periódico *Información*, La Habana, reproducido en *El Undoso*, Miami, p. 4, noviembre de 1972.

Alonso, Longina: *Mariana Grajales Vda. de Maceo, labor patriótica* (folleto) Imprenta Arroyo, Santiago de Cuba, 1942.

Alonso Coma, Ismael: *Historia de Guantánamo 1868-1898,* Editorial El Mar y la Montaña, Guantánamo 2012.

Alonso y Romero, Mercedes: *Máximo Gómez, el viejo mambí,* Editorial Manatí, Republica Dominicana, 2005.

Alpízar Leal, Luis, compilador, *Documentos inéditos de José Martí a José D. Poyo,* La Habana, Editorial de Ciencias Sociales, 1994.

Alpízar Poyo, Raoul: *Cayo Hueso y José Dolores Poyo, dos símbolos patrios,* La Habana, Imprenta P. Fernández, 1947.

Álvarez Estévez, Rolando: *La reeducación de la mujer cubana en la colonia: la Casa de Recogidas,* 1976, Editorial Ciencias Sociales, La Habana.

_____: *La emigración cubana en Estados Unidos, 1868-1878,* Editorial de Ciencias Sociales, La Habana, 1986.

_____: «El trabajo de la mujer ayer y hoy; apuntes históricos», revista *Mujeres.*

Alzola, Concepción Teresa: *Trayectoria de la mujer cubana,* Ediciones Universal, Miami, 2009.

Amelia Peláez- Una mirada en retrospectiva, 1928-1966, Fundación Caixa Galicia, Nova Caixa Galicia, 2011.

Anuario Demográfico de Cuba, 2009, Oficina Nacional de Estadísticas, La Habana.

Anuario Estadístico de la República de Cuba, Imprenta El Siglo XX, La Habana, 1915.

«Annual Report of the War Department», *Report of Military Governor of Cuba on Civil Affairs,* vol. I, part 2, Washington, 1901

«Apuntes biográficos de la familia Mora», *Revista del Colegio Belén,* mayo-junio 1934.

Arbelo, Manuel: *Recuerdos de la última Guerra de Independencia de Cuba,* Tipografía Moderna, La Habana, 1918.

Árbol Genealógico del apellido correspondiente a la Familia Saco, en www.Scribd.com

Argilagos, Francisco R.: «Doctor Francisco Argilagos Ginferrer, su vida y obra», Imprenta El Cubano, Santiago de Cuba, 1991.

_____: *Prédicas insurrectas,* Imprenta La Prueba, La Habana, 1916.

_____: *Próceres de la independencia de Cuba,* Imprenta El Siglo XX, La Habana, 1916.

Armas, Guido de: «Carolina, La patriota», *Bohemia*, Figuras del Centenario, 1968.

Arocena, Felipe y William Noland: *Entrevistas Cubanas, Historias de una Nación Dividida*, McFarland & Co. Inc. Publishers, North Carolina, 2003.

Arrechea, Carmen Montejo: *Between Race and Empire: African-Americans and Cubans before the Cuban Revolution*, Temple University Press, 1998.

_____: «Minerva, una revista para mujeres (y hombres) de color», en *Between Race and Empire*, Temple University Press, 1998.

Arredondo y Miranda Francisco de: *Recuerdos de las guerras de Cuba 1868-1871 (diario de campaña 1868-1871)*, Biblioteca Nacional José Martí, La Habana, 1962.

Arroyo, Anita: «Presencia de la mujer cubana en la vida cubana», *Diario de la Marina*, número extraordinario, La Habana, 1957.

Asociación de Instrucción y Sociedad Mutual, «Las Hijas del Progreso», Reglamento, Lago S.A., La Habana, 1880.

Asúnsolo García, José Luis: «La Compañía Trasatlántica Española en las Guerras Coloniales del 98», en *Militaria*, número 13, pp. 77-92, Universidad Complutense, Madrid 1999.

Atlántida, revista de cultura, Instituto Acoriano de Cultura, vol. XLVIII, 2003.

Augier, Ángel: «En el Centenario de Manana», en *Bohemia*, pp. 4-6; 102-104.

Azcona, María Teresa, RA: *Una historia de esperanza, Religiosas del Apostolado del Sgdo. Corazón de Jesús en su primer centenario*, Madrid, 1989.

Azcuy Alón, Fanny: *El Partido Revolucionario y la independencia de Cuba*, La Habana, Molina y Compañía, 1930.

Bacardí Moreau, Emilio: *Crónicas de Santiago de Cuba*, reeditadas por Amalia Bacardí, Graf Preogam, Madrid, 1972.

_____: *Doña Guiomar, tiempos de la conquista*, Imprenta El Siglo XX, La Habana, 1916.

Balán, María Elena: *Mariana, madre mayor*, *Revista Semanal Radio Reloj*, 26 de noviembre de 2000, www.radioreloj.cu/revista

Balboa Navarro, Imilcy: *Los brazos necesarios: inmigración, colonización y trabajo libre en Cuba, 1878-1898*, Centro Francisco Tomás Valiente, UNED Alzira Valencia, Fundación Instituto de Historia Social, Valencia, 2000.

_____: «Las ciudades y la guerra 1750-1898», *Colección Humanitats* #8, Universitat Jaume I, 2002.

Ballester López, Amparo María: «Carta poco conocida de Leonor Pérez», *Verbiclara*, 1 de marzo, 2012.

Baralt, Blanche Zacharie: *El Martí que yo conocí*, La Habana, Editorial Trópico, 1945.

_____: «Martí, caballero», *Revista Cubana*, Homenaje a José Martí en el Centenario de su Nacimiento, Publicaciones del Ministerio de Educación, Dirección General de Cultura, La Habana, Cuba, 1953, pp. 9-21.

Barceló Fundora, Nereyda: «La hija del prefecto», *Mujeres*, no. 168, 30 de enero, 2004.

Barcia Zequeira, María del Carmen: *Capas populares y modernidad en Cuba*, Fundación Fernando Ortiz, La Habana, 2005.

_____: *La turbulencia del reposo, accionar político de las cubanas durante la etapa de entreguerras*, La Habana, Editorial de Ciencias Sociales, 1998.

_____: *Los ilustres apellidos negros en La Habana colonial*, Editorial de Ciencias Sociales, La Habana, 2009.

_____: *Una sociedad en crisis, La Habana a finales del siglo XIX*, Editorial de Ciencias Sociales, La Habana, 2009.

Barton, Clara: «La obra humanitaria de una gran norteña», *Bohemia*, mayo, 1952, pp. 124; 127.

Basulto de Montoya, Flora: *Una niña bajo tres banderas*, Editorial Juvenil, La Habana, 1963.

Bernal, Emilia: *Alma Errante*, Rambla, Bouza y Co., La Habana, 1916.

_____: *Layka Froyka: (el romance de cuando yo era niña)*: autobiografía, Ediciones La Gota de Agua, Filadelfia, 2006, p.122-23

Bernal, Emilio: *Emilia Bernal: Su Vida y su Obra*, Ediciones Universal, Miami, 1999.

Betancourt, Lino: «María Granados, amiga de Martí», *Bohemia*, enero, 1971.

Bianchi Ross, Ciro, *Primeras Damas, Juventud Rebelde, 7 de marzo, 2015,* www.juventudrebelde.cu/columnas

Bibliografía de la Guerra de Independencia 1896-1898, Biblioteca Nacional José Martí/compilado por Araceli García Carranza, Editorial Orbe, 1976.

Biblioteca Provincial Elvira Cape, «Registro Estadístico de las Escuelas Públicas de Santiago de Cuba», año 1849.

«Blasco Ibáñez contra la guerra de Cuba»: *A tu Aire*, www.atuaire-ingelmo. Blogspot.com, 2000.

Bobadilla González, Leticia: *La Revolución Cubana en la diplomacia, prensa y clubes de México, 1895-1898: tres visiones de una revolución finisecular*, Secretaría de Relaciones Exteriores, México, 2001.

Boix Comas, Alberto: «La virgen mambisa y las mujeres de Cuba en armas», revista *Carteles*, 9 de septiembre, 1951, p. 34.

Bojórquez Urzáis, Carlos F.: *Amalia Simoni de Agramonte o la sonoridad del exilio cubano en Mérida, 1871-1874*, Fomento Editorial, Universidad Autónoma de Yucatán, Facultad de Antropología, 1988.

_____: «Emigración, Patria e Mulleres: clubs de cubanas en Yucatán durante la guerra do 95», *Estudios Migratorios* no. 7-8/1999, pp. 95-106.

Boloña Vda de Sierra, Concepción: *La mujer en Cuba*, Imprenta La Prueba, La Habana, 1899.

Bonet Ochoa, José: *La Caridad sea vuestro Corazón, Siervas de María, ministras de los enfermos. 140 años en Cuba*, 2015, inédito.

Bonsal, Stephen: *When the French were here*, Kennikat Press, Port Washington, New York, 1968

Borrero, Juana: *Para entonces – Juana Borrero y Carlos Pío Urbach*, Gente Nueva, La Habana, 1994.

_____: *Epistolario*, Academia de Ciencias de Cuba, Instituto de Literatura y Lingüística, La Habana, 1966.

Borrero, Mary Luz: *La nieta del general*, en https://conluz.wordpress.com/2012/09/11/la-nieta-del-general/

Boston Evening Transcript, Boston, Mass. 7 de junio, 1899.

Bouffartigue, Sylvie: *Mujeres en la narrativa de la Guerra de Independencia*, Universidad de Saboya, Francia, XIV Encuentro de Latinoamericanistas Españoles, septiembre, 2010. halshs.archivesouvertes.fr/.../74/PDF/AT3_ Bouffartigue.pdf

Boza, Bernabé: *Mi diario de la guerra*, Imprenta La Propagandista, La Habana, 1900.

Bouza, Benigno: *Máximo Gómez, el generalísimo,* Santo Domingo, República Dominicana: Editora Universitaria, UASD, 1992.

Bravo, Separio: *Canto Épico al General Weyler*, Imprenta y librería de M. Ricoy, La Habana, 1897.

Breen, Shannon: «Maria Ybor, a granddaughter of man who developed district», *St Petersburg Times*, Tampa, 2 de octubre, 2003.

Bretos, Miguel A.: *Matanzas, The Cuba nobody knows*, University Press of Florida, Gainesville, Florida, 2010.

_____: *Cuba & Florida, Exploration of an Historic Connection, 1539-1991*, Historical Museum of Southern Florida, Miami, Florida, 1991.

Brock, Lisa y Digna Castañeda Fuentes: *Between race and empire: African-Americans and Cubans before the Cuban Revolution*, Temple University Press, 1998.

Bueno, Salvador: *José Martí y su Periódico Patria*, Puvill Libros/Pablo de la Torriente Editorial, La Habana, 1997.

Caballero, Armando O: *La mujer en el 95*. La Habana, Editorial Gente Nueva, 1989.

Cabrales, Gonzalo: *Epistolario de héroes: cartas y documentos históricos*, Habana, Imprenta Siglo XX 1922.

Cabrera, Raimundo: *Cuba y sus jueces*, Imprenta El Retiro, La Habana, 1887.

_____: *Desde mi sitio*, El Siglo XX, La Habana 1911.

Calderón Rodríguez, Mirta: «Una muchacha quinceañera», *Bohemia*, 59, no. 16, 21 de julio de 1967.

Calleja Leal, Guillermo et al.: *La Habana inglesa 1762*, Editorial de Cultura Hispánica, Madrid, 1999.

Cano y Castro, Olivia América: *Leonor y Mariano, padres de Martí*, Colección Crónicas de la Emigración, Grupo de Comunicación Galicia en el Mundo, Vigo, 2009.

Catalina, Severo: *La mujer, apuntes para un libro*, A. de San Martin, editor, 3ª edición, Madrid, 1864, pp. 14-15.

Cayuela Fernández, José G., *Relación colonial y elite hispano-cubana en la España del xix*, Ed. Universidad de Salamanca. Hist., 15.

Campo Nodal, Iraida: «Evangelina Cisneros», *Mujeres con Historia*, no. 216.

_____: «Homenajes a una heroína», *Mujeres con Historia*, no. 178, 9 de abril, 2004.

_____: «Isabel Rubio: heroína de nuestra independencia», *Mujeres on line*, no. 45, 6 de julio, 2001.

_____: «Las abanderadas y luchadoras durante la ocupación española, María Hidalgo Hidalgo», *Mujeres con Historia*, no. 220.

_____: «Ritica, la cubanita», *Mujeres*, no. 174, 12 de marzo, de 2003.

Campuzano, Luisa: *Las muchachas de La Habana no tienen temor de Dios*, Ediciones Unión, La Habana, 2004.

Caner Román, Acela: «Mujeres y el camino hacia la libertad», Italia, julio 2004, unive.it/media/allegato/comitato/cpo/narrative

Cairo, Ana: *Máximo Gómez 100 años*, Editorial de Ciencias Sociales, La Habana, 2006.

Camacho, Pánfilo: *Aguilera, el precursor sin gloria*, Ministerio de Educación, Dirección de Cultura, La Habana, 1951.

_____: *Marta Abreu, Una mujer comprendida*, Ediciones Universal, Miami, 1995.

Cámara, Madeline: *La letra rebelde, estudio de escritoras cubanas*, Ediciones Universal, Miami, 2002.

Caminero, H.S.: «Sanitary Inspector, USMHS, A Report on Yellow Fever at Santiago de Cuba», US Marine Hospital Service, *Annual Report of the supervising Surgeon-General of the Marine Hospital Service of the US for the FY 1897*, junio 1, 1897.

Campo Nodal, Iraida: *Las abanderadas y luchadoras durante la ocupación española*, Mujeres con Historia, no. 220, La Habana.

Canel, Eva: *Lo que vi en Cuba a través de la Isla*, Imprenta La Universal, La Habana, 1896.

Cañete, Manuel: *Poesías de Rafael María Mendive*, Imprenta de M. Ribadeneyra, Madrid, 1860.

Carbonell, José Manuel: *Manuel Sanguily, Adalid, Tribuno y Pensador*, Academia Nacional de Artes y Letras, El Siglo XX, La Habana, 1925.

Carbonell Rivero, Néstor: *El marqués, notas al margen de una gran vida*, Patronato de la Casa de los Emigrados, Monografías de Cuestiones Históricas, no. 1, La Habana, 1958.

_____: *Tampa, cuna del Partido Revolucionario Cubano*, discurso, Academia de la Historia de Cuba, La Habana, 9 octubre 1957.

Carpentier, Alejo: *La música en Cuba*, Fondo de Cultura Económica, México, 1946.

«Carta de Martí a Maceo del 12 enero 1894», *Bohemia*, 5 de diciembre, 1975, p.90.

«Carta de María Cabrales a Manolo de Granda», *Cuban Heritage Collection*, Universidad de Miami, s/f, caja no.17, Archivo no. 13.

Cartaya Cotta, Perla: «Edelmira Guerra Valladares», *Palabra Nueva*, no. 120, Año XII, junio 2003.

_____: «América Arias López», *Palabra Nueva*, no. 107, año X, abril 2002, La Habana.

_____: «Entonces pasó de todo», *Palabra Nueva*, diciembre, 2005, pp. 44-47, La Habana.

_____: «Manuela Cancino», *Palabra Nueva*, 44, La Habana.

_____: «Mercedes Matamoros», *Palabra Nueva*, La Habana, septiembre, 2000.

_____: «¿Quién fue Adela Azcuy?», *Palabra Nueva*, La Habana, mayo 2001.

_____: «¿Quién fue América Arias?», *Palabra Nueva*, La Habana, abril, 2002.

_____: «¿Quién fue Anita Fernández?», *Palabra Nueva*, La Habana, abril, 2000.

_____: «¿Quién fue Dominga Moncada?», *Palabra Nueva*, La Habana, marzo, 1999.

_____: «¿Quién fue Emilia Casanova?», *Palabra Nueva*, La Habana, enero, 2003.

_____: «¿Quién fue Magdalena Peñarredonda?», *Palabra Nueva*, La Habana, septiembre, 2001.

_____: «¿Quién fue Manana?», *Palabra Nueva*, La Habana, enero, 1999, no. 72.

Casanova de Villaverde, Emilia: *Apuntes biográficos de Emilia Casanova de Villaverde escritos por un contemporáneo*, Nueva York, 1874.

_____: *La Liga de las Hijas de Cuba*, Paris Typ. Tolen, et. Isidor Josephm, 1874.

Casasús, Juan J. Expósito: *La emigración cubana y la Independencia de la patria*, Editorial Lex, La Habana, 1953.

_____: «Emilia Casanova en Irving Hall», *El Demócrata*, 30 julio 1870.

_____: *Calixto García el estratega*, cuarta edición, La Moderna Poesía, Miami, 1981.

_____: *Ramón L. Bonachea, el jefe de la vanguardia*, Editorial Lex, La Habana, 1955.

Castellanos, Dimas: «Acerca del sufragio femenino en Cuba», *Diario de Cuba*, 11 noviembre 2012.

Castellanos, Gerardo G.: *Huellas del pasado; viajes por Cuba*, Editorial Hermes, La Habana, 1925.

_____: *Misión a Cuba: Cayo Hueso y Martí*, Centro de Estudios Cubanos, La Habana, 2009.

_____: *Motivos de Cayo Hueso: contribución a la historia de las emigraciones revolucionarias cubanas en Estados Unidos*, Úcar, García y Compañía, La Habana, 1935.

_____: *Panorama histórico; ensayo de cronología cubana, desde 1492 hasta 1933*, Úcar, García y Cía., La Habana, 1934.

_____: *Pensando en Agramonte, Habana- Camagüey,* Habana, Úcar García y Compañía, 1939.

Castellanos, Jorge: *Encuentro en el 98: Tres pueblos y cuatro hombres*, Ediciones Universal, Miami, 2006.

Castellanos, José Guadalupe: *Figuras nacionales; cubanos del siglo XIX*, El Arte, Manzanillo, 1950.

_____: *La casa donde nació Antonio Maceo*, Talleres Poligráficos, Santiago de Cuba, 1959.

Castillo Bueno, María de los Reyes: *Reyita, the Life of a Black Cuban Woman in the 20th Century*, Duke University Press, Durham, NC 2000.

Castillo de González, Aurelia: *Escritos de Aurelia Castillo de Gónzalez*, vols. VI-VII, Imprenta El Siglo XX, 1913.

_____: *Ignacio Agramonte en la vida privada,* Imprenta de Rambla, Bouza y Cía., La Habana, 1912.

_____: «Para un héroe, una belleza», *Social* 3, febrero 1918, vol. III, no. 2, pp. 13-14.

_____: *Trozos guerreros y apoteosis*, Imprenta Mercantil, La Habana, 1903.

_____: «Victoriosa», *Poesías de antaño*, compilación, Ediciones de Antón Itzalbe, La Habana, 1938.

Catalá, Raquel: *La mujer en el 51, en Homenaje a los mártires del 1851*, Cuadernos de Historia Habanera, La Habana, 1951.

Caturla Bru, Victoria: *La mujer en la independencia de América,* Jesús Montero, La Habana, 1945.

Censo de la Población incluyendo Isla de Pinos en 1899, U.S. War Department, U.S. Cuan Census Office, Government Printing Office, Washington, 1900.

Censo de la República de Cuba bajo la administración provisional de los Estados Unidos, Oficina del Censo de los Estados Unidos, Washington, 1908.

Cento Gómez, Elda E.: *Apuntes para la historia de la familia de Salvador Cisneros Betancourt,* revista de la Universidad de La Habana, 256, Segundo Semestre, 2002.

_____: *Cuadernos de historia principeña 11*, Patrimonio Legado al siglo XXI, Editorial Ácana, Camagüey, 2012.

_____: «Joaquín de Agüero y Agüero: ¿precursor de la independencia?» en *Oficina del Historiador de la ciudad de Camagüey,* www.ohcamaguey.co.cu/personalidades_camagueyanas/joaquin_de_aguero_y_aguero, febrero, 2009.

_____: «Las mujeres se fueron a la guerra: los roles asumidos», *Calibán*, revista cubana de pensamiento e historia, enero-febrero-marzo 2010, núm. 6, www.revistacaliban.cu.

Cento Gómez, Elda y Gustavo Sed Nieves: *Visión de la guerra: correspondencia de Consuelo Álvarez de la Vega (1895-1897)* Editorial Ácana, Camagüey, 2001

Cento Gómez, Elda, Roberto Pérez Rivero, José María Camero Álvarez (compiladores), Ignacio Loynaz y del Castillo: *Para no separarnos nunca más: cartas de Ignacio Agramonte a Amalia Simoni*, Casa Editorial Abril, La Habana, 2009.

_____: *Memorias de la guerra*, Casa Editorial Abril, La Habana, 2009.

Céspedes y Estrada Francisco, compiladora Olga Portuondo Zúñiga: *Cartas familiares*, Editorial Oriente, Santiago de Cuba, 1989.

Céspedes y Quesada, Gloria de los Dolores de: *Céspedes visto por los ojos de su hija,* Imprenta El Siglo XX, H. Muñiz y Hno. , La Habana, 1934.

Chacón y Calvo, José María: *Las cien mejores poesías cubanas*, edición facsimilar, Editorial Cubana, Miami, 2004.

Chaffin, Tom: *Fatal Glory, Narciso López and the first clandestine U.S. War against Cuba*, The University Press of Virginia, 1996, Luisiana, 2003.

Chao, Raúl: *Baraguá,* Ediciones Universal, Miami, 2007.

_____: *Contramaestre*, Dupont Circle Editions, Washington, D.C., 2007.

_____: *Poetas y Memorias de Cuba*, Ediciones Universal, Miami 2010.

Chaveco, Onelia: «La leyenda de la Ma Güira», *WordPress*, 7 octubre, 2013.

Chávez Álvarez, Clara Emma: *Emilia Teurbe Tolón, encarnación de la mujer cubana,* Editorial Matanzas, 2002.

____: *Emilia Teurbe Tolón, hacedora de la bandera cubana,* Editorial Boloña, Matanzas 2012.

«Cirila Santamaría, una modesta émula de Mariana Grajales», en Esta es la Historia, *Bohemia,* 1974, pp. 90-91.

Cisneros y Cossío, Evangelina: *The Story of Evangelina Cisneros told by herself,* Continental Publishing Co., New York, 1898.

Claramunt, Jaime: «La sociedad habanera en las postrimerías de la época colonial», *Bohemia,* 1940, p 9, 72.

Club Profesional Federico de la Torre, Memoria, Tip. de Cuba, 1898, en Harvard University, Latin America Pamphlet Collection, http://vc.lib.harvard.edu/vc/deliver/~LAP/009309968

Coca de Granados, Aurora: *Por deber,* El Eco de Martí, mayo 1897.

Colección Legislativa, República de Cuba, enero-marzo 1914, www.ufdcimags.uflib.ufl.edu

Collado, María: «La evolución femenina en Cuba», *Bohemia,* La Habana, 11 diciembre, 1927.

Collazo, Enrique: *Cuba heroica,* Imprenta La Mercantil de Suárez, Solana y Cía., La Habana 1912.

____: *Desde Yara hasta el Zanjón,* Instituto Cubano del Libro, La Habana, 1967.

Comisión sobre el Estatus de la Mujer en la Florida, http://www.myfloridalegal.com/newsrel.nsf/newsreleases/DAB0FAF4E8590E048525822B00787A90?Open&LN=SP

Consuegra Guzmán: Israel: *Mambiserías,* Imprenta del Ejército, La Habana, 1930.

Cope, Gilbert: *Genealogy of the Dutton Family of Pennsylvania,* F.S. Hickman Printer, West Chester, Pa., 1871.

Corona, Mariana: *De la Manigua, Ecos de la Epopeya,* Galería de El Cubano Libre, vol. I, Tipografía El Cubano Libre, Santiago de Cuba, 1900.

Correspondencia diplomática de la delegación cubana en Nueva York durante la guerra de independencia de 1896 a 1898, Partido Revolucionario Cubano, Archivo Nacional de Cuba 1943-1946, La Habana, vol. IV.

Corría, Filiberto Martínez: *Excerta de una isla mágica*, Editorial Olimpo, Isla de Pinos, 1959.

Costa, Octavio R.: *Antonio Maceo, el héroe*, La Moderna Poesía, Miami, 1984.

____: *Imagen y trayectoria del cubano en la historia, 1492-1902*, t. I, Ediciones Universal, Miami, 1994.

____: *Juan Gualberto Gómez, una vida sin sombra*, Miami, La Moderna Poesía, 1984.

Cossío Esturo, Adolfina: *El Alzamiento del 9 de octubre en Macaca*, Instituto Cubano del Libro, Santiago de Cuba, 1975.

Crabtree, J. B.: *The Passing of Spain and the Ascendency of America*, The King-Richardson Publishing Co., Springfield, Mass, 1898.

Crespí, María: *Camagüey y sus calles*, Miami, s/n 1984.

Cruz Manuel de la: *La revolución cubana y la raza de color (apuntes y datos)*, Imprenta La Propaganda, Key West, 1895.

Cruz, Soledad: «Mujeres Patrimoniales de Camagüey», julio 14, 2008, *Kaos en la Red*, www.kaosenlared.net/noticia/mujeres-patrimoniales-camaguey

Cuba y América, La Habana, vol. 13, 1903.

Cuban Heritage Magazine, «América del Pino», vol. 2, No. 1, Florida International University, Miami, 1988.

Cubillas Jr., Vicente: «Rita Suarez del Villar», *Bohemia*, mayo 1952.

Cupull, Adys y Froilán González: *Mariana: raíz del alma cubana*, Editora Política, La Habana, 1998.

____: *Creciente agonía: los padres de José Martí*, Editorial Gorki, Madrid, 2003.

Curnow, Ena: «Emilia Casanova, Un ejemplar raro de mujer en el siglo XIX», en revista de la *Camacol*, año XXXVI, no. 12.

____: «La mujer en la era colonial», en *La mujer cubana: historia e infrahistoria*, Instituto Jacques Maritain, Ediciones Universal, 2000.

____: *Manana, detrás del generalísimo*, Ediciones Universal, Miami, 1995.

Cuza Malé, Belkis: *El clavel y la rosa: biografía de Juana Borrero,* Ediciones Cultura Hispánica, Madrid, 1984.

Daviña Sainz, Santiago: *La Coruña, protagonista en la Guerra de Cuba*, Librería Arenas, S.L., La Coruña 1998.

De Baralt, Blanca Z: *El Martí que yo conocí*, Editorial Trópico, La Habana, 1945.

De Borbón, Infanta Eulalia: *Cartas a Isabel II, Mi viaje a Cuba y Estados Unidos*, Editorial Juventud, Barcelona, 1949.

De Camps y Feliú, Francisco: *Españoles e insurrectos; recuerdos de la guerra de Cuba*, Establecimiento Tipográfico de A. Álvarez y Co., La Habana, 1890.

De Castromori, Javier: «La prensa republicana y las llamadas 'revistas literarias'», 13 marzo 2011 en http://memorandumvitae.blogspot.com/2011/03/_de-la- prensa-republicana-y-las-llamadas.html.

_____: «Marta Abreu y Luis Estévez en el centenario de sus muertes», 2 enero 2009, en http://memorandumvitae.blogspot.com/2010/10/.

_____: «La Cuba Libre de Rosario Sigarroa», 1 octubre, 2010, en http://memorandumvitae.blogspot.com/2010/10/

de Céspedes, Carlos Manuel: *Cartas de Carlos M. de Céspedes a su esposa Ana de Quesada*, Comisión Nacional de la Academia de Ciencias de la República de Cuba, Instituto de Historia, La Habana, 1964.

_____: *El diario perdido, 1819-1874*: ed. Eusebio Leal Spengler, Editorial de Ciencias Sociales, La Habana, 1994.

_____: *Escritos de Carlos Manuel de Céspedes*, compilación de Fernando Portuondo, Editorial de Ciencias Sociales, La Habana, 1974.

_____: *Las banderas de Yara y Bayamo*, Editorial Le Livre, París, 1929.

De Córdova: *Cartas del Lugareño (Gaspar Betancourt Cisneros)*, Publicaciones del Ministerio de Educación, Dirección de Cultura, La Habana, 1951, pág. 346.

De Frutos, Alberto: «No fueron solos», *Historia de Iberia Vieja*, No. 85, Madrid, junio, 2012.

De la Cruz, Dania: *La Junta Patriótica de cubanas en Nueva York: primera asociación femenina en la emigración*, 8 de agosto de 2004 en www.cuba literaria.org.

De la Cruz, Manuel: *La revolución cubana y la raza de color: apuntes y datos*, Imprenta La Propaganda, Key West, 1895.

De la Lama Pérez, Ángela: *El Camagüey legendario*, Talleres Gráficas Arial, Camagüey, 1960.

De la Luz y Caballero, José: *Escritos educacionales*, Segura y Co., tomo 2, La Habana, 1952.

De la Pezuela y Lobo, Jacobo: *Diccionario Geográfico, Estadístico, Histórico de la isla de Cuba,* Imprenta del establecimiento de Mellado, Madrid 1863, t II, p. 198.

De la Torre, Silvio: *Mujer y sociedad,* Editora Universitaria, La Habana, 1965.

De la Vega, Oscar: «Chalía, la cubana que cantó en el Metropolitan, en el cuadragésimo aniversario de su fallecimiento», serie Justicia para el Hispano, 8, Hunter College, City University of New York, noviembre de 1983.

De Larra y Cerezo, Dr. Ángel: *Campaña sanitaria en la guerra de Cuba, apuntes estadísticos relativos al año 1896,* Imprenta de Ricardo Rojas, Madrid, 1901.

De las Barras, A.: «La Habana a mediados del siglo XIX, Madrid 1925», en Pedro Deschamps Chapeaux: *El negro en la economía habanera del siglo XIX,* Unión de Escritores y Artistas de Cuba, La Habana, 1971.

De las Cuevas, Ernesto: *Narraciones Históricas de Baracoa,* t.I, Taller Tipográfico La Crónica, Baracoa 1919.

De Poo, José M.: *En días de gloria: cuentos mambises y otros cuentos,* Paraninfo, Madrid, 1957.

De Quesada y Aróstegui, Gonzalo: *America's Battle for Cuba's Freedom,* The Dominion Company, Chicago, 1898.

_____: *Documentos históricos,* Editorial de la Universidad de La Habana, La Habana, 1965.

_____: *Epistolario,* Academia de la Historia de Cuba, La Habana, 1948.

_____: *Ignacio Mora,* Imprenta América, Nueva York, 1894.

_____: *The War in Cuba,* Liberty Publishing Co., New York, 1898.

De Rojas, Alma: *Cubanía and Caridad, A comparative analysis of Cuban marianism,* Tesis, Florida International University, Latin American and Caribbean Studies, 2004.

De Santa Cruz y Montalvo, condesa de Merlín, María de las Mercedes: *Viaje a La Habana,* Editorial Verbum, Madrid, 2006.

_____: *Mis doce primeros años,* Editorial Letras Cubanas, La Habana, 1984.

_____: *Décimas a la muerte de Maceo*: Imprenta y Lib. de M. Ricoy, La Habana, 1896.

Décimas de la Guerra de Cuba por un soldado del Batallón de Guadalajara, Puerto Rico, Tip. de Félix M. Boada, 1997.

Decker, Karl: *The Story of Evangelina Cisneros, Told by Herself*, Continental Publishing Co., New York, 1898.

Del Casal, Julián: *Bustos y Rimas, prólogo, cronología y bibliografía de Julio E. Hernández-Miyares*, Editorial Cubana, Miami, 1993.

_____: *Prosa*, t. I, Editorial Letras Cubanas, La Habana, 1979.

Del Moral, Luis F.: *Serafín Sánchez, un carácter al servicio de Cuba*, Editorial Cubana Luis J. Botifoll, Miami, 2005.

Del Portal, Herminia: «Charito Bolaños», *Bohemia* 34 (48) 20-21 noviembre 29, 1942.

_____: «Concha Agramonte», *Bohemia* 35, 9 mayo 1943, pp. 14-15.

_____: «Las Argilagos», *Bohemia* 35, 13 de junio, 1943, pp. 4-5.

_____: «Las Mambisas: Isabel Rubio», *Bohemia* 34 (46), pp. 4-5, 65. 29 de noviembre, 1942.

_____: «Las Mambisas: María y Raquel Reyes», *Bohemia* 34 (44), pp. 20-21, noviembre, 1942.

Del Rey, Miguel: *La Guerra de los Diez Años*, Editorial Ristre, Madrid, 2003.

Del Rosal y Vázquez de Mondragón, Antonio: *Los mambises, memorias de un prisionero*, Imprenta de Pedro Abienzo, Madrid, 1874.

_____: *En la manigua: diario de mi cautiverio*, Imprenta del Indicador de Caminos de Hierro, Costanilla de los Ángeles, Madrid, 1879.

Delgado García, G.: «Cartilla Instructiva de Sanidad Militar», *Cuaderno de Historia de la Salud Pública*, La Habana, 1999; 85(1): 71-96.

_____: «Cuerpo de Sanidad, Sección Médica», *Cuaderno de Historia de la Salud Pública*, La Habana 1999.

Delofeu y Lleonart, Manuel: *Martí, Cayo Hueso y Tampa: la emigración; notas históricas*, Imprenta de A. Cuevas y Hno., Cienfuegos, 1905.

_____: «Héroes del Destierro», Cienfuegos: Impr. de M. Mestre, 1904.

_____: *¡Souvenir!, remembranzas de un proscripto*, McCluney & Co., Tampa, 1900.

Denie Valdés, Wilfredo: «Apuntes para una historia de Pinar del Río», revista *Convivencia*, Pinar del Río, agosto 212.

Denis Valle, Marta: «Manuela Cancino», *El Nuevo Empresario*, www.elnuevoempresario.com.

Depestre Catony, Leonardo: «Rosa Kruger, la siempre joven», *Cuba Literaria*, www.cubaliteraria.com.

Deschamps Chapeaux, Pedro: *El negro en la economía habanera del siglo XIX*, Unión de Escritores y Artistas de Cuba, La Habana, 1971.

«Diario de guerra del general Pujals», *Bohemia* 44, año 42, 29 octubre, 1950.

Diario de Sesiones de la Cámara de Representantes, 13° Período Congressional, Sesión Extraordinaria del 16 abril 1928, La Habana, 18 abril 1928, vol. L, no. 4.

Díaz Hernández, Magdalena: «El marqués de Cervera y el derecho de los cubanos fieles a ser ciudadanos españoles después del 98» en *Anuario de Estudios Americanos*, 65, 2, julio-diciembre, 225-245, Sevilla, 2008

Díaz de Villegas, Pablo: *La bandera de Céspedes*, Imprenta P. Fernández, La Habana, 1928.

Diccionario de Literatura Cubana, Instituto de Lingüística de la Academia de Ciencias de Cuba, Editorial de Letras Cubanas, La Habana, 1980.

«Dire Deeds of Blood»: *The Chicago Daily Tribune*, 6 de septiembre, 1895.

Dolz Arango, María Luisa: *La liberación de la mujer cubana por la educación,* homenaje de la ciudad de La Habana en el centenario de su nacimiento, Oficina del Historiador de la Ciudad, La Habana, 1955.

Duarte Oropesa, José: *Historiología Cubana*, Ediciones Universal, Miami, 1989, tomo I.

Duharte Jiménez, Rafael: «El ascenso social del negro en el siglo XIX Cubano», *Nación y Nacionalidad*, Editorial Oriente, Santiago de Cuba, 1991, p. 34.

Duke, Dawn: *Literary Passion; Ideological Commitment: toward a legacy of Afro Cuban and Afro Brazilian Women Writers*, Lewisburg Bucknell University Press, New Jersey, 2008.

Dworkin Méndez, Kenya: «La patria que viene de lejos», *Cuban Studies*, 35, 2005, pp.1-22.

Echerri, Vicente, *La ultima casa de José Martí en Nueva York*, PD Historia y Archivo, 22 de abril 2014. http://www.penultimosdias.com/2014/04/22/la-ultima-casa-de-jose-marti-en-nueva-york/

Ecos de Cuba, 1895-1898, Revista Decenal del Avisador Comercial, La Habana, Xunta de Galicia, Edición Facsimilar, 1997.

Edreira de Caballero, Angelina: «Contribución de las mujeres cubanas a nuestras luchas emancipadoras», *Bohemia*, Sección 3, La Habana, 25 de noviembre de 1928, pág. 6.

_____: *Vida y obra de Juan Gualberto Gómez, sus lecciones en su Centenario*, R. Méndez, La Habana, 1973.

«Ejército Libertador de Cuba», *Cuban Genealogy,* www.dloc.com/?b+UF00085036&v=00001

El Camagüeyano I (105) 2, «Párrafos sueltos», Puerto Príncipe, noviembre 1889.

El Camajuanense, no. 52, Miami, 2007.

El País, Sancti Spíritus, 5 de abril de 1896

El Fígaro, «Leonor Pérez y la Asociación Por Martí», 1902.

El País, Sancti Spíritus, 5 de abril de 1896

El Porvenir, Nueva York, 1896.

El Siglo, año III, no. 134, La Habana, 7 junio 1866.

«El veinte de mayo y la mujer cubana» (Memoria del Primer Congreso Nacional de Mujeres de Cuba, La Habana, 1 al 7 de abril, 1923), en *The Stoner Collection on Cuban Feminism,* Arizona State University Microform Service, Arizona, 1990.

«Elvira del Monte Lamar»: *La Lucha,* Santa Clara, 1926.

«Emilia Casanova», *El Demócrata,* New York, 30 de julio, 1870.

«En el centenario de la guerra de 1868 – nuestras mambisas: La mujer en la colonia», *Mujeres,* julio 1973 (81-83).

«Ernestina Valdés, viuda del general Francisco Leyte-Vidal», *Diario de Cuba,* Santiago de Cuba, 7 de diciembre, 1945, pp. 1-2.

Escalona Chávez, Israel: *Dónde son más altas las palmas, la relación de José Martí con los santiagueros,* Editorial Oriente, 2003.

Escanaverino de Céspedes, Úrsula: *Poesías,* Ministerio de Educación, La Habana, 1948.

Espino González-Longoria, María Dolores y William Navarrete: *Genealogía cubana. San Isidoro de Holguín,* Aduana Vieja, Valencia, 2015.

Espinosa, Mariola: «The threat from Havana: Southern Public Health, Yellow Fever, and the U.S. Intervention in the Cuban Struggle for Independence, 1878-1898», *Journal of Southern History,* Agosto 2006, v. 72.

Espinosa y Ramos, Serafín: *Al trote y sin estribos,* Jesús Montero, La Habana, 1946.

Espronceda, María Eugenia: *El Viaje Histórico de la sociedad cubana por los senderos del parentesco,* Ediciones Santiago, 2002.

Estévez y Romero, Luis: *Desde el Zanjón hasta Baire,* Editorial Cubana, Miami.

Estévez de Rodríguez, Sofía: «Las mujeres», *Cuba*, 19 octubre 1897.

Estrada Céspedes, Francisco: *Cartas familiares*, Editorial Oriente, 1969.

Estrada Palma, Tomás: «A los soldados de Cuba Libre, 19 de abril de 1869», en Carlos Verdecia, *Bayamo*, Editorial Cubana, 1997.

Estrada y Zenea, Idelfonso: *El quitrín, costumbres cubanas*, Imp. La Industrial, La Habana, 1880.

Estrade, Paul: *Anuario del Centro de Estudios Martianos*, no. 10, Editorial de Ciencias Sociales, La Habana, 1987.

_____: La *colonia cubana de Paris 1895-1898, el combate patriótico de Betances y la solidaridad de los revolucionarios franceses*, Editorial de Ciencias Sociales, La Habana 1984.

_____: *Les clubs feminins dans le Partí Revolutionnaire Cubain: 1892-1898*, Saint Denis, Equipe de recherché de L'Universite de París VIII, Histoire des Antilles Hispaniques, no. 2, 1986.

_____: *Solidaridad con Cuba Libre 1895-1898. La importante labor del Dr. Betances en París*, Ediciones de la Universidad de P. Rico, San Juan, 2001.

«Evangelina Cosío: una camagüeyana de mitos y realidades», Oficina del Historiador de la ciudad de Camagüey www.ohcamagey.cu

Fernández Aquino, Orlando: *La prensa espirituana, la cultura y los autores espirituanos en la colonia (1834-1898)*. ISP Capitán Silverio Blanco, Cabaiguán, 1990.

Fernández, Eustasio y Beltrán, Henry: *The Ybor City Story, 1885-1954*, Tampa, s/f.

Fernández Fernández, Justo: «Don Narciso López y Uriola, El Centauro del Rey, sus años de actividad en Cuba», Academia Nacional de Historia, Caracas, marzo 1992.

Fernández Mestre, A.: «Emilia Casanova de Villaverde», *Bohemia*, 15 enero, 1971.

Fernández Robaina, Tomás: *Bibliografía de la mujer cubana*, Biblioteca Nacional José Martí, Ministerio de Cultura, La Habana, 1985.

Fernández Santalices, Manuel: *Cronología histórica de Cuba (1492-2000)*, Ediciones Universal, Miami, 2001.

_____: *Las calles de La Habana intramuros,* Saeta Ediciones, Miami, 1989.

Fernández Soneira, Teresa: *Mujeres de la Patria, contribución de la mujer a la independencia de Cuba*, t I, Ediciones Universal, Miami, 2014.

_____: *Cuba: Historia de la Educación Católica, 1582-1961*, t I y II, Ediciones Universal, Miami, 1997.

_____: «Las mambisas de Occidente», revista *Convivencia*, Pinar del Río, núm. 154, 6 septiembre 2008.

_____: «Magdalena Peñarredonda, la Delegada», revista *Herencia Cultural Cubana*, Vol. XXII, no. 2, agosto, 2016.

Fernández Triana, Juan Manuel: *Marta Abreu, La dama todo corazón*, Publicidad Acuario, Centro Félix Varela, La Habana, 2010.

_____: «Marta Abreu, excelsa cubana», Centro del Patrimonio Cultural de Santa Clara. www.verbiclara.nireblog.com

Fernando Ortiz y la cubanidad, Fundación Fernando Ortiz, Ediciones Unión, La Habana, 1996.

Ferrara Marino, Orestes: *Memorias, una mirada sobre tres siglos*, Editorial Playor, S.A., Madrid, 1975.

Figarola Caneda, Domingo: *La condesa de Merlín, estudio biográfico e iconográfico*. Éditions Excelsior, París, 1928.

Figueredo, Candelaria: *La abanderada de 1868, Candelaria Figueredo; autobiografía*. Comisión Patriótica Pro Himno Nacional a la Mujer Cubana, La Habana, 1929.

Figueredo Socarrás, Fernando: *Autobiografía de don Fernando Figueredo y Socarrás*, Eagle Lithographers, Miami, 2004.

_____: «Conferencia Logia Cuba, velada a José Dolores Poyo», Imprenta P. Fernández y Co., La Habana, 1912.

_____: «Esparta y Cuba», *Bohemia*, 10 diciembre, 1944.

_____: *La Revolución de Yara, 1868-1878, conferencias*, Editorial Cubana, Miami 1990.

Figueroa, Sotero y Juan Vilaró, editores: *Revista de Cayo Hueso*, Cayo Hueso, Key West, 1897.

Finnicum, Brenda: «The First Indian Army Nurses», *Indian Country Today*, 3 de enero 2001.

Fleitas Salazar, Carlos Rafael: *Medicina y sanidad en la historia de Santiago de Cuba, 1515-1898*, Ediciones Santiago, Santiago de Cuba, 2003.

Flint, Grover: *Marching with Gomez*, Lamson, Wolffe and Co., New York, 1898.

Foner, Philip S.: *A History of Cuba and its relations with the United States*, International Publishers, University of Virginia, New York, 1963.

_____: *La Guerra Hispano Cubano Norteamericana y el surgimiento del imperialismo yanqui*, Monthly Review Press, Nueva York, 1972.

Fonseca García, Ludin B.: *Haciendo patria*, Ediciones Bayamo, Bayamo, Cuba, 2004.

Forment, Carlos E.: *Crónicas de Santiago de Cuba*, t. I, Ed. Arroyo, Santiago de Cuba, 1953.

Francisco Argilagos Ginferrer: *Su vida y obra*, Santiago de Cuba, Imprenta El Cubano, 1915.

Franco, José Luciano: *Antonio Maceo: apuntes para una historia de su vida*. Editorial de Ciencias Sociales, La Habana, 1975.

_____: *Ensayos históricos*, Editorial de Ciencias Sociales, La Habana, 1974.

_____: *La conspiración de Aponte, 1812*, Editorial de Ciencias Sociales, La Habana, 2006.

_____: *Las conspiraciones de 1810 y 1812*, Editorial de Ciencias Sociales, La Habana, 1977.

_____: *La verdad histórica sobre la descendencia de Antonio Maceo*, Sociedad de Estudios Históricos Internacionales, La Habana, 1951-1957.

Frandin, Kenia Téllez, Grisell María Gutiérrez, Susana María Hernández Rodríguez, Hilario Benítez Díaz, Facultad Ciencias Médicas José Assef Iara de Ciego de Ávila, www.bus.sld.cu.

Freire, Joaquín: *Presencia de Puerto Rico en la historia de Cuba*, Instituto de Cultura Puertorriqueña, segunda edición, San Juan, 1966.

Fuentes, Ileana: *Cuba sin caudillos*, Linden Lane Press, Princeton, 1994.

Gacetilla *El Pueblo*, XI (208):3, Puerto Príncipe, septiembre 1895.

Gadles Mikowsky, Solomon: *Ignacio Cervantes y la danza en Cuba*, Editorial de Letras Cubanas, La Habana, 1988.

Gaiga, Padre Joaquín: «Jesús Nazareno de Los Palacios, 250 años de historia», *Pinar del Rio, tres siglos de compromiso evangelizador*, Colección Memoria, Editorial Vitral, Pinar del Río, 2003.

_____: *La Cruz al pie de los mogotes, apuntes para la historia de Viñales*, Colección Memoria, Ediciones Vitral, Pinar del Rio 2008.

_____: *Mantua, Mambisa y Mariana, apuntes para la historia de Mantua*, monografía, Colección Memoria, Ediciones Vitral, Pinar del Río, 2009.

Gálvez Aguilera, Milagros: *Expediciones navales en la guerra de los Diez Años*, Ediciones Verde Olivo, La Habana, 2000.

García Fabeiro, Navia: «Mujeres en el periodismo de Las Villas», www.diocesis desantaclara.com/historia/item/644.

García López, Ana Belén: *Las heroínas silenciadas en las independencias hispanoamericanas*, Megustaescribirlibros, Barcelona, 2016.

García, Agustino: «La mujer cubana en la revolución», *Bohemia*, La Habana, 26 de febrero de 1950.

García Baylleres, José L.: *La mujer cubana en las luchas por la independencia: Concha Agramonte y Boza*, Imprenta La Milagrosa, La Habana, 1951.

García de Coronado, Domitila: *Álbum poético, fotográfico de escritoras y poetisas cubanas.* Imprenta Militar de la Vda. de Soler, La Habana, 1872.

_____: «La viuda de un caudillo ilustre», *El Fígaro*, La Habana, 1898.

García del Pino, César: *Expediciones de la Guerra de Independencia 1896-1898, La Habana*, Ediciones de Ciencias Sociales, 1996.

García Galán, Gabriel: «El heroísmo de Manana, la esposa del Gral. Máximo Gómez, homenaje a Bernarda Toro de Gómez», *Alianza Nacional Femenina,* La Habana, 20 de marzo de 1932.

_____: «El tabaco y su acción en la independencia de Cuba», Oficina del Historiador de la Provincia, La Habana, 1958.

_____: *Magdalena Peñarredonda, la delegada,* Imprenta el Siglo XX, La Habana, 1951.

García, Luis Alfonso: *La inteligencia mambisa en Santa Clara,* Ediciones Capiro, Puerto Rico, 1999.

García Garófalo Mesa, Manuel: *Marta Abreu y Arencibia y el Dr. Luis Estévez Romero, estudio biográfico*, Imprenta La Moderna Poesía, La Habana, 1925.

García Pérez, L.: *Teatro Mambí,* Editorial Letras Cubanas, La Habana, 1978.

Garve, Lucas: «Black Women and the Cuban Nation, historical and imaginary memory», Foundation for Freedom of Expression, revista *Islas* 23.

Gay-Calbó, Dr. Enrique: *Los símbolos de la nación cubana: las banderas, los escudos, los himnos,* Sociedad Columbista Panamericana, La Habana, 1958.

Genealogía de México y de algunas familias mexicanas, en http.www.gw13.geneanet.org

Gómez, Carmen: «El centenario de la guerra del 1898, nuestras mambisas», *Mujeres*, 7: 12 dic. 1967:5.

_____: «La mujer en la colonia», *Mujeres*, julio-diciembre 1973, pp. 38-41 y 81-83.

Gómez, Fernando: *La insurrección por dentro: apuntes para la historia*, M. Ruiz y Cía., La Habana, 1897.

Gómez, Luis Marcelino: «La mujer en defensa de la mujer: voces femeninas del romanticismo cubano (poesía y cuento)». Tesis, Florida International University, septiembre 2001.

Gómez, Máximo: *Diario de campaña 1868-1899*, Biblioteca Nacional, Santo Domingo, República Dominicana, 1986.

_____: *Tras las huellas del Zanjón*, Editorial Oriente, Santiago de Cuba, 2005.

Gómez Toro, Bernardo: *Revoluciones... Cuba y hogar,* Editora Alfa y Omega, Santo Domingo, República Dominicana, 1986.

González Alcorta, Leandro: *Datos para la historia de Vuelta Abajo*, Imprenta La Constancia, Pinar del Río, 1902.

González Barrios, Renée: *En el mayor silencio*, Editora Política, La Habana, 1990.

_____: *La inteligencia mambisa,* Imprenta Central de las FAR, La Habana, 1988.

González Consuegra, Osmaira: «Lucrecia González Consuegra, amiga de José Martí», *Verbiclara*, 25 septiembre de 2012.

González Curquejo, Antonio: *Florilegio de escritoras cubanas*, t.2, La Moderna Poesía, La Habana, 1910.

González Esteva, Orlando: «Cita con el Titán de Bronce», *El Nuevo Herald*, 29 septiembre, 2007.

_____: «La palma que en el bosque se mece gentil», *El Nuevo Herald*, sección Los Ojos de Adán en Espacios/Galería, 14 de julio de 2004.

González Fuentes, Manuela y Humberto Cabrera Suárez: «El Souvenir», *Opus Habana* 5, no. 3, La Habana, 2001, p. 12.

González Pagés, Julio César: *En busca de un espacio: historia de mujeres en Cuba*, Editorial de Ciencias Sociales, La Habana, 2005.

_____: Memoria del Primer Congreso Nacional de Mujeres, 1924, Red Iberoamericana y Africana de Masculinidades RIAM, 13 de septiembre de 2009. http://redmasculinidades.blogspot.com/2009/09/el-primer-congreso-nacional-de-mujeres.html

González Ripoll Navarro, Ma. Dolores: «La emigración cubana de Cayo Hueso 1855-1896: independencia, tabaco y revolución», *Revista de Indias*, 1998, vol. LVIII, núm. 212, en http:revistadeindias.revistas.csic.es

González Ruz, Francisca: *Poesías*, Imprenta del Tiempo, La Habana, 1859.

González del Valle, Francisco: *El padre Dobal*, Imprenta El siglo XX de la sociedad editorial Cuba Contemporánea, La Habana, 1921.

Graf, Mercedes, «Band of Angels, Sister Nurses in the Spanish-American War», 2da parte, www.archives.gov/publications/prologue/2002

Granda, Manuel de Jesús: «Prisión en el Morro santiaguero», *El Triunfo*, La Habana, 1916.

Grave de Peralta, José F.: «Estas mudas estatuas», http://www.otoroazul.com/Esamudasestatuas.html

Grave de Peralta, Julio: Museo provincial de Holguín, Libro de Borradores de comunicaciones.

Green, Nathan C.: «La mujer mambisa» en *The Story of Spain and Cuba*, International News and Book Co., Baltimore, 1898.

Greenbaum, Susan: *Afro-Cubans in Tampa*, Gainesville, University Press of Florida, 2002.

Grez, Vicente: *Las mujeres de la independencia*, Imprenta La Gratitud Nacional, Santiago de Chile 1910.

Guerra, Antonio: «Juan Gualberto, preso cubano en Ceuta», *El Faro Digital*, www.elfarodigital.es/antonio-guerra/11578.

Guerra Castañeda, Armando: *Adela Azcuy, La Capitana,* Imprenta El Siglo XX, La Habana, 1950.

Guerra, José Antonio: «Héroes y parentela: los dominicanos en la guerra de Cuba. Apuntes genealógicos», Biblioteca del Archivo de la Nación, Año LXXIII, Vol. 36, No. 131.

Guerra López, Dolores: «El parque Córdoba un patrimonio cultural local», Cubarte, www.portalcubarte.

Guerra y Sánchez, Ramiro, et al.: *Historia de la nación cubana,* vol. 5, Editorial Historia de la Nación Cubana, La Habana, 1952.

_____: *Manual de historia de Cuba*, Ediciones Erre, Madrid, 1975.

_____: *Mudos testigos: crónica del ex-cafetal Jesús Nazareno*, Editorial Lex, La Habana, 1948.

_____: «Notas biográficas de José María Heredia», http://www.cubaliteraria.com/ autor/jose_maria_heredia/notas_ biograficas_guerra.htm

_____: *Por las veredas del pasado*, Editorial Lex, La Habana, 1957.

Guerra, Díaz, Ramón: Rafael Serra Montalvo, hombre de honor y patriotismo, www.monografias.com/cultura-cuba 2012/02/29

Guerra Valladares, Edelmira: «Programa revolucionario del club patriótico Esperanza del Valle», Archivo Nacional de Cuba, Fondo Donativos y Remisiones, leg. 279, exp 5.

Guerrero Espejo, Inés: *Mujer y modernidad en las crónicas de José Martí*, Editorial Verbum, Madrid, 2005.

Halstead, Samuel, *The Story of Cuba*, The Werner Company, Akron, Ohio, 1896.

Hatton-Ripley, Eliza Marie: «Viajeras al Caribe», *Casa de las Américas*, 1983, en www.casadelasamericas.org.equipocasa.php.

Hazard, Samuel: *Cuba with Pen and Pencil*, Hartford Publishing Company, Chicago, IL, 1871.

Helg, Aline: «Sentido e impacto de la participación negra en la Guerra de Independencia de Cuba», *Revista de Indias*, CSIC, vol. LVIII, no. 212, Madrid, 1998.

Henderson, Ann L. et al: *Spanish Pathways in Florida: 1492-1992/Los caminos españoles en La Florida: 1492-1992*, Pineapple Press, Inc. 1991, Sarasota, Florida.

Hernández, Eusebio: *Dos conferencias*, Instituto Cubano del Libro, La Habana, 1960.

Hernández Catá, Alfonso: *Once cuentos cubanos*, Instituto Cubano del Libro, Editorial Letras Cubanas, La Habana 2016.

Hernández González, Manuel, «Emilia Casanova, heroína de la independencia de Cuba», *Dossiers Feministes* 15, heroínas, damas y escritoras, siglos XVI-XIX.

Hernández, María del Carmen, H.C.: «Historia de las Hijas de la Caridad en Cuba», Vicencianos, www.vicencianos.org/Hijas de la Caridad en Cuba, 1947.

Hernández Poggio, Ramón: *La guerra separatista de Cuba en el concepto de la higiene militar*, Imprenta de Luis Tasso y Serra, Arco del Teatro, Barcelona, 1884.

Herrera, José Isabel: *Impresiones de la guerra de independencia*, Editorial de Ciencias Sociales, La Habana, 2005.

Herrera Barreda, María del Socorro: «Hacia 1898: Conspiraciones Separatistas cubanas en México», Instituto Universitario Ortega y Gasset, HMex, XLVII, 4, 1998.

Hevia, Oilda: «Antecedentes del feminismo negro en Cuba», enero 2015, www.negracubanateniaqueser.files.wordpress.com

_____: «Escritoras afrocubanas en el siglo XIX. Antecedentes del feminismo negro en Cuba», 2015, www.negracubanateniaqueser.files.wordpress.com/2015/01/escritoras-afrocubanas-en-el-siglo-xix-antecedentes-del-feminismo-negro- en-cuba-1.pdf.

_____ y Daisy Rubiera Castillo, compiladoras: *Emergiendo del silencio. Mujeres negras en la historia de Cuba,* Editorial de Ciencias Sociales, La Habana, 2016.

Hewitt, Nancy: «Paulina Pedroso y las patriotas de Tampa», *Spanish Pathways in Florida, 1492-1991*, Pineapple Press, Sarasota, 1991.

_____: *Southern Discomfort: women's activism in Tampa, Florida 1880-1920.* University of Illinois Press, Urbana, 2001.

Hidalgo Paz, Ibrahim: «Cronología de José Martí», *Aproximaciones a los Maceo*, Editorial Oriente, Santiago de Cuba, 2005.

Hierrezuelo, María Cristina: «La mujer "de color" en la sociedad colonial santiaguera», *Cuba La Gran Nación*, https://cubalagrannacion.word press.com., 20 octubre, 2010.

«Historia de la Familia Loret de Mola-Bueno», www.loretdemola-bueno.com

Holcombe Pickens, Lucy: *The Free Flag of Cuba, The Lost Novel of Lucy Holcombe Pickens,* Louisiana State University, Baton Rouge, 2002.

Horrego Estuch, Leopoldo: *Maceo, héroe y carácter*, Impr. La Milagrosa, La Habana, 1952.

_____: *Emilia Casanova, la vehemencia del separatismo*, Imprenta El Siglo XX, La Habana, 1951.

_____: «Patriotas cubanas: Marta Abreu y Magdalena Peñarredonda», *Bohemia* 57 (29 de octubre, 1965), pp. 2-3 sept.-octubre 1965.

_____: «Patriotas cubanas», *Bohemia* no. 73, La Habana, 1968.

Ibáñez, Blasco: «El rebaño gris, *El Pueblo*, Valencia, septiembre, 1895.

Iglesias, Marial: *Las metáforas del cambio*, Editorial Unión, La Habana, 2003.

Inclán Lavastida, Fernando: *Historia de Marianao,* Editorial El Sol, La Habana, 1952.

Índice alfabético y defunciones del Ejército Libertador de Cuba, guerra de independencia, Digital Library of the Caribbean, University of Florida, www.dloc.com

Infiesta, Ramón: *Máximo Gómez*, Mnemosyne Publishing Co., Miami, 1977.

Ingalls, John: *America's War for Humanity*, N.D. Thompson Publishing Company, New York, 1898.

Instituto de Educación gratuita para niñas de color: *Reglamento*, H. Justino, La Habana, 1880.

«Isabel Rubio», *Granma*, La Habana, agosto 26, 1974.

Isamat, Aurelio: «*Doña Martina de Pierra, Florilegio, 1833-1900*», La Musoteca, Barcelona, www.musoteca.com/pdf_files/martinadepierraaguero.pdf

Isell Feria, Rocío, «Pórtico del antiguo cementerio de San Juan», http://islalsur.blogia.com/2016/092601.

Isern, J.: «Entrega a la Sra. Bernarda del Toro la casa donada por el pueblo», *Carteles*, 31 de octubre de 1954, pp. 100-101.

Izquierdo Canosa, Raúl: *Cronología sobre los principales acontecimientos de la guerra de Independencia de Cuba, 1895-1898*, Editora Política, La Habana, 1994.

_____: *La Reconcentración 1896-1897*, Ediciones Verde Olivo, La Habana, 1997.

Jiménez, Onilda: *La mujer en Martí*, Ediciones Universal, Miami, 1999.

«Joaquín de Agüero y sus compañeros», Museo Ignacio Agramonte; Biblioteca Anexa Isabel E. Betancourt, 1951.

Jorge, Juan: *Recuerdos de la Gu*erra, Imprenta la Popular, La Habana, 1898.

Jorge, Teresa: «De la Casa de Beneficencia a los actuales talleres de despalillos», revista *Bohemia*, La Habana, 1978, pp. 39-41.

Juárez y Cano, Jorge: *Apuntes de Camagüey*, t. I, Imprenta Popular, Camagüey, 1929.

Kouri, Yamil H., Jr.: «Las instituciones militares de salud en Cuba durante la Guerra de Independencia, 1895-1898», *Real Academia Hispánica de Filatelia e Historia Postal*, ww.rahf.es/las-instituciones-militares-de-salud-en-cuba-durante-la-guerra-de-la-independencia-1895-1898/?la=es

Kruger, Rosa: *Obras de Rosa Kruger,* Estab. Tip. de la Viuda de Soler, La Habana, 1883.

La Aurora de Matanzas, 7 de marzo de 1899.

La comunidad cubana en Paris, El Antillano, www.pr1898/fichas/betances, febrero 4, 2013.

La Discusión, La Habana, 6 diciembre y 19 diciembre 1899.

La Enciclopedia de Cuba, Ediciones Universal, Miami, 1975.

La Enciclopedia Martiana, Editorial Martiana, Inc., Miami, 1978.

«La Guerra de Cuba en fotos», http://www.fundacionhabaneras-tpd.es/?page_id=1632.

La Ilustración Española y Americana, Madrid, 1896.

«La instrucción primaria», revista no. 7, Secretaría de Instrucción Pública y Bellas Artes, La Habana, 1907.

La lira criolla, guarachas, canciones, décimas y cantares de la guerra por un vueltarribero, La Moderna Poesía, La Habana, 1897.

La Lucha, recopilación de los artículos publicados desde el 29 de abril hasta el 21 de mayo de 189, Imprenta del Avisador Comercial, La Habana, 1896.

La Lucha, documentos sobre las mujeres cubanas y la guerra, 10 septiembre 1910, p. 2

«La Muerte de una gran patriota, Carmen Miyares de Mantilla», Editor literario de la revista *Social,* 7 de julio 1925

«La mujer cubana en la guerra grande», *Bohemia* 60:10, 8 de marzo de 1968, pp. 4-11.

La mujer cubana en los 100 años de luchas 1868-1898, Comité Provincial del PRC en La Habana, 1969, p. 33.

La mujer cubana: historia e infrahistoria, Instituto Jacques Maritain de Cuba, Ediciones Universal, Miami, 2000

La Vanguardia Española, 29 julio 1961.

La Verdad, Cienfuegos, 5 febrero, 1891.

Lacalle y Zauquest, Enrique Orlando: *Cuatro siglos de historia de Bayamo como ofrenda a las más sufridas y heroicas de las mujeres cubanas*, Bayamo, Monumento Nacional, Cuba, 1947.

Lagomasino A., Luis: *Patricios y heroínas, bocetos históricos*, Tip. Del Boletín Nacional de Historia y Geografía, La Habana, 1912.

_____: *Episodios nacionales, retazos de historia Patria,* Tip. del Boletín Nacional de Historia y Geografía, La Habana, 1924.

Laguna Enrique, Martha Elizabeth: *El Museo Nacional de Bellas Artes de La Habana y la colección de retratos de la pintura española del siglo XIX*, Ediciones Universidad de Salamanca, 2014.

Lamb, Jerome, Jerry Ruff y P. William Sherman: *Scattered Steeples*, Burch, Londergan and Lynch, Fargo, North Dakota, 1988.

Lancis Sánchez, Francisco: «Los Pérez de Guantánamo: apuntes históricos de una familia cubana», en www.bvs.sld.cu/revistas.

Lapique Becali, Zoila: *Crónicas del tiempo no perdido*, Editorial de Ciencias Sociales, La Habana, 2011.

_____: *Cuba colonial, música, compositores e intérpretes 1570-1902*, Ediciones Boloña, Editorial Letras Cubanas, La Habana, 2008.

_____: «Mercedes Sirvén Pérez-Puelles: una holguinera comandante del Ejército Libertador», *Aldea Cotidiana*, www.aldeacotidianablogspot.com, julio 2009.

_____: *Música Colonial Cubana en las publicaciones periódicas (1812-1902*, Editorial Letras Cubanas, La Habana 1979.

Lara de Mena, María Julia: *La familia Maceo, cartas a Elena: conversaciones patrióticas al calor del hogar*, Editorial Selecta, La Habana, 1945

Larralde, Pedro: «Tronco Materno de Estirpe Patriótica», Centrovisión, Sancti Spiritus, 27 de julio, 2013, http://www.centrovision.icrt.cu/index.php/historia/otros-articulos/item/2205-tronco-materno-de-estirpe-patri%C3%83% C 2%B3tica

«Las hermanas Mendive», *Bohemia* 35 (5), 31 de enero 1943, p. 4-5

«Las primeras damas de la República», *El Fígaro*, vol. 2, 1900-1929.

Lautelaude, Emilio: *Apuntes de la Delegación de Hacienda del Distrito de Guantánamo*, Imprenta El Arte, Guantánamo, 1930.

Lazo, Rodrigo: *Filibustero, Writing to Cuba*, The University of North Carolina Press, Chapel Hill, North Carolina, 2005.

Leal Cruz, Miguel: «La política de reconcentración de Weyler», www.latin american studies.org/1895/reconcentracion.

Leal Spengler, Eusebio: *El diario perdido de Carlos Manuel de Céspedes*, Ediciones Boloña, La Habana, 1992.

_____: *Legado y memoria*, El Titán de Bronce, La Habana, Editorial Boloña, 2009.

Lee, Fitzhugh: *General Lee's War for Humanity*, Richmond, Virginia, 1898.

_____: *General Lee's Book on Cuba*, Richmond, Virginia, 1898.

Le Riverend, Julio: *La Habana, biografía de una provincia*, La Habana, 1960.

Lebroc Martínez, Reinero: *San Antonio María Claret y Clará, arzobispo misionero de Cuba*, Misioneros Hijos del Sagrado Corazón de María, Madrid, 1992.

Leguineche, Manuel: *Yo pondré la guerra (W.R. Hearst), Cuba 1898: la primera guerra que se inventó la prensa*, Grupo Santillana Ediciones, S.A., Madrid, 1998.

León, José de la Luz: *La diplomacia de la manigua: Betances*, Editorial Lex, La Habana, 1947.

«Leonor Pérez Vda. de Martí», *Juventud Rebelde*, 1 de marzo de 2012.

Lescaille, Nancy: «Papeles de Música», Museo Nacional de la Música de Cuba, 2012. http://papelesdemusica.wordpress.com/tag/cuba/

Leslie's Weekly, Nueva York, marzo de 1899.

Levin Swiggett Glen: «Report on the Women's Auxiliary Conference», Washington D.C. 1915-1916, Washington, 29 de marzo, 1909, p. 34.

Limia Díaz, Ernesto: «José Antonio Aponte: precursor de nuestra independencia», *Cuba Información*, en http://www.cubainformacion.tv/index.php/cuba/historia/40737-jose-antonio-aponte-precursor-de-nuestra-independencia

Llanes, Lillian: «Regarding the Cuban flag», en http://artoncuba.com/article/regarding-the-cuban-flag/

«Llega María Cabrales a Cuba», *La Independencia*, no. 109, vol. II, mayo 13, 1899.

«Llegada de Ryan», *Revolución*, Nueva York, 25 agosto, 1870.

Logan, Mrs. John A., «Woman and the War», *Harper's Weekly Pictorial History of the War with Spain*, New York, 1899.

López Cabrales, María del Mar: *Una isla con cara de mujer: prominentes mujeres de la cultura en Cuba*, Ediciones Nuevo Espacio, New Jersey, 2007.

Lores, José Ignacio: *Baracoa, apuntes para su historia*, Editorial Arte y Literatura, 1977.

«Los generales que aún viven: Jacinto Hernández Vargas», *Bohemia*, 1949.

Los poetas de la guerra, Imprenta La Verónica, La Habana, 1941.

Loynaz del Castillo, Enrique: «La mujer cubana. María Cabrales de Maceo», *Diario de Cuba*, 6 de octubre de 1930.

_____: *Memorias de la Guerra*, Editorial de Ciencias Sociales, La Habana, 1989.

Lubián, Silvia: *Club Juan Bruno Zayas*, Dirección de Publicaciones, Universidad Central de Santa Clara, 1961.

Lucero, Bonnie: «Racial Geographies, Imperial Transitions: Property Ownership and Race Relations in Cienfuegos, Cuba, 1894–1899», *Journal of Transnational American Studies*, 3(2), 2011.

Lucero A., Bonnie y Oilda Hevia Lanier: *Emergiendo del silencio*, Editorial de Ciencias Sociales, La Habana, 2016,

Lueiro, Marcel: «Cristina Pérez y Pérez, un espíritu al servicio de la revolución», *Mujeres on Line*, no. 180, La Habana, 23 de abril, 2004.

Lugo Ortiz, Agnes I.: *Identidades imaginadas: biografía y nacionalidad en el horizonte de la guerra, Cuba 1860-1898*, Editorial de la Universidad de Puerto Rico, San Juan, 1999.

«Luisa Salgado», Así se forjó la Patria, *Bohemia*, noviembre 30, 1952, p. 152.

Luján O'Farril, Ana María: *Patriotas cubanos VIII*, Editorial Abril, La Habana 2011.

Maceo Verdecia, José: *Bayamo*, La Mercantil, Polanco y Cía., La Habana, 1941.

Machado, Cristina: «Emilia Córdoba y Rubio», *Mujeres on line*, no. 24, La Habana, 9 de febrero de 2001.

Machín, Ana Núñez: *Mujeres en el periodismo cubano*, Editorial Oriente, Santiago de Cuba, 1989.

Manzano, Juan Francisco: *Autobiografía del esclavo-poeta y otros escritos*, Iberoamericana, Madrid, 2007.

Manzano, Roberto: *El bosque de los símbolos, Patria y poesía en Cuba*, t .I, Instituto Cubano del Libro, Editorial Letras Cubanas, La Habana, 2010.

Mañach, Jorge: *Bibliografía/Dolores Rovirosa*, S.l., s.n., 1997.

Marfil, Bonifacio Esteban, *Los Hospitales Militares en la Isla de Cuba durante la Guerra de 1895-1898*, Asclepio, vol. LV2-2003.

_____: «Los médicos y la guerra de Cuba (1895-1898)», *Seminario Médico*, año 2001, Vol. 53, número especial, pp.64-75.

«Marina Manresa», *Verde Olivo*, 5(18): 52, 3 de mayo de 1964.

Márquez Sterling, Carlos: *Historia de la isla de Cuba*, Regents Publishing Co., New York, 1975.

_____: *El Bayardo de la revolución cubana*, Editorial Cubana, Miami, 1995.

Márquez Sterling, Manuel: «Luis Estévez y Romero», *El Fígaro*, p. 93, febrero 1902.

_____: «El hijo de Antonio Maceo», *El Fígaro*, La Habana, 1902.

Marquina, Rafael: *Alma y vida de Marta Abreu*, Ed. Lex, La Habana, 1951.

_____: *La ciudad de Marta y Marta de la ciudad*, Ed. Siglo XX, La Habana, 1950.

_____: *La mujer, alma del mundo, censo femenino en la obra de Martí*, Editorial Librería Martí, La Habana, 1959.

Marrero, Leví: *Cuba economía y sociedad*, t. XIV, Editorial Playor, Madrid, 1988.

Marrero, Víctor Manuel: *Vicente García, leyenda y realidad. Diario de operaciones del General Vicente García*, Editorial Sanlope, Victoria de Las Tunas, Cuba, 2008.

Marrero Cabrera, José Antonio: «La guerra de Cuba», *Militaria*, 1999, número 13, 159-165.

Marrero Caro, Rosa: *Poesías*, Imprenta de la Viuda de Barcina y Compañía, La Habana, 1867, p. 59

Marrero Yanes, Raquel: «La mambisa comandante, Mercedes Sirven Pérez-Puelles», *Bandera Roja*, www.banderaroja.blogspot.com/2008

Martí Pérez, José: *Cartas familiares* (selección), Comisión Nacional Organizadora de los Actos y Ediciones del Centenario del Monumento de Martí, La Habana, 1953.

_____: *Cartas a María Mantilla*, Editorial Gente Nueva, Centro de Estudios Martianos, La Habana, 1983.

_____: *De Cabo Haitiano a Dos Ríos*, Imprenta Escuela del Instituto Cívico Militar, Ceiba del Agua, Cuba, 1941.

_____: *Diario de guerra*, Fondo de Cultura Económica, México, 1998.

_____: *Documentos inéditos de José Martí a José Dolores Poyo*, La Habana Editorial Ciencias Sociales, 1994.

_____: «El Álbum de Clemencia Gómez», *Patria*, 29 abril, 1893.

_____: «En La Reforma», República Dominicana, 12 septiembre, 1892, *Epistolario*, Obras Completas, Editorial Lex, La Habana, 1953.

_____: *Obras Completas*, t. V, Editorial Lex, La Habana, 1953.

«Martí y yo», testimonio de Juan Gualberto Gómez, en *Opus Habana*, vol. VII, no. 1, La Habana, 28 enero 2005.

Martín, D.: «Rosa La Bayamesa», *Mujeres*, 8 septiembre 1968, p. 81.

Martínez Alemán, María Julia: *Weyler y la reconcentración en la jurisdicción de Remedios Santa Clara,* Ediciones Capiro, 2000.

Martínez Alier, Verena: *Marriage, Class and Colour in Nineteenth-Century Cuba*, The University of Michigan Press, Ann Arbor, 1989.

Martínez Arango, Felipe: *Próceres de Santiago de Cuba* (índice biográfico-alfabético), Imprenta de la Universidad de La Habana, 1946.

Martínez Estrada, Ezequiel: «Familia de Martí-La Madre», *Bohemia* 1963, p. 4.

Martínez Gómez, Jesús A.: «Félix Varela: ética, patriotismo y libertad», *Estudios Humanísticos, Historia.* No. 3, La Habana, 2004.

Martínez Guayanés, María A: «Martí y las cubanas en la emigración», *Mujeres*, no.9, marzo 1969, pp. 44-47.

Martínez Mole, Manuel: *Epítome de la historia de Sancti Spiritus; desde el descubrimiento de sus costas, 1492, hasta nuestros días*, El Siglo XX, La Habana, 1934.

Matamoros, Mercedes: *Poesías 1892-1906*, Ediciones Unión, La Habana, 2004.

Matthews, Franklin: *The New-Born Cuba*, Harper and Brothers, New York, 1899.

Maza Miquel, Manuel P., S.J.: *Entre la ideología y la compasión, guerra y paz en Cuba 1895-1903,* Pub. Instituto Pedro Francisco Bonó, Santo Domingo, 1997.

_____: *Esclavos, patriotas y poetas a la sombra de la cruz. Cinco ensayos sobre catolicismo e historia cubana*, Centro de Estudios Sociales Padre Juan Montalvo, S.J., Santo Domingo, República Dominicana, 1999.

Mazón Robau, América: *Por eso he votado... ¡No!,* Editorial Capiro, 2016.

McGillivray, Gillian: «Revolution in the Cuban Countryside, the Blazing of Las Villas, 1895-1898», *Cuban Studies*, 38, University of Pittsburgh, Pittsburg, Estados Unidos.

Medina, Miraida: *Otra vez nos sorprende el general Candela*, http://www.habananuestra.cu

Medina, Waldo: «Evangelina Cosío, heroína de leyenda», *Bohemia*, La Habana, 21 de junio, 2006, pp. 6-8; 30-31.

Mejuto, Margarita y Jesús Guanche: «La cultura tradicional, conceptos y términos básicos», Consejo Nacional de Casas de Cultura, La Habana, 2008.

Meluzá, Lourdes: *Recuerdos de la patria*, Suplemento Especial del 10 de octubre, *El Miami Herald*, Miami, 1985.

Mena Calvo, Antonio: La *guerra hispano-norteamericana de 1898 y su música, Militaria*, Revista de Cultura Militar, 1999, número 13, 133-142.

Mena, Luz M.: «Raza, género y espacio: las mujeres negras y mulatas negocian su lugar en La Habana durante la década de 1830», *Revista de Estudios Sociales* no. 26, Bogotá, 2006.

Méndez Capote, René: *Memorias de una cubanita que nació con el siglo*, Universidad Central de Las Villas, Santa Clara, 1963.

_____: *Amables figuras del pasado*, Editorial de Ciencias Sociales, La Habana, 1981.

Méndez, Graziella: Amalia Simoni de Agramonte, *Mujeres* 8 (10): (agosto 1965), p. 43

_____: Adela Azcuy, *Mujeres* 5, (agosto 1965), p. 43.

_____: Amparo Orbe, *Mujeres* I (septiembre 1969), p. 65.

_____: Bernarda Toro de Gómez, *Mujeres* 8 (julio 1968), p. 657

_____: Cecilia Porras Pita, *Mujeres*, 6, pt. 2 (julio-diciembre 1966)

_____: Domitila García, *Mujeres*, 6, pt. 2 (enero-junio 1966)

_____: Emilia Casanova, *Mujeres*, (agosto 1968), p. 67.

_____: Evangelina Cossío, *Mujeres* I, (marzo 1969), p. 71.

_____: Isabel Rubio, *Mujeres* 8, (junio 1968), p. 67.

_____: La mujer cubana en la colonia, *Mujeres,* (julio 1973), p. 81-83.

_____: Magdalena Peñarredonda, *Mujeres* 9, (febrero 1969), p. 65.

_____: María Cabrales de Maceo, *Mujeres* 8, (diciembre 1868), p. 65.

_____: María Hidalgo Hidalgo, *Mujeres I*, (agosto, 1969), p. 65.

_____: Úrsula Céspedes, *Mujeres* 8(2), (febrero, 1968), p. 67.

Méndez García, Madeline, coordinadora: *Habana es nombre de Mujer, presencia femenina en el patrimonio histórico-artístico cubano*, Ediciones Boloña, Colección Opus Habana, La Habana, 2007.

Méndez Martínez, Roberto y Ana María Pérez Pino: *Amalia Simoni, una vida oculta*, Editorial de Ciencias Sociales, La Habana, 2009.

Méndez Oliva, Esperanza: *La estirpe de Mariana en Las Villas*, Editorial Capiro, Santa Clara, 2006.

«Mercedes Varona», *El Cubano Libre*, año 2, no. 15, segunda época, Camagüey, 4 mayo, 1870, p. 4.

Meriño Fuentes, María de los Ángeles: *Matrimonio y familia en el ingenio: una utopía posible: La Habana 1825-1886*, Instituto Cubano del Libro, La Habana, 2008.

Mesa Rodríguez, Manuel I.: *Mons. Guillermo González Arocha, patriota y ciudadano*, Imprenta El Siglo XX, La Habana, 1945.

Mestas, María del Carmen: *Retrato de una heroína*, Editorial de la Mujer, La Habana, 2005.

_____: «La patriota», *Mujeres on Line*, no. 195, La Habana, 12 de agosto, 2004.

Mestre Fernández, A.: «Emilia Casanova de Villaverde», *Bohemia*, 63, La Habana, 15 de enero de 1971.

Mijares, José A.: «La Nueva Cuba», Archivos Departamento Investigaciones, *Diario Las Américas*, Miami, 19 de mayo, 2008.

Millard, Joseph: «El asombroso rescate de Evangelina Cossío de Cisneros», *Bohemia* 46 (36), pp. 4-6, La Habana, 11 septiembre, 1954.

Millet-Duperey, Marisela y María Elena Sánchez-Toledo: «La educación escolarizada en Guantánamo durante la colonia. Su contribución al desarrollo de la identidad cultural local», Universidad de Guantánamo, *EduSol*, vol. 13.no. 43, abr-jun., 2013.

Miranda, Luis Rodolfo: *Antorchas de la libertad*, P. Fernández y Cía., La Habana, 1949.

Miró Argenter, José: *Crónicas de la guerra*, Editorial de Ciencias Sociales, La Habana, 1981.

Molina, Antonio J.: *Mujeres en la Historia de Cuba*, Ediciones Universal, Miami, 2004.

Molina Pérez, Yolanda: «Entretelones de un baile», *El Guerrillero*, diciembre, 2012.

Molinet, Eugenio: *Memoria informe de la Sección Médica de la Higiene Especial*, Imprenta de Francisco Xiques, La Habana, 1899.

Montenegro González, Augusto: «Presencia de Colombia en las guerras de independencia de Cuba», Boletín de Historia y Antigüedades, Bogotá, abril-junio 1996, no. 793.

Montes Huidobro, Matías: *El Laúd del Desterrado*, Arte Publico Press, Houston, 1995.

Montoya Maza, Marlene: «Mariana Grajales Coello, una de las mujeres que más conmovieron el corazón de Martí», www.ain.cubaweb.cu/historia/personalidades /mariana.htm

Mora, Flora: *Biografía de Perucho Figueredo*, Miami, 1974.

Mora Morales, Esther Pilar: *Participación de la mujer cubana en las guerras independentistas; biografías históricas verídicas* (SI s.n.n. 1990-2002.

Morales Díaz, Amed: *Cartas a mi hermana*, Editores Reina del Mar, Cienfuegos 2011.

Morales y Morales, Vidal: *Iniciadores y primeros mártires de la revolución cubana*, Cultural, S.A., La Habana, vol. 1-3, 1931.

_____: *Hombres del 68, Rafael Morales y González, contribución al estudio de la historia de la independencia de Cuba,* Rambla y Bouza, La Habana, 1904.

Morales Rodríguez, Giselle, La madre del general. Periódico Escambray, no. 9, Año XXXI, p. 5, en el Archivo Histórico Provincial Mayor General «Serafín Sánchez Valdivia», Fondo Hemeroteca.

Morejón, Nancy: «Literatura y 130 años de la abolición de la esclavitud en Cuba», *La Jiribilla*, Año XII, La Habana16-22 julio, 2016.

Moreno Fraginals, Manuel R. y José J. Moreno Masó Guerra: *Migración y muerte, el ejército español en Cuba como vía migratoria*, Ediciones Júcar, Gijón, 1993.

Moreno García, Julia: «La esclavitud según la reciente bibliografía cubana», *Cuadernos de Historia Contemporánea*, Ed. Universidad Complutense, Madrid, no. 12, 1990.

Morín Aguado, Vicente: «Del barracón de esclavos a Santa Rosa de la Bayamesa», *Palabra Nueva,* núm. 209, julio-agosto 2011.

Mormino, Gary R.: «Tampa's Splendid Little War: Local History and the Cuban War of Independence», *OAH Magazine of History*, primavera 1998, Bloomington, Indiana, pp. 37-42.

_____: y George E. Pozzetta: *The Immigrant World of Ybor City*, University of Florida Press, Gainesville, 1998.

Morell Otero, Grethel: *Damas, Esfinges y Mambisas: Mujeres en la fotografía cubana*, Ediciones Boloña, La Habana 2015.

Morlotte y Ruiz, Luis de J.: «La mujer guantanamera del 95», conferencia, Centro de Veteranos de la Independencia, 1948.

Mueller, Dalia Antonia, Cuban Emigres, Mexican Politics and the Cuba Question 1895-1899, Tesis, University of California at Berkeley, otoño 2007.

_____: «Latin America and the Question of Cuban Independence», State University of New York, Buffalo, N.Y., Project Muse, www. muse.jhu.edu

«Murió la venerable bayamesa, Felicia Marcé», *Diario de La Marina,* 6 de junio, 1941, p. 8.

Muse, Laura Katherine: «Ron y Rebelión, «Phociona» or the History of the Cape Sisters and their Fight for Nineteenth Century Cuban Independence», *International Journal of Cuban Studi*es, vol. 4 no. 2, Londres, 2012.

Muzio, María del Carmen: «Apuntes sobre Magdalena Peñarredonda Doley», *Palabra Nueva,* 11 marzo, 2018.

Nabel Pérez, Blas: «Martí y las mujeres de Ocala», 31 de marzo de 2012, en http://martianos.ning.com/profiles/blogs/mart-y-las-mujeres-de-ocala

Najarro Pujol, Lázaro David, *La capitana Rosa la Bayamesa: leyenda y símbolo del Ejercito Libertador Cubano.*

_____: «La capitana Rosa la Bayamesa y su hospital de campaña», *El Clarín,* Asociación de Combatientes de la Revolución Cubana, no. 3, 2004, p. 3.

Naranjo Orovio, Consuelo: *Historia de las Antillas - Historia de Cuba,* tomo I, Ediciones Doce Calles, S.L., Madrid, 2009.

Narla, Francisco: «Isabel I, la sombra del poder de una mujer en el trono de España», revista *Clío* Historia, año 18, núm. 195.

Navarrete, William y Javier de Castro editores: *Centenario de la República (1902-2002),* Ediciones Universal, Miami, 2002.

Navarrete, William y María Dolores Espino: *Genealogía Cubana, San Isidro de Holguín,* Editorial Aduana Vieja, Valencia, 2015.

Navarro Carballo, José Ramón: «La asistencia sanitaria a las fuerzas armadas en Cuba», *Militares 93,* julio 2011.

Navarro Luna, Manuel: *Odas mambisas,* Imprenta Nacional de Cuba, La Habana, 1961.

_____: *Los poemas mambises,* Úcar García y Co., La Habana, 1959.

Neira Vilas, Xosé: *Galegos que loitaron pola independencia de Cuba,* Edicios Do Castro, La Coruña 1998, p. 85-92.

Núñez Jiménez, Antonio, Liliana Núñez Velis: *La comida en el monte: cimarrones, mambises y rebeldes,* Fundación de la Naturaleza y el Hombre, La Habana, 1998.

O'Kelly, James J.: *La tierra del mambí*, Colección de Libros Cubanos, La Habana, 1930.

Obras Completas de José Martí, Epistolario, no. 20, Editorial Nacional de Cuba, Habana 1965.

Ojeda Reyes, Félix: *Peregrinos de la libertad*, Editorial de la Universidad de Puerto Rico, Río Piedras, 1992.

_____: «Primera Estatua», *Opus Habana*, La Habana, 19 de mayo de 2008.

_____ y Paul Estrade: *Pasión por la libertad*, Universidad de Puerto Rico, 2000.

Olivares, Ruslán: «Trinidad Lagomasino y Álvarez», Historia de Cuba, www.historiacuba.wordpress.com/2017.

Oramas Camero, Ángela: *Mujeres en las guerras de Cuba, siglo XIX* – Leonor Amoedo Arredondo en www.bohemia.cu/2004/05/02SEMANA

Oriarte, Esteban: *Cuba en la mano. Enciclopedia popular ilustrada*, Editorial Cubana Luis J. Botifoll, Miami, 2010

Ortega, Gerardo: *Estampas de la Vuelta Abajo*, en www.pinarte.cul.cu, 13 de septiembre 2010.

Ortega, Víctor Joaquín: «Clemencia Gómez Toro», *Mujeres on line,* no. 91, 30 diciembre, 2012.

Ortiz, Fernando: «Elogio póstumo a Marta Abreu», *Revista Bimestre Cubana*, Sociedad Económica Amigos del País, núm., 2 vol. VII, La Habana, marzo-abril, 1912, pp. 91-99.

Pacheco, Ferdie: *Ybor City Chronicles, a memoir*, Gainesville University Press, 1994.

Padrón Valdés, Abelardo: *El general José, apuntes biográficos*, Editorial de Ciencias Sociales, La Habana, 1975.

_____: *Lealtad Probada, Panchito Gómez Toro*, Editorial Abril, La Habana, 2008.

Parga, Beatriz: «El Prócer Antonio Maceo llevo siempre a Cuba por dentro», *El Nuevo Herald*, 20 de mayo de 1992, p. 10D.

Pascual Fernández, Mayra: «Mercedes Valdés Consuegra», *El Villaclareño,* 18 de julio de 2010. www.villaclara.cu/personalidades,

Pascual, Luis: «Destinatario José Martí», en *Aproximaciones a los Maceo,* Casa Editora Abril, La Habana, 1999.

Peraza Sarausa, Fermín: *Boletín del Anuario Bibliográfico Cu*bano, tomos I-XXV, University of Florida Libraries, Gainesville, 1963.

Pérez Abreu, Gustavo: *En la guerra con Máximo Gómez*, Editorial Carbonell, La Habana, 1952.

Pérez Cabrera, José Manuel: *Una cubana ejemplar, Marta Abreu de Estévez*, Imprenta el Siglo XX, A. Muñiz y Hno., La Habana, 1945.

____: *Historiografía de Cuba*, Instituto Panamericano de Geografía e Historia, México, 1962.

Pérez Carbó, Federico: «Un valioso aporte histórico sobre el General Antonio Maceo Grajales», *Acción Ciudadana,* no. 53, 31 de marzo 1945, p. 14.

Pérez Concepción, Hernel: *Holguín: ¿Reforma o Revolución?, el autonomismo holguinero*, Ediciones Holguín, 2005.

Pérez Díaz, Eliseo: *La Rosa del Cayo, novela histórica cubana*, Talleres de El Fígaro, La Habana, 1947.

Pérez Fuentes, Pilar, y Lola Valverde: «La población de La Habana a mediados del siglo XIX: relaciones sexuales y matrimonio», *Historia Contemporánea 19*, 1999, pp. 155-179, en www.historiacontemporanea, Universidad del País Vasco.

Pérez, Jr., Louis A.: *Cuba Between Empires, 1878-1902*, University of Pittsburgh Press, Pittsburgh, 1983.

____: *A Guide to Cuban Collections in the United States*, Greenwood Press, New York, 1991.

____: *Cuba: An Annotated Bibliography*, Greenwood Press, New York, 1993.

____: «Cubans in Tampa, from exiles to immigrants, 1892-1901», Essays on Cuban History, *Florida Historical Quarterly.*

____: *Historiography and Research*, Essays on Cuban History, University Press of Florida, 1994.

____: *José Martí in the U.S., The Florida Experience*, Special Studies No. 28, Arizona State University, 1995.

____: *On Becoming Cuban, Identity, Nationality and Culture*, Harper and Collins Publishers, 1999.

____: *The War of 1898: the US and Cuba in History and Historiography*, University of North Carolina Press, Chapel Hill, 1998.

____: *To Die in Cuba: Suicide and Society.* University of North Carolina Press, Chapel Hill, NC, 2005.

____ y Rebecca J. Scott: *The Archives of Cuba/Los Archivos de Cuba*, University of Pittsburgh Press, Pittsburgh, 2003.

_____ y Robert P. Ingalls: *Tampa Cigar Workers a Pictorial History*, University Press of Florida, Gainesville, 2003.

Pérez de Acevedo, Roberto: *Edelmira Guerra de Dauval*, Academia de la Historia de Cuba, sesión pública, 24 de abril, 1953, La Habana.

Pérez de La Lama, Ángela: *El Camagüey legendario*, Talleres Gráficos Aral, Camagüey, 1960.

Pérez Cisneros, Enrique: *En torno al «98» cubano*, Editorial Verbum, Madrid, 1997.

Pérez Guzmán, Francisco: «Los efectos de la Reconcentración en la sociedad cubana (1896-98). Un estudio de caso: Güira de Melena», Consejo Superior de Investigaciones científicas, *Revista de Indias*, Vol. LVIII, número 212, Madrid, 1998. http:revistadeindias.revistas.csic.es

_____: La Guerra en La Habana, desde enero de 1896 hasta el combate de San Pedro, Editorial de Ciencias Sociales, La Habana, 1976.

Pérez Nápoles, Rubén: *Martí, el poeta armado*, Algaba Ediciones, Madrid, 2004.

Pérez-Puelles, FDC, Sor Eva: *Resumen de la labor de las Hijas de la Caridad durante la guerra de independencia*, Miami (inédito).

Periódico *Patria*, Nueva York, 1895-1898:
«Club Patriótico de Ocala», 3 de abril de 1892;
«De las damas cubanas», 7 de mayo de 1892;
«Amalia Simoni», 25 junio 1892;
«El catalán y María Francisca (G. de Quesada)», 25 de junio de 1892;
«Una heroína desconocida, episodio de la Revolución», 9 de julio 1892;
«Tres Cartas – Club Cuba de Tampa: Ernestina F. de Fripiano», 23 de julio 1892;
«Clubs Nuevos: G. de Roloff; Obreras de la Independencia», 6 de agosto de 1892;
«La recepción en Filadelfia», 20 agosto, 1892;
«Nuestras Mujeres» 27 de agosto de 1892;
«Las Protectoras de la Patria - desde Key West», 24 de septiembre de 1892;
«Los Clubes - Protectoras de La Patria; Hijas de La Libertad», 8 de octubre de 1892;
«Club Revolucionario Cubano de Señoras José Martí»,19 de noviembre de 1892;
«Las mujeres de Ocala», 14 enero, 1893.
«Sra. Juana Varona De Quesada», 28 de enero de 1893;

«Las Cubanas - Club Mercedes Varona», 14 de febrero de 1893;
«Episodios De la Revolución –Lorenza Díaz de Marcanó», 21 de febrero de 1893;
«Las Hijas De La Patria - Episodios de la Revolución Lorenza Díaz de Marcano»,6 de marzo de 1893;
«La mujer en los clubes patrióticos», 24 de marzo de 1893;
«El Álbum de Clemencia Gómez», 29 abril, 1893.
«Fiesta patriótica (club Hermanas De Martí)», 24 de junio de 1893;
«Protectoras de la patria», 12 de agosto de 1893;
«Instalación de la Sociedad Patriótica Cubana - Hijas de Hatuey», por Clara Camacho, Belén Aloma, 9 de septiembre de 1893;
«María Cabrales», 6 octubre, 1893;
«Mariana Grajales», 23 noviembre 1893;
«Muerte de Mariana Grajales», 12 diciembre 1893;
«La Madre de los Maceo», 6 enero 1894;
«Margarita Peña» (por M. Carbonell), 31 de marzo de 1894;
«Tres madres», 11 de mayo de 1894;
«La Virgen de la Caridad», por Fermín Valdés Domínguez, 9 de junio, 1894, p. 1.
«Sociedad Patriótica Hijas de Hatuey (Adela Giraudi)», 4 de agosto de 1894;
«Las hijas de un bueno, Libertad Méndez», 10 de nov de 1894;
«Ana Betancourt de Mora», 17 de nov de 1894;
«La mujer cubana: María Maceo», 15 de diciembre de 1894;
«María Borrero de Varona», 26 enero, 1895;
«Las hijas de Cuba», 1 de mayo de 1895;
«Club Hermanas de Martí», 23 de junio de 1895;
«Ana Betancourt», 9 noviembre, 1895;
«María Cabrales, carta a Castelar», 2 febrero 1897;

«Periodistas Camagüeyanas del siglo XIX»: *Mujeres con historia*, no. 235, 11 de julio de 2005.

Pezuela y Lobo, Jacobo de la: *Diccionario geográfico, estadístico, histórico de la Isla de Cuba*, Imprenta del Est. Mellado, Madrid 1863-1868, v. 3, pp. 6-8.

Pichardo Viñals, Hortensia: *Dos fechas históricas: 10 de octubre de 1868, 24 de febrero de 1895,* Editorial de Ciencias Sociales, La Habana, 1989.

_____: *Mercedes Matamoros, su vida, su obra*, Cárdenas y Compañía, La Habana, 1952.

_____: «24 de febrero de 1895: inicio de la guerra de Martí», Anuario del Centro de Estudios Martianos, La Habana, 1984.

Pichardo Viñals, Hortensia y Fernando Portuondo del Prado: *Temas históricos del Oriente cubano*, Editorial Ciencias Sociales, La Habana, 2006.

Piedra Bueno, Andrés de: *Marta Abreu: Marta de Cuba*, La Habana [s.n.], 1951.

Piedra Martell, General Manuel: *Mis primeros treinta años – memorias de infancia y adolescencia – La Guerra de Independencia*, Editorial Minerva, Tercera Edición, La Habana, 1945.

_____: *Memorias de un mambí*, Instituto del libro, La Habana, 1968.

Pintó, Carmen Elena: «Datos biográficos de Chacha Delmonte 1854-1928», *El Undoso*, Galería de Sagüeros Ilustres, Miami, octubre-diciembre, 2001.

Piqueras Arena, José A.: *Sociedad civil y poder en Cuba: colonia y poscolonia*, Siglo XXI de España Editores, Madrid, 2005.

Pirala Criado, Antonio: *Anales de la guerra de Cuba*, Felipe González Rojas, Madrid 1895-1898.

Poetisas cubanas contemporáneas, Academia Poética de Miami, Editora Corripio, C. por A., Republica Dominicana, 1990.

Polanco Bidart, Rafael: *Guantánamo en la gesta de 1895*, inédito.

Ponce de León, N., Translator and Printer, *The Book of Blood, an Authentic Record of The Policy Adopted by Modern Spain, October 1868 to November 10, 1873,* New York, 1873.

Ponte Domínguez, Francisco: *La mujer en la revolución de Cuba*, Imprenta Molina, La Habana, 1933.

_____: *Historia de la Guerra de los Diez Años*, Habana, Imprenta El Siglo XX, La Habana, 1958.

Poo, José M.: *En días de gloria: cuentos mambises y otros cuentos*, Paraninfo, Madrid, 1967.

«Por los Reconcentrados», *Diario de La Marina,* La Habana, 28 abril de 1898.

Portell Vilá, Herminio: *Clara Barton, protectora de los reconcentrados*, discurso. Sociedad Colombista Panamericana, La Sociedad, 1954, La Habana.

_____: *Céspedes, el padre de la patria cubana.* Espasa-Calpe, S.A. Madrid, 1931.

_____: *Los otros extranjeros en la Revolución Norteamericana*, Ediciones Universal, Miami, 1978.

_____: *Narciso López y su época*, tomos I y II, La Habana, Compañía Editores de Libros y folletos, 1930.

Portuondo Zúñiga, Olga: *Entre esclavos y libres de Cuba colonial*, «Ascendencia Paterna de Antonio Maceo», en Editorial Oriente, Santiago de Cuba, 2003, pp. 208-223.

_____: «El padre de Antonio Maceo, ¿venezolano?» *Del Caribe*, no. 19, 1999, pp. 43-97.

_____: *La Virgen de la Caridad del Cobre, símbolo de cubanía*, Alfaguara, Madrid, 2002.

_____: *Santiago de Cuba: desde su fundación hasta la guerra de los Diez Años*, Ediciones Oriente, Santiago de Cuba, 1996.

Portuondo Zúñiga, Olga y José Abreu Cardet: *Carlos Manuel de Céspedes y Céspedes, Patria y Familia – Diario,* Colección Crisol, Ediciones Bayamo, Bayamo 2012.

Portuondo Zúñiga, Olga y Escalona, Israel, Fernández Carcassés Manuel, Quintana Polanco, et al: *Aproximaciones a los Maceo*, Editorial Oriente, Santiago de Cuba, 2005.

Portuondo, Fernando: *Historia de Cuba,* Editorial Minerva, La Habana, 1957.

Poumier Taquechel, María: *Apuntes sobre la vida cotidiana en Cuba en 1898*, Editorial de Ciencias Sociales, La Habana, 1975.

Poyo, Gerald E.: «Cuban patriots in Key West 1878-1886: guardians of the separatist ideal», *The Florida Quarterly*, vol. 61, issue 1, July 1982, pp. 20-36.

_____: «Cuban revolutionaries and Monroe County reconstruction politics, 1868-1876», *Florida Historical Society*, April 1977, LV., pp. 407-22.

_____: «Exile and Revolution, Jose d. Poyo, Key West and Cuban Independence», University Press of Florida, Gainesville, 2014.

_____: «Key West and the Cuban 10 Years War», *Florida Historical Quarterly* 57, April 1979, pp. 289-307.

_____: *With all and for the good of all: the emergence of popular nationalism in the Cuban communities of the United States, 1848-1898*, Durham, N.C.: Duke University Press, 1989.

Prado Torreiras, Teresa: *Desatando las alas a la mujer cubana en la Guerra de Independencia*, Universidad de Oriente, 1998.

_____: *Mambisas, Rebel Women in Nineteenth-Century Cuba*, University Press of Florida, Gainesville, 2005.

Prats Lerma, Armando: *Biografía del mayor Vicente García y González para la historia de Cuba,* Imprenta La Prueba, La Habana, 1915.

_____: «Martirologio Cubano-Mercedes Varona», Boletín del Ejército, La Habana, septiembre 1929, p. 26.

Prince, J.C., *Cuba Illustrated,* Napoleon, Thompson and Co., New York, 1893-94.

«Programa para los ejercicios de oposición para las aulas y escuelas de barrios», *La Nueva Principal,* La Habana, 1879.

Pupo Aguilera, Constantino: *Patriotas Holguineros,* Holguín, 1956.

Quesada y Miranda, Gonzalo de: *Archivos de Gonzalo de Quesada,* Imprenta El Siglo XX, La Habana, 1948.

_____: *Mujeres de Martí,* Ed. de la *Revista Índice,* La Habana, 1943.

Quintana, Jorge: «Adriano Galano Coutín», en Así se Forja una Nación, *Bohemia,* 1957, p 148; 156.

_____: «Federico Jova y González Abreu», en Así se Forja una Nación, *Bohemia,* 1957, p. 116.

_____: «Luis Carbó Carmenatti», en Así se Forja una Nación, *Bohemia,* 1957, p.148.

_____:«Nicolasa Inerarity», en Así se forja una nación, *Bohemia,* 1912.

Quintana Polanco, Mileidis y Zoe Sosa Borjas: «En el Centenario del Natalicio del Mayor General Antonio Maceo Grajales, en *Aproximaciones a los Maceo,* Casa Editora Abril, La Habana, 1999.

Quintero, Luis: *El Pueblo,* «Unión-Patriotismo», 13 octubre, 1875.

Ramírez Corría, Filiberto, *Excerta de una isla mágica, o Biografía de un latifundio,* Editorial Olimpio, Isla de Pinos, 1959.

Ramón y Cajal, Santiago, *Recuerdos de mi vida,* 2 vols. Madrid, 1901.

Ramsden, Frederick W.: «Diary of the British Consul at Santiago during hostilities», *MClure's Magazine,* New York, octubre, 1898.

Remos, Juan J.: *Proceso histórico de las letras cubanas,* Ediciones Guadarrama, S.L., Madrid 1958.

Report of the Committee on Foreign Relations, United States Senate relative to Affairs in Cuba, Senate, Report 885, Washington, Government Printing Office, 13 de abril, 1898, p. 354.

«Report on the Census of Cuba»: United States War Department, Prentiss, Gannett, Wilcox, Washington, DC, 1899.

«Reporte de Estadísticas Vitales», United States War Dept. Cuban Census Office, Willcox, Walter Francis, Gannett, Henry, Sanger, Joseph Prentiss, La Habana 1900.

República de Cuba: Boletín Oficial, Secretaría de Agricultura, Industria y Comercio, vol. IV, núm. 1, Imprenta El Avisador Comercial, La Habana, 1908.

República de Cuba: Colección Legislativa, Leyes Decretos y Resoluciones de 1 de enero a 31 de marzo de 1914, Imprenta y Papelería de Rampa, Bouza y Ca. La Habana, 1919, en www.ufdcimages.uflib.ufl.edu

Revista *Artemisa,* 22 marzo 1914, núm. 2.

_____: mayo 1952.

Revista de Cayo Hueso, Key West, Florida, 1897.

Revista Social, vol. V, no. 3, marzo 1920.

Rexach, Rosario: «Las Mujeres del 68», *Revista Cubana,* Nueva York, enero-julio 1968, p. 123-142.

Reyes Sánchez, Ana María: «Las cartas de Víctor Hugo a Cuba», *Opus Habana,* www.opushabana.cu/index, 26 de febrero de 2010.

Ricardo, Yolanda: *La resistencia en las Antillas tiene rostro de mujer, transgresiones, emancipaciones.* Academia de Ciencias de República Dominicana, 2004.

_____: *Nueva visión de Dulce María Borrero,* Editorial de Ciencias Sociales, La Habana, 1983.

Ripoll, Carlos: *Antonio Maceo, pensamiento y vida,* Editorial Dos Ríos, Nueva York, 1996.

_____: «El amor ideal de Ignacio Agramonte», *Diario Las Américas,* 16 de febrero, 1982, p. 8B.

_____: *Escritos cubanos de historia, política y literatura,* Editorial Dos Ríos, Nueva York, 1998.

_____: *José Martí, antología mayor,* Editorial Cubana, Miami, 1995

_____: *José Martí, escritos desconocidos,* Eliseo Torres and Sons, Nueva York, 1971.

_____: *José Martí, a Biography in Photographs and Documents,* Senda Nueva de Ediciones, Miami, 1992.

_____: «La amante de José Martí», *El Nuevo Herald,* 28 de enero del 2007, p 19.

_____: *La vida íntima y secreta de José Martí*, Editorial Dos Ríos, Nueva York, 1995.

_____: «Leonor Pérez en Martí», *Diario Las Américas*, 11 de mayo de 1986, 4A.

_____: «Martí y María Mantilla», *Diario Las Américas*, 8 de mayo de 1988, p. 12A.

_____: «Martí, la esposa y la amante», *Diario Las Américas*, 15 de mayo de 1986, pp. 12; 13A.

_____: «Martí, una página desconocida», *El Nuevo Herald*, 25 de enero de 2005, p. 18A.

_____: *Señas y domicilios*, www.eddosrios.org

Risquet, Juan: *La cuestión político-social de la Isla de Cuba*, Tipografía América, La Habana, 1900.

Rivas Agüero, Miguel A.: *Joaquín de Agüero y sus compañeros 1851-1951*, Biblioteca Anexa Isabel E. Betancourt, La Habana, 1951.

Rivero de la Calle, Manuel: «Los indios cubanos de Yateras», *Cuba Arqueológica*, Santiago de Cuba, 1978.

Rivero Marín, Yoel, *La Reconcentración de Weyler en Sagua la Grande*, en Contribuciones a las Ciencias, www.eumed.net.

Rivero Muñiz, José: «Los cubanos en Tampa» *Revista Bimestre Cubana* LXXIV (enero-junio 1958) 206-13, en The New York Herald, Marzo 23, 1885.

_____: «Tampa at the close of the Nineteenth Century», *Florida Historical Quarterly*, v.41, no.4. Melbourne, Florida 1963.

Roa, Raúl M.: A Pie y Descalzo, de Trinidad a Cuba, recuerdos de Campaña, Establecimiento Tipográfico calle de O'Reilly, La Habana 1890.

Robles Muñoz, Cristóbal: *El Padre Valentín Salinero S.J. y las Religiosas del Apostolado*, Servicios Editoriales S.A., 2006.

Rodríguez, Carmen María: «Aporte de las mujeres cubanas a la independencia de los Estados Unidos», *Martí Noticias*, 4 de agosto 2012.

Rodríguez Danger, María Delfina: *Mariana Grajales*, Editorial Oriente, Santiago de Cuba, 1977.

Rodríguez de Cuesta, Vicentina Elsa: *Patriotas cubanas,* Talleres Heraldo Pinareño, Pinar del Río, 1952.

Rodríguez García, José A.: *De la revolución y de las cubanas en la época revolucionaria*, discurso, Imprenta El Siglo XX, La Habana, 1930.

Rodríguez García, Lucía: «Congreso Nacional de Mujeres», *Bohemia*, abril de 1925, pp. 8-10.

Rodríguez Gobea, Zoila: «Evocación de Amador A. Esteva y Mestre», Centro de Estudios Martianos, La Habana 2009.

Rodríguez, Justo Luis, «Santa Teresa de Ávila, Doctora de la Iglesia Patrona del Mariel», revista *Vitral*, Año IX, no.107, julio-septiembre de 2012

Rodríguez Lavielle, Delfina: «Manuela Cancino», Patriotas de la Independencia, Enciclopedia Manzanillo, http://www.enciclopedia-manzanillo.cu /15/9/4/ index.htm

Rodríguez Ortega, Susana: «La heroína de Consolación del Sur» periódico *Guerrillero*.

Rodríguez Puértolas, Julio: *El desastre en sus textos*, Editorial Akal, S.A., Madrid, 1999.

Roig de Leuchsenring, Emilio: «Aurelia Castillo de González», *Social* no. 2, La Habana, febrero 1920.

_____: «El baile, desenfrenada pasión del criollo», *Opus Habana*, La Habana, 11 de septiembre, 2009.

_____: *La guerra libertadora cubana de los 30 años*, Segunda edición, Oficina del Historiador, Habana, 1952.

_____: *La iglesia católica y la independencia de Cuba*, Gran Logia de Cuba A.L. y A.M., La Habana, 1958.

_____: «*Los mártires del 1851*», Cuadernos de Historia Habanera, Cuaderno Núm. 51, 1951.

_____: «Los primeros movimientos revolucionarios del general Narciso López», *Cuadernos de Historia Habanera*, 44, La Habana, 1950.

_____: «*1895 y 1898 dos guerras cubanas. Ensayo de revaloración*», La Cultural, S.A., La Habana, 1945.

_____: *Weyler en Cuba, un precursor de la barbarie fascista*, Editorial Páginas, La Habana, 1947.

Rojas, Rafael: «Los amigos cubanos de Juárez», Revista Aleph, Centro de Investigación y Docencia Económicas, www. aleph.academica.mx/ jspui/ handle/56789/8329Roldán, 2008.

Romañach Álzaga, Pedro: *Genealogía de la familia Loret de Mola*, Miami, 2010.

Romeo, Raquel: *Voces de mujeres en la literatura cubana*, Editorial Verbum, Madrid, 2000.

Romero Aragón, María de los Ángeles: «Lucrecia González Consuegra, hermana y colega en el tiempo», http://www.monografias.com/trabajos91/lucrecia-gonzalez-consuegra-hermana-y-colega-tiempo.

«Rosario Morales Martín de los Reyes»: *Bohemia*, La Habana, 25 de octubre de 1942, pág. 6.

Ross, John W., M.D.: «Lessons Drawn from Practical Professional Experience with Trained women Nurses in Military Service», *Journal of the Association of Military Surgeons of the United States*, noviembre 1902.

Ruiz de Zárate, Mary: *El general Candela: biografía de una guerrilla*, Editorial de Ciencias Sociales, La Habana, 1974.

Ruiz Menéndez, Rodolfo: *La primera emigración cubana a Yucatán*, Ediciones de la Universidad de Yucatán, Mérida, 1969.

Ruiz, Vicki and Virginia Sanchez: *Latinas in the United States*, a Historical Encyclopedia, Indiana University Press, Indiana 2006.

Russell, Thomas Herbert: *America's War for Humanity: Pictorial history of the world war for liberty*, H. Miller & Co., Chicago, 1919.

Saavedra, María Elena: «Candelaria Rosell», *Diario las Américas*, 9 de marzo de 1969.

Saco, José Antonio: *Papeles políticos sobre Cuba*, Editorial Cubana, Miami, 2001.

Salas Escobar, Osvaldo: «En Cuba los restos de Ana Betancourt», *El Mundo*, 27 de septiembre de 1968, p. 4, La Habana.

Sánchez, J.: «Estampas de tiempos difíciles, resistencia y victoria ayer que sirven para el tiempo de hoy», *Bohemia* 16, 24 abril 1994, pp. 9-13.

Sánchez, Juan F.: *Conferencia sobre Adela Azcuy*, Pinar del Río 1933, inédita.

Sánchez Guerra, José: *Mambisas del Alto Oriente*, Editorial El Mar y la Montaña, Guantánamo 2016.

_____: *Mambisas Guantanameras*, Editorial El Mar y la Montaña, Guantánamo, 2000.

Sánchez Galí, Moisés: *Sobre biografía del mayor general Calixto García Íñiguez*, Editorial Simón, La Habana, 1949.

Sánchez, Serafín: *Héroes humildes/Los poetas de la guerra*, La Moderna Poesía, La Habana, 1911.

Sanguily, Manuel: *Brega de libertad*, Publicaciones del Ministerio de Educación, Dirección de Cultura, La Habana, 1950.

Santos, Félix: *1898, La prensa y la guerra de Cuba*, Asociación Julián Zugazagoitía, Bilbao, España, 1998.

Santovenia, Emeterio: *El discípulos a quien Martí amaba*, discurso, Academia de la Historia de Cuba, 15 de diciembre, 1948, La Habana.

_____: *Fundadores de la nación cubana*, Junta Patriótica Cubana, Miami, 1967.

_____: *Huellas de gloria: frases históricas cubanas*, Editorial Trópico, La Habana, 1944.

_____: *Pinar del Río*, Editorial Tierra Firme, México, 1946.

_____: *Una heroína cubana, episodio histórico*, Imprenta La Comercial, Pinar del Río, 1918.

_____: *Víctor Hugo y Cuba*, Editorial Minerva, La Habana, 1933.

Santamaría García, Antonio y Consuelo Naranjo Orovio: *La historia social de Cuba 1868-1914. Aportaciones recientes y perspectivas*, febrero 9, 2005, http://nuevomundo.revues.org/596

Sarabia, Nydia: *Ana Betancourt*, Editorial de Ciencias Sociales, La Habana, 1970.

_____: «Ana Betancourt, precursora de los derechos de la mujer en América», *Bohemia*, La Habana, 28 de agosto de 1970, pp. 38-39.

_____: «Cayita Araujo, maestra», *Bohemia*, La Habana, pp. 101-102.

_____: «Isabel Vélez: Madre y mujer ejemplar», *Bohemia*, La Habana, no. 60, mayo 31, 1968, p.22.

_____: *Historia de una familia mambisa: Mariana Grajales*, Instituto Cubano del Libro, Editorial Orbe, La Habana, 1975.

_____: «La mujer villareña en la lucha patria», *Bohemia*, La Habana, 19 julio 1968.

_____: *La patriota del silencio: Carmen Miyares*, Ediciones Ciencias Sociales, 1970.

_____: *María Cabrales*, Editorial Gente Nueva, Instituto Cubano del Libro, La Habana, 1976.

_____: y Néstor Ponce de León: *Noticias confidenciales sobre Cuba 1870-1895*, Editora Política, Habana 1970.

Sarmiento Ramírez, Ismael: *El ingenio del Mambí*, Santiago de Cuba, Editorial Oriente, 2008.

_____: «La cultura en el mayor general José Maceo Grajales y su gusto por la música», en *Aproximaciones a los Maceo,* Editorial Oriente, Santiago de Cuba, 2005.

_____: «La escasez de alimentos en la guerra de Cuba», *Militaria*. Revista de cultura militar, Vol. 17, pp. 199-235, 2003.

_____:«La Sanidad Militar en la Guerra de Cuba 1868-1898», I, *Militaria,* revista de cultura militar, Madrid, n°. 19, 2005, pp. 115-146, y II *Militaria*, revista de cultura militar, no. 18: 291-318, Madrid.

_____: «Manifestaciones musicales en el Ejército Libertador de Cuba 1868-1898», *Del Caribe,* no. 44, Santiago de Cuba, 2004 y en *Atlántida,* Instituto Acoriano de Cultura, Vol. XLVIII, 2003.

Savignón, Tomás: «En torno a los Maceo: Cultura material en el Ejército Libertador de Cuba 1868-1898». Tesis doctoral mimeografiada, Universidad de Oviedo, 2004.

Scott, Rebecca: *Degrees of Freedom, Louisiana and Cuba after Slavery,* The Belknap Press of Harvard University Press, Cambridge, Massachusetts, 2005.

_____: *Slave emancipation in Cuba: The transition of free labor 1860-1899*, Princeton University Press, 1985.

Secretary of the Treasury, Congressional Edition, 57th Congress, Doc. Number 269, Volumen 4239, p. 28, Washington, 1902.

Sed Nieves, Gustavo: *Ignacio Agramonte,* Editorial Oriente, Santiago de Cuba, 1979.

Segreo Ricardo, Rigoberto: *Iglesia y nación en Cuba (1868-1898),* Editorial Oriente, Colección Historia, Santiago de Cuba, 2010.

Sejourne, Laurette: *La mujer cubana en el quehacer de la historia*, Siglo XXI Editores, México, 1980.

Seoane Gallo, José: *Palmas reales en el Sena,* Editorial Letras Cubanas, La Habana, 1987.

Sierra, J.A.: «The Timetable history of Cuba», www.historyofcuba.com.

«Siervas de María, ministras de los enfermos», *Diario de Navarra,* 7 julio 1961.

Sifredo y Llopis, Hipólito: *Los mártires cubanos en 1869,* Imprenta La Prensa, La Habana, 1893.

«Símbolo de Familia Cubana»: *Diario Granma*, La Habana, 16 abril, 2006, año 10, No. 101.

Solórzano, Manuel, Historia de la Enfermería Pediátrica en Cuba, Enfermería Avanza, http://enfeps.blogspot.com/2013/11/historia-de-la-enfermeria-pediatrica-en.html

Sosa de Quesada, Arístides: *Martí, Maceo y Agramonte a través de sus reliquias*, P. Fernández, La Habana, 1944.

Sosa Rodríguez, Enrique, Miriam Rodríguez Martínez, Antonio Aja Díaz, Francisca López Civeira: *Cuba y Cayo Hueso, una historia compartida*, Editorial de Ciencias Sociales, La Habana, 2006.

Stoner, K. Lynn: *Cuban and Cuban-American Women, an Annotated Bibliography*, Scholarly Resources, Inc., Delaware, 2002.

_____: *De la casa a la calle. El movimiento cubano de la mujer en favor de la reforma legal 1898-1940*, Editorial Colibrí, Madrid, 1991.

_____: «*Militant Heroines and the Consecration of the Patriarchal State: The Glorification of Royalty, Combat and National Suicide in the Making of Cuban National Identity*».

_____: *The Women's Movement in Cuba: 1898-1958*, The Stoner Collection on Cuban Feminism, Primary Source Media Woodbridge Connecticut, 1991.

_____: «Women's Rights and the Cuban Republic», *Cuban Heritage*, vol. 2, no. 1, 1988.

Stolcke, Verena: *Marriage, Class and Color in Nineteenth-Century Cuba; a Study of Racial Attitudes and Sexual Values in a Slave Society*, University of Michigan Press, Ann Arbor, 1989.

Streltsov, Piotr: *Dos meses en la isla de Cuba*, Noticiero de Europa, mayo, 1898.

Suárez del Villar, Rita: *Mis memorias*, La Fundación Cultural Oasis Teosófico-Martiano, La Habana, 1957.

Suárez Moreno, Marilys: «La Cubana en las Luchas Obreras», *Mujeres Cubanas*, www.mujeres.co.cu

_____: «Doña Leonor, la madre de Martí», *Mujeres Cubanas*, 22 junio, 2017.

_____: «Isabel Rubio, una capitana mambisa», *Mujeres on Line*, no. 102, 19 de septiembre, 2002.

_____: «Patriota y Correo Mambisa», *Mujeres Cubanas*, www.mujeres.co.cu

_____: «Una coronela mambisa, María Laredo Escobar», *Mujeres con Historia*, 8 de mayo de 2008.

Suarez-Piñan Dr., C, Virginia: *El teatro de tema histórico en la Isla de Cuba durante el siglo XIX. Principales obras y autores,* Santiago (127), No. 1, enero-abril 2011.

Suárez Ramos, Felipe, compilador: *Diccionario enciclopédico de historia militar de Cuba,* primera parte, Ediciones Verde Olivo, La Habana.

Tabares, Daniel: «La mujer en la guerra», *La Lucha,* 20 de mayo, de 1916, p. 54.

«Teatro Otero de Cárdenas», *Diario de Cárdenas,* 10 de mayo, 1892.

Tejera, Diego Vicente: «La mujer cubana», *El Fígaro,* La Habana, 15 de febrero, 1898.

Téllez Frandín, Kenia, Grisell María Gutiérrez, et al.: *Caridad Bravo y sus hijas. Papel de la mujer cubana como enfermera en las guerras de independencia,* Facultad de Ciencias Médicas José Assef Yara, Ciego de Ávila, en http://bvs.sld.cu/revistas/mciego/vol13_supl2_07/historica/h2_v13

Teuma, Emilio: «Fermín Valdés Domínguez», *Cuba Contemporánea,* Imprenta Siglo XX, La Habana, 1922.

The Atlantic Monthly, vol. III, may, 1859, no. XIX, Phillips, Sampson and Company, Boston, 1859.

«The First Indian Army Nurses», *Indian Country Today,* enero 3, 2001.

Toledo, Josefina: *La madre negra de Martí,* Casa Editorial Verde Olivo, La Habana, 2009.

_____: «Paulina Pedroso», *Granma* 10, no. 43, diciembre 5, 1983.

_____: *Sotero Figueroa, editor de Patria. Apuntes para una biografía,* Editorial Letras Cubanas, La Habana, 1985.

Tone, John Lawrence: *War and Genocide in Cuba, 1895-1898,* The University of North Carolina Press, Chapel Hill, 2006.

Tornero, Pablo: «Desigualdad y Racismo. Demografía y Sociedad en Cuba a fines de la época colonial», *Revista de Indias,* 1998, vol. LVIII, núm. 212.

Torres Elers, Damaris A.: «Mariana Grajales y María Cabrales: dos mujeres en el corazón del Maestro», en *De donde son más altas las Palmas,* Editorial Oriente, Santiago de Cuba, 2003.

_____: *María Cabrales, vida y acción revolucionarias,* Editorial Santiago, Santiago de Cuba, 2005.

_____ y Marta Hernández Cobas: «Mariana Grajales: el perenne respeto y tributo de su pueblo», www.torontoforumoncuba.com, 20 de enero, 2012.

Trelles, Carlos: *Bibliografía cubana del siglo XIX*, Imprenta Quirós y Estrada, Matanzas, 1915.

Trujillo, Enrique: *Apuntes Históricos, propaganda y movimientos revolucionarios cubanos en los Estados Unidos*, Tip. De El Porvenir, Nueva York, 1896.

Tusell, Javier, *Fotografías de la guerra de Cuba*, Biblioteca Nacional José Martí, La Habana, 2005.

Ubieta, Enrique: «La mujer en la revolución», *Bohemia*, febrero 26, 1910.

_____: «Efemérides de la revolución cubana» La Moderna Poesía, La Habana, 1911.

_____: «La Mujer en la revolución cubana: Carmen y María Guerra», *Bohemia*, 1910.

_____: «La mujer en la revolución cubana: Inés Morillo Sánchez», *Bohemia* 2, No. 9 (26 de febrero de 1911): 506.

_____: «La mujer en la revolución cubana: la familia del General Máximo Gómez», *Bohemia* 1, No. 30 (26 noviembre de 1910): 347; No. 31 (3 de diciembre de 1910): 359; No. 32 (10 de diciembre de 1910): 370.

_____: «La mujer en la revolución cubana: Mariana Grajales, viuda de Maceo», *Bohemia* 1, No. 33 (17 de diciembre de 1910): 383.

_____: «La mujer en la revolución cubana: Mercedes Varona», *Bohemia* 2, No. 20 (14 de mayo de 1911): 146.

_____: «La mujer cubana en la revolución cubana: Trinidad Lagomasino», *Bohemia*, No. 31 3 de diciembre de 1910.

_____: «Paulina Pedroso», *Bohemia* 1, no. 30, 26 de noviembre de 1910.

_____: «Rosario Dubrocá», *Bohemia*, 1910.

Urzaiz Rodríguez, Eduardo: *La emigración cubana en Yucatán, 1876-1955*, Editorial Club del Libro, Mérida, México, 1949.

Valderrama y Peña, Esteban: *Próceres, ensayos biográficos*, Editorial Cubana, 1999.

Valdés, Alicia: *Diccionario de mujeres notables en la música cubana*, Editorial Oriente, Santiago de Cuba, 2011.

Valdés Domínguez, Fermín: *Diario de soldado*, Centro de información científica y técnica, Universidad de La Habana, La Habana, 1974.

Valdés Estrella, Mercedes: *Aurelia Castillo: ética y feminismo*, Publicaciones Acuario, Centro Félix Varela, 2008.

Valdés Héctor, Lourdes: «Ana Fernández: una pedagoga que educó desde la vida», *Revista Vitral*, no. 48, año VIII, marzo-abril 2002.

Valdés, Nelson P.: «A Bibliography of Cuban Women in the 20th century», *Estudios Cubanos*, Universidad de Pittsburgh, Pittsburgh, 1974.

Valdés Pérez, Israel: *Clandestinos por la Independencia*, Editorial Unicornio, La Habana, 2009.

Van Frank en Leidy Rijckaert de Boer: «Biografía de Hubert de Blanc, el patriarca de la música en Cuba», http://rijckaertdeboer.nl/HdB/HdBbioEN.htm.

Varios, *Presencia Femenina en Cuba: Luchas y representaciones*, colección Ravelo, Ediciones Santiago, Santiago de Cuba, 2010.

Varona, Enrique José, editor: *Revista Cubana,* tomo IV, La Habana 1886.

Vaz, Teresa Bernardete: *La Habana es nombre de mujer; presencia femenina en el patrimonio histórico-artístico cubano*, Ediciones Boloña, Colección Opus Habana, 2007.

Vázquez Eduardo, María Cristina: *Papeles de Panchito*, Editora Abril, 1987, pp. 232, 234, 241.

Vázquez Noriega, Adelina: «La primera mecanógrafa cubana», *Cubaweb*, en ain.cubaweb.cu/mujer/mecanografa.htm.

Vega, Carlos B.: *Conquistadoras: mujeres heroicas de la Conquista de América*, McFarland & Co., Jefferson, NC, 2003.

Veitía Ferrer, Agustín: *Marta Abreu, La cubana excelsa*, Editorial Lex, La Habana, 1947.

Velasco, Isabel: «Himno a la Bandera Cubana», *La Crónica*, 9 abril 1899.

Velázquez, Loreta Janeta, Otherwise Known as Lieutenant Harry T. Buford, Confederate States Army, ed. C.J. Worthington, Hartford, Conn., 1876.

Venegas, Carlos: «Beatriz Jústiz», *Palabra Nueva*, no. 177, septiembre, La Habana, 2008.

Vertía Ferrer, Agustín: *Marta Abreu, la cubana excelsa; estudio biográfico*, Editorial Lex, La Habana, 1947.

Viana, Israel: «Fosas comunes de soldados españoles: la herida abierta de la Guerra de Cuba», *ABC Cultura*, Madrid, 1 febrero 2018.

Viera Moreno, Eloy Manuel: «Instructores de Arte, huérfanos y caridad cristiana», *Palabra Nueva* 47, Arzobispado de La Habana, N° 132, julio-agosto 2004.

Vilorio Foubelo, Yamila: *Los Portuondo: evolución histórica de una familia santiaguera, siglos XVIII y XIX,* Ediciones Santiago, Santiago, 2004.

Villaverde, Cirilo: *Cecilia Valdés,* Oxford University Press, New York, 2005.

Vinat de la Mata, Raquel: «Accionar político de las cubanas durante la etapa de entreguerras», en *La Turbulencia del reposo,* Editorial de Ciencias Sociales, La Habana, 1998.

_____: «El tema femenino en el discurso social del siglo XIX en Cuba», *Contrastes,* revista de historia, no. 7-8, 1991-1993.

_____: «Inmigración Femenina en Cuba: Un século atrás», Estudios Migratorios no. 7-8, 1999.

_____: *Las cubanas en la posguerra (1898-1902). Acercamiento a la reconstrucción de una etapa olvidada.* Editora Política, La Habana 2001.

_____: *Luces en el silencio: educación femenina en Cuba 1648-1898,* Editora Política, La Habana, 2005.

_____: *Mujer y Cultura,* La Habana, 1994. Ponencia inédita.

_____: *Mujeres negras en la historia de Cuba, siglo XIX,* Nueva York, 2017, inédito.

Vitier, Cintio: «La Habana que va conmigo», revista *Opus Habana,* 20 mayo 2005.

Vitier, Medardo: *Las Ideas en Cuba,* Editorial Trópico, La Habana, 1938.

Vivanco y Díaz, Julián: *Perfiles de ayer,* Editorial El Sol, La Habana, 1952.

Watson Miller, Ingrid: «La sociedad azucarera cubana del siglo XIX: un estudio de estructura de género» www.umbc.edu/llc/pdf.

Westfall, I. Glenn: «Don Vicente Martinez Ybor, The Man and his Empire, development of the clear Havana industry in Cuba and Florida in the nineteenth century», discurso presentado al Consejo de Graduados, Universidad de la Florida, 1977.

Weyler y Nicolau, Valeriano: *En el archivo de mi abuelo,* V.W. y López de Puga Industrias Gráficas, Madrid, 1946.

_____: *Mi mando en Cuba,* F. González Rojas, 4to tomo, Madrid, 1910-11.

Wilson Davis, Oliver: *Sketch of Federico Fernandez Cavada,* Washington, 1963.

Wright, Irene: *Cuba:* The MacMillan Company, Nueva York, 1910.

Wright, Joan Langley: *Key West and the Spanish American War*, Langley Press, Key West, 1998.

Yáñez, Mirta: *Cubanas a capítulo; selección de ensayos sobre mujeres cubanas y literatura.* Santiago de Cuba, Editorial Oriente, 2000.

_____: *Cubanas a capítulo: segunda temporada*, Editorial de Ciencias Sociales, La Habana, 2012.

Zamora, Bladimir: *Papeles de Panchito*, Editora Abril, La Habana, 1987.

Zaramendi, M.M.: *The Book of Blood, An Authentic Record*, New York, 1871. Néstor Ponce De León y M.M. Zarzamendi Editores

Zayas de la Portilla, Juan Bruno: «Origen del linaje Grave de Peralta en Cuba hasta la quinta generación, Sinopsis genealógica», Aldea Cotidiana, 18 de junio de 2010, www.aldeacotidiana.blogspot.com.

Zayas y Alfonso, Alfredo: *Discursos y conferencias*, Molina y Co., La Habana, 1942.

_____: «El sufragio político de la mujer en Cuba», conferencia impartida en la Alianza Femenina, 30 marzo 1930.

Zeuske, Michael: «Los negros hicimos la independencia: aspectos de la movilización afrocubana en un *hinterland* cubano», *Cienfuegos, entre colonia y República,* Universidad de la Rioja, dialnet.unirioja.es.

Zulueta, Regis: «Isabel María de Valdivia: una Heroína de su tiempo», *Mujeres on Line*, no. 272m, Marzo 2007, http://www.mujeres.co.cu/heroes

Índice onomástico

A

Abreu Arencibia, Marta 164, 195, 298
Abreu Arencibia, Rosalía 164
Abreu de Luna, Carmen 196
Acosta Fontayne, Candelaria 38
Acosta, Inés 310
Acosta, Matilde 113
Adán y Betancourt, Eva 262-263
Agramonte, Concha 263
Agramonte, Manuela 322
Agramonte Piña, Luisa 418
Agramonte Varona, Matilde 264
Aguado, Ana 329
Agüero, Ana Josefa 51
Agüero, Clotilde 72
Agüero Betancourt, Caridad 264
Aguilar Borrero, María 263-265
Alcántara, Dolores 102, 119
Alcázar, Marta 434
Aldama, Florentina 265
Allum, Mercedes 192
Almeida, Dorotea 95
Almenares, Josefa 100
Alpízar, Antonia 266
Álvarez, Adelaida 163
Álvarez, Belén 90
Álvarez de la Vega, Consuelo 75, 142, 266-268
Amat vda. Martínez, Mercedes 269
Amill Plasencia, Marcelina 361, 451
Andux Teurbe Tolón, Raquel 450
Anido y Estrada, Marina 457-458
Arango y Soler, Clemencia 270
Araújo Calderón, Concepción 274
Araújo Villasana, Inocencia 105, 126, 270-273; 393
Arias López, América 214, 274-278
Arratía vda Pintó, Amelia 162
Arredondo, África 162
Arrondo de Amoedo, Leonor 278
Ávalos, Amelia 361
Ávalos, Concepción 458
Ávalos, Conchita 343, 361
Ávalos, Consuelo 343-345, 361
Ávalos, Edelmira 343, 361
Ávalos, Nicolasa 344
Ayala, Aracelia (Hna.) 239-240
Ayala, Claudina 113
Ayala, Cristina 98, 113
Azcuy Labrador, Adela 34, 179-188; 367, 381, 436

B

Balmaseda Carrillo, Beatriz 450
Balmaseda Carrillo, Conchita 450
Bancés Fernández-Criado, María Teresa 412
Barbarrosa, (Madre) Mercedes 242-243
Barbero,(Sor) Antonia 235
Baró, Catalina 101
Barrios, Francisca 278
Barrios, Luisa 450

Bartolotti, Concepción 74
Barton, Clara 165, 250-251, 254, 436
Basan, Lidia 72
Basilio, Felipa 113
Bastidas, Micaela 24
Basulto de Montoya, Flora 67, 81, 142, 279
Batlles, (Sor) Ignacia 220, 226
Bécquer, Carlota 91
Benítez Mariscal, Manuela 108-109
Benza, Isabel 29
Bernal, Encarnación 381
Bernal de Agüero, Emilia 104, 189, 279-283
Betancourt, Amalia 101
Betancourt, Arturina 72
Betancourt, Margarita 72
Betancourt Regina 72
Betancourt de Agüero, Luisa 71
Betancourt de Mora, Ana 32-33, 51
Blanco, Flor 127
Blanco de Silva, Rosa 343, 458
Blanco Pérez, Rosa 283
Bocanegra, Gertrudis 24
Bolaños Fundora, Rosario 64, 214, 284-287; 290-291, 330, 333, 366, 445, 454
Bombú, Anacleta 291
Bombú Ramírez, Prisciliana 291
Bonet vda de Tomasino, Ana 163
Bordeaux, Sister Anthony 245-246
Borrero, Dulce María 69, 438, 444
Borrero, Elena 292
Borrero, Juana 69, 444
Borrero, Teresa 103
Boza, Edelmira 293
Boza, Manuela 293
Boza de Romero, Concepción 72

Bravo, Caridad 102
Bravo, Emiliana 293
Bravo, Sabina 295
Broos, María Caridad 66
Bueno, Cecilia 101

C

Cabrales, María 24, 102, 112, 127, 164, 190-191; 197
Cabrera, Desideria 452
Cabrera Santiesteban, María 450
Cadavid, (Madre) Sofía 242
Calderín, María 127
Calzadilla, Martina 113
Camejo, Josefa 25
Cancino, Manuela 158
Cantero, Trinidad 248
Cantón Pérez, Bienvenida 248
Cañizares Cepeda, Altagracia 450
Capdevila Piña, Concepción 296
Cape Lombard, Elvira 71, 358
Carabalí, Irene 107
Caraballo, María 450
Cardona y Cardona, Luz 296
Carmenatti, Caridad 297
Caro Fernández de Vidal, Rosa 297-298
Carrión, Simona 293
Cartaya Nieto, María 310
Casamayor, Leonsita 101
Casanova, Caridad 450
Casanova de Villaverde, Emilia 26, 33
Castellanos, Rosa 64, 102, 104; 189-190, 282
Castellanos, Virginia 450
Castellanos Armiñán, Francisca 450
Castellanos de Feria, Teresa 325

Castillo, Esther 450
Castillo, Luisa 298
Castillo Baltodano, Elena 127
Castillo de Betancourt, Emma 72
Castillo de González, Aurelia 24, 29, 164, 298, 304, 345, 458
Castillo Pérez, Lola 298, 434
Castrizana Betharte, Manuela 310
Catá Urquiola, Nieves 295-296
Cazimajou, María Mercedes 349
Cazimajou, María Regina 349
Cazimajou Hernández, Alicia 349
Céspedes, África 113
Céspedes, América 98
Céspedes de Escanaverino, Úrsula 302
Challoux, Josefina 100
Chaveco, Onelia 88
Chaviano, Eufemia 453
Cigaray, Regla 146
Cisneros Betancourt, Águeda 72
Cisneros Betancourt, Ciriaca 446
Clarens, Laura 98, 113
Clark, Ñica 72, 326, 431
Clarke, (Sister) Ella 245
Cleofá, María 98, 113
Coafar, Esperanza 113
Coimbra de Valverde, Úrsula 98
Collado, María 206
Collazo, Rosario 381
Coloma, Carmen 372, 450
Colón, Ma. Caridad 72
Comas, Gloria 72
Compté, Ambrosina 29
Condesa de Moré 175, 215
Consuegra, Cristobalina 113
Consuegra de Machado, Javiera 453
Coroneaux, Adelaida 101

Coroneaux, Lucia 100
Coroneaux, Rosa 101
Crusat Bolaños, Cecilia 291
Cruz, (Sor) María 229
Cruz, Paula 118
Cuartero, Ángela 95
Cuervo, Rita 266
Cunill, Bárbara 92
Cunill, María Herculánea 92

D

D'Woolf, Dionisia 95, 113
De Agüero, Belén 71
De Agüero, Concepción 280
De Argilagos, Ángela Mariana 72
De Cepero y Nieto, María 35-36
De Córdoba y Rubio, Emilia 436
De Feria de la Torre, Francisca 325
De Feria Garayalde, Carmela 325
De Feria Garayalde, Francisca Emelina 325
De Feria Garayalde, Leonor 324
De la Peña, Conchita 214, 450
De la Peña, Fara 214, 450
De la Peña, Flora 214, 450
De la Rota, (Sor) Josefa 229
De León, Lutgarda 343
De León, Nicolasa 343
De León, Trinidad 343
De León, Tunga 343
De Oliveira, María Felipa 88
De Sales Montoya, (Sor) Francisca 229
De Sed, Florencia 343
De Varona, Gabriela 263
De Varona, Juana 64
De Vera y Arredonda, Carolina 450

Del Casal y de la Lastra, Carmela 304-309
Del Castillo, Adriana 414
Del Castillo, Amada 309
Del Castillo Betancourt, Juana 55
Del Monte, Rosa 312
Del Monte y Lamar, Elvira 309-312
Del Rey, Micaela 428
Del Río, Carmen Rosa 451
Del Valle, (Madre) Mercedes 242
Deraismes, María 25
Derosme, Salie 113
Despaigne, Mercedes 100
Díaz, Ana 95
Díaz, Avelina Francisca 310
Díaz, Luz 266
Díaz, María de Jesús 95
Díaz Aguilar, Lina 313
Díaz Báez, Úrsula 450
Díaz de Morales, Luisa 310
Díaz de Villegas, Isabel 72, 326
Disotuar Botey, Juana 189, 450
Domenech de Lorda, Teresa 453
Domínguez de Cueto, Luz 310
Dorticós Boufartigue, Flora 431
Dos Osos, (Sister) Josephine 245
Duabanc, María 113
Duany, Irene 313
Dubrocá Rodríguez, Rosario 191-192
Duguet, Rosario 450
Dumpiérrez, María del Carmen 242
Durán de Núñez, Juana 310
Durruthy, María 100
Durruthy, Meranta 101
Duverger, Carmen 101
Duverger, Cristina 101
Duverger, Donata 101
Duverger, Justa 100
Duverger, Luisa 100
Duverger, Luz 100
Duverger Lafargue, Tomasa 102, 104

E

Echevarría, Ana María 267
Erades, (Madre) Cruz 239
Escobar Laredo, María 313-315, 317, 355
Esteban, Caridad 263
Estévez, Sofía 262, 326
Estrada, Caridad 318
Estrada de Anido, Mercedes 343
Estrada Hernández, Mercedes 457

F

Fabre, (Madre) Rafaela 242
Falcón Castillo, Trinidad 361, 451
Falcón de Agüero, Ana 266
Favier, Cecilia 101
Favier, Felicia 101
Fernández, Clotilde 322, 339
Fernández, Urbana 326
Fernández Iruela, África 31
Fernández Velasco, Anita 319, 322, 339
Fernández de Cossío, Catalina 450
Fernández de León, Josefa L. 323
Ferré, (Madre) Isolina 243
Ferrer, Cecilia 105
Ferrer, Francisca 100
Ferrer, Isabel 72
Ferrer, Juana María 107
Ferrer, Serafina 107-108
Ferrés, (Sor) Serafina 235-236
Figueredo, Candelaria 414

Figueroa, Encarnación 101
Fonseca y Meireles, Rosa 450
Font, América 94-95, 98, 113
Fontán, (Madre) Ana Gabriela 242-43
Foyo del Portal, Rosalía 323
Fundora, Isabel 291

G

Gallardo García, Rosa 248
Garayalde, María Vicenta 323
García, Anacleta 64
García, (Sor) Carolina 232
García, Caridad 431
García, Caruca 72, 326, 451
García Alomá, Adriana 72, 326, 451
García de Coronado, Domitila 326
García Menocal, Ana María 328, 330, 366
García Menocal, María del Rosario 330
García Menocal, Rosario 366
García Osuna, Rosalía 333
Garí Ayala, Lola 453
Goicoechea, (Sor) Juana 220, 226
Gómez de Avellaneda, Gertrudis 97, 302, 327
Gómez Rubio, Isabel 201
Gómez Toro, Clemencia 193, 334-336
González, Amalia 72, 326, 431, 451
González, Natividad 95, 98, 113
González, Nízida 72
González Consuegra, Lucrecia 98, 110-111
González Vargas, Cecilia 338
González de Salas, Elena 310
González Echemendía, Emilia 192-195
González Echemendía, Serafina 194
González Núñez, Elena 124
González Tort, Ángela 65, 337
Grajales, Mariana 102, 111, 191, 197
Gregoria (Sor) 227
Guerra, Cruz 72
Guerra, María 339, 342
Guerra, Mercedes 72
Guerra Valladares, Carmen 342
Guerra Valladares, Edelmira 26, 36, 164, 338-341
Guerra Valladares, María 342
Guerra y Argilagos, Dídima 72
Guerra y Argilagos, Josefina 72
Guerra vda. Castillo, Mercedes 72
Guerrero Ávila, Mercedes 325
Guevara Molina, Martina 248
Gutiérrez Balmaseda, María 450
Gutiérrez Morillo, Carmen 342, 457
Gutiérrez Morillo, Dolores 458
Gutiérrez de Machado, Teresa 310, 452

H

Heredia, Faustina 113-114
Heredia Pascual, Luisita 377
Heredia Pérez, Luisa 377
Hernández, Amalia 450
Hernandez, Desideria 92
Hernández, (Madre) Julia 242
Hernández, Luz 113
Hernández, (Madre) Natalia 242
Hernández Carbó, Carola 339
Hernández Castillo, Narcisa 346

Hernández Castiñeira, Andrea 348-349
Hernandez Castiñeira, Natividad 72, 326
Hernández Celestrín, Rosalía 350
Hernández de Gómez Trigo, Isabel 160
Hernández de Torrens, María Luisa 344
Hernández Garbosa, Obdulia 352
Hernández Torres, Caridad 349
Herrera, Chalía 329
Herrera Garbosa, Gregoria 27, 102, 126, 271
Herrera Garbosa, Obdulia 352
Herrera Laferté, Irene 112
Herrero, Antonia 208
Hidalgo Santana, María 352-353
Horegio, (Madre) Zoa 239

I

Ibarra Núñez, Mercedes 110
Inciarte, Nicolasa 114
Íñiguez, Lucía 401
Irazoqui, (Sor) Casimira 217
Isabel (Sor) 223
Izquierdo, Idelfonsa 296

J

Jaca, Caridad 102, 114-115, 117, 120, 126, 271
Jané, Mercedes 101
Jaraquemada, Paula 25
Jaspe, (Madre) Gertrudis 242
Jiménez, (Madre) Josefa, 243
Jiménez (Sor) 227
Justa, (Sor) 223

K

K., Lanita 113

L

Labalette, Petrona 95
Lacabe, (Sor) Bernarda 220, 226
Lacoste Laviolett, Lucila 354
Lagomasino Álvarez, Lucía 354
Lagomasino Álvarez, Trinidad 354
Lamorú, Elisa 101
Landa, Dolores 310
Lantigua Real, Ambrosina 356
Lantigua vda Pérez, María Josefa 356
Laquidaín, (Sor) Eduviges 169, 224
Lasagra, María Eduviges 96
Lastra, Encarnita 454
Latté de la Torre, Lalá 330, 333, 356
Laugart, Venus 101
Leal, Isabel 310
Leguén, Agustina 101
Lescaille, Constancia 100, 124
Lestapiés, Aspacia 101
Leyva Rodríguez, Aleyda 357, 450
Lezcano de Vega, Soledad 450
Limonta, Juana Francisca 117, 196-197
Linares, Justina 127
Lobaina, Petrona 117
Lombard, Leocadia Concepción 357
Lombart, Emma 434
Lombart, Nina 434
López, Lucía 72
López, Ramona 30, 94
López de Robau, Enriqueta 310
López Oña, Manuela 310

López Quintero, Cirila 214
Loret de Mola, Emilia 310
Lozano, Abigail 96
Luaces, Haydee 72
Luaces, Lidia 72
Lubián y Morell, Esther 458

LL

Llerena, Elvira 358

M

Maass, Clara 253
Machado, Eloísa 360
Machado, María 358-359
Machado Briscas, María 450
Machado Mesa, Isabel 359
Machado Mesa, Virginia 298
Machado Morales, Mercedes 298, 360
Machado Riera, Caridad 360
Machado de Moreno, María 310
Machado Nodal, Elvira 360
Madrigal, Martina 95, 113
Marquetti, Fidelina 361
Márquez de Entenza, Carmen 360
Marrero Ávalos, Clara 361
Martí y Pérez, Amelia 403
Martí y Pérez, Antonia Bruna 409
Martí y Pérez, Dolores 410
Martí y Pérez, Leonor Petrona 408
Martí y Pérez, María del Carmen 408
Martí y Pérez, María del Pilar 409
Martí y Pérez, Mariana 408
Martí y Pérez, Rita Amelia 409
Martínez, Amelia 330, 333, 366
Martínez, (Sor) Ángela 219
Martínez, (Madre) Carolina 242-243
Martínez, María de la Caridad 363
Martínez, María Teresa 270
Martínez Iradi, Rosa María 363
Mas y Ximénez, María Luisa 362
Massaguer, Matilde 72
Matamoros, María de los Dolores 91
Matamoros, Mercedes 106, 143, 437-438
Mayolini de Valdés, Elena 149-150
Mazos, (Sor) María 235
McColm, (Madre) Nolasco 244
Meca, María 162
Medina, Catalina 99, 113
Medina y Medina, Tomasa 450
Megret, Anselma 101
Megret, Candelaria 101
Mena, Alejandrina 339
Mena, Juana 100
Mena de Céspedes, Clemencia 339, 364
Méndez, Adolfina 72
Mendive, Leonor 365
Mendive, Paulina 365
Mendive, Teresa 365
Mendive Alomá, Catalina 365
Mendive Aloma, Concha 365
Mendive Alomá, Dolores 365
Mendive Alomá, Elvira 365
Mendive Aloma, María Josefa 365
Mendive Alomá, María Luisa 289, 365
Mendive Alomá, Susana 365
Mendoza de Domehech, Teresa 453
Menocal, Ana 333
Menocal, Charo 333

Meriño, Hermanas 451
Mestre, Polin 434
Mijares, Mercedes 451
Milanés, María Guadalupe 440
Minares, Digna 367-368
Miqueline, Ana Joaquina 193
Miranda de Morales, Julia 31
Moiran, Clotilde 100
Molina, Alicia 72
Molina, Julia 72
Molina, Margarita 72
Molina, Olivia 72
Moncada, Dominga 102
Monier, Cecilia 368
Montejo de Verde, Clara 451
Montero, Dolores 451
Montero, Rosa 368
Montes de Oca, Sabina 390
Montoya (Sor) Francisca de Sales 229
Mora, (Sor) Teresa 225
Morales, María 451
Morales, Martina 100
Morales González, Rosario 369
Morales Machado, Elvira 72, 457
Morales Machado, Luz 368
Morales Yanes, Lutgarda 361
Morales de Alfonso, Elvira 343
Moré de Lubián, Luisa 343, 457
Moreau, Magdalena 29
Morell, Ángela 72
Moreno Alva, Natividad 451
Moreno, Rosa 78
Morillo, Inés 295
Moro, Juana 25
Morrell María Luisa 457
Muñoz Durán, Concepción 310, 452
Muñoz Durán, Eloísa 310, 452

N

Nad, Rosa G. 98
Navarro Nápoles, Aurelia 451
Nethol, Adolfina 43
Nin Corball, Micaela 67
Nodal, Laudelina 298, 36o, 451
Nodal, Mercedes 343, 360, 371, 412, 458
Nogueras, Victoriana 197
Noriega Hernández, Luz 197-200, 414
Noroña, Crescencia 385
Núñez, Antonia 30, 94
Núñez de Núñez, Josefina 310
Núñez de Vega, Eloísa 310

O

O'Bourke, Matilde 91, 96
Ochoa, (Sor) Demetria 220
Olalla Pérez, María 120, 451
Olivera Chávez, Manuela 373-374
Olivero, Candelaria 200, 214
Orbe, Amparo 34, 371-373
Ortega, Rosa 373, 454
Ortiz de Domínguez, Josefa 24
Óvolos Trillo, Elena 110

P

Pacheco Echavarría, Anacleta María 374
Palenque Sosa, América 375
Palma, Florencia 453
Palma Tamayo, María Candelaria 413
Pando, Ana 454
Paredes de Landa, Águeda 310, 451
Pascual Heredia, Cristina 377
Pascual Heredia, Francisca 377

Pascual Heredia, Manuela 376-377
Pascual Heredia, María 377
Pastor, Juana 95
Peláez, Amelia 305-306, 309, 387
Peláez de Sed, Florencia 457
Peña, Concepción 451
Peña Lago, Josefa 377-378
Peñaranda Machado, América 453
Peñarredonda, Magdalena 24, 64, 133, 146, 213, 305-306, 378-389; 436
Pereira, Petra Josefa 389, 452
Pérez, Bárbara 76, 390
Pérez, Concha 453
Pérez, Cristina 64, 196, 271, 292, 376, 391-394
Pérez, Eduviges 95
Pérez, Florinda 451, 453
Pérez, Juana 117, 121-124
Pérez, Lucila 122
Pérez, María 390, 414, 451
Pérez, María Olalla 120, 451
Pérez, Mercedes 395
Pérez, Paulina 453
Pérez, Rosa 451, 453
Pérez, Rosalía 395
Pérez, Ruperta 119
Pérez Cabrera, Leonor 395-407
Pérez Céspedes, Lucía 119
Pérez González, Juana Bautista 389
Pérez Gutiérrez, Juana Bautista 117, 119, 376
Pérez Matos, María 390, 414, 451
Pérez Moreira, Mariana 452
Pérez Nicot, Teresa 124
Pérez Piñó, Caridad 77, 414, 452
Pérez-Puelles, María de los Ángeles 207
Pérez Rodríguez, Elvira 394, 454

Pérez Rodríguez de Báster, Corina 390
Perigot, Margarita 127
Pierra, Martina 318
Pimentel, M. de Jesús 96
Pina, Josefa María 442
Piña Estrada, Isabel 296
Piñeiro, Eloísa 95
Planas Cruz, Rosa 125
Planche, Matilde 125
Pleets, (Sister) Ana Bridgett 245
Ponce, Carmela 72
Pons, Anita 100
Porter, Mrs. Addison 247
Portuondo, Brígida 293
Portuondo, María Feliciana 30, 94
Puig y Lara, María Luisa 415
Pujals, Clara 411
Pulgarón, Adela 376

Q

Quesada, Aracelia 72
Quesada, Isolina 72
Quesada, María de Jesús 392
Quesada Zaldívar, Ángela 72
Quijano, Luisa 416
Quijano, Manuelita 310
Quijano y Pérez, (Madre) Luisa 163
Quirós, Belén 310
Quirós de Molinet, Mariana 454

R

Rabí Milanés, María Antonia 118-119
Ramírez, Abigail 72
Ramírez, Carlota 192
Ramírez, Juana Simona 451

Ramírez Rojas, María Caridad 454
Ramírez Rojas, Severina 126
Ramona (Sor) 235
Ramos, María Nicolasa 30, 94
Ramos, Pastora 113
Ramos de la Torre, Fredesvinda de 416
Ramos de la Torre, Vitalia 417
Rendós Alarcia, Adelaida 248
Reyes, Elvira 72, 326, 431
Reyes de Cárdenas, Elvira 431
Ribalta vda de Oña, Carmen 215, 417
Ribas Agramonte, Concepción 72, 418
Ribas Agramonte, Gloria 418
Ribots, Alejandrina 417
Ríos, Petra 204
Ríos Rodríguez, María 205
Risquet, Dionisia 95
Rivas de Silva, Adela 72
Rivero Pérez, Dolores 451
Rivós, Serafina 100
Robau de Santa Cruz, Clara 310, 451
Robau López, María 310
Rodríguez, Adolfina 72
Rodríguez, Candita 451
Rodríguez, Clotilde del Carmen 153
Rodríguez, Corina 418
Rodríguez, Dolores 324
Rodríguez, Elena Basilia 95
Rodríguez, Esperanza 374
Rodríguez, Gregoria 451-452
Rodríguez, Narcisa 126, 310
Rodríguez, Paquita 454
Rodríguez, Paulina 452
Rodríguez Adán, Sofía 264
Rodríguez Camejos, Dominga 418
Rodríguez Pichardo, Clementina 324, 418
Rodríguez Pichardo, Dolores 324
Rodríguez de Morales, Catalina 144
Rodríguez de Tió, Lola 437
Rodríguez Lafitta, Paulina 452
Rodríguez Olivera, Esperanza 374
Rodríguez Varona, Margarita 72
Rodríguez vda Comas, Carlota 72
Rojas de Romero, Belén 95
Romagosa, Dolores 434
Romagosa, Matilde 434
Romagosa, Rosabal, María del Rosario 419
Romero, Caridad 126, 272
Romero Loyola, Antonia 315, 419
Rosseaux, Cristina 100
Rubio Díaz, Isabel 24, 64-65; 170, 201-205; 361, 367
Rubio, Petrona 205
Ruiz, Adela 420
Ruiz, Cecilia 122
Ruiz, Clotilde 310
Ruiz, Dolores 420
Ruiz, Micaela 421
Ruiz, Paulina 421-422
Ruiz Cepero, Luisa 310
Ruiz Toledo, Consuelo 72
Ruiz Toledo, Evangelina 72
Ruiz Toledo, Piedad 72

S

Saavedra, Isabel 451
Sagrera de Arias, Luisa 451
Salabarrieta, Policarpa 24
Salazar Rojas, Petronila 423
Salgado, Luisa 424

Salinas de Ibarra, Asunción 423
Salinas de Toledo, Isabel 424
Sánchez, Ángela 83
Sánchez, Anita 83
Sánchez, Inés 83
Sánchez, Juana María 454
Sánchez (Sor) Mercedes 235
Sánchez, Rita 83
Sánchez Collé, Emilia 374-375
Sánchez Leal, María 361, 451
Sánchez Pineda, Liboria 425
Sánchez Valdivia América 443
Sánchez Valdivia, Domitila 443
Sánchez Valdivia, Josefa 443
Sánchez Valdivia, Julia 443
Sandrino, Juana 440
Santamaría, Cirila 426
Santiago, (Madre) Leandra 239
Santiesteban Tamayo, Candita 325
Savón, Paciencia 101
Seiglie, Rosa 248
Seiglie Comesañas, Rosa 248
Serrano, Dolores 434
Serrano, Isabel 298, 360
Setién vda Romero, Concepción 451
Seva Rodríguez, Mariana 331-332
Sicre, (Madre) María 243
Sigarroa, Rosario 83, 385, 435-439
Silva, Adela 72
Silva, Ángela Malvina 263
Silva, Gloria 72
Silva, Odilia 72
Sirvén Pérez-Puelles, Mercedes 64, 205-209
Sobrado, Camila 451
Socarrás Socarrás, Regla 19, 209-211
Socías Pérez, Dominga 451

Sosa, Ana Joaquina 95, 99
Sosa, Dominga 101
Sosa, (Sor) Lucía 223, 228
Soto, Angelina 310
Soto, Elvira 310
Sotolongo, Ana María 427
Souza, Adela 82
Sousa, Caridad 82, 453
Spotorno, Margarita 451
Stable, Nicolaza 100
Storini, María Ángela 98
Suárez, Dolores 72
Suárez, Juana 451
Suárez, Lorenza 451
Suarez, Martina 72
Suárez de Curete, Bernardina 451
Suárez del Villar, Lolita 72, 326
Suárez del Villar, Rita 56, 64, 196, 326, 428-433, 451

T

Tamayo y Cisneros, María Clotilde 440
Tejedor Herrera, Antonia 248
Tellaeche, (Sor) Andrea 222
Thaureaux, Francisca 100
Toro de Gómez, Bernarda 24, 111, 193, 334, 336, 469
Torralbas, Martha 72, 326, 451
Torres, Ana Petrona 113
Torres, Florencia 95
Torres, Luisa 452-53
Torres, Natividad 452-53
Torres, (Madre) Soledad 239
Torres, (Madre) Teresa 243
Torrens, Antoñica 440
Torrontegui, (Sor) Antonia 230
Trujillo, Dolores 72

Trujillo, Josefina 72, 326, 451
Turcaz, Paulina 101
Turin, Francisca 113

U

Urzais y Mendive, Concepción 366

V

Valdés, Cristina 95
Valdés, Ernestina 453
Valdés, Juanita 268
Valdés Carrero, María 214
Valdés Fraga, Inocencia 126
Valdés Mendoza, Mercedes 96
Valdés Páez, Catalina 211
Valdivia, Isabel María 441-443
Valladares, Carolina 445
Valle, Cándida 354
Valle Vega, Quintina 95, 113
Vargas Machuca, Conchita 445
Varona de Quesada, Juana 445
Vasconcelos Celestina, Clara 350
Vega, (Sor) Petra 220
Vega, Desideria 113
Velasco, Inés 451

Velasco, Jesusa 448
Velasco Cisneros, Isabel 446
Velasco Gómez, Ana 448
Ventura, Ana 95
Ventura, Flora 95
Vera, (Novicia) Pilar 243
Vicente, (Sor) Francisca 227
Vidaud, Inés 100
Vigil, Consuelo 450
Vigil, Soledad 450
Vila de Arará, Carmen 29

W

Warring, Lila 214
Wilberforce, (Hna.) María 247

Z

Zacharie Baralt, Blanche 59, 399
Zayas, Etelvina 113
Zayas, Malvina 72
Zayas Bazán Hidalgo, Carmen 397, 405, 411
Zenea de Bobadilla, Piedad 362-363

www.ingramcontent.com/pod-product-compliance
Lightning Source LLC
Chambersburg PA
CBHW070041080526
44586CB00013B/872